U0954284

远　见　成　就　未　来

GROUP

建投书店投资有限公司

More than books

The Emperor of Wine

The Rise of Robert M. Parker, Jr. and the Reign of American Taste

Elin McCoy

品酒之王

罗伯特·帕克传

[美] 艾琳·麦科伊 著

彭丽媛 李秀芹 译 贾静茹 审定

中国出版集团
中 译 出 版 社

图书在版编目（CIP）数据

品酒之王：罗伯特·帕克传 /（美）艾琳·麦科伊（Elin McCoy）著；彭丽媛，李秀芹译. -- 北京：中译出版社，2019.5

ISBN 978-7-5001-5868-4

Ⅰ. ①品… Ⅱ. ①艾… ②彭… ③李… Ⅲ. ①罗伯特·帕克—传记 Ⅳ. ①K837.125.41

中国版本图书馆CIP数据核字（2018）第300924号

品酒之王——罗伯特·帕克传

出版发行：中译出版社
地　　址：北京市西城区车公庄大街甲 4 号物华大厦六层
电　　话：（010）68359101；68359303（发行部）；
68357328；53601537（编辑部）
邮　　编：100044
电子邮箱：book@ctph.com.cn
网　　址：http://www.ctph.com.cn

出 版 人：张高里
特约编辑：任月园　赵　芳
责任编辑：郭宇佳　张孟词
封面设计：肖晋兴

排　　版：壹原视觉
印　　刷：北京中科印刷有限公司
经　　销：新华书店

规　　格：710 毫米 × 1000 毫米　1/16
印　　张：24
字　　数：300 千字
版　　次：2019 年 5 月第 1 版
印　　次：2019 年 5 月第 1 次

ISBN 978-7-5001-5868-4　　**定价**：79.80 元

献给约翰和加文

序一

感谢建投书局和中译出版社出版这样一本对于葡萄酒行业有指导意义的书籍。这本书对于帕克职业生涯的描述详尽客观，既有帕克本人的成长轨迹，也折射出从 20 世纪 70 年代到 21 世纪初美国葡萄酒市场的状况。

对于世界葡萄酒行业乃至葡萄酒市场，罗伯特·帕克毋庸置疑是最有影响力的品酒师。自 20 世纪 80 年代开始，“帕克评分”就成了葡萄酒市场的风向标。像所有的现象一样，帕克曾有过英雄般的发迹史，之后也饱受成名之累，当然也有其自身的局限性。但是我们从帕克身上还是可以看到很多的闪光点，值得学习和借鉴。

◆ 明确的定位：以公正为本的消费指南

20 世纪 70 年代，美国的葡萄酒市场还是初级阶段。为了让消费者更加直观地了解瓶中之物，有人发明了以葡萄品种命名葡萄酒的酒标。相比复杂的法国葡萄酒酒庄和村庄命名法，这种命名法更容易被理解。帕克正是在这一阶段认清了市场的需求，所以决定推出“第一个真正的消费者葡萄酒指南”。律师出身的帕克明白，除了要站在葡萄酒消费者的立场上，更要对读者以诚相待，所以承诺：只评论自己购买与品鉴过的葡萄酒。

◆ 时势造英雄：认真积累和把握机遇

众所周知，帕克的成名源于其对1982年份的正确判断。如果把这个节点当作上天赐予帕克的机遇，他之前近十年的认真积累则是成功的前提。

20世纪60年代的美国，优质葡萄酒的主要消费群体仍是富人。当时，葡萄酒是一种奢侈品，90%的公众认为餐酒并非普通人可以饮用，只有富人才能享用，法国葡萄酒是社会地位的重要象征。到20世纪60年代的后期，美国葡萄酒消费量以每年10%的速度增长，开始了市场繁荣阶段。

同期，众多像罗伯特•帕克这样的美国人，开始积极主动、满怀热情地自学葡萄酒知识。美国葡萄酒作家们的背景各不相同，包括警察调度员、退役海军陆战队士兵、研究生、教授、体育新闻记者以及一些真正了解葡萄酒的酒商等。虽然外行出身的帕克加入葡萄酒作家行列时，舞台已经十分拥挤了，但他从组建品酒小组开始就锲而不舍地学习，抓住了上天赐予的机遇。

◆ 追随内心：改变生活寻求梦想

一个人的一生有其固定的路线，出生的家庭背景、地域等是决定人生路径的重要因素。但是，在人的一生中，也会有一些偶然的惊喜出现，那就是发现自己的喜好。当发现自己的喜好时，是否追随内心，就会改变其人生路径。

帕克在法国因为可乐太贵才转而尝试葡萄酒。半路出家，并不意味着不能走进新世界并将其变成自己的世界，罗伯特•帕克的经历正是如此。如果你在某些方面受到了启发，不如勇于改变生活，去追随新方向、新梦想。帕克的故事具有典型的“美国特色”，但值得中国读者参考。

帕克故事的背景和今天的中国市场非常相似：新兴市场的繁荣带来无数的新机遇和新挑战。一切皆有可能。帕克创造的百分制评分体系，对于传统的葡萄酒评价是颠覆性的：无须冗长的品酒词，只用分数代表质量；无论酒庄历史如何，品酒师只在意“味道”。同期美国人也用各种对比的方法，试图挑战权威，最成功的当属“巴黎审判”。这个历史性的事件被认为是打破葡萄酒地域束缚的第一步。美国葡萄酒在“巴黎审判”的胜出证实：只要选择适宜的产地、品种、栽培模式和酿造方式，新产区也能够酿造出顶级葡萄酒。这是否会给我们正在复兴并且蓬勃发展的中国葡萄酒带来些自信呢?

书中提到的另一个“罗伯特”——美国葡萄酒界的代表人物蒙达维曾说：“（美食佳酿）把我们带入到一个充满温情与平衡，充满优雅与和谐的世界……唤醒了我内心的希冀与决心。”

西北农林科技大学葡萄酒学院终身名誉院长、教授

2019 年 2 月

序二　时间与时代

时间是点，时代是线段，瞬间可成永恒，而再长的时代在岁月长河中也只是刹那。影响世界40年的“帕克时代”就像流星划过天际，无所谓长短，仰望浩瀚星空，帕克曾是指引人们的最闪亮的那一颗星。

出身小城的律师帕克，20岁追随爱人到巴黎，第一次尝到真正的葡萄酒。天才的嗅觉和味觉，让他很快迷恋上葡萄酒并终生保持巨大的热情。律师的训练让他深知沟通的必要性，他频繁走访法国产区并与庄主结下了深厚友谊。当媒体的聚光灯照到葡萄酒，淳朴的传统农产品变成了承载深厚文化底蕴、优雅精致、感性诱人、文明前进的成果。帕克这位热情憨厚、懂酒又好人缘的美国年轻人成了法国葡萄酒产区和媒体的宠儿，1982年对年份的正确判断，让他一跃成为不可替代的“超级明星预言家”。

帕克创办的《葡萄酒倡导家》是“真正的消费者葡萄酒指南”，立身之本就是秉承“独立”“公正”的原则，这是帕克被全世界认可的原因，是RVF（*La Revue du Vin de France*，《葡萄酒评论》）历经百年依然兴旺的秘密，也是《绿指南》秉承的“独立公正的态度、独特的眼光、与众不同的推荐标准”。有些道理不会因空间而不同，不会随潮流而改变。

“蕴藏的哲理远胜世界上所有书籍”的葡萄酒，被帕克变成一个简单的分数并用作利剑挑战颠覆欧洲传统。粗暴霸道的百分制，是帕克表现自己“与众不同”的方式，也成了消费者十分受用的、通行世界的标准。帕克的明星效应是不可复制的社会现象，与其把荣耀归功于帕克天才的鼻子，不如说他的出现恰逢其时。

了解帕克的生平，理解他的理念，回顾辉煌年代，感悟瞬间的闪亮和时代的变迁，就像品尝一杯美酒，可以“滋养内心和灵魂”。

宁夏朗伯柯葡萄酒文化基金会 秘书长

RVF《绿指南》出品人

目　录

引言

噗！帕克将一口葡萄酒吐在了不锈钢水槽的一侧，几滴红色酒渍溅到了水槽上，流进了下水道。帕克皱着眉头，牙龈、舌头和脸颊内侧都是葡萄酒的余味。葡萄酒太过酸涩，草木味道很浓（他确定这酒经过了加酸处理），风味尽失。帕克要品尝26种加利福尼亚赤霞珠葡萄酒，这是他品尝的第4种。他觉得给这款酒80分出头都算慷慨了。他会再品尝一遍，但现在只能给个81分，太令人失望了。

下一款酒呈深紫色（几乎不透光），他知道加州很多赤霞珠都是如此。他眯着眼睛，排除一切干扰（传真机的嗡嗡声、窗外的雨声、巴塞特猎犬的叫声、电话铃声和隔壁房间的低语声），然后将鼻子凑到玻璃杯前，干净利落地吸了一口酒香。酒香很浓，是黑加仑味的吗？是黑莓味，还是黑樱桃味？为了确认到底是哪一种香气，他倾斜酒杯，喝了一大口，任由葡萄酒在口中蔓延。他放平酒杯，像漱口一样在口中咂摸了几下。他停顿了一会儿，看向前方，目光涣散。他对准水槽，有力地将酒吐出。酒水形成一道完美的弧线，碰到金属水槽，发出撞击声。葡萄酒的味道和香气挥之不去，他品着余味，集中思想，梳理着刚刚的印象：口感丰富，果味浓郁，满是成熟的黑樱桃味……肯定有黑加仑的香气；质地丰厚，辛香味恰到好处，余味持续了30

秒。这款酒简直是享乐主义者梦寐以求的。

他给这款酒打了 95 分——他非常肯定。

一个月后，评分就会公布，这款 95 分葡萄酒的生产者一定会大加庆祝。如果是个小酿酒厂，人们会纷纷打电话祝贺。他已经成功跻身 90 分以上葡萄酒生产商之列。公布分数当周，他的酒就会被一抢而空——甚至都用不了那么长时间。而那位获得 81 分的葡萄酒生产商会气得咬牙切齿，这款酒已经很难推销给零售商了。再获得几个这样的低分，他的财路可就断了。

中午时分，帕克已对很多葡萄酒作出了评论。这些评论会让一些葡萄酒一夜成名，也会让一些久负盛名的葡萄酒黯然失色，从而对全球葡萄酒市场产生一定影响。零售商对此非常期待，他们会迅速订购 90 分以上的葡萄酒。酒庄和酒厂的老板则惶恐不安，谁知道分数会导致价格上涨还是下跌呢。成千上万的葡萄酒爱好者会将帕克的评论奉为圭臬。

为什么？因为这位品酒者是罗伯特·麦克道尔·帕克，他的品酒能力可与爱因斯坦的智力相媲美，他是世界上最具影响力的葡萄酒评论家。不仅如此，他现在在各行各业都很有影响力。如果一位纽约的影评家批判或称赞一部影片，他可能会影响这部影片在纽约的声誉，但他的观点不会对巴黎或东京的电影观众产生同样的影响，世界上的电影制片人也不会专门制作迎合他品位的影片。但在过去 20 多年里，帕克对葡萄酒的热情和看法已经影响了几乎每一个酿酒和饮酒的国家里的葡萄酒酿造、购买和销售的方式，并且出现了一些生产商，他们有意识地酿造了一些旨在取悦他的葡萄酒。

尽管帕克赢得了世界的关注和不绝于耳的称赞，但他仍然是葡萄酒界一个有争议的人物。他挽救了许多濒于破产的酿酒厂，使许多酿酒师成为百万富翁，把许多名不见经传的葡萄酒变成了广受欢迎的收藏品；但他也会给一些葡萄酒低分，使这些酒价格降低、声誉受损。他还被人起诉，甚至受到死亡威胁。有些人指责帕克将世界葡萄酒产业转变成为一个单一的全球市场，导致价格飙升，还指责他根据自己的偏好重塑了世界葡萄酒的品位。他喜欢那些颜色偏深、酒精含量高、口味强劲、浓度凝练的葡萄酒。在此过程中，他扼杀传统，只用分数衡量优质葡萄酒。其他人则非常崇拜他，声称他对全球葡萄酒质量的大幅提高作出了重大贡献，是葡萄酒消费者值得信赖的人。

总而言之，帕克的评分是葡萄酒行业的晴雨表。

一个从小只喝软饮料，在大学期间去欧洲之前从来没有喝过葡萄酒的美国人，怎么能成为一位品酒大师呢？是什么样的时代和环境造就了他非凡的成就？

第一章

品酒之王成长记

马里兰州的芒克顿，人口仅4615人，看上去不像是世界顶级品酒大师的故乡。1947年7月23日，罗伯特·麦克道尔·帕克出生在巴尔的摩。那时，北部的芒克顿小镇周边的风景与现在别无二致——一幅典型的美国乡土画卷，生机勃勃的奶牛场、带有白色隔墙的农舍、朴素的砖砌牧场住宅、成片的次生林和绵延起伏的旷野次第映入眼帘。一天，我驱车前往帕克的住处，几处围有白色篱笆的大型马场引起了我的注意，这里可能住着家境殷实的贵族猎户，他们每年春、秋两季有举办定点越野赛马的传统，并热衷于参加当地圣公会教堂一年一度的猎犬祈福活动[1]。

然而，帕克并不是在那种庄园别墅长大的，早在20世纪四五十年代，别墅主人的餐桌上可能就偶有葡萄酒点缀了。帕克的父母没上过大学，他们18岁就结婚了。在帕克很小的时候，一家人就住在芒克顿自己家的奶牛场，距现在的住处只有10分钟车程。他那远近闻名的鼻子，当时闻到的只是醇香的鲜奶味、畜棚里的奶牛味，还有和煦阳光下的干草味。

300年前，当一桶桶产自侯伯王和玛歌等酒庄的波尔多葡萄酒在伦敦拍卖时，芒克顿乃至整个巴尔的摩郡北部，仍是萨斯奎哈诺克和

[1] 美国感恩节传统。如无特殊说明，以下均为译者注。

皮斯卡塔韦这两个印第安部落的领地。1634 年，芒克顿被赐给国王代表、第三代巴尔的摩勋爵——查尔斯·卡尔弗特，他创建了马里兰殖民地并将数千英亩土地租给了定居者。后来，他把包括芒克顿在内的土地作为一份厚礼，赠给了自己的第四任妻子。除了奶牛场和乳品厂，这里早期还有磨粉厂和锯末厂，但后两种产业早已不复存在；幸存下来的石粉厂已变为古董店和住宅区。回望帕克成长的 20 世纪 50 年代，芒克顿和相邻的帕克顿（他现在的居住地）都坐落着成排的住宅和教堂；芒克顿仅有一家小食品市场，没有图书馆、干洗店，最近的药店[1]也在 24 千米之外。

如今，芒克顿小镇的规模扩大了，兴建了以超市为中心的大型购物中心，这类购物中心在美国随处可见，没有什么特色。一条主街上有着小镇的商业标配——银行、比萨店、汽车维修店和花店；还有一所不起眼的中学，学校立了块牌子，上面写着“赫里福德中学，公牛队之家”。20 世纪 50 年代，这里并非美酒、美食胜地（即便现在也算不上），除了日渐增多的“行政”机构和几千米外的两座小型酿酒厂就没什么了。芒克顿距巴尔的摩仅 43 千米，在连接巴尔的摩与北部城镇的 83 号州际公路修通之前，这段距离感觉上会更远一些。

美国城里人习以为常的美味食材，在这里想都别想。在帕克顿，离帕克家最近的商店不过是一家乡村小铺，挂着老式的“请喝可口可乐”的广告牌，门前摆了一桶甘蓝花，边上饰以美国国旗。当地发放的报纸上刊登着畅销的葡萄酒广告，如贝灵哲白仙粉黛桃红葡萄酒，但帕克对此视而不见。报纸上还有林场的名单，人们可以去那里砍树用作圣诞树。在当地，赫里福德公牛队最新的篮球赛比分就算是大新

[1] 美国兼售化妆品、家居用品、饮料、小吃等的药店。

闻了。

帕克的童年，是20世纪50年代美国小镇儿童的写照。那个年代食物充足，但人们对烹饪方法并不是很讲究。帕克的母亲只会做简单的家常菜，主要是肉馅糕与炸鸡一类的食物。她做的香蕉奶油与柠檬酥皮馅饼可谓一绝，除此之外，帕克对餐桌上的其他食物没什么特别印象。餐桌上从来没摆过葡萄酒，牛奶、苏打水和咖啡倒是有的，偶尔也有鸡尾酒。帕克的父亲爱喝波旁威士忌，爱闻浓郁的酒香。他每每把玻璃酒杯放到帕克面前，说："来，闻闻这香气！"十几岁的帕克却丝毫不感兴趣。父亲喜欢打猎，养了几条蓝斑猎狗。在一次打猎途中，父亲告诉帕克，自己只要闻一闻狗的味道，就能辨别出是什么品种。当时，帕克当他是在开玩笑。多年后，帕克才意识到，父亲的嗅觉异常敏锐，自己的嗅觉正是遗传自父亲。

帕克的童年时光充满乐趣，他沉浸在中产阶级的日常生活中，骑自行车、与家养的可卡犬嬉戏打闹、踢足球以及与朋友一起玩耍，也沉浸在母亲对他的悉心呵护之中——母亲不工作，常年在家照顾他。帕克是家里的独子，母亲露丝·帕克不想把他交给保姆照顾，因此，在他上大学之前，母亲从未外出工作。帕克4岁时，父亲不想再继续经营奶牛场，举家搬至几千米外新建的牧场式平房。之后，父亲在巴尔的摩一家石油公司工作，销售施工设备，最后晋升为这家公司的副总裁。父亲经常出差，去过很多地方，但帕克只去过巴尔的摩与华盛顿，还有一次是坐火车去纽约市。巴尔的摩郡北部的城镇群，即现在的赫里福德地区，曾经就是帕克的全世界。

高中时，帕克是学校的足球明星——球技精湛，曾两次让整个郡的足球队无计可施，只能防守。帕克很受欢迎，他英俊潇洒，为人随和，似乎永远精力充沛——正因如此，他日后才能一天连续12—14

个小时参观葡萄园，完成马拉松式的高强度品酒工作。在运动场上，帕克满怀激情，意志坚定，富有竞争精神。正如他母亲所言，“为了赢，他可以连命都不顾”。在一次师生足球赛中，一位老师撞到了帕克的胸部，帕克被抬离足球场急忙送往医院。经检查，他肋骨凹陷，肺部受伤。帕克就读的是“乡下人”高中，大部分学生将来都可能是四健会[1]的农民，但他天资聪慧——学校专门为这类聪明学生提供了大学项目。简言之，不管在哪一方面，帕克都深受大家喜爱。

父母对帕克溺爱万分却也严苛至极，他们鼓励他谈论任何事情——百无禁忌。母亲总是教导他美国两大典型准则：忠于自己，忠于他人。在独生子女家庭里，父母对孩子总是百般溺爱。用帕克的话说，他和父母在“生活哲学”方面有分歧，但他和很多独生子女一样，也十分敬佩父母。在他看来，自己和父亲是“截然不同的两种人”。父亲喜欢骑摩托车，帕克不喜欢。父亲还喜欢打猎、钓鱼，用熊皮装饰办公室。他们一起打过几次猎，但帕克发现自己并不喜欢“为了猎杀的乐趣而打猎”。

如果这听上去稀松平常，那是因为它确实如此。能够预示帕克（当时因其中间名而被昵称为“道尔”，后来他的妻子和密友仍然这样称呼他）日后会成为世界顶级品酒师的唯一线索是，他那深入骨髓的自信以及坚定不移的信念——坚信自己能够追随内心的道路。

帕克在很多方面都很单纯，在爱情方面也是如此。他总是不厌其

[1] 四健会（4-H Club）是美国农业部的农业合作推广体系所管理的一个非营利性青年组织，创立于1902年，使命是让青年人尽可能地发展自身的潜力。四健（分别对应英文的4个“H”字母）代表健全头脑（Head）、健全心胸（Heart）、健全双手（Hands）和健全身体（Health）。四健会的官方标志是绿色的四叶苜蓿。

烦地讲述自己和帕特里夏·埃策尔的故事。12 岁那年，帕克认识了同岁的帕特；15 岁读高中时，帕克爱上了她；1969 年，两人携手步入婚姻殿堂；2005 年，他们已经结婚 30 多年了。帕克满怀深情地告诉我，帕特和她的家人改变了他的一生。

1959 年，帕特的父母搬到了帕克顿的一座牧场式平房——帕克和帕特现在居住的房子。帕特父母原来住在长岛[1]郊区，在那儿还有一艘船。帕特的父母不喝葡萄酒，但“他们喜欢设宴招待客人，做得一手好菜”。以前，帕克常常来接他们美丽可爱的女儿去约会，当时他就注意到了这一点。正是在帕特父母的家里，在帕特的 18 岁生日派对上，帕克喝了他日后所谓的“我自认为我喝的第一口葡萄酒”——安德烈科达克酒，这是一款嘉露酒庄生产的起泡甜酒，混合了红葡萄酒与起泡酒，在 20 世纪 60 年代中期风靡一时（虽然这款品质一般的葡萄酒后来渐渐淡出人们的视线，但它如今仍然有售；时隔近 40 年，每瓶仅售 3.99 美元）。帕克第一次喝酒的经历以失败告终。他喝得酩酊大醉，东倒西歪。帕特的父亲不得不开车送他回家。睡到半夜，帕克醒了，想吐，他跌跌撞撞地走到了一个地方，以为是厕所，便把头埋进“马桶”里狂吐，直至筋疲力尽、感到虚脱，倒头就睡了。第二天早上醒来，他发现自己把衣橱敞开的抽屉当成了马桶，全部吐在了干净的衣服上。母亲知晓后非常恼怒，帕克也不想重蹈覆辙。

1965 年，帕克和帕特高中毕业后，双双离家去上大学。帕克获得了足球奖学金，被弗吉尼亚州阿什兰的兰道尔夫-麦肯学院录取；帕特被护德学院录取，该学院是马里兰州弗雷德里克的一所女子大学。帕特身材娇小，秀发乌黑，喜欢冒险，是学校里的“明星学生”。她

[1] 纽约市东南的岛屿，西隔伊斯特河同曼哈顿岛和大陆相望，北濒长岛海峡，东、南临大西洋。

11 岁看到停靠在曼哈顿码头的轮船后，就梦想着有朝一日乘坐大客轮去欧洲。帕特专心致志地学习法语，这在后来对帕克的帮助极大。相形之下，帕克身材修长，身高 1.85 米，蓄着鬓角，留着长发，人缘非常好，但他不知道自己想追求什么。当时，除了足球和帕特，他对别的事物毫无兴趣。一年后，帕克转校到马里兰大学学院市分校，加入了兄弟会。他跟很多朋友一样，也反对越南战争。有一次，他踢足球时不幸受伤，做了膝盖手术，需要拄着拐杖走路，但他不愿意递交缓役申请表。最终结果是他收到了征召通知，一瘸一拐地去往福特·霍拉伯德[1]服兵役。因为膝盖受伤，他最终获批延期一年服役。在大学里，他并未对喝酒萌生兴趣。

1967 年 12 月，这种情况将会发生改变。帕克深爱着女朋友帕特，这促使 20 岁的他第一次踏上欧洲。那年秋天，帕特乘坐“史特丹号”轮船前往法国，去斯特拉斯堡大学读大三。那时，荷美邮轮公司的轮船将众多美国学子送往欧洲，我也曾乘坐荷美航运的七海邮轮前往欧洲。七海邮轮只搭乘学生，每晚供应意大利面和肉丸。帕特乘坐的是豪华邮轮，她还记得“邮轮上有真正的游客，还有美食”。大学生在国外留学一年的情况在当时非常罕见，对帕克而言，欧洲似乎遥不可及。打电话又贵又不方便，帕克和帕特通过几次电话，没说几句就挂了，气氛也有点尴尬；他们也通信，但帕特很少回信。帕克的父母允许他在圣诞节假期去法国见帕特，但距离圣诞节还有 4 个月。两个人联系太少，这让帕克非常苦恼。在他看来，帕特美丽动人，很像年轻的娜塔莉·伍德，一头乌黑的长发，身姿曼妙，脸上总洋溢着笑容。他非常担心帕特会在咖啡厅里偶遇温文尔雅的法国学生，被对方迷得

[1] 1918—1973 年，位于美国马里兰州巴尔的摩市的美国陆军基地。

神魂颠倒。此外，他还知道帕特的父母并不看好他们的恋情，他们希望帕特能够忘记他，再找一个男朋友。帕克下决心不让这种事情发生，于是抛开学业，赴欧洲和帕特一起外出旅行了6周。

这趟旅行对帕克意义重大，可谓他人生的转折点。如今，他仍很喜欢讲述这段经历，调侃自己当时的年少天真。他把这个故事讲了无数遍，已经变成了精心润色的爱情故事——多年来，它就像最受喜爱的家庭故事一样流传。我们坐在他满地都是葡萄酒瓶的杂乱办公室里，听他讲这个故事。帕克对往昔充满了怀念之情，对我说："我想展现最好的一面，便穿了一套崭新的三件套西装和一件白衬衣——穿成这样坐飞机有些奇怪——父亲还坚持让我擦鞋。"不幸的是，在飞往爱德怀德机场（后来更名为约翰·肯尼迪国际机场）的短途飞机上，一阵气流颠簸，咖啡全洒在西装上了，帕克的美好形象就此泡汤。这似乎是个不祥之兆。

在泛美航空公司跨太平洋航班上，帕克十分钦佩邻座的乘客，对方是一位哈佛大学学生，见多识广，游历丰富，法语流利，其父亲在巴黎工作。他得知帕克从未坐过飞机，觉得难以置信。帕克说："我感觉自己就像粗俗的埃尔默·福德[1]坐在詹姆斯·邦德[2]旁边。"此外，帕克很担心帕特，他乘坐的飞机将于晚上10点30分抵达巴黎奥利机场，帕特应该会在那里等他。飞机预计落地前一个小时左右，帕克过去几个月的忧虑涌上心头——他担心帕特不会来，担心帕特用情不如自己深。为了克服紧张情绪，他喝了几杯饮料，很快就睡着了。

帕克清清楚楚地记得，醒来一看手表，10点45分了！他从座位

[1] 埃尔默·福德，又称"爱发先生"，《乐一通》系列作品中的虚构角色，华纳的明星卡通角色；爱发先生性格憨厚，和兔八哥是一对冤家。

[2] 詹姆斯·邦德，虚构人物，是《007》系列小说、电影的主角。

上跳起来，朝着女乘务员大声嚷嚷：“该死！我坐过站了！”

女乘务员笑着说：“先生，请您不要着急，飞机与火车不同，我们绝不会让乘客因睡觉而错过目的地。”

帕克重新坐回座位上，邻座的哈佛学生一脸惊愕地看着他。随后，机长宣布，由于奥利国际机场大雾，飞机将转飞罗马。帕克绝望无比，向邻座抱怨道：“我怎么这么倒霉？我一句意大利语也不会，还对意大利一无所知。我怎么从意大利去法国啊？”

这位哈佛学生阅历丰富，他跟帕克解释说，他们只需要在罗马停留一个晚上，第二天泛美航空公司会把他们送往巴黎并承担全部费用。帕克心中的石头放下了，竟然觉得这次意外的意大利转机之旅“听起来很不错”。

帕克对罗马的第一印象就是各种各样的味道——在从机场去往市区的公共汽车上，可以闻到各种异味，尤其是从一个吉卜赛营地飘出的刺鼻马尿味，这个营地就在他们所住的拿破仑酒店附近的斗兽场旁边。他们子夜1点抵达酒店，5个小时后还要乘坐公共汽车赶回机场，一分一秒都不能浪费。帕克和几位飞机上同行的年轻人一起找了一家还在营业的酒吧。他们在漆黑的街道上闲逛，帕克闻到了各种味道，陌生的城市、古老的建筑、深厚的历史，黎明笼罩着这一切。几杯饮料下肚，帕克学会了说意大利语“里拉[1]”。

帕克的欧洲教育之旅开始了。

第二天，他从罗马飞往巴黎，此时的巴黎依然雾气弥漫。他们着陆时，甚至连停机坪都看不清。帕克不太了解状况，并不像旁边的商

[1] 意大利在1861—2002年的货币单位。2002年1月起，意大利开始使用欧元，里拉正式退出流通领域。

人那般焦虑不安。他很快发现，自己对帕特的担心毫无道理。帕特在机场睡了一晚——得知帕克到巴黎的航班改道时，已经没有回巴黎市区的车了——她一直在机场等他，仍如帕克记忆中那般美丽动人。读高中时，帕特就认为自己的男朋友是理想伴侣；如今，他一路从美国追到了欧洲，使得帕特比以往更爱他。虽然泛美航空公司拒绝透露帕克是否在乘客名单上，但她确信帕克一定会来，一定不会让她失望。

几乎人人都记得自己第一次看到巴黎时的情景，帕克的第一印象是既浪漫又惊艳。他和帕特坐地铁到特罗卡德罗广场，在那里，她让他闭上眼睛，往后退，然后逗他转身。帕克转过身，风景明信片上看到的巴黎立刻映入眼帘，埃菲尔铁塔就坐落在塞纳河上。“天呐，哇！”这是帕克对此情此景的感慨，随后很多时候他都会发出这种感慨。

帕克抵达法国的第一天，帕特带他去了一家名为阿尔萨斯的小餐馆，点了“所有我觉得很奇怪的菜”。帕特也许是试探他尝试新事物的意愿，帕克顺利地通过了测试，他满腔热忱地接受了这一切。他们点了一桶贻贝和一盘蜗牛，这两道菜他以前从未吃过。由于可口可乐太贵，一美元只能买一小瓶，帕特便让他喝一杯葡萄酒，这是帕克第一次喝干型葡萄酒。他是吃肉馅糕、喝苏打水长大的，这些味道既新奇又美好，让他眼界大开。帕克无法忘记美食、美酒的香气与风味，他想品尝一切美食——青蛙腿、法式肉酱、卡芒贝尔奶酪以及更多的葡萄酒。

第一天晚上，两人住在杜米迪酒店，一家位于巴黎拉丁区的廉价旅馆，一晚 3 美元的房费。他们的房间冰冷，地板不平，让人分不清哪些地方可以踩。他们没有脱袜子，害怕踩到什么东西。时隔 34 年，帕克天真烂漫地回忆起那晚房间窗户正下方的街道上飘来的烤栗子香味。

第二天，他们住在 5 美元一晚的多瑙河酒店，它坐落在附近的雅各布大街上，带电梯，比第一家贵，也比第一家干净。接下来几天，他们在巴黎四处闲逛，爱上了这座城市，也更爱彼此。到了晚上，他们在附近非常便宜的小餐馆吃饭聊天，一待就是好几个小时。他们会仔细地计算当天特色主菜的花销，以确保有余钱买葡萄酒。帕克一共带了 600 美元，这在当时可是一大笔钱。他们精打细算，希望多用些时日。每天晚上，他们吃的是固定价格的套餐，喝的是普通壶装的葡萄酒，没有名字，也没有酒标，只是普通产区的餐酒，多半来自卢瓦尔或博若莱地区。要是现在，这些餐酒肯定入不了帕克的“法眼”。但从一开始，葡萄酒就比其他酒更能吸引他。他注意到这些壶装的葡萄酒味道各异，还能提升食物的风味。帕克认为，葡萄酒的后劲十分温和，循序渐进；相比烈性酒，葡萄酒易让人有醉意或眩晕的感觉；相比啤酒，葡萄酒不会让人觉得肚子胀或喝得太多。帕克全然不知道该如何描述或分析葡萄酒的差异，只知道其味道极好。

20 世纪 60 年代至 70 年代初期，很多去过法国或在那里生活过的学生都认为，爱上美酒佳肴是爱上法国和法国文化的关键所在，那里的美酒佳肴比美国的更为精致，帕克也这么认为。20 世纪 60 年代中期，大型喷气式飞机——可容纳 160 名乘客的波音 707 客机——开始投入商业使用，越来越多的美国人赴法国旅行。巴黎餐厅的每张桌上都摆放着葡萄酒；在塞纳河左岸的小餐馆里，可以吃到常见的蘑菇煎蛋卷或最简单的三道菜（带烤鸡）晚餐；买一根从烤箱里新鲜出炉的法式长棍面包；从有 50 种完全不同奶酪的商店买些奶酪，然后去卢森堡公园或杜伊勒里公园享用便当。当今世界美国美食首屈一指，很难想象当时这些场景对美国中产阶级学生产生的巨大影响。

法国美食与大多数美国人从小吃惯的食物形成了鲜明对比！20

世纪50年代到60年代初期，在美国，面包是白面做的，极易压扁；奶酪通常是维尔维塔加工奶酪和包装厚重的“瑞士奶酪”——切片上有很大的孔洞；蔬菜包括冰冻的豆煮玉米、奶油蘑菇汤煮四季豆、豌豆罐头；沙拉就是把粉红色的千岛酱倒在厚厚的楔形状卷心莴苣上。餐盘上经常是牛排、汉堡或猪排，再配上烤土豆或土豆泥，偶尔会有加了肉酱的意大利面。一顿饭最重要的就是热狗，它在美国随处可见，是美国人的挚爱。所有这些菜肴，既没有龙蒿或百里香等香草的细腻口感，也没有一丝新鲜大蒜的味道。鸡尾冷虾看起来很奢华，充满了异国情调。当时，美国的甜点是红色或绿色的方块形果冻，或者是巧克力豆饼干、冰激凌等。通常，一顿饭最令人期待的是——就像帕克家里一样——美味的自制馅饼。

与美国相比，法国仿佛是另一个世界，一个更美好的国度。在法国，人们更注重感官享受，早餐时会在咖啡厅里亲吻，也懂得如何享受美好的生活。花两三个小时慢悠悠地吃一顿饭，享受各种不同的佳肴，而不是狼吞虎咽地吃下一盘肉和土豆，一边喝酒一边用餐。帕克发现这种做法“就好比用一天时间参观卢浮宫，让人显得文明又得体”。

两人与帕特父母的朋友们一起在德国度过了圣诞节。朋友们用甜葡萄酒招待了他们，可惜这酒让帕克回忆起那次喝科达克酒的经历。新年前夜，他们回到了法国，在一家名叫“餐具餐馆”（那次旅行中，他们唯一记住的餐馆名）的小饭馆里庆祝。在这6周的行程中，他们去过法国东北部的斯特拉斯堡，因为帕特就在那里上学。在斯特拉斯堡，帕克品尝了更多的美食和葡萄酒。帕特认识当地的一位医生，对方给他们介绍了很多知名餐厅，还请他们吃了好几顿昂贵的晚餐。他们品尝了上等的葡萄酒——比他们能买得起的葡萄酒好得多。显然，这位慷慨的医生兼美食家非常乐于分享自己的葡萄酒和美食知识，尤其是和想要学习相关知识的人。

葡萄酒的味道十分诱人，帕克忍不住想了解更多。他开始能够分辨葡萄酒的一些不同风味，但喝葡萄酒仅是他领略法国美食、美酒和文化的一部分。在一次去德国的短途旅行中，他吃了一种“恐怖的”水煮脑花，令人毛骨悚然，这破坏了他的味蕾印象。除那以外，他喜欢吃法国食物，也喜欢喝法国葡萄酒。

帕克世界的其他大门也正在打开。他大学的专业是欧洲历史，但对于“一战”和“二战”对欧洲造成的破坏、人们在敌军炮火和占领下的遭遇，他只有抽象的概念。现在，证据就摆在他眼前——直到20世纪60年代，这片土地上依然可以看到战争轰炸和烧毁的废墟；这些废墟从未重建，更不用说还有大量的纪念碑和墓地；公共汽车座位上写着“战争中的伤残人士”。帕克意识到自己一直过着被父母呵护的生活，对世界的了解太过狭隘。这激起了他天生的同情心，对法国人油然升起满心的敬佩之情。法国人虽然遭受了战火，但仍能够尽情享受生活的乐趣，享受美酒佳肴。

旅行期间，两人十分节俭。旅行结束回到巴黎时，帕克还剩两三百美元。他坚持说：“把这些钱都花了吧。”于是，他们去了丽都夜总会，一家位于香榭丽舍大街、很受游客青睐的高档夜店，那里有齐格飞风格[1]的歌舞美女，还有脱衣舞娘和三支管弦乐队。他们决定最后一顿晚餐要吃得好一点，于是去了马克西姆餐厅——当时举世闻名的米其林三星级餐厅，位于皇家路3号，因其奢华精美的百年装饰与制作精致的高级料理而闻名。1968年年初，马克西姆餐厅是游客必到之处，也是巴黎的顶级餐厅和烹饪圣地。同年，美国美食家韦弗

[1] 传奇性的歌舞大王佛罗伦兹·齐格飞二世创办了歌舞团，以穿着夸张的歌舞美女著称。

利·罗特也在马克西姆餐厅用过餐。罗特认为，这家餐厅聚集的多是时髦的社会名流，更多的是“各种趋炎附势之人”，他们来此不是为了用餐，而是为了竞显风采。罗特认为，虽然这里的食物“可能是顶级的”，但品质时好时坏，价格过高。帕克和帕特很快就会发现这一点，而且他们的经历还要更糟糕。

两人在入住的平价酒店里，想方设法把自己打扮得衣冠楚楚，以符合奢华餐厅的着装标准。帕特用两本书把帕克白色衬衣的领口压平整，帕克还把鞋擦得锃亮。那天晚上，他们在餐厅里拍了一张照片：帕特身穿一件黑色吊带裙，看起来年轻貌美；帕克身着三件套西装，看着非常严肃，似乎对餐桌上的食物统统不满意。但是，他们这样都没有给这家餐厅的工作人员留下深刻的印象，工作人员蔑视一切，傲慢嚣张，那个时代的法国人将这一点发挥到了极致。

晚上，他们步入餐厅就开始不顺，随后的遭遇更是急转直下。服务员把两人带到一间坐满土气游客的餐厅里。他们感觉自己仿佛被放逐到了“西伯利亚”。带他们进来的服务员可能是领班罗杰·维尔德，据美食家韦弗利·罗特描述，罗杰只要扫一眼，就能“区分上层社会的人和下层社会的人”。帕克倒是无所畏惧，向一位目中无人的服务员抱怨他们餐桌上的灯一闪一闪的。令帕克震惊的是，服务员努力修灯时，绊到脚直接摔倒在地面上，帕特和帕克忍不住笑了。食物和葡萄酒令他们非常失望。甜点的酥皮很硬，帕克拿刀用力切时，整个甜点直接从盘子上飞了出去，砸中一个经过的服务员，粘在他的裤子上了。此外，因为帕克鞋子的颜色不合规定，餐厅侍者总管甚至要求他们离开小舞池。天价账单给了他们最后一击。尽管如此，这次经历并未打消帕克对法式美食与美酒的新热情。

这一天是帕克一生中“最悲伤的日子之一”。在巴黎东站，他送帕特坐上了回斯特拉斯堡的火车，与她挥手告别。随后，他飞回美国。从此，帕克的人生被彻彻底底地改变了。他决定继续坚持做两件非常浪漫的事情：爱帕特，品葡萄酒。

回到马里兰大学，帕克迫不及待地追求自己的新爱好。法语单词“formation”意即“训练”或“塑造”，通常指个人接受正规教育或技能培训，以提升某一学科知识或培养文学与艺术等方面的品位。在欧洲，品酒师往往需要接受专业的培训或指导，并且多出身于葡萄酒行业。帕克并未接受过专业培训或指导，他最初培养自身的品酒能力时颇为随意，就是与 12 个志同道合的业余葡萄酒爱好者一起品酒并自修了一门课程。

帕克求知若渴，想掌握自己能够学会的一切东西。首先，他买了当时所有与葡萄酒有关的书籍：英国作家安德烈 · 西蒙的几本葡萄酒著作、亚历克西斯 · 荔仙的《法国葡萄酒》和新近出版的《亚历克西斯 · 荔仙的葡萄酒和烈酒百科全书》以及弗兰克 · 斯库恩梅克的《葡萄酒百科全书》。

当时，在美国品酒界，斯库恩梅克与荔仙是两位举足轻重的葡萄酒界泰斗。事实上，数十年来，他们一直致力于改变美国的葡萄酒行业，走遍美国向消费者介绍他们进口的优质葡萄酒，同时培养美国人对葡萄酒的品鉴力，这在当时均属首创。两人成长的家庭环境都与葡萄酒行业毫无关联。20 世纪 20 年代，斯库恩梅克从普林斯顿大学辍学，前往欧洲游历，开始了他眼中更具冒险性和趣味性的生活。他与帕克一样，也是在 20 岁时爱上了葡萄酒。在撰写旅行指南[1]时，斯库

---

[1] 即《每天 2 美元畅游欧洲》，这本书后来成为《弗罗默旅行指南》的雏形。——作者注

恩梅克结识了雷蒙德·博杜安——法国葡萄酒评论杂志社一位令人敬畏、很有影响力的编辑，两人经常结伴去葡萄酒产区品酒。葡萄酒作家弗兰克·约翰逊曾说，博杜安以其绝不将就的味觉和火爆的脾气而闻名，“能够大笔一挥，快速对一整批葡萄酒作出评判”。斯库恩梅克在博杜安身边学到了很多，并在黑色笔记本上有条不紊地记录下他对葡萄酒的评论。几十年后，帕克也以同样的方式记录品酒笔记。斯库恩梅克坚信，禁酒令肯定会被废除，于是计划进口葡萄酒到美国，并借助博杜安的味觉帮助自己挑选葡萄酒。

荔仙出生于苏联，后来在巴黎长大，他很早就知道喝葡萄酒的乐趣。为了替法国《先驱论坛报》[1]撰写一系列简介，他参观了法国的主要葡萄酒产区。自此之后，他确信自己未来会与葡萄酒打交道。《先驱论坛报》的编辑希望这样写葡萄酒简介可以吸引葡萄酒广告商，因为这些广告商想在禁酒令结束后开发美国葡萄酒市场。

禁酒令被废除后，斯库恩梅克与荔仙合作过一段时间，前者在纽约有一家葡萄酒商店，二人主要经营进口葡萄酒。他们预料到“二战”会爆发，也预见从欧洲进口葡萄酒将会变得非常困难，于是力捧加利福尼亚州的葡萄酒。有一次，在去往加利福尼亚州的途中，两人说服了几家酿酒厂允许他们按照酿酒的葡萄种类给葡萄酒贴酒标[2]。结果，他们贴酒标的加州葡萄酒销量迅猛增长。“二战”期间，两人都身处情报部门，荔仙向丘吉尔和艾森豪威尔供应葡萄酒。战争结束后，两人继续把优质的欧洲葡萄酒进口到美国。对葡萄酒知之甚少的消费者，往往会购买带有“弗兰克·斯库恩梅克精选”或“亚历克西斯·荔

[1] 后来更名为《国际先驱论坛报》。——作者注

[2] 他们创造了“品种酒”（varietal）一词。——作者注

仙精选”酒标的酒。荔仙温文尔雅，能说会道，非常擅长推销葡萄酒。有一次，他建议威斯康星州州长建一个酒窖，最终结果是：他为州长挑选葡萄酒，还在威斯康星州卖掉了数千瓶葡萄酒。斯库恩梅克则凭借在《美食家》和《纽约客》上发表的文章，作为美食家崭露头角。据称，他的著作《德国葡萄酒》给德国总理康拉德·阿登纳留下了深刻印象；他还将这本书中推荐的葡萄酒作为礼物，送了一箱给艾森豪威尔。荔仙成为著名的法国葡萄酒专家，被称为“葡萄酒教皇”；他购买了一座波尔多酒庄，最终获得法国荣誉军团勋章。帕克如饥似渴地拜读他们的著作，有时甚至会读两三遍，就像是临时抱佛脚准备大学考试一样。

帕克还成立了葡萄酒品酒小组，从兄弟会和自己所在班级中招募感兴趣的学生。他回忆说：“那个时候，大家敢尝试任何事物——说不定我还可以找到愿意品尝金盏花的人。”不久，他就招募到五六个正式成员，时而还有一些新面孔出现在品酒会上，他们多半是慕名而来。帕克明令禁止在品酒会上吸烟。他对组织品酒会一无所知，但敏锐的嗅觉告诉他，强烈的气味会影响葡萄酒的口感和香味。在品酒小组里，没有人想过要像专业人士一样吐酒。帕克每个月都品尝几次葡萄酒，他感觉一大乐趣是“让人觉得无比兴奋”。

小组成员每人捐助几美元，作为买酒的预算。如今看来，那笔预算实在少得可怜。但是，普通的罗纳河谷和博若莱葡萄酒非常便宜，优质的勃艮第葡萄酒花 5 美元就可以买到，顶级勃艮第很少会超过 10 美元或 15 美元，这些是大家都想品尝的葡萄酒；他们认为，波尔多葡萄酒太过奢侈。偶尔，品酒小组也会品尝加州葡萄酒，但没人真正对其感兴趣。他们品的多数葡萄酒都是壶装的，比如售价约 1 美元一壶的爱玛登山红葡萄酒。伊哥路庄园北海岸勃艮第葡萄酒，1.5 美元一瓶，品质略优，年份略好。这些葡萄酒帕克都买过。他认为“马里兰州没有真正的葡萄酒商店”，便常常去华盛顿的大型葡萄酒商店买酒，比如，皮尔森酒品商店和中央酒品商店（这里价格最低）。

华盛顿会集了世界各地的人，包括外国大使，家境殷实、游历甚广的政府官员等群体。这里是葡萄酒爱好者的聚集地，当地葡萄酒商店品种繁多、价格合理。马文·斯特曼是位于乔治城的卡尔弗特酒品商店的老板，他购买了 1961 年——波尔多的极佳年份——的每一款特级波尔多葡萄酒，每款大约 100 箱，并且全部售罄；另一家较好的葡萄酒商店是阿迪·巴辛的麦克阿瑟酒品商店（现为麦克阿瑟饮品商店），它于 1958 年 3 月开始营业，当时已有十年历史。这两家葡萄酒商店对帕克的未来至关重要。

品酒小组的目的是取乐，而非研究葡萄酒。随着品酒小组的发展，有成员退出，也有成员加入。很显然，帕克对待品酒小组非常认真，他很快成为一名早期葡萄酒爱好者。他小心翼翼地将瓶子摆放整齐，专心致志地逐一品尝，竭尽全力地分辨每种葡萄酒给他留下的不同印象。他越来越清楚地认识到，自己的嗅觉和味觉比其他人的更敏锐。谈到葡萄酒时，他能够高度集中注意力，但做其他事情时他无法这样专注。品尝葡萄酒时，帕克会一边尝酒，一边“看”酒，仿佛味道、香味和质地都是有结构的。为了准确地把握自己对每种葡萄酒的看法，他用简洁的语言和简短的话语写下品酒记录，但他几乎不知道自己该探索些什么。阅读有关葡萄酒的书籍用处不大，里面描述的都是产区和酒庄中引人入胜的历史细节、葡萄园和葡萄酒产量的数据统计、最佳年份排名以及传统葡萄酒生产商评级，但并没有描述葡萄酒味道的不同之处，而这才是帕克真正感兴趣的地方。葡萄酒作家则热情洋溢地谈论葡萄酒的味道，但常常将其比作女性。为了解释两家波尔多一级酒庄之间的差异，荔仙引用了拉图酒庄管理者保罗·加德雷的话，“拉菲是苗条优雅的雷加米埃夫人[1]，拉图更像是鲁本斯[2]画中的女主角”。安德烈·西蒙的葡萄酒著作对帕克也没什么帮助。西蒙将年轻的玛歌酒庄描述成一位“15 岁的少女，但她已经成了伟大的艺术家，踮着脚尖慢慢走出来，出来时还行了个屈膝礼，一脸稚嫩却不失优雅，还有一双会笑的蓝色眼睛”。有时，作家也会提到葡萄酒的精致和很好的陈化或“土壤的味道”（风土），或者称博若莱葡萄酒为“美女”。帕克对此非常失望——这些内容如何能帮助你决定是否购买某款葡萄酒呢?

帕克从法国归来后，继续在大学完成学业。当时，他住在校外的公寓，很难把品酒小组聚集在一起，但他仍然坚持不懈。维克多·雨果·摩根罗斯是品酒小组的成员之一，他想要成为一名毒理学家。帕克回忆说，摩根罗斯是“一位非常非常优秀的品酒师”，对待葡萄酒非常认真。这点与帕克如出一辙，两人很快就成了朋友。摩根罗斯喜欢德国葡萄酒，帕克却不喜欢，但他们一致认为很多著名葡萄酒名不副实。最令他们失望的当属拉菲·罗斯柴尔德酒庄在 1957 年或 1958 年酿造的一款葡萄酒——帕克记不清具体是哪一年——他们花了 12.5 美元的大价钱买的。当然，与现今的拉菲价格比起来，这个价格一点都不贵（作为波尔多一级名庄，起步价 150 美元一瓶），但两位数的价格对于品酒小组而言可是一大笔钱，所以他们的期望很高。他们翻阅了几本书，查看了这座酒庄 300 年的辉煌历史。他们了解到该酒庄坐落在波亚克最高的土丘之上，葡萄园优良，沙砾质土壤使拉菲葡萄

[1] 19 世纪初，法国上层贵族社会中一位银行家的太太，在当时的法国文化界有着较高地位，许多人为她倾倒。

[2] 彼得·保罗·鲁本斯（1577—1640 年），17 世纪佛兰德斯画家，早期巴洛克艺术的杰出代表人物。

酒具有非凡品质与复杂性。据说，这座酒庄是18世纪时杜巴利伯爵夫人最喜欢的酒庄。了解了相关知识后，他们品尝了这款葡萄酒——味道简直糟透了！

帕克询问品酒小组成员的看法：“你们都和我的评价一样吗？”摩根罗斯惊呼道：“是的！这味道像猫尿。”所有人都表示赞同，这酒太酸、太难喝了。帕克回忆道：“如果仅是我一个人品尝这款葡萄酒，那可能是我自己的想法，但当时大家的反应是一致的。”每个人都很气愤。

1957年和1958年均是波尔多的极佳年份。帕克并没有想到，这也许是一瓶坏掉的干红葡萄酒，也可能是因为储存不当。他当时的想法是，人们或许对拉菲这类名庄赞誉过高，名庄也可能会因为声誉远播而不思进取。

1969年夏天，帕特从护德学院毕业后，她和帕克在芒克顿的一座古老砖瓦教堂里举行了婚礼。帕克刚满22岁，帕特比他小10天，仍是21岁。帕克知道，帕特的父母并不乐意把他们家的“骄傲和喜悦”嫁给“这个农场男孩”。帕特父母家里接待了150位亲朋好友，结婚庆典现场氛围有点阴晴不定。没有香槟，没有任何葡萄酒，也没有摄影师记录这幸福美好的时刻。新婚夫妇很快就离开了，他们在海滩度过了5天，随后飞往欧洲度过了为期4周的蜜月，在里斯本、马德里、巴黎和伦敦各待了一周，这是帕克父母送给他们的新婚礼物。

帕克想趁机提升自己的葡萄酒知识水平，但是智齿发炎脓肿破坏了他们在海滩上的幸福时刻。智齿拔掉后，止痛药让帕克变成了“僵尸”，也让他在刚到里斯本的那几天无法饮酒。在里斯本的剩余时间里，这对夫妇尽情地享受海鲜与水果，还喝了冰镇的桃红葡萄酒，它有点像甜酒，又有点像起泡酒，这是他们唯一能喝到的葡萄酒。他们所喝的最受大众认可的葡萄酒——蜜桃红——在20世纪60年代的美国广受欢迎，尤其是在大学校园。

在接下来的旅行中，没有什么特别的餐厅或葡萄酒给他们留下深刻的印象。可以肯定地说，他们没有去高档餐厅，也没有喝上等葡萄酒，因为他们随身携带了一本20世纪60年代的穷游指南——亚瑟·弗洛默所著的《5元一日欧洲游》，他们严格遵循书中的建议。

旅行结束回到美国的第二天，帕特就开始在当地的一所公立高中教法语，年薪6900美元，这是他们唯一的收入来源。次年，帕克才能从马里兰大学毕业。他各方面能力得到了很大提升，但他还是不知道将来想做什么。夫妇二人住在马里兰大学学院市分校校外的一个大型地下室，那里有足够的空间放置乒乓球桌。他们有一个酒窖，里面有100瓶葡萄酒，就放在客厅的临时置物架上，这个架子是用砖和木板搭建的。帕克坚持将公寓室内温度调成低温，即13摄氏度，他从书本上看到这是储存葡萄酒的最佳温度。帕克很怕冷，在这么低的温度下，他不得不穿着毛衣在公寓里走来走去。为了攒够钱准备夏天的欧洲之旅，这对年轻夫妇靠蔬菜汤、热狗、通心粉和奶酪度日。他们的日常预算非常紧张。帕特在学校的午餐通常是一瓶可口可乐，从自动售货机购买的花生酱和奶酪饼干，还好咖啡是免费的。他们结婚当年年底，帕特只有90斤重——只有吃不饱的学生才会这样。但有一项例外，他们买了很多优质葡萄酒，每晚都喝。

在帕克的首批收藏中，品质最好的是一瓶1966年份的威菲庄园黄金坡红葡萄酒，产自罗纳河谷北部。这是帕克最喜欢的葡萄酒，是他在一次品酒会上发现的。在品酒会上，“这款酒让人们惊叹不已”，但没有人真正了解它（品酒会上，有些人认为其发音是“koh-teerohtee”）。在美国，当时罗纳河谷并没有像波尔多或勃艮第那般声名远播。后来，帕克评论，黄金坡红葡萄酒是一款“诱人的、口感丰腴的佳酿”，即便“没有品酒经验，也能够品鉴”。在一定程度上，帕克使这些葡萄酒重新受到了大众的青睐。

帕克还喜欢一款博若莱葡萄酒，它产自风车磨坊产区的德斯雅克酒庄。他认为这款酒“品质非凡”。风车磨坊是博若莱的顶级产区，以其深度和饱满著称。德斯雅克酒庄酿制了许多特酿，这些特酿和黄金坡红葡萄酒在帕克家里都有。帕克从不用年份来定义葡萄酒的好坏，他的理念是“只要好喝，我就喝”。这对夫妻常常热情地招待客人——给客人准备丰盛的食物，而不是他们日常吃的通心粉和奶酪，夫妻俩非常慷慨，随时准备为客人添酒。事实上，葡萄酒已经成为帕克生活中不可或缺的一部分，他“开始以别人是否喜欢葡萄酒为交友标准”。如果他们不喜欢葡萄酒，帕克就不想与他们有过多交集。帕克说：“有时候，这确实是个问题。”然而，帕特开始抱怨他们在葡萄酒方面的花销过大，公寓的温度过低。她还年轻，深爱着帕克，也愿意忍受很多，但争吵总是难免的。

解决争吵最简单的方法就是帕克找一份工作。对帕克而言，这种选择似乎前景黯淡，于是他申请去法学院深造。他对法律并不是特别感兴趣，但当时成为律师改变世界的想法非常盛行，他认为这么做至少可以 3 年后再决定以后干什么（那时，他从未想过进入葡萄酒行业）。1970 年 6 月，帕克从大学毕业了，获得文科荣誉学士学位，主修历史，辅修艺术史，他打算在当年秋季进入马里兰大学法学院学习。

那年夏天，帕克和帕特去欧洲旅行，他们第一次去了葡萄酒产区。当时，雷诺汽车公司有一个项目，游客可以在雷诺工厂买一辆汽车，旅行结束时再把车卖给工厂，他们签约了该项目。

在去往西班牙海滩的途中，夫妻俩驱车前往波尔多，在那里逗留了几天。帕克没有提前预约酒庄，以为“敲敲门”就可以进入任何酒庄。他们开车沿着贯穿梅多克的主路D–2向北行驶，迫切地寻找自己认识的酒庄名称。他们的眼前掠过一座座葡萄园，葡萄园前面是低矮的灰色石墙和宏伟庄重的酒庄，给他们留下了深刻的印象。“嘿，我知道这个名字，我就去这个酒庄吧！”帕克一路都这么说，随后，他们把车停在酒庄的办公楼前面。他们的第一站是力士金庄园，它位于玛歌村北部，庄主是一群爱好葡萄酒的美国人，亚历克西斯·荔仙便是其中一员。力士金庄园和荔仙的荔仙酒庄，是梅多克首批设立欢迎游客标志的酒庄。在帕克必去的庄园中，力士金庄园名列前茅，原因是他曾品尝过该酒庄一瓶1966年份的葡萄酒，认为这酒“味道极佳，复杂度很高”。

帕克不耐烦地催促帕特说：“你就告诉他们，我很喜欢他们的葡萄酒，问问我们能不能参观他们的酒庄，品尝葡萄酒。”在那个年代，很少有游客到访法国葡萄酒产区的酒庄。那些酒窖主管（负责酿酒和管理酒窖的人）显然被这位美丽动人的年轻美国女孩吸引了，她法语流利，简直无可挑剔。帕特一边和他们聊天，一边把他们迷得团团转。帕克一心想品尝葡萄酒，很快，他就拿着一个玻璃杯，等待酒窖主管用玻璃吸管把酒从酒桶里吸出来——这还是新酒，味道酸涩却香味浓郁。主管把酒一滴一滴倒进帕克的玻璃杯中。帕特得知酿造细节后，就翻译给帕克听。正是这种酿造工艺造就了这些奇迹。帕克回忆说，他们一共参观了十几家顶级酒庄，酒庄里的工作人员对他们“非常友好和亲切”，拉菲和拉图等一级酒庄的工作人员亦是如此。没有人拒绝他们品尝葡萄酒的请求。帕特法语流利，为人热情，性格迷人。帕克知道，这是他们受到热情接待的主要原因。

帕克想看看他在书上读到的那些地方是什么样的，于是驱车穿过了波尔多所有重要的葡萄酒产区。他和帕特发现了四周都是围墙的中世纪村庄圣爱美隆，村庄周边都是葡萄园，风景如画。他们甚至拜访了附近波美侯的柏图斯酒庄，该酒庄受到美国民众的强烈喜爱。然而，帕克当时还没那么沉迷于葡萄酒，也不想花一整个夏天参观葡萄酒产区，于是他们去了海滩。

他们从欧洲回到美国后，法学院就要开学了。9 月上课的第一天，帕克惊讶地意识到，“其他学生对待学业非常认真”。相比之下，他觉得自己几乎就是走过场。后来，他只去有教授出席的课堂，为此得到了一个绰号——“幽灵”。帕克是个夜猫子，喜欢熬夜看迪克·卡维特的电视节目，然后经常睡到中午。他记得，除了“水门事件”[1] 的法律顾问塞缪尔·达什教授的“利益冲突”这门课程，其他大部分课程都很无聊。当时，消费者运动[2] 正在兴起，拉尔夫·纳德的“纳德突击队员”[3]是由年轻人组成的工作组，他们揭露的一系列事件都成了新闻热点，也给帕克留下了深刻印象。

帕克与班上其他学法律的学生不同，他不想暑假都去律师事务所工作。他说，教授和学校的朋友们都认为他“疯了”，但他认为他们才是真的疯了。他推断，这些人毕业后都会成为年轻的律师，拼命工

---

[1] 水门事件是美国历史上最不光彩的政治丑闻之一。在 1972 年的总统大选中，为了取得民主党内部竞选策略的情报，1972 年 6 月 17 日，以美国共和党尼克松竞选班子的首席安全顾问詹姆斯·麦科德为首的 5 人闯入华盛顿水门大厦的民主党全国委员会办公室，在安装窃听器并偷拍有关文件时，当场被捕。

[2] 消费者运动是兴起于西方发达国家，以解决消费者问题和更好地维护消费者群体根本利益为宗旨的一场社会运动。美国消费者运动正式兴起于 20 世纪 60 年代，由最初自发分散的行动到自觉有组织的行动。

[3] “纳德突击队员”是民间专门调查政府部门腐败问题的组织。

作，整天累得像狗一样，每年再也不会有两个月时间去看看外面的世界。帕克则打算好好利用暑期自由时间，参观更多的葡萄酒产区。

接下来的两年暑假，夫妇俩依旧选择赴欧洲旅行。他们轻装简行，住廉价旅店，却精心地挑选餐厅，仔细地查看菜单。他们一如既往地喝葡萄酒。帕克回忆说：“我们每晚都喝得很开心，很尽兴。”帕特记得，两人渴望了解和体验一切事情，每天都尽可能多去一些地方——“至少三座博物馆和一座大教堂”。1971 年，他们第一次到了勃艮第和罗纳河谷的酒庄。以前阅读葡萄酒相关书籍时，帕克就被普罗旺斯和阿维尼翁深深地吸引了，来到这两个地方，他才初次了解到教皇新堡产区酒体饱满的葡萄酒。帕克立刻爱上了这种葡萄酒，教皇新堡也成了他最爱的法国葡萄酒产区。

这次旅行比他预想的更加刺激。首先，他们在西班牙一家脏兮兮的诊所注射霍乱疫苗，注射时非常痛，但这是再次入境西班牙所必需的，因为隔海相望的摩洛哥正在爆发流行病。其次，他们选择了一个更加自由的入境点，但帕克因不愿意剪掉他的长发，夫妇俩便无法入境摩洛哥。像往常一样，帕特出面说服了出入境官员。最后，他们遭遇了摩洛哥政局不稳所带来的后果。1971 年 7 月 10 日，摩洛哥国王哈桑二世举行了盛大的生日宴会，一群政见不同的军官突然袭击宴会，16 千米外，数百名叛乱分子袭击了广播站、军队总部和内政部。这次未遂的政变十分血腥，导致 92 人遇难，最后以失败告终。3 天之内，10 位领导层人物又被行刑队处决。帕克和帕特对此全然不知，他们正在从丹吉尔前往马拉喀什的路上，突然发现前面有一排路障，由手拿机关枪的警察操控。

法国仍然吸引着这对夫妇，但他们也到访了其他葡萄酒产区——西班牙的里奥哈、意大利的皮埃蒙特和托斯卡纳。当时，葡萄酒并非帕克唯一感兴趣的东西，他对摄影也有着同等强烈的热情和专注。在欧洲之旅中，他会开车好几千米，花数个小时按照想要的方式设定镜头。有一次，在和帕特吃午餐时，帕克把三脚架摆在雅典卫城的前面，另一个摄影师移动了他的三脚架，抢占了他选择拍照的位置，帕克便和这个摄影师打了一架（帕克意志坚定，最终赢了）。令人惊讶的是，他从未拍摄过酒庄或葡萄园的照片。后来，他猜测这大概是因为酒瓶中的味道才是葡萄酒的灵魂，而不是葡萄园、酒庄或酒标的样子。

1973 年夏天，帕克没有去欧洲旅行，相反，他在拼命准备律师考试。他一直都不是那种非常勤奋的学生，非常担心考试失败。令他惊讶的是，他竟然第一次考试就通过了。为了庆祝考试通过，也为了庆祝美好的未来，夫妇俩打开了一瓶 1964 年份的唐培里侬香槟王和唯一一瓶杏仁酒，他们还去了加拿大的蒙特利尔和魁北克，在讲法语的环境中度过了一小段时间。作为毕业礼物，帕克的父母送了他一箱拉菲·罗斯柴尔德酒庄的葡萄酒。帕克回忆说，收到这份礼物时，他欣喜若狂，因为他“知道酒庄的声誉，也知道 1970 年份的葡萄酒品质极佳”。

帕克憎恶法学院同学之间的残酷竞争（他有一些课程没上，但朋友拒绝分享课堂笔记），憎恶竞争激烈的氛围。要想成为律师事务所的合伙人，每天需要工作很长时间——这些对他丝毫没有吸引力。帕克说，《银行法》可能会让人更轻松一点。1973 年秋，他在巴尔的摩的农业信贷银行开始了法律职业生涯。他最担心的是自己不能早晨 7 点起床，事实证明这种担忧毫无根据，他总算是松了一口气。他起先对《破产法》和《商业法》的工作很着迷，但很快就厌烦了。

事实上，帕克发现，葡萄酒比法律的任何方面都更加有意思。他想要知道谁酿制了最好的葡萄酒，为什么他们酿的葡萄酒就比邻居的更好。到目前为止，他确信自己是一个合格的品酒师，认为这是由于自己专心致志，而不是任何天生的能力。他开始系统地训练大脑隔绝气味的能力。走在巴尔的摩的街道上，他会练习识别那些与葡萄酒相似的气味："那是融化的沥青，那是炎热的夏天，那是废气，那是腐烂的垃圾。"他尽己所能，阅读一切跟葡萄酒有关的东西。在周三去办公室的路上，他总会携带《华盛顿邮报》，阅读美食编辑威廉·赖斯撰写的葡萄酒专栏。他继续组织品酒小组，经常和朋友维克托·摩根罗斯见面品酒。只要一有机会，他和帕特就会去欧洲。

葡萄酒已成为帕克全身心投入的兴趣，但他不知道如何让葡萄酒成为自己人生的一部分。

第二章

葡萄酒热潮与其他罗伯特们

“未来著名的葡萄酒评论家”罗伯特·帕克，如饥似渴地阅读更多有关葡萄酒与品酒的著作。同期，美国葡萄酒与美食格局正在迅速发生变化。美国“婴儿潮”的一代人，很多都在法国对美食有所顿悟，回国后决定学习更多的相关知识，帕克便是其中之一。很多美国人对美食极度痴迷，放弃了最初的理想，彻底扭转了人生方向：有的开餐厅，有的在酒庄工作，有的成为葡萄酒进口商，有的满怀热情地为报纸撰写自己的经历——只要报纸愿意发表他们的文章。简而言之，他们纷纷变身“传教士”，传播一种新的理念。

帕克向新世界的大门迈出了第一步，他选择的时机至关重要。葡萄酒行业开始繁荣发展，葡萄酒恰好又是帕克的新兴趣所在，这意味着他有更多的机会去品尝，也有更多的途径去学习相关知识。20 世纪 70 年代后期，人们对葡萄酒的热情普遍高涨，帕克准备将所学教给那些比他懂得少且渴望指导的人。当然，实际情况要比这复杂一些。

20 世纪 60 年代至 70 年代初期，美国人对美食和葡萄酒的迷恋存在差异。对美食充满热情的人，不一定也迷恋葡萄酒，反之亦然；美国西海岸地区与东海岸地区的葡萄酒爱好者和作家之间也存在分歧，西海岸开始崇尚加州葡萄酒，东海岸则以欧洲葡萄酒——尤其是法国葡萄酒为尊。

20 世纪 60 年代初，美食鉴赏的热潮率先来袭。朱莉娅·查尔德拉开了序幕。查尔德的成长背景与帕克的截然不同，她出身于加利福尼亚州帕萨迪纳的一个富裕家庭，就读于精英子弟云集的东部学校。然而，在法国与帕克类似的经历给她带来了灵感。她去法国的时间比帕克早得多，当时的经济和社会条件也更为复杂。1948 年，查尔德的丈夫保罗被美国新闻署派往巴黎。他们在法国吃的第一顿饭是“一盘牡蛎，接着是法式干煎比目鱼和一瓶浅色夏布利酒”，这释放了她的“灵魂与精神”。在鲁昂[1]的拉库罗讷餐厅里，黄油和葡萄酒的香味陪伴了查尔德 50 多年。与帕克一样，她踏上求知之路，还制定了两个目标：学习烹饪知识，去巴黎蓝带厨艺学校求学。查尔德希望将法国精湛的烹饪技术引入美国，这促使她出版了《掌握烹饪法国菜的艺术》，这本书是她和在烹饪学校里结识的两位法国搭档合著的，同时也促使她制作了广受欢迎的电视节目《法国厨师》(于 1963 年首播)。时任美国第一夫人的杰奎琳·肯尼迪，带了一位法国厨师和很多葡萄酒到白宫。杰奎琳的时尚感很强，让包括夏尔·戴高乐在内的法国人和美国人都赞叹不已；正是由于她，人们对法国事物已有的狂热开始释放并盛行开来。

胸怀抱负的美食家们目不转睛地盯着电视，屏幕上查尔德正在展示如何做法式烤鸡。大意是，抹上厚厚的黄油，放入一些大蒜，任何人都可以做。当时，查尔德的节目非常火爆，据说她在电视上做西蓝花时，电视台 300 千米范围内的西蓝花会全部售罄。这档节目开始改变美国中产阶级的烹饪方式——精致的法国料理，以前是权贵阶层的专属，现在任何人都可以学会烹饪。罗伯特·帕克登上舞台之时，查尔德已经成为名人与美国偶像。

---

[1] 法国西北部城市，滨海塞纳省（76 省）的省会及诺曼底大区的首府。

另一位著名的美食革命家爱丽丝·沃特斯也是一位美国人，她在法国上大三时，对法国葡萄酒和食物的味道感到震惊。20 世纪 60 年代中期，沃特斯爱上了法国普通劳动人民爱吃的小餐馆饭菜，既便宜又美味。在她看来，这种极度注重美酒佳肴的生活方式与文化非常浪漫。她发现法国的食物才是真正的美味，完全不同于平淡乏味的美国食物。食物和酒能够“滋养内心和灵魂”，这是她在布列塔尼地区[1]一家古老的乡村小酒馆里的感悟。在这个地方，她吃到了刚刚从外面的河里捞起来的鳟鱼，还尝到了用花园里的水果做的树莓塔。与很多美国人一样，她想将这份经历、这种生活方式带回美国，并决心让那种感悟融入她未来的生活。为此，沃特斯放弃了最初的计划——成为像蒙台梭利[2]一样的老师。1971 年，她开了一家餐厅——“潘尼斯之家”。她的目标是把这家餐厅打造成“美国版”的“布列塔尼地区小餐馆”，希望每个顾客都能拍手称赞厨师，对食物赞不绝口并称之为“人间美味”。

这两个故事具有典型的“美国特色”：如果你在其他方面受到了启发，你没有理由不去改变生活，去追随你的新方向，去追寻你的新梦想。是的，你没有在餐厅里长大，你从小没有接触过葡萄酒，仅仅上周才学了点儿皮毛，但这并不意味着你不能走进新世界，并将其变成自己的世界。罗伯特·帕克的经历亦是如此。

此后十年，主流媒体大肆宣扬烹饪的趋势逐步兴起。

---

[1] 法国西部的一个地区。

[2] 玛利娅·蒙台梭利（1870 年 8 月 31 日—1952 年 5 月 6 日），意大利幼儿教育家，女权主义者，蒙台梭利教育法的创始人。

早在托马斯·杰斐逊[1]时期，一小群富有的美国人就开始喝葡萄酒，吃山珍海味。19世纪80年代，一位赴美国旅行的英国人注意到，“只有百万富翁家中才有优质葡萄酒酒窖，此外，在美国其他地方很少见，更不用说普通家庭。这里不像英国，酒窖在普通家庭中随处可见。”19世纪末期，美国“内战”[2]后涌现了一批发家致富的新贵，对他们而言，法国葡萄酒，特别是香槟，是社会地位的重要象征。美国大亨约翰·皮尔庞特·摩根[3]的酒窖中藏有1.1万瓶葡萄酒，他在1911年辞世之前，一共喝了3000多瓶波尔多葡萄酒。在美国禁酒令实施期间，很多人仍继续饮用进口葡萄酒，例如作家厄普顿·辛克莱的叔叔约翰·伦道夫·布兰德。布兰德预料到美国会颁布禁酒令，非常明智地购买了6000美元的葡萄酒并存储在酒窖中，支撑他熬过这段时日。

禁酒令被废除后，安德烈·西蒙来到纽约，打算扩大他最近成立的国际佳酿和美食协会的特许经营权。他发现，美国上层社会和中产阶级都非常渴望加入，该协会的国际分支机构很快就遍布纽约、芝加哥、旧金山、洛杉矶和新奥尔良。这些人习惯西装革履地出入歌剧院和宅邸，习惯享受精致的晚餐，他们认为，参加该协会既可以社交又可以涨点儿知识。正儿八经的葡萄酒爱好者，最终选择加入了波尔多名酒协会和品酒小银杯骑士会等组织，大多数还订阅了1941年创刊的《美食家》杂志。此时，美国即将参加“二战”，推出美食杂志颇为不合时宜，但是富裕的精英人士很快就成为该杂志的忠实读者，在

[1] 托马斯·杰斐逊（1743年4月13日—1826年7月4日），美利坚合众国第三任总统（1801—1809年）。
[2] 即美国南北战争（1861年4月12日—1865年4月9日）。
[3] 约翰·皮尔庞特·摩根（1837—1913年），美国银行家。

接下来的25年里，该杂志主要以一种浪漫的方式称赞以往的美食。

20世纪50年代中期，一项针对葡萄酒态度的市场调研发现，90%的公众认为餐酒并非普通人可以饮用——只有富人或外国人才能享用，葡萄酒仍是一种奢侈品。整个20世纪50年代，美国中产阶级竞相创立了越来越多的廉价快餐店，麦当劳、肯德基几乎随处可见；他们还热情洋溢地迎接嘉露酒庄首款流行葡萄酒“雷鸟和涟漪”以及后来的科达克酒。当时，来自地中海国家的新移民的餐桌上也有葡萄酒，但直到20世纪60年代，优质葡萄酒的主要消费群体仍是富人。在旧金山的几家品酒俱乐部里，日后的葡萄酒繁荣初见端倪；在其他地方，甜酒常作为餐酒，与烤牛肉一起食用。

1968年，帕克从欧洲回到美国后，组建了品酒小组。这一年，干型日常餐酒的销量首次超过加强型甜葡萄酒。美国葡萄酒市场的繁荣景象即将拉开帷幕。

似乎人人都在喝葡萄酒。20世纪60年代后期，葡萄酒的消费量以每年10%的速度增长；在1960—1973年，消费量增长了一倍以上。就连从未想过要喝葡萄酒的人，也纷纷在买酒、品酒。酒类商店的畅销品包括美国壶装葡萄酒，如爱玛登山红葡萄酒，售价仅1美元。更便宜的嘉露友好红葡萄酒以及口味甘甜的葡萄酒，如里乌利特蓝布鲁斯科起泡酒，1967年专为美国人的口味而推出（到1984年，每年销售达1.3亿瓶）。美国人对优质干型葡萄酒越发感兴趣，他们向欧洲，特别是法国，寻求更优质的葡萄酒。在美国东海岸，人们对葡萄酒很挑剔，要求必须是法国进口的；在西海岸，有些人虽然知道纳帕谷和索诺玛也能酿造一些优质葡萄酒，但仍认为法国葡萄酒是不可逾越的巅峰之作。

十年前，法国人几乎看不上美国葡萄酒市场——与其他国家相比，从法国出口到美国的葡萄酒数量少得可怜。英国市场和比利时市场都重要得多，那里每年从法国进口大量葡萄酒。1959 年，波尔多葡萄酒大丰收，波多尔“世纪之年”的报道传到美国，成为热点新闻，这是预示未来美国市场将发生逆转的第一条线索。当年 10 月初，阿尔特·巴克沃德布在多家报纸发表专栏；一个月后，《时代周刊》与《新闻周刊》上发表的文章，都共同指向 1959 年确实是“世纪之年”。果不其然，大城市对葡萄酒的需求剧增，致使价格一路攀升。一位英国葡萄酒商写道：“波尔多人突然意识到他们不仅可以漫天要价，还不必承担任何责罚。”七个半世纪以来，英国人一直是波尔多顶级葡萄酒的最大买家；但 1959 年，美国人第一次接替了“这一历史角色，成为顶级葡萄酒买家，也成为价格决定者”。现在看来，当时的价格上涨并非高得离谱——拉菲葡萄酒从一箱 75 美元增至 85 美元，再至 90 美元——但这只是日后价格螺旋式上升的开端，价格再也没有回落到曾经被认为“合理”的水平，英国人指责这一切都是美国人的错。

下一个“世纪之年”是 1961 年，这个年份更值得称赞。报纸上关于此次“世纪之年”的文章铺天盖地，加上大众炒作，波尔多葡萄酒价格一路飙升，创下新高。天气原因造成了 1961 年的葡萄酒产量较少。华盛顿的一位葡萄酒零售商说道：“葡萄酒就是供需法则。20 世纪 50 年代初，法国人生产的葡萄酒根本卖不完。当他们看到供给不足时，葡萄酒的价格才会真正开始上涨——1961 年正是如此。”

美国人有钱，现在对葡萄酒萌生了兴趣。这是一个巧妙的组合。美国人最感兴趣的是拉菲等一级名庄和英国人曾经最爱的葡萄酒，因此对波尔多市场的影响举足轻重。罗曼尼-康帝酒庄的高价勃艮第葡萄酒，也在美国酒窖中找到了归宿。许多英国葡萄酒商习惯以更低的价格购买葡萄酒，他们很想知道，如果美国市场的葡萄酒消费增长出现了问题，局面将会怎么样。当时，葡萄酒国际市场的价格高昂，如果美国人退出，国际市场必定崩盘——除了美国人，还有谁会愿意在葡萄酒上一掷千金呢？

这一切表象背后的逻辑，法国人似乎一无所知。他们对待美国人的态度中夹杂了傲慢与贪婪。他们四处传播贬低美国人的笑话与故事，以此证明美国人对葡萄酒一窍不通。他们坚信，美国人的钱包和银行账户里有着数不完的钱，满心欢喜地期盼着大赚一笔。此时，葡萄酒价格便上涨了。同期，众多像罗伯特·帕克这样的美国人，正在积极主动、满怀热情地自学葡萄酒知识，他们的学习方式也是法国等国家前所未有的。正如尼古拉斯·费斯所言，十年之内，品尝葡萄酒、比较葡萄酒、讨论葡萄酒，“席卷美国社会各个阶层，远远超过了葡萄酒最近200年在英国甚至在法国的传播”。法国人一直奉行沙文主义[1]，自认为法国葡萄酒举世无双，直至20世纪60年代末，他们才幡然醒悟。他们从未想过美国的葡萄酒爱好者可能会去别处寻找葡萄酒，也从未考虑人们对新葡萄酒的狂热会取代对传统葡萄酒的渴望。

1969年，波尔多葡萄酒的销量涨幅高达50%。1970年之前，人们都在谈论美国的葡萄酒消费量正在急剧增加。波尔多另一个葡萄酒年份，1970年，被炒作为波尔多的“世纪之年”。该年份的葡萄酒品质上乘，但产量较大。阿卜杜拉·西蒙负责替奥斯汀·尼科尔斯购买优质葡萄酒。西蒙举止逢迎、为人精明、善于算计，曾大量买进1966年份和1967年份的葡萄酒，赚得盆满钵满。这次，凭借新的激进营

[1] 一般都是对自己所在的国家、团体、民族感到骄傲，看不起其他国家、民族和团体，是一种有偏见的情绪。

销策略，他选择了1970年份的葡萄酒。西蒙邀请一位年轻的英国人杰拉尔德·阿舍来帮他，阿舍后来成为《美食家》杂志的葡萄酒专栏作家。西蒙身带支票，驱车穿过波尔多产区，大量采购葡萄酒。他打算刺激美国人，让他们甘愿以购买期货的方式购买仍装在桶中的葡萄酒，即期酒。这意味着消费者先向零售商付款预订葡萄酒，在两年之后葡萄酒才被装瓶，然后被递交给消费者。

为了激发零售商与收藏家的热情，在葡萄收获仅6个月后，西蒙就在纽约市组织了一次大型品酒会，邀请了葡萄酒界的资深人士。桶中样酒被空运到纽约，这可谓前所未有——即便在英国也未曾有过，英国的进口商在确定购买数量之前，会谨慎地等待审视下一个年份的规模与质量，这也是合乎情理的。桶中样酒难以入口，因为单宁干涩粗糙，还未能随着时间变得细腻柔滑。然而，阿舍记得，1970年的样酒非同一般，口感成熟，果味浓郁，还在桶中就已经非常诱人了。纳尔逊·洛克菲勒出席了这次品酒活动，众多葡萄酒商也纷纷来到现场，比如来自雪利-莱曼葡萄酒商店的山姆·阿伦，他迫切想要加入新的期酒行业。对于零售商而言，期酒十分诱人：依据法律，在收到葡萄酒之前，他们无须向葡萄酒进口商支付费用——从本质上而言，他们拥有两年的资金浮动。比方说，如果零售商以300美元每箱的价格卖出1万箱，他们在两年之内就有300万美元的免息流动资金。到了零售商必须付钱给奥斯汀·尼科尔斯的时候，可能还有另一次期酒销售以及另一笔重大的资金流入。这就好比金字塔骗局[1]，似乎是稳赚不赔的事情。世界各地都在宣传这个年份，美国人纷纷要求购买。

[1] 金字塔骗局，也被称为层压式推销或层压式传销，它的基本理念是：让两个或多个人向你捐钱，但你什么也不用给他们，只需以祝福他们能够成为富人作为交换——只要他们能够说服两个或多个人向他们捐钱。

打开波尔多在美国的期酒市场，西蒙功不可没；但是两年之后，期酒市场崩溃，他亦难辞其咎。一旦期酒概念在美国取得成功，只要下一个绝佳的葡萄酒年份出现，期酒就会重现，这只是时间问题。

同期，加州葡萄酒产区也开始发生变化。这得益于一群野心勃勃的葡萄酒先驱，他们决定酿制葡萄酒，与法国顶级葡萄酒一争高下。在大多数美国消费者心目中，尤其是东海岸的消费者，加州葡萄酒就是廉价的壶装葡萄酒，而非名贵的瓶装葡萄酒。一位名叫罗伯特的人扭转了局面，他是酿酒师罗伯特·蒙达维。1962 年，即查尔德出版《掌握烹饪法国菜的艺术》的第二年，蒙达维首次抵达欧洲，时年 49 岁。同样，他在法国也有了某种顿悟，就在维埃纳的金字塔餐厅[1]。后来，蒙达维写到，美食佳酿“把我们带入了一个充满温情与平衡，充满优雅与和谐的世界……唤醒了我内心的希冀与决心”。虽然他在美国从事葡萄酒行业已 30 多年，但现在他找到了人生使命、人生目的和未来之路——与爱丽丝·沃特斯一样，他会将自己的希冀带回加州，酿制出“集优雅、风格、和谐与平衡于一体的葡萄酒”。蒙达维对法国酒庄的传统印象深刻，他坚信这些酒庄的秘密武器就是新橡木桶。他拥有美国典型的乐观主义精神，“确信我们能够快速学会这些并大幅度地提升葡萄酒的品质”。最终，为了实现这一目标，他和兄弟决裂，被赶出了家族酒庄。1966 年，时年 54 岁的蒙达维重新建立了属于自己的酒庄。

20 世纪 60 年代末和整个 70 年代，在美国加州纳帕谷，似乎每周都会有一家致力于生产优质葡萄酒的小酒庄开业。蒙达维的新酒庄就

[1] 法国的顶级餐厅之一。

在此地，酒庄经常做实验，如果实验失败，一些没用的设备就会被丢弃在外面，他的酒庄由此变成了挑拣二手设备的最佳场所，这一时间传为笑谈。20 世纪 60 年代中期之前，纳帕谷只有几家精品酒庄，例如，石山酒庄、汉德尔酒庄与山脊酒庄，但是随后十年，数十家酒庄纷纷成立。

1971 年春，我和丈夫约翰·弗雷德里克·沃克第一次来到加利福尼亚州的葡萄酒产区。此次旅行共 3 周时间，从纳帕谷到圣克鲁斯山。抵达目的地后，我们立刻沉醉在这个即将爆发葡萄酒革命的世界里。我们四处闲逛，从一个酒庄到另一个酒庄，从冷清的、历史悠久的家族产业到初创酒庄，这些酒庄满怀雄心与热情，想用加州土地上生长的葡萄创造一切可能。当时，加州葡萄酒产业的规模还很小，但是第二年，鹿跃酒窖、银橡木酒庄、佳慕酒庄、卡内罗斯酒庄、克罗杜维尔酒庄、蒙特雷纳酒庄、乔丹酒庄和干溪谷酒庄纷纷建立，这仅仅只是开端。此外，邻近的索诺马县、门多西诺县和旧金山湾南部地区，酒庄如雨后春笋般涌现。加利福尼亚州每年种植 200 平方千米的葡萄园。普通葡萄酒常常装在带有螺旋盖子的壶里，再贴上法国葡萄酒产地的名称，如夏布利和勃艮第。为了区分优质葡萄酒与普通的壶装葡萄酒，新成立的优质酒庄开始给自产的葡萄酒贴标签，以葡萄品种为名。早在数十年前，弗兰克·斯库恩梅克和亚历克西斯·荔仙就大力提倡这种做法。他们知道美国历史上所有昂贵的优质葡萄酒都是品种酒[1]，比如，柏里欧酒庄的顶级红葡萄酒，柏里欧乔治拉图私人珍藏的赤霞珠干红葡萄酒。接下来的 10 年，品种酒的销量从 0.94 万吨

---

[1] 以其酿制的葡萄品种命名，例如霞多丽。许多欧洲葡萄酒按照产区、村庄、区域和葡萄园的地理名称命名。

猛增至 4.7 万吨，这也不足为奇。为了在新的优质葡萄酒市场上竞争，就连著名的嘉露酒庄也在 1974 年推出了品种酒。

对于刚刚开始了解葡萄酒的消费者来说，这简直是上天的恩赐。相比复杂的法国葡萄酒酒庄和村庄命名法，这种命名方法更容易理解。那些新酒庄的葡萄酒销量较低，他们没有广告宣传；相反，嘉露酒庄的广告无处不在，1972 年，该酒庄的葡萄酒占美国葡萄酒总销量的三分之一。

新酒庄意识到他们必须吸引消费者的关注。

好消息是，对加州的新精品酒庄和法国葡萄酒进口商而言，葡萄酒开始在美国中产阶级中盛行，报纸和杂志纷纷增添了葡萄酒专栏，作家创办了葡萄酒刊物，企业家也开始创办葡萄酒杂志，市面上的葡萄酒书籍也越来越多。20 世纪 70 年代，美国葡萄酒作家们出身背景各不相同，各行各业的人都有——警察调度员、退役海军陆战队士兵、研究生、教授、体育新闻记者以及一些真正了解葡萄酒的酒商。几乎每个人都可以称自己为“葡萄酒作家”，只需要对葡萄酒有浓厚的兴趣，有少许品酒经验，如果去过一两次法国酒庄或纳帕谷的酒庄则更佳，读过几本有关葡萄酒的书籍，以求比大多数喝葡萄酒的人领先一步——喝葡萄酒的人只是对酒感兴趣，却不了解相关知识。所有这些，再加上优秀的品尝能力就足够了。有些作家非常古怪；有些则盛气凌人、妄自尊大，希望在葡萄酒贸易中受到热捧。对所有葡萄酒作家而言，葡萄酒写作是为了证明他们个人在葡萄酒上的花销是合理的，也是为了拓宽他们对葡萄酒的认识。

另外，许多英国葡萄酒作家则是葡萄酒商人或经纪人，受过一定的培训，常常能接触不同品种的葡萄酒，他们也可能是国内、各大学或后来各俱乐部的品酒师。绅士俱乐部是英国上层社会和中上层阶级男性社交生活的重要组成部分，通常都配有高端酒窖，可以轻松愉悦地提高一个人的品位。在英国，饮用葡萄酒有着神圣庄严的传统——毕竟，整个波尔多的葡萄酒贸易源于几百年前的英国人。在布鲁克斯绅士俱乐部里，著名的格鲁吉亚银烛台上点着细长的蜡烛，绅士们在烛光下喝着红葡萄酒，吃着松鸡肉和山鹑肉。怀特绅士俱乐部的成员在餐厅品尝红葡萄酒，餐厅面积大、屋顶高，四周都是红墙，里面挂着历代君主和威灵顿公爵[1]的画像。在圣詹姆斯绅士俱乐部，人们坐在高耸的窗户旁边用餐饮酒，对面是格林公园青翠的草地与美丽的树木。之后，俱乐部的图书室内会供应一杯杯丰富的波特酒，会员可以坐在皮质扶手椅和沙发上，翻阅报纸，抽着哈瓦那雪茄并惬意地朝着天花板吐着烟圈。

此外，还有很多葡萄酒行业之外的葡萄酒作家，休·约翰逊是其中最杰出的一位。他在剑桥大学时参加了学校的“佳酿与美食”学社；年仅 24 岁时，他就接替安德烈·西蒙成为《美食与美酒》杂志的编辑；1966 年，年仅 27 岁的他出版了第一本著作《葡萄酒》；1971 年，他又出版了《世界葡萄酒地图》，后来被誉为“20 世纪最佳的葡萄酒著作”。约翰逊文风雅致，很像英国早一代作家乔治·圣茨伯里和 H. 华纳·艾伦所写的辞藻华丽的散文，只是文风更现代化，辞藻也没那般华丽。

相比之下，美国葡萄酒写作发展成为“独特的美国家庭手工业”。《洛杉矶时报》的大卫·肖认为，葡萄酒写作是一种业余爱好者的自

[1] 阿瑟·韦尔斯利，第一代威灵顿公爵（1769—1852 年），英国军事家、政治家、陆军元帅、英国首相，19 世纪最具影响力的军事、政治领导人物之一。

我表达。20 世纪 70 年代，大多数葡萄酒作家都是满怀激情的业余爱好者，比如罗伯特・帕克。他加入这一角色时，舞台已经十分拥挤了。

禁酒令被废除后，美国对葡萄酒作家的需求迅速增长，原因很简单，只有非常富裕的人才喝葡萄酒，也只有他们对葡萄酒有所了解，但他们大多数都不是很懂行。禁酒令实施了整整 13 年[1]，在这段时间里，一代人都已长大成人，人们一直在非法经营的酒吧[2]里喝酒，经常喝得酩酊大醉，他们常喝的酒包括杜松子酒、加拿大威士忌和鸡尾酒。斯库恩梅克和荔仙知道，想要把葡萄酒卖给这一代人，还需要教授他们葡萄酒知识。在 20 世纪五六十年代出版的书籍与文章中，他们曾提过这个目标。但他们主要从事葡萄酒贸易，写作只是副业。

20 世纪 70 年代，出现了一群像帕克一样的新生代葡萄酒爱好者，他们想知道如何挑选葡萄酒。休・约翰逊所著的《葡萄酒》等书籍，能给想要研究葡萄酒的人提供良好的背景知识，但这类书内容较为陈旧，无法提供商店酒架上众多葡萄酒的信息，人们所需的是当下的葡萄酒推荐。许多英国葡萄酒作家认为，想要买到最好的葡萄酒，就要与优秀的葡萄酒商人维护好关系。然而，很少有美国葡萄酒零售商符合传统英国葡萄酒酒商的形象，例如，位于伦敦圣詹姆斯街的贝瑞兄弟与路德，该店引导顾客的品位，提供全方位的建议，以便帮助顾客挑选陈酿葡萄酒供将来饮用。旧金山的每一家埃斯奎因葡萄酒商店都会帮助收藏家提升品鉴力；然而，美国仍然有很多葡萄酒零售商的店里主要销售斯米诺伏特加和尊尼获加红方威士忌，各占五分之一，除了那些最有名的葡萄酒名称，他们对葡萄酒几乎一无所知。一位经验

[1] 美国禁酒令 1920 年生效，1933 年被废止。
[2] 1920—1933 年在美国非法出售酒精饮料的酒吧。

丰富的葡萄酒销售代表注意到，那时只有不到百分之一的零售商会品尝自己售卖的葡萄酒，还有很多零售商对顾客的了解甚至超过了对葡萄酒的了解；只有少数零售商会在店里留出一小块地方来专门放置葡萄酒。此外，凡是销售人员推荐的商品，很多美国人都会非常警惕。

这十年之中，最具影响力的两位葡萄酒作家恰好也叫“罗伯特”，两人都居住在西部的加利福尼亚州，这里正是美国葡萄酒行业升温的地方。其中一位是罗伯特·劳伦斯·鲍尔泽，他喜欢炫耀，举止浮夸。鲍尔泽曾是一位著名的葡萄酒商，1956 年他被授任为佛教僧侣——一度成为《洛杉矶时报》的头条新闻，“百万富翁在洛杉矶商店里出家为僧”。鲍尔泽一直声称，电影明星格洛丽亚·斯旺森是其“此生挚爱”。鲍尔泽是美国第一位葡萄酒作家兼记者——早在 1937 年，他就为比弗利山的小型报纸撰写周刊专栏；后来，他写了好几本书；1964 年，他成为《洛杉矶时报》葡萄酒专栏作家，撰写美国主要报纸中首个固定的葡萄酒专栏；几年后，他出版了《罗伯特·劳伦斯·鲍尔泽私家美食美酒指南》，这很可能是美国第一份葡萄酒刊物。鲍尔泽出版葡萄酒刊物，撰写报纸专栏、《旅行假日》杂志专栏，从而成为美国 1970 年最具影响力的葡萄酒作家，为美国葡萄酒行业迎来新时代起到了推动作用。

与帕克不同，鲍尔泽是在生意中学到了葡萄酒知识——父亲让他负责管理家族美食商店的葡萄酒部门，商店位于比弗利山附近，好莱坞巨星英格丽·褒曼和马龙·白兰度以及导演阿尔弗雷德·希区柯克都是店里的常客。但这种学习方式比较随意，边做生意边学习。鲍尔泽英俊迷人，喜欢交朋友，他很快就结识了一群好莱坞朋友，还认识了很多美国葡萄酒行业的领军者。他很早就相信加州葡萄酒的品质，也是加州葡萄酒最忠实的拥护者之一——正如有人所说，鲍尔泽是评论家、宣传家、支持者，甚至是行业批评家，但“很少会听到他使用贬义的措辞”。鲍尔泽偶尔也很挑剔，但多数情况下，他都会撰写正面评论。许多酿酒师都称赞鲍尔泽，其中有些人是在他的品酒课上初次接触葡萄酒，认为他为加州葡萄酒行业所作的贡献与罗伯特·蒙达维或嘉露家族不相上下。他们会征求鲍尔泽的建议，或者至少会礼貌地听取他的建议（鲍尔泽声称，1974 年，他曾告知欧内斯特·嘉露，嘉露只有把红葡萄酒放在橡木桶中陈酿，才会受到公众青睐）。新的酿酒厂竭力确保让鲍尔泽第一个品尝他们的新款葡萄酒，就好比现在他们争先恐后地让罗伯特·帕克品尝他们的葡萄酒一样。在加州葡萄酒产区，鲍尔泽受到盛情款待，品尝了大量葡萄酒，他认为这是他应得的。鲍尔泽自视甚高，以自我为中心，同时又很讨人喜欢、非常热情、幽默风趣。

当时，葡萄酒写作不涉及新闻道德或利益冲突问题，即便《洛杉矶时报》也是如此，时至今日，在某种程度上也依然如此。鲍尔泽虽然卖掉了家族葡萄酒企业，但他和许多酿酒师友谊深厚，如同家人一般。酿酒师保罗·梅森愿意替鲍尔泽承担出版葡萄酒书籍的费用，后者毫不犹豫地接受了。后来，最好的朋友出资资助鲍尔泽的期酒项目，他又毫不犹豫地开始推销期酒。鲍尔泽可谓家喻户晓，在美国西海岸地区大受追捧，罗纳德·里根曾邀请他在 1981 年的就职典礼上负责监管一场高档美食美酒宴会。鲍尔泽是典型的美国人，他行为古怪，知识渊博，喜欢与人谈论葡萄酒。为了一群热情的追随者，他年过九旬仍然开设品酒课堂，外出旅行品酒。

后来，人们常常说，在鲍尔泽的葡萄酒写作时代，葡萄酒作家的主要作用是给人们提供葡萄酒的基本信息，激发他们购买和饮用葡萄酒的兴趣。毕竟，葡萄酒作家的评论帮助卖掉了大量葡萄酒。除了品尝葡萄酒的浪漫感与愉悦感之外，无论在欧洲还是美国加州，葡萄酒销售都是整个行业的最终目的。

另一位名叫“罗伯特”的葡萄酒作家是住在旧金山的罗伯特·菲尼根，他也很有影响力。1972 年，他创办了自己的葡萄酒杂志《罗伯特·菲尼根私家葡萄酒指南》。从创办之初，该杂志就以消费者为导向，随后十年，它将会成为美国最受推崇的葡萄酒杂志。与帕克一样，菲尼根小时候家里的餐桌上从未摆过葡萄酒。但在哈佛大学期间，这位说话轻声细语、一头沙色头发的弗吉尼亚人遇到了从小就接触葡萄酒的人——其中一位同学家里有一间大酒窖，另一位同学家里在法国贝尔热拉克地区有一家酒庄。他们和另外三位同学住在一间大房子里，雇用本科女学生给他们做饭。很显然，他们会一边享受美味佳肴，一边喝葡萄酒。1967 年，菲尼根在一家位于旧金山的国际管理咨询公司工作时，他已经“爱上了葡萄酒”。当帕克穿着牛仔裤每天花 5 美元在欧洲旅行时，当帕克正忙于和其他同学一起筹集葡萄酒资金时，菲尼根正西装革履，从欧洲的商务旅行中挤出时间参观葡萄酒产区，了解纳帕谷的葡萄酒，并从旧金山的埃斯奎因酒品商店购买了 1962 年份、1964 年份和 1966 年份的波尔多葡萄酒，该店是当地最好的葡萄酒商家之一。

与帕克一样，菲尼根也从未想过把葡萄酒作为主业。然而，1970 年，命运之手改变了一切。这一年，帕克和菲尼根第一次来到了波尔多。1969 年被认为是波尔多继 1961 年之后的又一个“世纪之年”，这一消息被大肆炒作，但埃斯奎因酒品商店的负责人肯·丘不确定消息是否可靠。当时，菲尼根即将去欧洲出差，还打算在波尔多逗留几天，肯·丘便给了他几封酒庄的介绍信，问他是否能代劳品尝波尔多 1969 年份的桶中样酒，提供些购买意见。菲尼根受宠若惊，欣然接受了挑战。即将近距离地了解那些只在酒标上见过名字的酒庄，他欣喜若狂。宝马酒庄是菲尼根的第一站，他以前从未尝过还装在橡木桶里的葡萄酒，他用鼻子闻，晃动杯中的葡萄酒，将“年轻”的葡萄酒吐在酒窖的地板上，希望以此显得自己十分专业。他对这款酒很失望，单宁含量高，没什么个性或风味。他到访的其他酒庄，情况也大抵如此。尽管有炒作，菲尼根确信，这一年份的波尔多葡萄酒与他一直喝的波尔多葡萄酒完全没法比。他毫不犹豫地建议肯·丘不要购买，结果证明此举为对方省了一大笔钱。

这次经历让菲尼根十分兴奋，也更加认真地看待自己对葡萄酒的浓厚兴趣。与帕克一样，他希望有可靠的信息来源，告诉自己每一款葡萄酒的味道，告诉自己怎么挑选葡萄酒。找不到这样的信息来源，他便开始自学。一有空闲，他就飞到纳帕谷，哄劝酒庄庄主打开陈酿葡萄酒给他品尝；偶尔去欧洲出差时，他的周末就花在德国、法国、西班牙、葡萄牙和意大利的葡萄园；或者有板有眼地在公寓里举办品酒会，品尝自己买的葡萄酒。菲尼根习惯记录下对葡萄酒的印象。与帕克一样，他常常对那些与书本描述不符的葡萄酒深感失望。菲尼根订阅了一份餐厅杂志，里面都是关于当地餐厅的真实评论。市面货架上的葡萄酒品牌越来越多，他相信自己也能通过发行类似的葡萄酒杂志大赚一笔并告诉困惑的消费者如何购买优质葡萄酒。1972 年 9 月，菲尼根发表了第一期杂志，共 8 页；经过深思熟虑后，他将当月品尝的葡萄酒分为四大类：优秀、高于平均水平、平均水平、远远低于平均水平，但没有给出具体的分值。他的杂志涵盖加州葡萄酒与欧洲葡萄酒，包括旧金山湾地区餐厅酒单上的葡萄酒。他向读者承诺，自己将在零售店以原价购买所有葡萄酒并通过盲品会品鉴葡萄酒。在第一期杂志中，7 款博若莱葡萄酒被列为远远低于平均水平，他抱怨其中一款葡萄酒有一股“类似丙酮的气味”，另一款简直就是“糟糕至极”。在随后的几期杂志中，很多廉价的波尔多红葡萄酒被称为“几乎无法下咽的馊水”，他还指责很多加州日常餐酒散发出“令人恶心的硫黄味”。第二个月，杂志就开始实现盈利了。1977 年，菲尼根增加了全国版，还拥有了一群国际粉丝。

鲍尔泽是热心的支持者，是自命不凡的人，是英俊迷人的用餐伴侣；相形之下，菲尼根沉默寡言，含蓄克制，为人处世十分考究，追求美好的生活，擅长打网球，与那些家境富裕的人、受过良好教育的人以及颇有涵养的旧金山收藏家们相处得游刃有余，能够掌控自己的个性与对葡萄酒的热情。他的杂志构思精巧，是写作的典范，通过学习哈佛写作课程，他的葡萄酒观点得以广泛传播。菲尼根也是旧金山餐饮业的重要人物，他购买了《杰克·谢尔登私家餐厅指南》，开始为餐饮业撰稿。他过着上流社会的生活，到法国酒庄旅行，经常参加伯克利的百乐餐[1]——百乐餐上有全美国最好的加州老酒名录，他还去“潘尼斯之家”闲逛——因为和爱丽丝·沃特斯有染。

20 世纪 70 年代初期，美国有很多葡萄酒作家，鲍尔泽和菲尼根只是其中两位。在美国西海岸地区，查尔斯·奥尔肯和厄尔·辛格都是狂热的葡萄酒收藏家，1974 年，他们创立了自己的杂志——《加州葡萄酒鉴赏家指南》，同样以消费者为导向。一个评论小组通过盲品，筛选出该州不断增长的葡萄酒品牌中的佼佼者，依据三级体系对葡萄酒评级，第三级相当于优秀。很快，这份杂志也受到了西海岸地区民众的追捧。

[1] 美国常见的一种聚餐方式，其规则是参加者各自带一个菜或其他食品、饮料，放在一起大家自由取食。

1972 年，在美国东部地区，《纽约时报》执行编辑安倍·罗森塔尔[1]最终决定，该报需要开设一个葡萄酒每周专栏并聘请弗兰克·普赖尔为“葡萄酒品谈”撰稿。普赖尔是一位资深记者，对葡萄酒有所了解，很快，他撰写的专栏在纽约产生了重大影响。由于《纽约时报》的影响力，每周该报纸上强烈推荐的葡萄酒，在雪利–莱曼等大型葡萄酒商店里通常当周就会售罄，有时候甚至当天就能卖完。为了提高销量，葡萄酒商店在橱窗中贴上标签，突出普赖尔推荐的葡萄酒，还将他的名字用在广告和商品目录中。然而，普赖尔认为自己并不是葡萄酒专家或挑剔的品酒师，他真正感兴趣的是与葡萄酒有关的人的故事，他能够生动地讲述他们的故事。同年，葡萄酒酒商杰拉尔德·阿舍开始为《美食家》撰写“葡萄酒日志”专栏——内容引人深思，风格偏向文学，更像英国作家的风格，不同于其他报纸杂志以消费者为导向的写作风格。两年后，亚历克西斯·贝斯帕洛夫成为新兴时尚杂志《纽约》的权威专栏作家，他曾从事葡萄酒贸易——这本杂志展现了葡萄酒在美国变得有多流行。

事实上，到 1974 年，纽约和加利福尼亚州聚集了大批葡萄酒作家，纽约还成立了葡萄酒作家圈和葡萄酒媒体协会。零售商、进口商和加州的酒庄激动不已——有这么多人可以给消费者讲解葡萄酒知识，推荐他们所卖的葡萄酒！这些酒庄渴望得到葡萄酒作家的关注，纷纷在纽约顶级餐厅举办品酒会，提供丰盛的午餐和晚餐。倘若有重要的葡萄酒生产商、酒庄庄主和酿酒师也来参加，葡萄酒媒体就可以在此遇到他们。对于葡萄酒作家而言，这是接受最好的葡萄酒教育的绝佳捷径。纽约的葡萄酒作家回头看时会发现，1974 年到 1984 年这

---

[1] 又称亚伯拉罕·迈克尔·罗森塔尔。

十年，可谓他们的“黄金时代”，人们大肆地追捧他们，取悦讨好他们，此后再也没有这样的时代了。

20 世纪 70 年代，很多葡萄酒期刊创办起来，比如《年份》《加州葡萄藤》《葡萄酒评论季刊》。有些没多久就停刊了，有些现在还在发行。葡萄酒行业渴望通过报刊激起“葡萄酒爱好者大军”的热情，因此极力地支持这些报刊。葡萄酒进口商经常将样酒送到不同的杂志社，希望得到评论，但当时葡萄酒并没有排名或评分，提供描述性的品酒记录就已经是革命性的创举了。

当时，最成功的葡萄酒出版物是华尔街房地产投资银行家马文·尚肯于 1973 年创办的。尚肯身材矮壮结实，留着络腮胡子，做事专注，对葡萄酒充满热情，尤其对加州赤霞珠，同时他还从事加州的葡萄园买卖。身为商人，尚肯开始认真地研究葡萄酒行业，想将其作为投资领域，但他惊奇地发现葡萄酒行业既没有准确的信息来源，也没有像标准普尔[1]这种可靠的预测分析。随后，尚肯听说《影响》杂志正在公开出售，便以 5000 美元的价格赶紧买下了。这份杂志每期有 4 页内容，主要介绍含酒精饮料。尚肯为了业余爱好而买下的杂志，只有一张 250 名订阅者的名单和一个文件盒，不久编辑还辞职了。尚肯对写作和出版一窍不通，但现在他既要负责写作，还要负责出版。让他的华尔街合伙人更为失望的是，两年之后，尚肯离开了华尔街，全身心地投入杂志事业当中。这是一个巨大的冒险行为，1975 年年底，他预测——事实证明，他的预测很准——白葡萄酒将迎来繁荣期，同时他也在想方设法地利用人们对葡萄酒信息的需求。尚肯最

[1] 由亨利·瓦纳姆·普尔创立于 1860 年，是普尔出版公司和标准统计公司于 1941 年合并而成的世界权威金融分析机构，总部位于美国纽约。

冒险的投资是《葡萄酒观察家》，这本杂志将成为帕克影响力的唯一对手。

由于华盛顿成立了一个创新型组织，中产阶级的葡萄酒教育也开始蓬勃发展。1953 年，马文·斯特曼在韩国服兵役期满后回到了美国，准备加入父亲位于华盛顿的乔治城地区的公司——卡尔弗特酒品商店。为了证明自己的能力，他成立了葡萄酒部门。斯特曼认为，他的首要难题是让顾客坚信，只有法国人才懂葡萄酒。斯特曼推断，提高销量的关键在于雇用带有法国口音的员工，最好是真正懂葡萄酒的法国男性。此前一直在百富门公司[1]工作的罗伯特·古尔丁，成为店里的第一位“侍酒师”。古尔丁身着餐厅侍酒师常穿的背心，脖子上戴着一条链子，上面挂着一个银色茶碟状的试酒碟，让人看一眼就能记住。

然而，这并未解决斯特曼的另一个难题：顾客甚至不了解最基本的葡萄酒术语，该如何与他们交谈呢？斯特曼常常说：“尝尝这个，这是一款干型日常餐酒。”顾客通常回答：“怎么会是干的呢？明明是液体啊！”为了向顾客讲解葡萄酒知识，20 世纪 60 年代初，斯特曼和古尔丁成立了葡萄酒俱乐部。古尔丁将其命名为“葡萄酒之友”。他们在商店的窗户上放了一个大公告牌，邀请客户加入俱乐部，在附近的五月花大酒店免费参加品酒会，酒店的餐厅经理吉姆·纳西卡斯免费提供场地。数百人参加了品酒会，但大部分都是来白吃白喝的，他们更感兴趣的是可以免费畅饮葡萄酒，而非学习葡萄酒知识。这次活动简直就是一场灾难，与会者开怀畅饮，然后踉踉跄跄地回家去

[1] 成立于 1870 年，是美国最大的酒业公司、美国证券市场上市公司，总部位于肯塔基州。

了。后来，品酒会收取 5 美元的参会费，以剔除那些为了免费买醉而来的人，参会人数骤减至 30 人，但更易于管理。

提供一些切实的好处，吸引顾客成为“葡萄酒之友”的会员，似乎是更好、更长远的策略。只需要 5 美元，会员就可以免费订阅英国流行的《葡萄酒》杂志，可以定期参加品酒会与葡萄酒讲座，可以一个月购买一瓶半价葡萄酒，还可以获得一份没有广告、信息丰富的杂志。斯特曼说，“葡萄酒之友”的初衷是向人们讲授葡萄酒知识，而不是葡萄酒公司的宣传渠道或商业渠道；此外，“葡萄酒之友”需要得到消费者的信任才能取得成功。很显然，他是对的，因为一年之内，“葡萄酒之友”就有了 1000 名会员，杂志内容也增至 8 页，会员费上涨至 10 美元。

这种方法非常明智，可以增加葡萄酒爱好者的人数，他们只有了解葡萄酒，才会成为更懂行的顾客，才会在店里购买更多更有吸引力、更昂贵的葡萄酒。难怪美国各地的顶级葡萄酒零售商很快纷纷向斯特曼提议，在他们的店里建立“葡萄酒之友”的分支机构。他们负责筹备当地的品酒会，提供斯特曼和古尔丁——还有阿尔菲奥·莫里科尼，斯特曼后来的合伙人——指定的当月葡萄酒，由位于华盛顿的“葡萄酒之友”总部负责登记会员档案，收取会费，发送杂志。20 世纪 60 年代，该组织发展迅速，吸引了新奥尔良、达拉斯、纽约、巴尔的摩和旧金山的葡萄酒零售商，也吸引了一些小城市的零售商。后来，“葡萄酒之友”出版了一份美食杂志，几年后，美国运通公司想要将其买下来。20 世纪 70 年代晚期，“葡萄酒之友”在包括巴黎在内的 50 个城市拥有分支，共有 3 万名会员以及一本发展成熟的杂志。“葡萄酒之友”是一个国家级的葡萄酒俱乐部，所有会员都渴望学习葡萄酒知识。与更为奢华的、更为排外的“国际佳酿和美食协会”不同，任何人都可以加入“葡萄酒之友”，只需交纳少许会费即可，活动费用也不高，也不必戴黑色领带。

然而，“葡萄酒之友”也并非随意的组织。虽然很多人参加品酒会是因为既可以社交，又觉得有趣。讲话人在台上讲话时，会员可以将6—8杯葡萄酒按顺序先在杯中摇晃一下，再喝一小口。这种活动的费用一般是20美元上下，即便像帕克这样的学生也能承受。在华盛顿，“葡萄酒之友”通常都有两三百人参加并要求正装出席。每个人都专注地坐在长条桌旁边，桌上铺着白色桌布，放着一长条玻璃杯，每个杯里装着大约60毫升葡萄酒，还有用来记笔记的纸质积分表。吃的只有法式面包，用来清除葡萄酒在口里的余味。品酒会常常都是“盲品”，葡萄酒的酒标都被遮挡住了，在公开葡萄酒的名称之前，每个人为自己最喜欢的酒投票。该组织公开宣称的目标之一，就是让人们发现自己喜欢的葡萄酒并相信自己的判断。很多人都惊讶地发现，像拉菲和玛歌这种名庄的葡萄酒，并不总是他们的最爱，有时候他们觉得闻所未闻的小酒庄酿制的葡萄酒更好喝。没有人把品尝的葡萄酒吐出来，所以到最后的角逐时，场面常常会变得很热闹。

人们越了解葡萄酒，就想尝试越多的葡萄酒。为了保持他们对葡萄酒的兴趣，“葡萄酒之友”分会经常举办小型的品酒会，选用的都是品质高档、售价不菲的葡萄酒，比如波尔多一级名庄的葡萄酒。华盛顿分会和巴尔的摩分会较为专注的与会者之一就是罗伯特·帕克。对于马文·斯特曼而言，帕克似乎总是一本正经，好像他正在努力地提升技能，而不仅仅是来此享受。

彼得·M.F. 西奇尔等葡萄酒进口商以及罗伯特·蒙达维等加州酒庄庄主，都热衷于在“葡萄酒之友”分会上讲课，原因显而易见——台下都是会购买葡萄酒的听众。哈里·沃是最受欢迎的讲师之一，他为人十分谦逊，一头稀疏的白发总是梳成 20 世纪 30 年代的风格，戴着重重的黑色眼镜，脸颊常年红润有光泽，仿佛是为了展示他亲切的个性。他对葡萄酒的热情极富感染力，没有一丝矫揉造作，这让所有见到他的人都被他吸引。1970 年，哈里・沃在华盛顿主持 20 世纪 60 年代波尔多葡萄酒年份回顾品酒会，到达现场的葡萄酒爱好者远远超出 500 名，其中有蓄着鬓角和留着胡子的年轻男性，也有少量女性。有一次，哈里・沃要去美国，这个消息传开后，很多“葡萄酒之友”分会会员纷纷报名参加他的讲座与品酒会，葡萄酒爱好者的其他组织则邀请他成为宴会上的贵宾，餐桌上摆放的都是上等葡萄酒。在美国葡萄酒界，哈里・沃迅速成为一名具有影响力的名人——在一次定期发表的日记中，他讲述了自己对 1966 年波尔多葡萄酒的印象。读完他的这篇日记，加州的一家葡萄酒商店订购了 6000 箱他所提到的葡萄酒！

哈里・沃曾是葡萄酒商人，现在是拉图酒庄的负责人，他也是一位葡萄酒顾问，非常喜欢加州葡萄酒。20 世纪 60 年代中期，他到访过纳帕谷，在那里品尝的葡萄酒给他留下了深刻印象。1971 年，他参观了加州优质葡萄酒的开拓者——山脊酒庄、赫兹酒窖、自由马克修道院庄园、蒙特雷纳酒庄、马雅卡玛丝山庄园、春山酒庄、柏里欧酒庄、石山酒庄、夏普利酒庄、蒙达维酒庄、查龙葡萄园。旧金山和伯克利是葡萄酒俱乐部的温床，诞生了如特级酒庄俱乐部、一级名庄俱乐部、葡萄酒商俱乐部、旧金山样酒俱乐部等，它们的会员都是举足轻重的葡萄酒爱好者，哈里・沃经常参加这些俱乐部活动。大多数会员都是狂热的葡萄酒收藏家，他们会介绍自己的朋友进入新兴的葡萄酒行业。早在大多数美国人——尤其是东海岸地区的美国人——认知之前，哈里・沃就认可加州优秀葡萄酒的品质。他的加州朋友常常在盲品品酒会上偷偷加入一两瓶法国葡萄酒，但加州葡萄酒的优秀表现总能给哈里·沃带来惊喜。

在整个20世纪70年代，“葡萄酒之友”都十分兴盛，直至20世纪80年代也是如此。此时，罗恩·方特成了新任负责人，他是《葡萄酒之友》的编辑，这本杂志是岳父买来送给他的礼物。然而，方特最终葬送了“葡萄酒之友”：他离开美国去了加拿大，《葡萄酒之友》杂志和“葡萄酒之友”俱乐部彻底结束。

20世纪70年代早期，美国东海岸与西海岸对待葡萄酒的分歧在于：他们对加州葡萄酒有着截然不同的态度。在东海岸地区，法国葡萄酒占统治地位，很少有葡萄酒作家或葡萄酒爱好者听说过加州葡萄酒的名字，然而，加州葡萄酒在旧金山却被视若珍宝。1971年，在西海岸地区待了一年之后，我和丈夫开着蓝色旧敞篷车回到了纽约，带回一大箱珍贵的加州葡萄酒，还怀揣着一个想法：合著一本书，介绍我们参观过的小酒庄——比如，马雅卡玛丝山庄园、海兹酒窖、山脊酒庄等，事实证明，这个想法不够成熟。这项计划以失败告终。一位著名编辑在写给我们经纪人的拒绝信中声称，人们对待加州葡萄酒的兴趣，就如同对待汝拉白葡萄酒一样。我们把视若珍宝的加州葡萄酒送给朋友，他们尝都没尝，就以轻蔑的口吻说：“咦，加州葡萄酒。”

人们对待加州葡萄酒的态度即将改变。

20世纪70年代中期，法国仍然以傲慢的姿态看待美国葡萄酒和葡萄酒消费者。这个时候，“巴黎审判”一方面让加州葡萄酒声名远扬，另一方面让法国葡萄酒狼狈不堪，最终让法国人意识到，即便不说法语，美国和美国人可能比他们想象的更为重要。这次品酒会上，顶级加州葡萄酒与顶级法国葡萄酒一争雌雄，最终美国一方获胜。这是美国葡萄酒历史上的关键性事件之一，后来在美国葡萄酒产区广为流传。在“巴黎审判”的第 5 年、第 10 年、第 20 年和第 25 年纪念日这天，美国人仍然会庆祝这次成就，现在也依然有人谈论和争辩这件事。在品酒会中，拔得头筹的葡萄酒一直在华盛顿的史密森尼学会[1]展出。

谈到“巴黎审判”，首先要提到史蒂文·斯珀里尔，一位年轻、身材瘦长、头发蓬松的英国人，他常年居住在国外，说话语速很慢，总是一副慵懒的神情。在离巴黎皇家路不远的一条小街上，他开了一家创新型的玛德琳葡萄酒商店，还在附近创立了一所葡萄酒学校。很多美国人都是这家商店和这所学校的顾客——美国大使馆和 IBM 公司就在附近，学校积极地在巴黎的美国学生项目中招募学员。商店成为拜访葡萄酒作家和加州葡萄酒生产商的常规场地，他们偶尔会在商店里留下美国葡萄酒。斯珀里尔发现，其中有些酒非常好喝。

1975 年，为了宣传自己的葡萄酒商店，斯珀里尔突然想到，可以在 1976 年美国建国 200 周年的大型庆祝活动期间，在巴黎举办一场加州顶级葡萄酒品酒会。他认为，首先需要准备一份关于加州葡萄酒行业的评论。斯珀里尔的商店里卖的和他自己喝的几乎都是法国葡萄酒，他不太了解应该选用哪些美国葡萄酒。帕特里夏·加拉格尔是斯珀里尔创办的葡萄酒学校的合伙人，加拉格尔开始东奔西走，拜访了很多人，包括芭芭拉和鹿跃酒窖[2]的沃伦·维尼亚斯基。维尼亚斯基曾是一位政治哲学讲师，1964 年，他弃文从酒，5 年前才买下了一块庄园作为自己的酒庄。他让加拉格尔品尝了鹿跃酒窖 1973 年份的赤

[1] 由美国政府资助、半官方性质的第三部门博物馆机构，由英国科学家詹姆斯·史密森遗赠捐款，根据美国国会法令于 1846 年创建于美国首都华盛顿。

[2] 美国纳帕谷新型精品酒庄之一。

霞珠葡萄酒——该酒窖酿制的第一个年份的葡萄酒，给加拉格尔留下了深刻印象。第二年春天，斯珀里尔前往加州选择最终所需的葡萄酒。

巴黎葡萄酒品酒会的各项准备陆续到位。斯珀里尔选择了6种加州霞多丽葡萄酒和6种赤霞珠葡萄酒，为了更加规范，他决定选用法国同种葡萄酿制的优质葡萄酒——4种顶级勃艮第白葡萄酒和霞多丽葡萄酒，4种以赤霞珠为主的波尔多列级酒庄红葡萄酒。碰巧的是，就在这时，一群加州酿酒师前往法国参观葡萄园，他们把这些葡萄酒放在两个装有美国葡萄酒的箱子中，带到了法国。

斯珀里尔概括说，评委小组包括法国最优秀的葡萄酒专业人士。品酒会必须是“盲品”，为了保证客观性，葡萄酒的酒标都被遮盖住了。他预计法国葡萄酒会更胜一筹。评委小组并不了解加州葡萄酒，但斯珀里尔希望他们能被加州葡萄酒的品质所震惊、折服——美国葡萄酒是严格按照法国葡萄酒的酿制方法酿制的。在这次品酒会上，人们对两国的葡萄酒大加赞赏，这同时也说明，只要在新建的葡萄酒产区投入与欧洲优质葡萄酒同等的时间和精力，这些新产区也能够酿制顶级葡萄酒。这种公开的跨大西洋品酒会在美国业余葡萄酒爱好者和媒体中十分盛行，美国的葡萄酒经常在品酒会中胜出，但对于法国人而言，这将是一种全新的体验。

斯珀里尔组建的评委小组中有9位法国评审，他们都是法国葡萄酒界当之无愧的泰斗：法国《葡萄酒评论》杂志的奥德特·卡恩、《新酒指南》的克劳德·杜波依斯·米洛特、勃艮第和波尔多著名酒庄庄主、罗曼尼-康帝酒庄的奥伯特·德·维兰和美人鱼酒庄的皮埃尔·塔里、大维富餐厅的老板、塔耶旺餐厅的老板、银塔餐厅的侍酒师（这三家餐厅都是《米其林指南》评定的三星米其林餐厅）。评审小组的两位组长分别是皮埃尔·布劳斯和米歇尔·多瓦兹，前者是葡萄酒法定产区保护的监察员，负责维持法国葡萄酒的品质，后者来自法国葡萄酒研究所。

1976 年 5 月 24 日，“巴黎审判”在典雅豪华的洲际酒店举行，该酒店以 19 世纪的宏伟风格著称，由设计巴黎歌剧院的建筑师设计。午后阳光温暖，20 瓶葡萄酒准备就绪，它们各带编号，酒标也已经被蒙住；桌上还放着成套的玻璃杯、记分卡、铅笔、吐桶和法式面包。评委已经到齐，活动还吸引来了很多观众——有游客、法国媒体记者、葡萄酒爱好者、《时代周刊》驻巴黎的记者和一名葡萄酒学院的学生乔治·泰伯。法国杂志《米兰美食指南》获得独家报道权，但最后退出了。直到最后一刻，斯珀里尔才告诉评委，法国葡萄酒也在这些酒之中。评委小组并没有反对，显然，他们对法国葡萄酒信心满满。

首先品尝的是白葡萄酒，然后是红葡萄酒。评委先摇晃一下杯中的葡萄酒，然后闻一闻，再喝一小口，最后吐出来。评委要给每种葡萄酒打分，最低分为 1 分，最高分为 20 分。很多人反应很快，开始得意扬扬地评判葡萄酒的产地。有一位评委说道：“这绝对是加州葡萄酒。”事实证明，那杯酒是勃艮第的巴塔-蒙哈榭葡萄酒。美食家雷蒙德·奥利弗是大维富餐厅的老板，他喝了一小口纳帕谷霞多丽葡萄酒，感叹道：“啊，这个是法国葡萄酒了！”不仅是白葡萄酒，评委小组也很难分清法国红葡萄酒与加州红葡萄酒。一位评委称纳帕谷赤霞珠葡萄酒“肯定是波尔多顶级酒庄的葡萄酒”，这就是“法国葡萄酒伟大”的证据。

品酒结果统计并公布后，好几位评委举止不当，拒绝交出笔记。在斯珀里尔迅速收走记分卡之前，有一位评委甚至想更改评分。排名第一的白葡萄酒是 1973 年份蒙特雷纳酒庄的霞多丽葡萄酒，9 位评委中，有 6 位给了最高分。得分最高的红葡萄酒是 1973 年份鹿跃酒窖的赤霞珠葡萄酒，以微弱优势胜过波尔多两大名庄——罗斯柴尔德男爵木桐酒庄的1970年份红葡萄酒、侯伯王酒庄的1970年份红葡萄酒。事实上，品酒会上11种评价最高的葡萄酒中，有6种是加州葡萄酒。

品酒会结果引起了轩然大波，《CBS夜间新闻》播放了这一品酒会的片段。《时代周刊》称之为“巴黎审判”，并声称“意想不到的事情发生了：加州打败了整个高卢地区”。法国评委小组对结果目瞪口呆，不出意料，法国的葡萄酒行业立即宣布品酒会不公平并谴责斯珀里尔，斯珀里尔对品酒会结果也同样震惊（20年后，他表示，如果早知道美国葡萄酒会胜出，他绝对不会举办这次品酒会，毕竟，他是在法国做生意）。《时代周刊》大卖，鹿跃酒窖和蒙特雷纳酒庄的电话响个不停，汽车在外面排成排。沃伦·维尼亚斯基限定一辆车只能买一瓶葡萄酒，但酒还是很快就售罄了。现如今，两周之前拒绝购买鹿跃酒窖葡萄酒的零售商天天打电话，恳请购买葡萄酒。

在纽约市，迈克·卡彭是阿克·梅罗尔及康迪特酒业的老板，也是东海岸地区少数几位支持加州葡萄酒的店主，他的商店一直很难卖出加州霞多丽葡萄酒。于是，他摆出一大堆加州霞多丽葡萄酒，包括加州自由马克修道院庄园和蒙特雷纳酒庄的霞多丽——这两个酒庄的葡萄酒都参加了“巴黎审判”——把它们放在最有名的勃艮第白葡萄酒旁边。他希望，加州葡萄酒能够汲取法国葡萄酒的魅力，消费者对比价格时——勃艮第的价格每瓶20美元到30美元，但加州葡萄酒只卖5美元或6美元——会觉得加州葡萄酒更便宜。但事情并未如他所愿。弗兰克·普赖尔在《纽约时报》专栏上报道了“巴黎审判”的新闻之后，早上商店开门的第一个小时，卡彭店里的霞多丽葡萄酒就被抢购一空。加利福尼亚的酿酒师很快认识到，盲品和媒体能够帮助他们取得成功。蒙特雷纳酒庄庄主吉姆·巴雷特认为，“巴黎审判”

等同于价值约为400万美元的广告宣传。

弗兰克·普赖尔在内的一些评论家认为，“巴黎审判”的结果并非看似那么简单。多年来，葡萄酒专业人士和统计学家一而再、再而三地分析这些结果。评委的分数统计后，“获胜者”是每组中得分最高的葡萄酒。鹿跃酒窖得分127.5分，只比罗斯柴尔德男爵木桐酒庄高1.5分，比侯伯王酒庄高2分，只有一位评委将其排在第一位。两位评委将侯伯王酒庄排在第一位，还有一位评委将侯伯王酒庄和玫瑰酒庄排在第一位。葡萄酒真的可以这样排名吗？不需要考虑所有的变量吗？例如，与罗斯柴尔德男爵木桐酒庄相比，鹿跃酒窖在十年之内能取得多大成就？哪一种更适合陈酿？让品尝葡萄酒变得如同争分夺秒的赛马一般，是否有意义呢？

至今，人们仍然认为：“巴黎审判”标志着美国葡萄酒成熟的时刻，也是加州酿酒师和众多美国消费者都十分享受的时刻。在短短几年里，美国人心灵手巧，技术精湛，工作努力，无私奉献，加上聪明才智，成功地和法国人站在了同一酿酒水平上，打败了那些高傲自大、自以为是的法国人。这种态度将一直传承下去。

“巴黎审判”还传递了很多其他层面的含义。它给加州酿酒师带来了“新的使命感和自信心”，同时也说明，“除了神圣的法国土地，别的地方也能够酿制高档葡萄酒”。这次品酒会表明，即便是优秀杰出、经验丰富的评委，也不是总能区分法国葡萄酒和加州葡萄酒。“巴黎审判”还让消费者对盲品产生了兴趣。但最重要的是，这次品酒会表明：从现在开始，人们会以一种新的方式看待和评价葡萄酒，尤其是美国葡萄酒。

盲品，就是将葡萄酒瓶子上的酒标蒙住，在评价时，品尝者就不会受到葡萄酒名字或声誉的影响。盲品在葡萄酒贸易中十分常见。20世纪70年代，盲品受到美国消费者的喜爱。法国普通的葡萄酒饮用者，常常在用餐时喝葡萄酒，以此增加对葡萄酒的了解。与之不同的是，美国盲品将同种葡萄酒进行对比，以此判定最佳葡萄酒，这已成为一项新的活动。在“巴黎审判”之前，跨大西洋品酒会在美国各地都会举行，但现在专业人士在一次国际公开活动中将其神圣化了。跨大西洋品酒会，使人们接受了一种新的思维方式——葡萄酒品尝会就是一场赛跑，所有人在起跑线前都是平等的，表现最出色者将会获胜。它还将葡萄酒品酒会带入如奥运会一般的国际舞台，在这个舞台上味道就是王道。3年后，即1979年，米兰美食指南杂志社在巴黎举办了一场国际“葡萄酒奥林匹克运动会”，来自美国俄勒冈州的鹰巢葡萄酒园的1975年份南栋珍藏黑皮诺，胜过了一些顶级的法国勃艮第红葡萄酒。第二年的复赛，由精力旺盛的勃艮第葡萄酒批发商罗伯特·杜鲁安举办，鹰巢葡萄酒园仅次于杜鲁安酒庄的香波-蜜思妮夺得亚军，这让杜鲁安觉得自己应该在俄勒冈州购买葡萄园。

法国也开始追赶跨大西洋品酒会的潮流，但这仍然是非常美国式的理念。在法国，葡萄酒从来就不仅关乎味道或谁赢了品酒会，而是关乎葡萄酒的历史，它是饮食和生活的一部分，也是身为法国人的一部分。葡萄酒排名是基于酒庄排名和价格排名，按照质量分类，而不是用分数单独挑选出谁是“赢家”，谁是“输家”。“巴黎审判”是打破葡萄酒地域束缚的第一步。正如保罗·卢卡克斯所写，品酒会表明质量不是历史的产物，品质才是“内在的、与葡萄酒融为一体的，无论酒标上写的是什么”。品酒会的教训是：从现在开始，评价葡萄酒，最重要的是你口中葡萄酒的味道以及葡萄酒在比赛中的排名。

当然，一旦你认为品质只关乎葡萄酒在你口中的味道，与其他一切无关，那么你只能依靠味觉来评判。就像法国的葡萄园和酒庄评级体系一样，将葡萄园和酒庄分成特级和一级，那么分级就不再是帮助人们了解葡萄酒品质的主要信息来源。相反，美国消费者仍处于学习阶段，常常不相信自己的味觉，他们必须寻找并跟随顶级的品酒师，只要品尝一口，这些品酒师的味觉就能辨别出最好的葡萄酒。

辨别葡萄酒的传统方法——酒庄分级制度、土地分类、法国最优、中上层阶级喝的葡萄酒、传统葡萄酒商提供的意见、富人酒窖中缓慢陈酿的葡萄酒、主流观点——已经逐渐不适用了。之前，卖给英国的法国葡萄酒，在美国售价更高；同时，美国人渐渐发现，他们酿制的葡萄酒能和从大洋彼岸购买的、广受推崇的葡萄酒相媲美。美国人对葡萄酒一无所知，他们开始自学，也开始意识到任何人都可以了解葡萄酒，就好比朱莉娅·查尔德告诉他们，每个人都可以学会做法餐。你不必从小就接触到葡萄酒，甚至不需要花很多钱，盲品就是品鉴葡萄酒的重要途径。

罗伯特·帕克的时代即将来临。

第三章

葡萄酒改革运动

20 世纪 70 年代，大多数星期六的早晨，罗伯特·帕克会从律师工作中解脱出来，他不用面对毫无生气的混凝土办公楼，而是来到位于华盛顿麦克阿瑟大道的麦克阿瑟酒业，高高兴兴地推着购物车，在拥挤的过道里闲逛。帕克的身体微微向前倾，好像在急切地寻找中意的葡萄酒。他整个人都有了活力，葡萄酒再次成为他现实生活的全部，在下周一之前，工作就全然被抛之脑后了。帕克站在那里，穿着牛仔裤（有时候是短裤）、旧 T 恤和防风夹克，皱着眉头，询问购物清单上的葡萄酒。他已经在商店最新的邮件中圈出了一些葡萄酒，打算和品酒小组一起研究它们。阿迪·巴辛是商店店主，他的助手是埃利奥特·斯塔伦。1970 年，斯塔伦就开始在店里上班了，后来他与帕克成了好朋友。帕克期望他们能够找到葡萄酒——哪些是新到的、哪些是值得购买的、哪些是他之前没喝过现在可以尝试的。在店主和助手看来，帕克跟其他寻求葡萄酒知识的年轻爱好者一样，是店里的常客而非 VIP 顾客——VIP 顾客包括几位最高法院的法官，他们都是狂热的葡萄酒迷，还有联邦经济情报局的特工，常常来店里给理查德·尼克松总统购买玛歌酒庄的葡萄酒，一买就是好几箱。在这里，帕克只是一位寻常顾客，时不时会提些问题，他也在商店的邮寄名单之中。

帕克把买下的葡萄酒放进汽车后备厢，然后开车去下一家商店，如同蝴蝶收藏家在危险偏远的丛林小道上寻找稀有品种，这些收藏家们意志坚定、全神贯注。有时候，帕克会去乔治城的卡尔弗特酒品商店，或者康涅狄格大道的伍德利酒品商店，他也会去巴尔的摩的商店，那些店已经扩大了葡萄酒售卖区。

星期六，其他律师也许会选择打网球，去切萨皮克湾驾驶帆船或者修剪草坪。对帕克来说，星期六意味着工作一周后，可以做一些真正激励自己的事情。他是农业信贷银行的律师，负责处理破产、租赁、法规企划案和企业申请贷款所需的全部资料。这家银行成立于1916年，属于借款人私有的全国借贷机构系统，由美国政府监管，旨在为农业企业提供可靠的资金。与商业银行不同，农业信贷系统的银行不接受存款，在国内和国际市场上发行证券以筹集资金用于贷款。这份工作要求很高，但没那么劳神费力，尤其是对比律师事务所的员工——要想成为顶级律师事务所的合伙人，他们每天需要高强度地工作18个小时，帕克却觉得很枯燥。

帕克并非不努力工作，也不是不擅长自己的工作。他不情愿当律师，但他机敏聪慧，拥有美国人的典型职业道德，对待工作非常认真，至少在工作头几年是这样的。在内心深处，他可能满脑子想的都是最爱的葡萄酒，他把要处理的工作视为待解决的问题。受到最新通过的《诚实借贷法》和消费者权益维护者拉尔夫·纳德的影响，帕克决定说服农业信贷银行，允许他将日常使用的法律文件转换成通俗语言。他认为，人们在办理抵押贷款时，贷款应明确说明：抵押贷款3万美元，30年内还清，加上利息他们总计要还10万美元。将从抵押贷款到期票的所有文件，全部用简明易懂的英语重写，这个想法并未得到同事的支持，因为他们都比较保守。帕克花了好几年时间才实现了这一目标，主要是因为银行的每个人，包括其他律师，都反对这么做。他们常常说："我们不能这样做，这听起来太不正规了。"帕克固守己见，他的坚持最终得到了回报。这是他在 11 年律师生涯中最值得骄傲的成就之一（然而，帕克离开银行后，他们很快就重新使用传统术语撰写法律文件）。聘请银行的第一位黑人律师和第一位女性律师也是帕克最值得骄傲的成就之一。30 年前，白人男性主导的法律部门未必注重人员多元化，帕克工作的银行十分保守，深深抵触变化，这两位求职者简直就是“强卖”。但帕克认为他们是岗位的最佳人选，他坚持己见，确信自己是对的。他成功地做到了自己想做的事情，还没有得罪上司和同事，反而被提升为高级律师，最终成为银行的副法律总顾问，负责管理一个 15 个人的部门。

银行工作有挑战性，有符合他信念、令他满意的成就，还有升职加薪的可能，帕克却觉得左右为难。他想投身葡萄酒世界，尽情地闻酒香，品美酒，思考品尝的葡萄酒，这些都更符合他喜爱享乐的个性。

帕克和帕特的家在帕克顿，他们住在帕特父母曾经的房子里。1974 年，他们买下了这座房子，大约一年后，帕克就开始工作了。帕特的父母打算退休，但他们必须先卖了房子才行，刚好帕克夫妇想买房。这是一间三居室的灰色平房，坐落在 1.6 万平方米的土地上，位于一条道路的尽头。这里是帕特和两个弟弟一起长大的地方，邻近火药瀑布州立公园。纱窗门廊外面，陡峭的小山坡上长满橡树、枫树和榆树；从小山坡到下面水流湍急的火药河，高度垂直下降；岩石较多的水洼里，有很多肥美的褐鳟鱼。除此之外，这座房子并无什么特别之处，跟这条安静道路旁的其他砖木结构民房很相似。这座房子需要修整，至少得有一个葡萄酒酒窖。穿过农场和玉米地，只要 10 分钟车程就可以抵达芒克顿小镇，镇上有个志愿消防队。农村小路上行人和车辆较少，非常适合慢跑，当时帕克最喜欢借助慢跑来保持体形。

搬家后，帕克做的首件事就是组建新的品酒小组。好友维克托·摩根罗斯加入了品酒小组，他现在是美国食品药品监督管理局的毒理学家，还有几位非常认真的品尝者也加入了品酒小组。品酒小组每周举行一次品酒会，大家围坐在帕克家里的餐桌旁边。然而，帕克独自品酒或与帕特一起品酒时，他就在厨房福米加柜台上摆几瓶酒，品尝后直接吐到水槽里——厨房也急需翻新。

20 世纪 70 年代中期，美国葡萄酒进口市场的问题日益突出，尤其是从法国进口葡萄酒。1969 年，法郎贬值，人们对波尔多葡萄酒的热情再次急剧增温；随后，葡萄酒价格疯涨，不可避免地出现了狂热的投机买卖，主要是人们大肆鼓吹波尔多葡萄酒，波尔多 1970 年份葡萄酒牢牢抓住了美国市场。一份 1972 年雪利–莱曼葡萄酒商店的目录提醒（实际上是警告）消费者，一箱 1961 年份的波尔多葡萄酒当时的售价为 100 美元，现在是 750 美元，只要你能够找得到。这份目录还预测：1970 年份的波尔多葡萄酒“再过十年，也能达到同等的高度”。《财富》杂志也持相同看法。难道书上推荐的波尔多特级酒庄的葡萄酒就不能投资吗？产量少、需求大——价格怎么会不上涨？葡萄酒商人和多数媒体的观点十分明确：最好现在就跟上潮流，如果现在不作为期酒购买，你就会错失良机。是的，价格高得惊人，但潜台词是，等到 1973 年瓶装葡萄酒最终到货时，价格会更高。

波尔多酒庄庄主眼睁睁地看着，葡萄酒批发商靠 1970 年份的波尔多葡萄酒在初期就获得了巨额利润，有些人称 1970 年是“完美的年份”——品质高、产量大——然后将 1971 年份的价格抬升至 1970 年份的 3 倍。1971 年份的葡萄酒品质不错，但算不上优质，批发商还是大赚了一笔。尼古拉斯·费斯引用了他听过的一个故事，一位葡萄酒商店的顾客问能不能买6箱波尔多葡萄酒，批发商回答道：“当然可以，但我必须把价格从3法郎涨到6法郎。”顾客接着说：“那我买12箱吧！”葡萄酒市场成为疯狂投机者的阵地。

消费者对葡萄酒的狂热充斥着美国市场，大批没有经验的新消费者纷纷抢购波尔多顶级葡萄酒。这是很自然的现象：波尔多酒庄举世闻名，可以作为社会地位的象征。此外，波尔多葡萄酒生产商少，承运商少，地区分级种类少；与勃艮第葡萄酒相比，波尔多葡萄酒组织更完善，更易了解和挑选。购买波尔多葡萄酒不需要什么专业知识：注重品牌的消费者所要做的就是，记住几个酒庄的名字和年份。

什么东西都可以买卖，美国日益增长的消费似乎没有上限——可靠消息预测，20世纪70年代，葡萄酒消费量会翻一番——英国人的葡萄酒购买量是前两年的两倍。由于英国的通货膨胀率达到两位数，投资家将资金投入“稳固”资产，比如地产和新出现的葡萄酒投资基金。事实上，1970年份葡萄酒价格上涨，使得酒庄庄主抓住时机，赚回了他们在20世纪60年代的所有损失。但这一切都只是一个开端。1972年和1973年的上半年被准确地描述为“葡萄酒疯狂阶段”。

1972年份的波尔多葡萄酒行情不佳。休·约翰逊写道：“价格简直低得离谱。”迈克尔·布罗德本特是佳士得拍卖行[1]葡萄酒部门的负责人，他认为波尔多的这个年份就是一场“毁灭性的”灾难。葡萄酒品质极差，又薄又酸，完全让人没有品尝的兴趣。但这又能怎么样呢？1972年，在曼哈顿上西区西七十二街，一家葡萄酒零售店的橱窗上贴出了一段标语，预言“这是不争的事实：葡萄酒价格总是会上

[1] 世界著名艺术品拍卖行之一。拍品汇集了来自全球各地的珍奇艺术品、名表、珠宝首饰、汽车和名酒等精品。

涨”。波尔多酒庄庄主承认，1972 年份的葡萄酒品质确实不是很好，但 1973 年春天，“攀比”心态把这一年份的葡萄酒价格越抬越高，致使酒庄向批发商销售尚未装瓶的葡萄酒。谁也不愿意被人发现他们花的比邻居少——因为他们觉得丢脸。只要告诉他们，附近次等酒庄的葡萄酒售价都要 2.4 万法郎，更有声望的酒庄就有理由要价 3.2 万法郎。事实就是这样。

一些孤注一掷的葡萄酒贸易买家疯狂地打电话下单，担心装瓶后没有足够的葡萄酒满足需求。对于普通消费者来说，这意味着葡萄酒品质不佳，价格还高。法国人认为美国人无论如何都会买他们的葡萄酒。为什么不买呢？法国葡萄酒是他们唯一认可的葡萄酒（当然，后来精明的美国和英国进口商都抵制 1972 年份的波尔多葡萄酒，引发了批发商的恐慌）。1972 年份的勃艮第葡萄酒的价格也上涨了，美国对罗纳河谷葡萄酒的需求导致价格骤增 80%—90%。

法国免税代码发生了重大变革，预计 1972 年生效，酒庄庄主也卖掉了库存的陈酿葡萄酒，以避免按照葡萄酒的当前市值交税。对他们来说，幸运的是，佳士得在伦敦的拍卖行于 1966 年成立了独立的葡萄酒部门，定期销售葡萄酒。接下来几年，拍卖行生意兴隆，促使苏富比拍卖行在 1970 年成立了竞争部门，伦敦很快就成为一年举办 40 场葡萄酒拍卖的地方。在美国，休伯莱恩公司[1]主要销售斯米诺伏特加，该公司也想利用迅速发展的高端葡萄酒市场大赚一笔，在 1969 年举办了一年一度的拍卖会，宣传力度大，拍卖的都是罕见的陈酿葡萄酒，很容易吸引富有的新收藏家。相比葡萄酒在过去的售价，拍卖价格简直就是天文数字——1971 年，在休伯莱恩拍卖会上，一瓶

[1] 20 世纪七八十年代美国一家著名的跨国公司，主要业务是生产烈性酒。

1929年的木桐葡萄酒以9200美元成交，简直令人震惊。

传统上，伦敦葡萄酒拍卖一直由专业人士主导，他们了解当下的葡萄酒价格。但20世纪70年代中期，美元当时就有很强的购买力，越来越多富有的美国收藏家常常出没拍卖场所，他们想要创立“即时”酒窖。因此，在金融动荡的时代，把优质波尔多葡萄酒作为稳健的投资方案，吸引了越来越多的投机者。这种需求推动葡萄酒价格大幅上涨。到1974年，酒庄把大量的葡萄酒都供应给了拍卖市场。

1973年和1974年，法国人对美国和世界上正发生的事情似乎视而不见。美国葡萄酒零售店的酒架被压得吱嘎作响，堆满了卖不出去、进价高昂的1970年份葡萄酒。一些买家坚信，美国葡萄酒需求会继续有增无减，他们承诺会以高价大量购买品质欠佳的1972年份葡萄酒——一位评论家称之为，“无价值的虚假繁荣”。随后，1973年葡萄酒产量大、品质中等偏下，1974年葡萄酒品质更低。然而，酒庄的葡萄酒价格继续上涨。最终，价格增长过快、品质中等偏下的三个年份，中东战争，美元贬值，通货膨胀飙升，1973年石油危机导致世界经济衰退……所有这些因素致使法国葡萄酒市场处于危险的崩溃边缘。波尔多“葡萄酒门”事件让情况变得更糟糕，这桩国际性丑闻涉及显赫的克鲁斯家族[1]，他们在葡萄酒上贴假酒标，将其伪装成著名的葡萄酒。美国市场似乎极容易上当受骗，需求也难以满足，最终导致市场崩溃。法国人突然意识到他们砍掉了自己的摇钱树，但他们毫不气馁，转而指望英国人，但英国经济也出现了严重衰退。在通货膨胀时期，葡萄酒是一种可以舍弃的奢侈品。其他市场——比利时人和

[1] “二战”后，来自克鲁斯家族的以马利·克鲁斯夫妇买下了荒废的迪仙庄园。该家族自19世纪初就在波尔多立足，1819年创立了克鲁斯子弟公司。

斯堪的纳维亚人——也无法弥补市场缺口。1973 年份的葡萄酒口感太薄，1972 年份的葡萄酒品质较差，这两个年份的葡萄酒在酒窖中堆积如山，最终都被低价抛售。

没有经验的美国消费者继续购买最知名的葡萄酒，在同样不懂葡萄酒的朋友面前显摆。然而，很多葡萄酒作家很快就指出了波尔多葡萄酒的问题所在。罗伯特·菲尼根曾称，1971 年份的葡萄酒“索然无味”。1976 年份的葡萄酒抵达美国时，这位旧金山的葡萄酒评论家在杂志中指责说，“仅凭某个波尔多酒庄被列在一卷破旧的、神圣的 1855 年法国列级酒庄名单中”，就假装自己“优人一等”，漫天要价，这“简直荒谬至极”。

20 世纪 70 年代中期，勃艮第也即将面临衰落。葡萄酒贸易并未追究那些名庄劣质葡萄酒的过失，坚信这“只是在经历一个阶段”。事实上，菲尼根和其他人认为，勃艮第的整体葡萄酒品质名不副实。勃艮第的衰落着实令人惋惜，有些人认为这是因为葡萄种植者贪得无厌，他们现在酿制的都是在新酒阶段就能饮用的葡萄酒。葡萄种植者则将衰落原因归咎于消费者的欲望，但这实际上巧妙地增加了葡萄酒商的现金流。其他人则认为，葡萄园产量过剩，葡萄种植者违反规定，每一块葡萄园酿制的葡萄酒超过了规定的数量，导致葡萄酒浓度和口味欠缺。还有一些人透露，少数负责运输和装瓶的批发商不择手段，非法在勃艮第葡萄酒中加入罗纳河谷葡萄酒，以提升勃艮第薄而淡的口味——一个世纪之前，他们也是同样对待英国市场的。见利忘义的勃艮第人耸了耸肩，满不在乎。这样做又有什么关系呢？疯狂喜欢葡萄酒的美国人，难道会知道他们买的是什么吗？

美国消费者可能确实不知道，但葡萄酒品鉴革命和葡萄酒知识在全美上下传播，帮助他们迅速学习。此外，美国人不喜欢被愚弄或被利用。

帕克就是其中一位。

美国贸易杂志《饮料媒体》就提醒过："美国人喜欢的葡萄酒并非只有一种，美国消费者品尝的葡萄酒可能比任何欧洲人都多；欧洲人却坦言，他们只喜欢一种当地葡萄酒，对其他葡萄酒既不好奇也不感兴趣。"葡萄酒价格飞涨，品质时好时坏，但加州葡萄酒产区正处于快速扩张和加速实验的阶段。加州葡萄酒的品质提升迅速，为新的美国市场提供了更多选择。1973 年，纳帕谷和索诺玛共有 62 家酿酒厂，其中 21 家刚刚创办一年。1974 年，法国葡萄酒进口量下降了 42%。

美国西海岸的葡萄酒爱好者预言，加州产的才是美国人真正感兴趣的葡萄酒，但很多东海岸崇尚法国葡萄酒的人仍然认为，加州能生产出优质葡萄酒简直是天方夜谭。1976 年，"巴黎审判"会让一小部分人相信，美国葡萄酒值得一试，低廉的价格更提升了其吸引力。接下来十年，在公开品酒会和私人住宅中，法国葡萄酒与加州葡萄酒的"对比品鉴"十分盛行，每几个星期，似乎就有新的加州"精品"葡萄酒战胜拉图酒庄或拉菲酒庄。20 世纪 70 年代中期酿制的赤霞珠葡萄酒，大部分都是很受欢迎的大酒，口味强劲，果味浓厚；有些则是富有男子气概的"重磅轰动"，橡木味极其浓郁，酒精含量高，单宁含量也高，喝了牙齿都会被染色。加州葡萄酒爱好者开始喜欢大酒即美酒的风格。市场上不断流入很多没有名气的新葡萄酒，消费者需要寻找客观的评价，告诉他们应该购买什么葡萄酒。

维克托·摩根罗斯是新品酒会的支柱，他和帕克不仅仅是尊重彼此味觉的品酒伙伴，还喜欢讨论一切与葡萄酒有关的事情。这是男人之间的事情。棒球爱好者会花好几个小时反复聊棒球比赛，相互分享击球统计数据；同样，帕克和摩根罗斯也会畅谈好几小时，比如，最佳的葡萄酒评分方法，目前缺少优秀的葡萄酒刊物以打破以往对葡萄酒不切实际的看法并如实地评论商店里的葡萄酒品质。他们认为，没有人愿意为不知名的、5美元一瓶的葡萄酒写文章，哪怕其品质与30美元一瓶的大牌葡萄酒相当。他们还认为，葡萄酒行业过度宣传，欺骗消费者，这让他们十分恼怒，甚至愤怒。

美国出现了很多新的葡萄酒爱好者，组成了越来越多的品酒小组。他们喜欢一次摆出十几瓶葡萄酒，进行评级和排名，以确定哪些是“最好的”。为了确保对葡萄酒品质的判断不受其现有声誉的影响，他们常常遮挡酒标，掩盖葡萄酒的身份，然后进行盲品。

帕克和摩根罗斯也是盲品的忠实信徒。拉出软木塞，将棕色纸袋套在光滑的玻璃瓶上，在瓶口处用橡皮圈固定纸袋，然后将瓶子的顺序打乱，每个瓶上写一个编号，这已成为品酒会前一种有趣的仪式。在这段时间，人们可以聊聊天，随后就开始了严肃的品酒活动。他们需要高度集中注意力，一个接一个，小心谨慎地品尝葡萄酒，揣摩这些酒在哪些方面符合高端品质的要求。他们尝试了不同的评分体系，包括字母A到F的6个等级和非常流行的20分制。20分制，又称戴维斯评分制度，被用于加利福尼亚大学戴维斯分校的酿酒学学院——美国最权威的葡萄酒研究中心。帕克和摩根罗斯都不喜欢这种评分制度，它似乎是一种消极的体系，因为葡萄酒本该给人带来乐趣。在帕克看来，给葡萄酒不具备的特征评分，就像给葡萄酒具备的特征评分一样，同样没有意义。品酒小组中的一名成员——帕克不确定是谁——想到了100分制，实际上是50—100分制，因为他们给每款“参加”的葡萄酒50分，相比其他体系而言，剩下的50分给了他们更多的灵活性。每天晚上下班后，帕克都会仔细改进这个评分体系，最终颜色和外观 5 分，芳香或香气 15 分，风味和余味 20 分，整体品质或潜力 10 分。帕克和摩根罗斯认为，这个体系不太可能变成身边常见的那种夸张评级体系，而且这个体系非常简单。如果你在美国上过学，就会明白拼写测试得 97 分意味着什么。到 1976 年，他们的 100 分制评级体系最终确立。他们没有考虑过给葡萄酒进行数字评分是否非常古怪。

两人的妻子总是抱怨他们在葡萄酒上花钱太多。对帕克而言，每年葡萄酒的花销在 2000—4000 美元，就家庭收入而言，这是很大的一笔开销。“我们不能继续在葡萄酒上花这么多钱了！”帕特每天必定说这句气话。厨房里一团糟，房子需要更换电线——她也喜欢喝葡萄酒，但会受到客观条件的限制。

1975 年或 1976 年的某个时候，帕克和摩根罗斯突然想到，他们应该撰写一份针对消费者的杂志。正如帕克所说，他们可以“继续买酒品酒，又不会破产……也不会因为我们痴迷葡萄酒而失去妻子”。即便杂志不赚钱，也可以对妻子说，他们买的是可减免课税的葡萄酒。这似乎是解决二人共同婚姻问题的绝佳办法。他们知道，相比撰写葡萄酒专栏的大多数作家，他们喝的葡萄酒更多，对葡萄酒的态度也更认真。

1977 年，帕克和摩根罗斯决定推出第一期杂志，介绍 1973 年份的波尔多葡萄酒。纽约的雪利-莱曼等葡萄酒商店经常称赞这一年份的葡萄酒，口味宜人，果香浓郁，在等待优质年份的葡萄酒成熟期间，非常适合饮用。帕克和摩根罗斯却认为，这款葡萄酒口味寡淡，水分过多——1973 年正是一个降水过多的年份。在品尝了手里所有 1973 年份的葡萄酒后，他们才得出这项结论。“这个年份太差劲了”，他们相互抱怨，但一致认为有几瓶还不错。他们认为，消费者在购买之前，应该了解真相。

帕克非常鄙视当时的一些葡萄酒书籍和专栏。身为律师的法律素养教会了他对待事物要持怀疑态度，提出问题，仔细研究偏见的基础，寻找利益冲突，然后作出判断。为什么葡萄酒作家不能要求得更高一点呢？帕克认为，大多数英国葡萄酒作家都从事葡萄酒贸易，他们对所写的内容非常了解，但很少指责那些不符合标准的酒庄，常常推荐自己进口或售卖的葡萄酒，读者对此却并不知情。帕克和摩根罗斯的品酒会让两人明白，许多名庄酿制的葡萄酒，不仅品质差，而且价格还被抬高了。这就是他们所了解的。

帕克认为，美国杂志和报纸的葡萄酒作家更差劲。他发现，在免费葡萄酒宴会上，一些葡萄酒作家受到盛情款待。正如他后来告诉一位采访人员的，肯定会有一个“非常精彩的故事”推荐“下一款巴西优质葡萄酒”，读这篇文章时，你会发现，那些推荐“纯粹是胡说八道”。

帕克在法学院的最后一年，也是他身为执业律师的第一年，政界发生了“水门事件”，深刻地影响了他对法律、对世界，乃至对葡萄酒的看法。1972 年 6 月，5 名男子闯入美国民主党总部水门大厦安装窃听器刺探民主党的竞选政策，随后虽采取了一连串掩盖手段，但最终暴露出一个秘密的共和党基金资助大规模的针对民主党人士的政治间谍和破坏活动……所有这些，都是当时的重大新闻，每天都有骇人听闻的爆料。为了解事情的进展，帕克和法学院同学每天阅读《华盛顿邮报》，收看参议院水门委员会的电视听证会，该委员会是为调查水门事件的内幕和涉事人员而专门成立的。塞缪尔·达什是委员会的首席律师，也是教授帕克利益冲突课程的教授。事实上，在这场日益严峻的政府危机中，很多关键人物都是律师，他们似乎都有明确的阵营——要么是英雄，要么是恶人。

正派包括塞缪尔·达什，特别检察官、哈佛教授阿奇博尔德·考克斯，司法部部长埃利奥特·理查森和副司法部部长威廉·洛克肖斯，他们因拒绝执行尼克松总统开除考克斯的命令，从美国司法部辞职。考克斯迫使尼克松公布记录他办公室谈话的秘密录音。反派则包括：美国前司法部部长约翰·米切尔，他负责控制秘密资金；白宫法律顾问约翰·迪恩，他做证指控尼克松总统知晓闯入计划；律师、白宫助理查尔斯·科尔森。有40名政府官员被起诉，其中很多都是撒谎的律师，似乎没给律师这个职业留下一点好名声。帕克认为，这些人就是律师的耻辱。甚至副总统斯皮罗·阿格纽也因逃税和受贿而引咎辞职。尼克松本人也是律师，为了避免被弹劾，他引咎辞职。

消费者权益维护者拉尔夫·纳德是帕克非常钦佩的一位律师，其工作组的调查和深入报道是20世纪70年代的热门文章。纳德是一位年轻律师，有着百科全书般的记忆力和深入骨髓的道德信念，他在20世纪60年代出版了《任何速度都不安全》一书，严厉地批判汽车行业，自此在美国声名鹊起。通用汽车公司雇请私人侦探跟踪并骚扰纳德，消息传开后，他的著作迅速成为畅销书。20世纪70年代，纳德是出现在人们视野里最热忱的消费者权益维护者，他的目标是成立能够赋权“弱小群体”的组织。1969年，纳德在华盛顿成立了回应型法研究中心，成为寻找暑期工作的优秀法学院学生的“流行”选择——1970年，三分之一的哈佛法学院学生都申请过这里的工作。

当时，美国民众反对越南战争，深深厌恶“水门事件”。纳德的长期斗争吸引了很多有理想的法学院学生和初出茅庐的律师。身为纳德的“突击队员”，他们在企业或政府单位担任了权力职位，不知疲倦地揭露欺诈行为，揭露为了利益而操控消费者的行为，揭露秘密的利益冲突，比如，行业贸易协会为了“教育目的”给国会议员和参议员提供奢华的短期旅行。他们的爆炸性报道指名道姓，登上了夜间电视新闻。

类似这样的利益冲突，帕克在法学院时常常听闻。在葡萄酒写作中，他也看到了很多利益冲突的影子。如果你自己卖葡萄酒，如果你是葡萄酒生产商的朋友，喝着他们免费提供的葡萄酒，机票、四星级酒店和高端餐厅的豪华晚餐任你选，他们埋单——你怎么能够客观地评价葡萄酒呢？在帕克看来，葡萄酒宴会的真正目的与行业贸易协会为国会议员举办宴会的目的没什么两样，纳德只是揭穿了其真实面目——以权谋利。

纳德下定决心向消费者提供可靠的产品信息，他认为独立专家应当对比并评估不同产品的性能，企业和政府必须承担责任。他的长期斗争激怒了商界领袖，却让帕克折服。帕克认为，纳德是弱势英雄，与那些当权者较量，就好比大卫杀死了歌利亚[1]，这是很多美国人都钦佩的角色——受到正义支持的人敢于与见利忘义的剥削者搏斗。

每每想到创立杂志，帕克都把纳德的形象和处世之道铭记于心。帕克对摩根罗斯说，他们的杂志必须是独立的消费者出版物，不受制于葡萄酒贸易，这意味着不接广告——他认为，这是一种革命性的姿态——并且制定严格的利益冲突标准。他们将自食其力，自己购买葡萄酒，拒绝接受任何免费提供。

帕克认为，将写杂志作为副业，与银行律师工作没有冲突。摩根

[1]《圣经》中记载，歌利亚是非利士将军，带兵进攻以色列军队，他拥有无穷的力量，所有人看到他都要退避三舍，不敢应战。最后，牧童大卫用投石弹弓打中并割下了他的首级。

罗斯在美国食品药品监督管理局工作，管理局对员工在工作之外的行为有严格规定。摩根罗斯为人正直，他想获得管理局的许可，但被拒绝了。1977年，他们正准备出版杂志时，摩根罗斯不得不退出了。伙伴离开了，帕克非常失望，闷闷不乐了几个月，犹豫着要不要放弃自己的梦想。他一个人怎么往下走呢？总的来说，帕克是乐观主义者，他决定，如果能从母亲那里借到2000美元，并获得当地主要零售商和“葡萄酒之友”分会的邮寄名单，他就创办杂志。帕特认为他太疯狂了。他是一名律师，薪资不错，工作稳定。把葡萄酒作为爱好无可厚非，但现在是不是太过头了？

帕克的母亲住在离他们只有10分钟车程的地方。母亲非常溺爱帕克，很难拒绝自己唯一的儿子真心想要的东西。母子二人关系非常融洽。帕克一直都是母亲的心头肉，现在他只需要几千美元去做自己渴望的事情。多年后，帕克打趣到，如果母亲知道这几千美元会让他放弃法律工作，投身葡萄酒品鉴，她是绝不会借钱给他的。

帕克知道，获取邮寄名单绝非易事。高端葡萄酒商店的顾客多是华盛顿的权贵人物，他们会小心谨慎地保管邮寄名单。帕克回忆说，要是没有他们，“整件事情就会泡汤”。他首先找到了麦克阿瑟酒业的老板阿迪·巴辛。他一直敬佩巴辛是一位“非常优秀的葡萄酒买家”。虽然自己是店里的常客，帕克还是有些担心，不知道怎么开口。很多事情都处在成败关头，帕克告诉自己，如果无法说服麦克阿瑟酒业和“葡萄酒之友”分享他们的邮寄名单，那么一切就此结束。正如帕克所担心的那样，巴辛一开始拒绝了他的请求，帕克却是有备而来。在商店拥挤的后室，帕克展开了一个样本页面，向巴辛展示杂志的样子，语速飞快地解释他要邮寄名单的用途。他还告诉巴辛：“当然，我会付钱的。我保证不会私自复印或用它干别的——我只是想向名单上的每个人寄送一份免费杂志。”他觉得有必要先告诉巴辛，自己可能会批判巴辛店里的葡萄酒。这种独立的姿态让巴辛眼前一亮，他同意考虑这个提议。对帕克来说，接下来的几天都寝食难安。

巴辛给帕克打电话，说道：“好的，我同意把名单给你。我认为我们需要这样的出版物。我并不同意你写的一切，但我喜欢你做事的方式。”另一位，伍德利酒品商店的时任老板艾德·桑兹（现在，他仍是这家店的老板，并将该店与1982年购买的卡尔弗特商店合并了）至今仍不太明白，究竟是什么说服他把邮寄名单给了帕克，他此前可是从未将名单给过任何人。马文·斯特曼是“葡萄酒之友”的创始人之一，他也从未将邮寄名单给过任何人，为了确保组织完全不被商业化，他拒绝将名单出售给进口商、分销商和酒庄，最终却同意把邮寄名单交给帕克。

帕克刚开始创办杂志时，对很多人都产生了类似的影响。充满天真的魅力、显而易见的真诚、发自内心的自信以及对葡萄酒的强烈热爱，所有这些，融合在一起凝成了十分强大的说服力。除了彬彬有礼地请求，“我只是一个普通人”这种说法也体现了他坚强、果敢的个性。谈到葡萄酒时，他总是怀有传教士般的热情。帕克坚信，他的杂志将成为第一个真正的为消费者提供建议的葡萄酒指南。这种信念表明，他做事专心致志，拥有健康的心态。有些人会怀疑自己，帕克从来不会，他也不与其他葡萄酒作家套近乎。后来，他在采访中多次提到，“直到1978年，大多数葡萄酒评论家基本上都收受了贿赂”。

帕克决定将杂志命名为《巴尔的摩-华盛顿葡萄酒倡导家》（即下文的《葡萄酒倡导家》）。为了让消费者充分理解他对葡萄酒的全身心投入，杂志标志是一个十字架形状的开瓶器。它展示了帕克内心最深处的想法，即他想成为什么样的葡萄酒评论家。帕克热衷于真正的改变，他对葡萄酒的态度十分认真，就像调查记者追踪政治丑闻一样，不过他多了一份对享乐的专注。

帕克的法律秘书就住在他家附近。帕克临时雇请她，在周末将第一期手写笔记打印出来。读懂这些笔记并不容易，但该秘书实践经验丰富。一个夏日炎炎的周末，帕克、帕特与帕克的父母坐在他们家的客厅地板上，整理装订 6500 份杂志，折好并写上地址。这项烦琐的工作花了很长时间，帕克却乐在其中，他希望 40%—50% 的人收到后愿意订阅这份杂志。杂志里全是针对消费者的建议，没有胡说八道的内容，每年只需要 10 美元的订阅费——比一瓶上等的葡萄酒还便宜。订阅用户怎么会错失良机呢？帕克在银行工作过，专修了 5 年《商业法》，他居然没有研究与直邮营销相关的财务内容，这着实让人惊讶。通常，回报率只有 2%—3%，帕克却解释自己对此一窍不通。他后来坦言，如果了解得更多，他绝不会冒险去创办一份杂志。帕克把第一期杂志都寄出去了，内心充满了满足感，随后和帕特去了加利福尼亚州度假，去做一些自己喜欢的事情：参观葡萄园，品尝更多的葡萄酒。

第一期《巴尔的摩-华盛顿葡萄酒倡导家》将自身定义为“消费者优质葡萄酒指南双月刊”。封面体现出法律对帕克的影响，标题“目标与范围”下面明确地介绍了该杂志的内容，并且是以第一人称“我们”写的。帕克简明地阐述了这份杂志对普通消费者的益处，他指出，有名的葡萄酒屡屡令人感到失望，没什么名气的酒庄现在“品质大幅度提升”，这些葡萄酒才更值得购买。对于售价 10 美元到 25 美元一瓶的葡萄酒，他写道：“消费者承受不起这样的错误。”“赶快订阅吧，”他催促读者，“你可能花 10 美元也买不到想要的葡萄酒。”

语言开门见山，处处体现以消费者为导向的立场。他坚信，客观评价葡萄酒是有可能的——“目标”这个词多次出现。帕克向读者保证，他定会以诚相待，站在葡萄酒消费者的立场上，像“巡查员”一样“揭露品质较差、索价过高的葡萄酒”。他将自己与“大多数葡萄酒专家”进行对比，声称他们“忽略”了优质的葡萄酒，“过分高估”了著名的葡萄酒和年份。最后，他承诺，只评论自己购买与品鉴过的葡萄酒。

第一期杂志是免费的，具备未经编辑的业余出版物的所有特点——标题倾斜，内容重复，甚至主要葡萄酒产区的名字出现了拼写错误（Pomerol 被写成了 Pomeral），品酒笔记的词汇量也相当有限。“绝妙的”“令人愉悦的”“鹅绒般的”“丰富的”等词语被反复用来形容葡萄酒的优点；“薄的”“不平衡的”“酸的”主要用来描述缺点；他也会毫不犹豫地选用“令人厌烦的”“糟糕的”，甚至“糟透了”来形容葡萄酒。但是，最常提及的积极词汇是果味，“果香四溢”这个短语第一次出现是描述纳帕谷 1973 年份克罗杜维尔仙粉黛干红葡萄酒，后来成为帕克最具代表性的褒义术语之一。

《巴尔的摩-华盛顿葡萄酒倡导家》发行第一年，帕克的写作水平有所提高，但有些方面仍未改变。标志、浅黄色纸张、满是葡萄酒评价的拥挤设计、100 分制评分体系、一条赞美笔记——“新闻媒体、分销商和零售商能够使用现成的信息，主要归功于《葡萄酒倡导家》”，这是非常巧妙的推广之举，时至今日，仍然如此。第一期中还附有随后 6 期的时间安排与特色内容，这表明帕克非常关注读者的兴趣点。

帕克信守承诺，给出了他对 1973 年份波尔多葡萄酒的差评，并提供了证据。当时，这个年份的葡萄酒在巴尔的摩和华盛顿的葡萄酒商店可以买到。他提醒读者，波尔多一级名庄玛歌酒庄的1973年份葡萄酒是“一种非常差劲的葡萄酒……又薄又酸，口味平淡，香气不够。这款酒品质太差，不值得购买”，帕克给了它非常低的分数，100分只得了55分。波菲酒庄的命运更加悲惨——这种“难以下咽的葡萄酒没有任何可取的社会价值”，只得了50分，这是帕克给的最低分数。帕克一共评论了65种波尔多葡萄酒，有10种得分低于60分，根据他的定义，这意味着这些葡萄酒“不要买”，只有3种葡萄酒得分超过80分：杜高巴加酒庄（83分）、拉图奥比良酒庄（82分）、柏图斯酒庄（87分），它们是这些波尔多葡萄酒中品质最好的。他用横贯两版的篇幅推荐了3种不同价位的优质葡萄酒。最具代表性的包括帕克第一批90分以上的葡萄酒：加州索诺玛葡萄园亚历山大皇冠赤霞珠葡萄酒，售价7美元一瓶，得分91；1973年份克罗杜维尔仙粉黛干红葡萄酒和1971年份汇雅天然香槟，得分都是90。

100分制评分体系日后会变得非常有名，被放在第二页重点介绍，数字的含义被描述得非常仔细（低于64分的葡萄酒“不要买”；60—64分的葡萄酒有“明显缺点”；65—74分代表“平均水平”；75—79分代表“高于平均水平”；80—89分代表“非常好”；90—95分代表“极佳”；最高级别是96—100分，代表“顶级佳酿”）。现在，很多出版物和零售商都采纳了这种评分体系，但很难想象在当时它有多么不寻常！美国其他葡萄酒出版物则完全不想在分数上浪费时间，他们依靠目录、吹捧或星级来表明质量级别，很像电影评论采用的方式。《醇鉴》是一份英国消费者葡萄酒杂志，1975年开始刊行，采用的是传统的20分制，但仅用于重大的品酒会。

同期，罗伯特·菲尼根的杂志颇有名气，日益发展，1977年增加了全国版。菲尼根打算放弃餐厅杂志，专注于葡萄酒。帕克是否知道

《罗伯特·菲尼根私家葡萄酒指南》的存在呢？据他说，在出版《葡萄酒倡导家》之前，从未听闻过菲尼根；出版之后，人们开始把他们的杂志进行对比。和帕克关系很好的零售商都订阅了《葡萄酒倡导家》。菲尼根记得，帕克曾给他打电话，探讨对出版杂志的疑虑，他鼓励帕克继续这样做。菲尼根认为，他们的杂志之间不存在竞争，自己的杂志已经出名了，帕克的杂志主要是针对当地人群。

这两份杂志在外观和内容上有颇多相似之处：都印在浅黄色纸张上，没有插图，文字居多，内容主要是品酒笔记。同样，菲尼根也坚定地站在消费者的立场上，他也毫不留情地批评美国零售店酒架上的葡萄酒，对法国人深感失望，并提醒读者他觉察到“一种不思进取、以质量为代价换取最大利润的趋势……法国松懈懒惰，加州却正在努力提高每一个成功年份的品质”。在撰写关于勃艮第的文章时，菲尼根称，1971 年份的葡萄酒是“危险的投资……一开始就大肆宣传……旨在抬高价格”，他指责葡萄酒行业提供关于年份品质的“大量虚假信息”。菲尼根曾严厉批评 1972 年份的波尔多葡萄酒，认为其毫无吸引力，口味寡淡，味道酸涩。1977 年 3 月，他分享了对 1973 年份波尔多葡萄酒的评论，评价略高于帕克。帕克称赞宝嘉龙酒庄，菲尼根却认为它仅是一般。菲尼根认为，龙船酒庄和碧尚女爵酒庄都非常优秀，帕克却只给了前者 75 分，后者 71 分。在菲尼根的印象中，奥巴特利酒庄很好，帕克却觉得它的葡萄酒品质低劣，口味太薄，属于“不要买”的行列。两人对木桐酒庄的看法却完全一致，“太难喝了！没有果味，没有深度，没有魅力……酒标是毕加索的画，这倒是很精美。”菲尼根写道。

他们的不同之处在于：帕克的 100 分制评分体系对消费者有着直接、强烈的吸引力，帕克坚持从自己的独特视角阐述这一体系。菲尼根则能更加老练、理智地分析市场上发生的事情，品酒笔记的措辞也更讲究。相比之下，帕克的评论有些太过简单。帕克的杂志当然没有菲尼根的写得好，但他坚信：自己的判断是无懈可击的，这一点他非常清楚。

在旧金山湾地区度假期间，帕克和帕特驱车行驶在纳帕谷和索诺玛的乡间小路上，经过了一个又一个酿酒厂。帕克情绪高昂。他幻想着回去时，会收到几千人寄来的订阅杂志的支票，还有镇上小邮局送来的通知，催促他赶紧把支票都取走，因为邮局太小，装不下那么多。实际上，他只收到了100多封信，这令他十分失望。“我不相信，”他向帕特抱怨道，“时机好，想法好，没有广告，我想大家肯定会感兴趣的。”帕克觉得，也许整个冒险都是徒劳的，也许他应该把收到的支票退回去。但在接下来的几周里，他又陆陆续续收到了几百份订阅费，这些钱足够维持他正在撰写的第二期杂志——全面介绍加州赤霞珠葡萄酒。

第二期杂志出版时，原来的油印机已经满足不了需求了。帕克咨询了一家当地的印刷公司，了解到印刷的基本预算——争取获得更多的订阅用户，那么每一期的印制成本就会降低。他的法律秘书仍然负责将手写笔记打印成稿。第二期共有16页，于9月寄出。整体设计是第一期的升级版：所有标题很整齐，文章和品酒笔记更符合语法规范，措辞更优美。帕克对数字评分体系的解释，如今被放在封面最显眼的位置，好像他凭直觉就知道它肯定会吸引订阅用户。这一次，帕克还强调，他不参与任何葡萄酒生意，同时提醒消费者，他与葡萄酒进口商、批发分销商或零售商没有任何直接或间接的利益以及财务等方面的关系。

第二期包括对150种葡萄酒的品酒笔记，对两本葡萄酒著作的评论，对麦克阿瑟酒业和阿迪·巴辛的详细介绍和高度赞美。巴辛提供了邮寄名单，帕克认为这对创办《葡萄酒倡导家》杂志至关重要，但他并未提及这一点。很显然，帕克没有料想到，这种简介会如同新闻报道一般给该店带来极高的曝光率。

帕克用了两页篇幅介绍加州赤霞珠葡萄酒的主要特征，紧接着是90多种1973年份、1974年份与1975年份赤霞珠葡萄酒和美乐葡萄酒的品酒笔记和评分，这些都是他从当地少数几家美国葡萄酒种类较多的商店购买的——华盛顿的莫里斯·米勒酒品商店、巴尔的摩的韦尔斯折扣酒品商店和佩林酒品商店。没过多久，帕克抨击了加州赤霞珠与波尔多葡萄酒的跨大西洋对比品酒会“宣传过度”。1976年“巴黎审判”之后，跨大西洋品酒会变得广受欢迎。他写到，加州和波尔多生产的葡萄酒风格迥异，这种品酒会“没什么参考价值，无法判定哪一种是‘最好的’葡萄酒……上等的法国波尔多葡萄酒优雅、雅致、非常细腻、复杂度高，优质的加州葡萄酒则厚重、强劲、凝练、近乎粗糙……由于果味浓郁、酒精含量高，品酒者当然会印象深刻”。年轻的波尔多葡萄酒没那么有吸引力，但随着陈酿逐渐会成为“一种充满魅力与优雅的复杂饮料”，但是大多数加州葡萄酒“年轻时口味就很好。赤霞珠葡萄酒不会产生复杂度与优雅感，但果味和单宁的浓度会消失”。此外，帕克还坚持认为，加州葡萄酒由于酸度较低，即便陈酿7—10年，也可能“平淡无味”。菲尼根也常常发表类似看法，早在1975年10月，加州葡萄酒生产商就不待见他，这是很自然的事情。

多年后，帕克回想起来，这件事情深深地打击了加州的酿酒理念。他认为很多加州赤霞珠葡萄酒“浓郁、厚实、单调，甚至有点粗糙”，不会像波尔多葡萄酒一样产生“复杂度和优雅感”，但事实上，他赞扬过 24 种加州葡萄酒（一共有 90 多种），称之为加州风格赤霞珠的“最佳典范”，其中有些“结构良好，果味凝练，口感强劲，着实令人惊叹”，其他的则是“顶级赤霞珠葡萄酒……平衡度和协调度更好，没有上述葡萄酒的过度强劲”。帕克写到，“顶级”1975 年份鹿跃酒窖的第二批葡萄酒，“具有非凡的品种和特征，让波尔多人感到紧张不安”。与此同时，他发现 1975 年份的卡拉威酒庄葡萄酒“十分怪异（原文如此），简直达到了荒唐的境地”“强劲耐嚼”，酒精含量非常高，很像波特酒；他还严厉批评了 1974 年份的雷蒙德酒庄的葡萄酒，“味道太冲，非常粗糙”；他也喜欢“强劲的”葡萄酒并给予其很高的评分。1974 年被广泛认为是加州北部赤霞珠葡萄酒的绝佳年份，至少能跟备受赞誉的 1970 年份和 1968 年份相媲美。帕克评分较高的葡萄酒中，有一半都是 1974 年份加州赤霞珠，但他并没有在品酒笔记中区分这三个年份，这有点出人意料。

菲尼根在其 1978 年 5 月的期刊中撰文报道过很多相同的葡萄酒，他也批评有些葡萄酒简直就像“让人望而生畏的墨水”，抱怨饮用备受赞誉的“怪物”需要“有点受虐的倾向”，自己则没有这种倾向。

帕克在一间闲置的小卧室里写作。他常常在新装修的厨房里独自品尝葡萄酒，有时也和帕特一起品尝。共有 10 个朋友和熟人参加杂志的定期盲品会，通常是晚上在帕克家客厅的用餐区举行，客厅里有一个大壁炉。有几人怀疑帕克是不是靠出版杂志谋生，但每个人都很乐意交纳 10—15 美元的葡萄酒酒资——帕克每个月的葡萄酒预算有限，这是一笔重要的额外收入。除了摩根罗斯，品酒小组成员还包括邻居、一位业余酿酒师（后来创立了马里兰州的第一家酿酒厂）、一家法国餐厅的老板和几位零售商好友。其中一位零售商是鲍勃·辛德勒，当时经营着“葡萄酒商”酒品店，他在 1977 年大学毕业后就在巴尔的摩开了这家店。当时，帕克正在为自己的酒窖努力寻找一种葡萄酒——1974 年份的索诺玛葡萄园亚历山大皇冠赤霞珠，两个人就这样认识了。辛德勒给最优质的顾客预留了三箱这种葡萄酒，卖了其中一瓶给帕克（10 美元一瓶），不久后，他经常来参加帕克的品酒会。另一位零售商是杰伊·米勒博士，他长着一张圆胖的脸，是一位风趣的家庭心理学家兼儿童心理学家，后来成为帕克前往法国的助手。米勒自认为是葡萄酒迷，为了赚钱支撑自己的葡萄酒爱好，也为了能够触摸到稀有的葡萄酒，他在巴尔的摩的韦尔斯折扣酒品商店做兼职销售员，帕克正是这家店里的常客。

帕克给大多数品酒会设定了主题，如加州赤霞珠葡萄酒或勃艮第白葡萄酒。品酒会通常都是盲品，氛围轻松，只有男性参加，讨论生动活泼。帕克对用法语骂人的话非常了解，这让辛德勒印象深刻。有时候，帕特也会一起品尝葡萄酒，但参加品酒会的不一定都是朋友，她经常退出。帕克认真听取每个人的看法，借此引导自己的味蕾。但在杂志中，他只提及了品酒小组对葡萄酒品质的分歧。品酒笔记与评分大部分都是他自己写的，在杂志出版前，他不会告知品酒小组任何成员。

帕克的第一次机遇出现在创办杂志当年的 9 月底，在寄出第二期《巴尔的摩–华盛顿葡萄酒倡导家》之后。这份杂志受到《华盛顿邮报》执行美食编辑威廉·赖斯的极力推崇，而这正是帕克所急需的。从热心的读者那里，赖斯得到了一份免费的《巴尔的摩–华盛顿葡萄酒倡导家》，还与几位读者在电话上了解了关于帕克的一些情况。赖斯觉得可能会有个不错的新闻报道，便和帕克通了电话，邀他见面。赖斯有些秃头，戴着眼镜，十几年来，他一直是华盛顿美食美酒界的重要人物，在此之前曾是位普通记者。随后，每周的葡萄酒专栏，赖斯将主要用来刊登他对帕克的采访。帕克渴望获得关注，并且已经树立起一个充满活力的形象。“啊，这位来自巴尔的摩的年轻律师，真的很有想法，”这是赖斯的第一反应，他写道，“帕克认为自己像是……独行侠一样的人物。零售商和受行业影响的出版物，给消费者提供的都是内容空洞的文章。为了告诉消费者真相，他需要打破这些文章的束缚。”帕克向赖斯描述自己的杂志，说：“这是一份实事求是的葡萄酒杂志，是热情的杰作……如果我能够达到收支平衡，并且乐在其中，我就非常高兴了。我有足够的动力，因为希望每一位喝葡萄酒的人都会订阅我的杂志。”

“独行侠”的形象刻画了帕克的一些最重要的品质。独行侠是一位骑着白马的蒙面牛仔，最初在 20 世纪 30 年代俘获了广播听众，是美国人理想的英雄形象——无所畏惧的理想主义者，独自战斗，匡扶正义，教训坏人，正义必将打败贪婪和偏见。这是帕克树立的形象，或者说是人们愿意相信他所拥有的形象。

在自我营销方面，帕克并不那么简单。例如，在第一次采访中，他声称拥有 1000 名订阅用户，让自己的杂志听起来更重要、更可靠，但实际并没有这么多。他向赖斯描述自己的性格特点时，一点儿也不谦虚。“我就像棒球比赛中的棒球左外场手，”帕克说，“人们会说‘这家伙是谁啊？’但我逐渐意识到自己的品尝力还不错，与很多我在葡萄酒行业中结识的人差不多。一些葡萄酒书籍错误百出，我一点儿也不想看这样的书。我对某些葡萄酒的评判也会出错，但我认为自己完全够格，并且大多数情况下我都是对的。”帕克蔑视法国 1855 年分级体系中波尔多的神圣排名，他高调地宣称“正在写一本书，要提出我自己的分级体系，只有拉图和柏图斯能位列一级名庄”。

赖斯准确地预言，数字评分会成为读者关注的焦点，但帕克“实际上认为评分只是次要内容”，是评论的点缀。赖斯写到，帕克的成败，“取决于当地喝葡萄酒的人的好奇心，以及他们对帕克的判断的认可程度”。

这篇文章带来了很多新的订阅者，但未能让帕克的杂志在一夜之间赚得盆满钵满。接下来几年，每一期都会新增一些用户，刚好足以资助下一期刊行，因此帕克并没有盈余来偿还欠母亲的钱。十年后，他终于做到了。即便对于工作狂而言，帕克的生活也已经非常充实了。他处于一种不稳定的平衡中，一边是副业所需的品酒会和写作，一边是日常工作需求。帕克的葡萄酒和旅行开销增加了——1978 年开始，他每两年去一次波尔多，带着帕特随行翻译。帕克喜欢“在酒庄四周打探”，在漆黑寒冷的酒窖中，他与身着蓝色工作服的酿酒师交谈，了解酒窖工作的内幕。帕特回忆说，过程很艰难。从一个酒庄到另一个酒庄，要说服酿酒师才能得到品尝葡萄酒的机会，因为他们根本不认识（或不在乎）帕克是谁。帕克常常调整时间和帕特同时休假，但他的假期短，这意味着品酒旅行非常紧凑。1979 年 3 月，在法国旅行期间，他们快速地游历了波尔多的梅多克、圣爱美隆与波美侯，品尝了 1977 年份和 1978 年份还在木桶中陈酿的葡萄酒，随后去了卡奥尔、弗龙萨克、贝尔热拉克与勃艮第。尽管行程紧凑，大吃一顿的时间还是有的，如今，他们负担得起那本厚厚的红色《米其林指南》中列出的一星、二星甚至三星餐厅。他们随时准备停下一切工作，去寻找一种不知名的优质葡萄酒。在一次旅行中，帕克更改了日程安排，目的是绕道两天去拜访罗纳河谷小产区科尔纳斯的葡萄种植者；宝里瓦奇酒店餐厅的侍酒师热情地推荐了奥古斯特·克拉帕酒庄 1969 年份的科尔纳斯葡萄酒，让帕克“深感震惊和折服”。

1980年6月，趁帕特放暑假，他们又来到了波尔多。帕克预约了20多家酒庄，品尝了众多装在橡木桶中的样酒，都是“露德尼酒庄的克莉丝汀·德洛姆和马丁·班福德专门为我酿制的”。班福德亲切和蔼，英俊迷人，此前，他在一家英国的国际酿酒集团工作，现在他重振酒庄，使之成为国际酿酒集团波尔多葡萄酒购买业务的核心。班福德是一位非常爱社交、非常慷慨的东道主，在露德尼酒庄款待了很多讲英语的记者，很乐意以波尔多的方式向他们讲解葡萄酒知识。帕克对葡萄酒的热情给班福德留下了深刻印象，很快两人就成了朋友。

《巴尔的摩–华盛顿葡萄酒倡导家》推荐了葡萄酒的购买地点，简短介绍了一些较好的商店。帕克核实了大量商店，力求见到店主或主要销售人员。通过他们，帕克结识了购买优质葡萄酒的进口商和买家。这张葡萄酒贸易中的人际关系网最终发挥了十分重要的作用，将帕克的名字传播给在该领域中占有一席之地的人，以及在未来十年中即将成名的人，反之亦然。帕克很早就认识了罗伯特（博比）·卡切尔，另一位在法国被葡萄酒的浪漫所吸引的美国年轻人。卡切尔回到美国后，迅速成了葡萄酒专家，负责为大陆葡萄酒和烈酒公司进口葡萄酒。两人志同道合，在一次卡切尔举办的私人品酒会上，他把帕克介绍给杰夫·波格什，法国阿尔萨斯葡萄酒在美国的代表。波格什在法国也经历了葡萄酒顿悟，在索邦神学院[1]求学期间，他也在史蒂文·斯珀里尔于巴黎创立的葡萄酒学校学习葡萄酒课程。帕克对葡萄酒的强烈情感让卡切尔大为震惊，卡切尔的预言则让帕克更为震惊，即“帕克和他的杂志将会非常出名”。

[1] 巴黎大学的前身。

波格什渴望寻找一切能让消费者注意到阿尔萨斯葡萄酒的人，他迫不及待地为帕克举办了一场综合的私人品酒会。几年后，整个美国的葡萄酒进口商都争先恐后地这样做。波格什从新泽西州的家里出发，开着一辆旧客货两用车前往帕克顿，车上的冰箱里有 20 个不同商家生产的 100 瓶装在细长的绿色瓶子里的葡萄酒。他和帕克喝了一整天，一边分享对葡萄酒的看法和对阿尔萨斯的回忆，一边开怀大笑。帕克系统地快速品尝完这些葡萄酒，波格什则提供详细介绍信息。那天晚上，吃完帕特做的晚餐后，他们又接连喝了很多葡萄酒，波格什酣睡在帕克家的沙发上。离开时，他知道哪些是帕克真正喜欢的葡萄酒，但不知道评分。这就要等到帕克在下一期杂志中发布对“阿尔萨斯葡萄酒”的总体看法时才能揭晓，波格什对此满怀希望。

杂志第一年共刊发了 6 期。之后，帕克将“巴尔的摩–华盛顿”从标题上删掉了。他很有抱负，想获得更广泛的读者。从 1980 年春季开始，即第 10 期杂志，帕克删除了可以买到推荐酒款的商店名单。关键的联系已经建立了，经常提到的 27 家专卖店都知道并且（大部分）订阅了《葡萄酒倡导家》，这些商店的很多顾客也订阅了。

在最初的两年里，《葡萄酒倡导家》常常探讨帕克在未来几年会更加详尽阐述的一些基本主题。帕克强烈不满“荒谬至极的价格”（法国葡萄酒价格再次“飙升至历史最高点”），经常指责优质葡萄酒太过昂贵而无法推荐给消费者；他愤愤不平地谈论“令人厌恶的价格欺诈”，抱怨葡萄酒商店的储存条件太差。当然，帕克也时常批评很多加州葡萄酒的酒精浓度太高、橡木味太大及比例失调。但在第 10 期中（1980 年 4 月刊），他承认自己喝过的品质最佳的两种葡萄酒是加州赤霞珠——1975 年份约瑟夫菲尔普斯艾斯勒庄园和 1975 年份佳慕酒庄特级精选。他希望，“来自加州的竞争压力，将能刺激那些暮气沉沉的法国葡萄酒生产商”。

没有哪一个国家或产区能够不让帕克恼怒：评论罗纳河谷的葡萄酒时，他发现很多葡萄酒“要么就是酿制马虎，要么就是蓄意欺诈”。他一次又一次地回到波尔多，鼓励读者购买 1975 年份的波尔多葡萄酒。帕克一丝不苟地向读者描述，在评估波尔多葡萄酒时的品酒方式非常详尽，让他不能自拔：始终坚持盲品，提前 3 小时倒出葡萄酒，单独留出一点，24—48 小时之后再品尝——他发明了这种方法，用来测试葡萄酒的最佳饮用时间段。

帕克改进了品酒笔记，现在包括自由对比以及使用直截了当的语言。他写到，有一种赤霞珠葡萄酒，“质感犹如河马一样粗糙”；另一种，“那是臭烘烘的烂酒，如果你喝醉了，可能对身体有害”；1976 年份的美乐是“维德克莱斯特庄园唯一可以下咽的红葡萄酒，不需要我找厕所吐掉”；伊哥路庄园的赤霞珠葡萄酒带有植物的味道，是“快乐的绿巨人喝的葡萄酒”。

当时，葡萄酒作家对品酒笔记没有公认的风格或形式。他们通常只用几句话描述葡萄酒的味道、香气和品质。迈克尔·布罗德本特曾在著作《葡萄酒品尝会》中简述了一些参数，但帕克没有看到。帕克曾在《葡萄酒年份》和《葡萄酒之友》杂志中看到过品酒笔记，在一些早期英国葡萄酒作家的著作中也看到过，但他发现不能用作参考模型。他认为，森林、水果、鲜花的比喻以及毫无道理的隐喻毫无关联。就像他改写银行文件一样，帕克想用简明的语言描述葡萄酒，想要像描述人一样描述葡萄酒——内向或外向，个大或个小，偏瘦或偏胖。帕克“保持简洁”的写作理念，是受到了他非常敬重的本科导师戈登·普兰奇的启发。普兰奇是研究“二战”太平洋战场的知名历史学家，因其绘声绘色的“珍珠港事件”课程和《黎明，我们还在酣睡》

一书而闻名。看完帕克的试卷后，他说，写作需内容简单，句式简短，否则很可能会失去读者。帕克认真地听取了他的建议。

帕克的很多观点与菲尼根一致，但是《葡萄酒倡导家》从一开始就奠定了一种完全不同的风格与情感。对于两者的早期读者来说，这一点让读者更偏向帕克。罗伯特·米尔曼当时是纽约莫雷尔酒品商店的推销员，他认为菲尼根给人的感觉像是“衣着讲究、自以为是的人”，拥有自命不凡的“高度优雅和教养”，这种人应当属于高档的葡萄酒组织，例如勃艮第小银杯骑士会。菲尼根瞧不起他所写的那些葡萄酒，米尔曼认为菲尼根对葡萄酒的指责听起来像是满腹牢骚。帕克却更像一个普通人，为其他普通人写作，只是他恰好对葡萄酒充满热情。帕克的语言引起了普通人而非常春藤精英的共鸣，他介绍了很多普通人都买得起的葡萄酒。在米尔曼看来，帕克的杂志似乎是一股清流。

另一份羽翼未丰的葡萄酒出版物正在筹备中，即圣地亚哥的小报《葡萄酒观察家》。它是鲍勃·莫里西在1976年4月创办的，看似前景黯淡。小报每两周出版一次，主要话题涵盖加州葡萄酒行业。《葡萄酒观察家》的标志是胖乎乎的巴库斯[1]，他一只手抓着玻璃杯，另一只胳膊抱着桶。前纽约房地产投资银行家马文·尚肯非常喜欢这个标志，他是葡萄酒贸易杂志《影响》的所有者，对加州葡萄酒的未来充满信心，常常和莫里西交谈。然而，《葡萄酒观察家》严重缺乏资金。1979年初夏，莫里西告诉尚肯，如果对方不买下这份报纸，它就必须停刊了。尚肯冒险投入了4万美元。现在，他拥有了两份葡萄酒刊物，

[1] 罗马神话中的酒神和植物神。

并对《葡萄酒观察家》抱有极大期望。

与帕克一样，尚肯的成长环境很普通，也没上过哈佛、耶鲁等常春藤名校——这点他似乎十分自豪。尚肯依靠个人奋斗，获得了华盛顿特区美利坚大学的工商管理硕士学位。为了追求梦想，他放弃了在华尔街赚大钱的机会。与帕克不同的是，他首先被美国葡萄酒所吸引。当帕克在欧洲旅行并爱上波尔多和勃艮第葡萄酒时，尚肯发现了纳帕谷和索诺玛葡萄酒的魅力，他准备在当地筹划酒庄买卖。收藏赤霞珠葡萄酒成了他的爱好——他没多少钱，但赤霞珠很便宜，4—5 美元一瓶，还能买得起。出差时，他通常会想办法去一次酒庄品酒室，抢购在别处买不到的珍贵葡萄酒，在返回纽约途中，他会把每次购买的详细信息记录在一个大账本中。至今仍让尚肯感到心痛的是，他买了一箱非常珍贵的 1968 年份路易斯马提尼酒庄特级精选赤霞珠，在纽约的行李运输机上滚落下来，全部摔碎了。

与帕克一样，每个星期六，尚肯都会四处寻找葡萄酒商店。有时，他会开车去一两百千米之外，只为调查一家新店，或买一瓶绝妙的葡萄酒。东海岸地区的葡萄酒爱好者很少有人听说过顶级加州葡萄酒，所以店主非常乐意将他们随意堆在酒窖最里面的葡萄酒卖掉。通常情况下，想要获得酿酒厂的壶装葡萄酒，葡萄酒店主必须购买加州葡萄酒。在加利福尼亚州，许多同种类的葡萄酒在消费者看来都是一样的。1970 年，尚肯谈成了一笔生意，在纽约德福德的克拉麦莱餐厅庆祝时，喝到了他认为的第一款优质葡萄酒，这是一种法国葡萄酒——1961 年份柏图斯酒庄葡萄酒，售价 100 美元一瓶。他一直没去过法国的葡萄酒产区，几年后，因为一次采访才得偿所愿。

尚肯对《葡萄酒观察家》有着宏伟的梦想，包括批判性地评论葡萄酒。消费者想知道该买什么葡萄酒，这本杂志要想取得成功就必须回答这个问题。这意味着需要组建品酒小组和盲评会（1980年已准备就绪），建立葡萄酒评级体系。品酒小组最初选择采用“将加州大学戴维斯评分改良之后的9分制”体系，但很快就采用了20分制。20分制在戴维斯分校也使用，在欧洲也很有名气。尚肯和他的杂志作家从未听说过罗伯特·帕克和他的100分制体系。

对帕克来说，第二次机遇发生在1981年的春天。前一年秋天，威廉·赖斯离开《华盛顿邮报》，成为《美酒与美食》杂志的主编。随后，菲莉丝·里奇曼成为《华盛顿邮报》的新美食编辑，她曾是一位餐厅评论家。里奇曼知道，她必须做点什么来填补现在空缺的葡萄酒专栏。好几位葡萄酒作家毛遂自荐，渴望自己的名字能出现在美国三大报纸巨头之一的《华盛顿邮报》上，但无一脱颖而出。为了测试他们的专业知识，里奇曼举办了两场品酒会，邀请众人品尝了10瓶加州赤霞珠葡萄酒。她认为这些葡萄酒作家并不够格——没有人意识到，两次品酒会中各有两瓶相同的葡萄酒。事实上，他们的品酒能力似乎并不比里奇曼邀请的业余爱好者更优秀。所有葡萄酒作家都举荐罗伯特·帕克，愿意提供他的简介，这激起了里奇曼的好奇心。罗伯特·帕克是谁？她收到了一份帕克的杂志，发现他在全国的葡萄酒专业人士中很有名气但并不张扬。她想：“为什么不让帕克负责葡萄酒专栏呢？”

帕克从未想过自己会更进一步，成为《华盛顿邮报》的新专栏作家。沉迷于撰写杂志时，他只是学习如何写作，此外，他还有一份全职工作。他认为自己既不是记者（如《纽约时报》的弗兰克·普赖尔），也不是作家（如休·约翰逊）。相反，他认为自己是品酒师和评论家，创立了葡萄酒版本的《消费者报告》。1981年春天，里奇曼为他提供了每两周一次的星期日专栏。帕克肯定立刻意识到了，这会给他和他的杂志带来多大的曝光度。5 月，在新专栏的第三次品酒笔记通告和简讯中，里奇曼写下了自己对帕克的印象："年轻、精力充沛、干净、有一丝可爱，拥有良好的平衡感，有足够的毅力，相信他多年后会发展得很好……"

撰写专栏第一年，帕克涉猎的内容十分广泛，反映出他丰富的品酒经验，包括 1700 种葡萄酒和参观酒庄时品尝的样酒。但帕克从未将他推荐的葡萄酒的评分写在专栏中。他肯定意识到了，正是这些数字吸引了订阅用户的注意力，在专栏中公布这些数字会扼杀自己的杂志。一些订阅杂志的商店把帕克的评分和他称赞的葡萄酒放在一起，激发好奇的顾客甘愿花重金买下葡萄酒，以查看帕克所有的评分是否真实。麦克阿瑟酒业等几家商店将《葡萄酒倡导家》装订在一本厚厚的三环活页册中供顾客阅读，订阅帕克杂志的小传单就放在收银机旁边。

刚开始起步，帕克就为《华盛顿邮报》撰写专栏，这种曝光度再一次大大增加了订阅量。里奇曼发现，帕克仍然像律师一样写作。他们一起吃午餐或晚餐时，他常常发表对葡萄酒的看法，他的品尝力非常准确，喝一口就不会忘记葡萄酒的味道，这总让她大为震惊。里奇曼还说，帕克擅长与人打交道，非常了解进口商、零售商与收藏家。那些收藏家曾经帮助帕克创立事业，可能这并不是他的初衷，但结果如此。他知道自己想要什么并为之努力奋斗。

在早期专栏中，帕克描述过一次连续三晚的品酒会，品尝了拉图酒庄 19 个年份的葡萄酒，该品酒会是为 6 名葡萄酒"狂热分子"组织的，举办人是当地"最博学多闻的私人葡萄酒品鉴家"保罗·埃文斯。埃文斯后来和帕克成为密友。显然，这场"奇妙的"品酒会让帕克非常激动，它不会经常发生，却是帕克眼中的一件大事。帕克痴迷于让自己的“味觉、思想和身体处于最佳状态”。他写道：“这场品酒会的前几周，我非常不理智，常常害怕自己会得流感（原文如此）或难受的伤风，所以每天醒来第一件事就是服用阿司匹林和维生素 C 补充剂以抵挡病毒。每天锻炼后，我特别注意不能着凉。在品酒会即将开始前，我的饮食也非常清淡，以免扰乱肠胃或味觉。”

除了能收到品酒会的邀请函之外，帕克的葡萄酒预算也比以往更高，这让帕特感到很失望。《华盛顿邮报》没有支付任何费用，帕克只有自掏腰包，1700 瓶葡萄酒中的大部分都是他自己买的，差旅费用也是自己出的。当时，他每年的品酒量似乎都很大，但十年之内，这个数字会增加 5 倍。

帕克是时候将杂志的发行范围扩展至华盛顿之外并进军纽约了。他开始定期去纽约，表面上看，正如上级和银行同事所认为的，是去参加法律会议，但实际上他趁机偶尔参加葡萄酒品酒会，去 67 号葡萄酒与烈酒商店与莫雷尔酒品商店闲逛，结识进口商，向喝葡萄酒的人展示他的杂志。1981 年，在一次旅行中，帕克去了一趟美食与美酒杂志社，威廉·赖斯时任该杂志的主编。

1980 年，赖斯聘请我和我的先生约翰·弗雷德里克·沃克担任该杂志的葡萄酒编辑。《美食与美酒》于 1978 年推出，声称是一家比《美食家》更具现代感的新闻美食杂志。赖斯是一位手段高明的新闻记者，消息灵通，能够准确地知道什么事或者谁将成为世界美食、美酒的热门新闻。我从未见过帕克，也从未读过他的杂志，但赖斯建议我们和他见个面，看看他能否为杂志做点什么。

为了准备这次见面，我从《美食与美酒》的测试厨房和我的桌子上清理掉了成堆的马尼拉文件夹、几个葡萄酒瓶及一盘吃剩的松露巧克力。根据纽约市杂志社的标准，我们的办公室私密性高且空间大——即是说，大到足以容纳一张木桌、一个摆满厚厚的葡萄酒书籍的书架和一张长长的玻璃面桌子（桌子底下堆满了装着葡萄酒样品的纸盒）。帕克给我的第一印象是身材高大，身高超过 1.8 米。他笨拙地处理包装盒时，办公室看起来很拥挤。帕克穿着西装，打着领带，看起来有些不自在。如果他穿着红色格子衬衣和厚重的工作鞋，我想，他可能会被误认为是伐木工或富裕的农场主，或者至少是位曾经在高中或大学踢足球、现在周末仍然和朋友踢足球的人。他的手很厚实，手指僵硬，戴着一枚金色婚戒；他的笑容温暖、热切，笑的时候嘴张得很大，这有点像美国中西部地区人的特征；他的发际线很高，这意味着有朝一日他得重新考虑他的发型。

帕克与休・约翰逊截然不同。约翰逊是温文儒雅的英国葡萄酒作家，一两个月前，他在杂志社度过了一个小时。我们坐在杂志社的餐厅里，约翰逊说着带有浓浓剑桥口音的顺口溜，逗得我们开怀大笑。他非常擅长讲笑话娱乐他人，讲述了几个非常有趣的事情，比如，周末在很多波尔多酒庄喝酒，在某位得克萨斯州收藏家的宽敞住宅中喝酒。

帕克找到一块空地，放置那几个纸板酒盒，盒子上面有卷起的提手。他笨拙地把夹在胳膊下的一个棕色信封拿出来交给我，然后开始兴奋地讲话，滔滔不绝，一字一词从嘴里跳出来，前一个还说没出来，后一个就溢出来了。他解释说，这些瓶子里有一半是年份被低估的伊甘酒庄葡萄酒，是他在街角的葡萄酒商店的特价酒中发现的（“太费力气了！”），结果导致他晚来了一会儿。棕色信封里塞满了最近 12 期的《葡萄酒倡导家》。约翰也来了，我们很快翻完了帕克带来的这些杂志。我阅读了几段品酒笔记，字里行间热情洋溢，文风有点混乱，有些像散文。他的 100 分制看起来有点复杂，当我问到这一点时，帕克有点不高兴，强烈地维护自己的评分体系。我们觉得 85

分的葡萄酒和86分的葡萄酒之间没什么区别，但对他而言，两者之间的差异很明显，就像警方辨认嫌疑人时，问对方是个高的还是个矮的一样，极其明显。他离开时，接到了一项任务，这个任务完全符合他在分级方面的精力和热情：品尝并找到目前市场上最好喝的壶装葡萄酒。1982年3月，这篇文章发表了。他承认自己崇尚法国葡萄酒，但他选择的大部分都是加州葡萄酒，因为后者一直很新鲜、果味浓厚。这篇文章是帕克为我们写的第一篇杂志文章，很快他又接到了另一项任务。

1981年12月，帕克和帕特飞往欧洲，拜访罗纳河谷的酿酒师，参观意大利北部的皮埃蒙特产区。天气很冷，巴罗洛和巴巴莱斯科的山丘白雪皑皑。像往常一样，帕特在葡萄园和酒窖里冷得瑟瑟发抖，帕克却非常兴奋，他发现了该地区品质最佳的红葡萄酒，尤其是嘉雅酒庄产自圣洛伦索南园的“令人惊艳的”巴巴莱斯科葡萄酒。在罗纳河谷，他们拜访了顶级的种植者和酒商——吉佳乐世家酒庄，接触到两种优质葡萄酒，“拉慕林”和“拉兰德”。后来，帕克让这两种葡萄酒变得非常有名。但是，他也发现了“令人担忧的发展”——有些酿酒师在装瓶之前过滤葡萄酒。帕克认为，这是将葡萄酒“开膛破肚”“切除内脏”。他坚持认为不能在装瓶之前过滤，接下来很多年，他会一直猛烈抨击过滤的弊端。

这次旅行，他们还去巴黎逗留了一段时间，与14年前首次去巴黎时的情形大不相同！帕克和帕特在塔耶旺餐厅愉快地用餐，这是一家世界著名的米其林三星餐厅。他们与餐厅老板让·克劳德·弗希纳交谈，帕克认为对方是“法国葡萄酒知识最渊博的法国人”。“潭定”是塞纳河左岸一家很小的越南餐厅，在这里，帕克看着酒单上的500款波尔多葡萄酒，尤其是波美侯时，简直垂涎欲滴。他写到，这里就是“值得朝圣的地方”。

旅行结束，1 月 4 日，他们回到美国，帕克一头扎进了 1982 年第一期杂志的发布筹备工作中，整整熬了两个星期。罗纳河谷的葡萄酒是他的“新欢”，20 页的杂志，他洋洋洒洒地用一半篇幅介绍了罗纳河谷的葡萄酒，给予其热情洋溢的评论。有史以来第一次，他称赞了“规模较小的、创新的、品质高的”进口商，包括崇尚法国葡萄酒的克米特·林奇和罗伯特·查德顿。为了设计杂志版本，帕克开始了准备活动，参考了他最喜欢的电影和音乐。“好的，坏的，丑的”，是他写的一份关于苏玳板块的副标题，参考了一部克林特·伊斯特伍德[1]执导的意式西部电影。

20 世纪 70 年代，葡萄酒世界发生了翻天覆地的变化。到 1982 年，由于政治和经济因素，美国人再次对最好的法国葡萄酒有了需求。波尔多天气状况良好，出现了好几个优质的葡萄酒年份，仓库里堆满了葡萄酒，酒价暴跌，美元兑欧洲货币在持续升值。此时美国进口最多的是意大利葡萄酒，而非法国葡萄酒。加州精品葡萄酒的产量激增，持续获得媒体的关注，因此产生了一个新的消费群体——加州葡萄酒“假行家”。《时代周刊》杂志称之为“加州葡萄酒的黄金时代”，但价格不断上涨，可能会让这一渺茫的希望破灭。1980 年的一项研究表明，美国葡萄酒热潮仍然有局限——4% 的美国成年人消费了整个美国葡萄酒销量的 53%。

菲尼根的杂志仍然占主导地位。1981 年年底，他的加州版和全国版在美国每个州及包括科威特在内的 33 个国家都有订阅用户。菲尼

[1] 美国演员、导演、制片人。

根每年在葡萄酒上的花销是 2 万美元。《葡萄酒观察家》聘请了几位年轻记者，其中有一位刚从新闻学校毕业。为了改进评论性文章，菲尼根还打算搬到旧金山，以更靠近美国葡萄酒消费的中心地带。《华盛顿邮报》在美国举足轻重，通过专栏使更多人知道了帕克。帕克发现了一种新模式：如果底特律、里士满或费城的一家葡萄酒商店或一个人订阅了他的杂志，那么几个月后，同一个地方就会出现更多的订阅用户。斯卡斯代尔的扎奇葡萄酒和烈酒商店是波尔多期酒在美国最大的供应商，它在 1982 年的《纽约时报》广告中引用了帕克对 1981 年份波尔多葡萄酒的看法。当时，帕克还没有名气，他的杂志也只是刚刚达到收支平衡。

随着订阅量的增加，“我何时可以离开法律行业？”——这个问题被重新提上日程，它一直萦绕在帕克和帕特的生活中。帕克一直与帕特分享着自己的梦想，希望将来可以集中精力专攻葡萄酒。帕特认为这是一个可怕的前景，她是旅行中的冒险者，但未必是生活中的冒险者。她支撑丈夫从法学院毕业，二人共同的目标是他的法律生涯。帕特认为，帕克肯定要从事法律职业，银行的工作意味着稳定。现在，帕克想抛弃他们曾经为之努力奋斗的一切，谁知道杂志以后的发展会怎么样？但她可以看到丈夫兼顾两份工作的压力，她希望帕克能开开心心地生活。

帕克增加了抵押贷款，作为杂志的运营费用和他们的生活开支。他告诉帕特，关键是要有 1 万名订阅用户，这就是他所需要的一切。到 1982 年年底，订阅用户人数上升至 700 名。正如帕克所说，他已经“在精神上放弃了法律职业”并知道自己最终会离开。这时他 35 岁了。要是有一种加速增加用户的方法该多好！

第四章

1982 年份的波尔多

许多成功人士会因一场奇异事件而开启崭新的未来。这就好比沿着公路缓慢驶向目的地时，突然发生了某件事，奇迹般地将他们带入一条更快捷的路线，一个成功的捷径。在帕克身为评论家的职业生涯中，1982 年份的波尔多葡萄酒创造了一道分水岭。帕克的成功有运气成分在，他后来也说："好运降临。"

1983 年 3 月 21 日，帕克在法国飞回美国的航班上，一直担心飞机会坠毁。他并不害怕坐飞机，但这一次急切地想去记录他在葡萄酒界的一次大事件。他坐在座位上，身体前倾，想更靠近美国，更快地出版下一期《葡萄酒倡导家》。同样，每当他殷切地期待下一款葡萄酒，从一个酒庄驱车到另一个酒庄时，都会习惯性地身体前倾至方向盘。他确信，上周品尝的 1982 年份波尔多红葡萄酒"品质优良"，是 20 世纪的佳酿之一。一想到飞机万一坠毁，错失了写作这篇文章的机会，他就惊恐万分。他在黑色的笔记本上记满了几十种葡萄酒，每一页都有赞美之词："令人震惊的""轰动一时的""惊人的""难以置信的""极好的""有影响力的"，等等。帕克竭尽全力，想让读者了解 1982 年份的葡萄酒，他认为这是自 1968 年他开始品酒以来最棒的葡萄酒。

当时，世界上的葡萄酒生产国已经形成了一个得到长期认可的质量等级，就像中世纪神学中的天使等级[1]一样。当然，法国高居榜首，波尔多、勃艮第和香槟是最好的三个产区，不仅代表最佳的葡萄酒，还象征着买家地位尊贵、品位高雅、腰缠万贯。在这场伟大的胜利中，波尔多葡萄酒最受全世界收藏家的青睐，在他们的心目中和酒窖中都占有重要的一席之地。波尔多生产的葡萄酒比世界上任何地区的都要好，最具贵族气质。你还能在哪里找到这么多灰色石头建造的酒庄，里面有葡萄园环绕着的童话般的塔楼（有时是护城河）？梅多克是波尔多地区最主要的产区，19 世纪中期，该产区葡萄酒的地位（和价格）已被评定为五个等级——第一至第五级酒庄。除了梅多克地区的酒庄，格拉夫地区的侯伯王酒庄也不容忽视，它名列一级酒庄，受到托马斯·杰斐逊的称赞。除少数例外，1855 年评定的 61 个酒庄的原始排名在 125 年内保持不变，葡萄酒的等级仍然决定了酒的质量、声誉和价格。

那时，波尔多的收成一直是每个新葡萄酒产区的晴雨表。如果意大利的皮埃蒙特或西班牙的里奥哈葡萄酒收成很好，波尔多的状况却不容乐观，那么这两个地区就倒大霉了，因为世界上大部分人会认为这两地当年的葡萄酒也很差。波尔多历史悠久、神秘莫测、宣传有力，在人们的心目中是葡萄酒的圣地。

吉隆德河口左（西）岸的梅多克景观单调，其中重要的村庄有：玛歌、圣于连、波亚克和圣爱斯泰夫。在波尔多南部的格拉夫地区，坐落着几个历史悠久的酒庄，这些产区庄严气派，令人生畏，正如美国葡萄酒进口商克米特·林奇曾说过的，它们看上去品质一流、构造

[1] 在中世纪早期，一位自称为丢尼修的中东学者发表了《天阶绪论》，制定了从天使到炽天使的天使等级，即“天阶等级”。

雅致，有着悠久的传统和不容置疑的地位。但在平静的背后，酒庄之间追名逐利，竞争激烈。像许多美国中产阶级一样，帕克自称是“平等主义者”，没有什么提升社会地位的愿望，但特别讽刺的是，他成为著名评论家后，第一步就是在这个最具贵族气派的葡萄酒产区庆祝丰收。

事实上，帕克很喜欢梅多克和格拉夫产区中著名酒庄的葡萄酒，也结识了一些颇有魅力、志趣相投的酒庄庄主。他认为在圣爱美隆和吉隆德右岸的小波美侯地区，一些规模较小、更为简朴的酒庄和产区要友好、随意、令人惬意得多，当然也有个别例外。20 世纪 60 年代以前，大多数产自波美侯的葡萄酒温润醇香，在比利时颇受欢迎，在英格兰和美国却几乎不为人所知。1953 年，格拉夫产区建立了独特且相对简单的排名制度，1955 年，圣爱美隆也紧随其后建立了排名；波美侯则没有任何制度。这使许多葡萄酒爱好者认为，梅多克优雅的葡萄酒才是波尔多真正的贵族葡萄酒，因为圣爱美隆哪怕顶级的白马酒庄和欧颂酒庄、波美侯产区著名的柏图斯酒庄也鲜少被提及，左岸的顶级葡萄酒也是如此。20 世纪 70 年代，梅多克产区每个酒庄的排名，都使其所有者被划入一定的社会等级。亚历克西斯·荔仙曾告诉我，一级酒庄的庄主只跟其他一级酒庄的庄主吃饭，其他等级也是如此。荔仙是美国人，很自豪自己被邀请和一级庄主们共进晚餐。官方评定的一级酒庄有：玛歌酒庄、拉菲酒庄、拉图酒庄、侯伯王酒庄和木桐酒庄[1]，它们经常表现得像一个专属俱乐部，偶尔在巴黎会面讨论价格，但它们之间的竞争也像二级酒庄一样十分激烈。（酒庄之间的矛盾像往常一样尖锐，据报道，在一次重要的午餐场合，木桐酒庄的罗斯柴尔

[1] 1973 年被评定为精品名庄。

德男爵为客人侍酒时，将表兄埃利·罗斯柴尔德男爵拉菲酒庄的葡萄酒搭配上辛辣的咖喱米饭，影响了葡萄酒的口感，以确保木桐酒庄的葡萄酒没有被抢风头。）任何一级酒庄都希望自己的酒获得最佳评价，他们都很在意自己在葡萄酒界的地位。

帕克曾经在木桐酒庄亲眼看见了员工们对待外国人“骄傲自满”的态度。在梅多克一级酒庄的杰出庄主中，只有玛歌酒庄的劳拉·门泽罗在 1983 年 3 月亲自接见了帕克。帕克只能和酿酒师打交道，但在大多数情况下，他也比较喜欢这种方式。另外，在右岸的小波美侯产区，克里斯蒂安·莫艾克斯在柏图斯酒庄欢迎他，帕克一如既往地分享了他对葡萄酒的热情和看法。

波尔多葡萄酒在业界的显赫地位，归功于其随着瓶储陈酿时间推移而进化和发展出的复杂性——许多精品要陈酿几十年。这一点，再加上作为质量指南的分级系统和作为地位标志的“酒庄”概念得到了广泛认可，使得葡萄酒蓝筹股投资可以在国际上持有和交易，从而创造出一个虚拟的葡萄酒股票买卖市场。最后，波尔多葡萄酒受到了葡萄酒爱好者和鉴赏家们的欢迎。不同品种、不同产地的土壤和气候上有细微差别，每种经典的混合酿制的葡萄酒中，相关葡萄品种的比例略有不同，再加上不断变化的天气对葡萄酒产地的影响，都使葡萄酒的味道和香气有着微妙而复杂的差异，这就为饶有兴味的品酒对比和讨论创造了无限的可能性。这些品酒活动是为了确定特定产区葡萄酒的特点，如玛歌产区或圣于连产区，或者是为了了解无常的天气是如何影响不同酒庄酿造出不同葡萄酒的。波尔多为葡萄酒批评家、鉴赏家和收藏家们提供了无尽的诡辩、争论和激烈辩论的机会。最好的葡萄酒不仅仅是为了饮用，也是人们思考和谈论的对象。波尔多葡萄酒爱好者对波尔多风格有自己的定义，这影响他们对于某个酒庄属于第几等级的看法。不可避免的是，在过去几十年中，1855 年的葡萄酒分级系统饱受质疑。英国许多博学的葡萄酒作家基于对当代葡萄酒品质的认知和对酒庄排名升降所做的评选辩论，修改了等级分类。亚历克西斯・荔仙也这么做过。但很少有人质疑波尔多葡萄酒品质的权威地位。

波尔多已成为帕克持续关注的主题，是第一期《葡萄酒倡导家》和他首次采访中的重要关注点。他品鉴了各个国家和地区的葡萄酒，但在创办刊物的前 5 年，他一次又一次地评论波尔多葡萄酒，一门心思地传达自己对这些优质葡萄酒的评价——哪一款名副其实，哪一款名不副实。1983 年，事实证明帕克的评论是美国消费者的福利，也有利于波尔多的葡萄酒贸易。葡萄酒的评级、酿造和销售都需要像帕克这种人的参与和支持，以安抚对葡萄酒存有恐惧心理的美国人。这样，波尔多葡萄酒才能大举进军利润丰厚的美国市场。帕克影响力的提升与波尔多息息相关。

1978 年以来，帕克每年去波尔多两次。3 月，恰逢一年一度的期酒品鉴会，帕克总要待上一两个星期。在这期间，酒庄邀请商人和少数记者走进酒窖，品尝前一年秋季采摘尚在橡木桶中的葡萄酒。这相当于葡萄酒行业的销售预览，旨在评估葡萄酒的品质、确定其需求量、统计首批期酒的数量以及筹划未来的商业活动。一旦酒庄发布期酒定价，通常从 4 月开始，商家便会决定购买新葡萄酒的种类、数量以及销售地点。

逛逛酒庄，品尝美酒，听起来令人神往，豪华的酒店、迷人且富有经验的酿酒师，长形铮亮的餐桌上摆着美味的食物和诱人的珍稀葡萄酒，身处这样优雅的酒庄餐厅，让人想起戴着黑色领带的贵族庄主。对帕克来说，这却是一次繁忙的商务之旅，行程安排得满满当当。为了方便，他和帕特经常入住波尔多湖畔现代感十足的诺富特酒店，该酒店装修乏味却很舒适，配有现代浴室且方便停车。诺富特（当时两人每晚 38 美元）就像美国式汽车旅馆，位于州际高速公路旁，周围有一个不知名的商务中心和工业园区。帕克认为，住在这里可以方便地前往环城高速公路。从该酒店的 D2 出口往北走，几分钟就能到达梅多克；若驾车往南，很快就能到达格拉夫；往东交通也很便利，穿过右边的吉隆德河，就是圣爱美隆和波美侯产区。

那一年，除了帕克，只有少数美国记者来品尝桶装葡萄酒，其中两位是知名葡萄酒评论家，罗伯特·菲尼根和特里·罗伯茨。罗伯茨曾是《纽约时报》的金融记者，他因为利益冲突被迫从该报的葡萄酒专栏辞职，现为《纽约邮报》撰稿，他之后将担任《葡萄酒观察家》的专栏作家。对于大多数葡萄酒作家来说，品酒没有任何意义。唯一关心葡萄酒详细情况的是那些葡萄酒迷。当酒还在法国酒窖里陈酿时，他们就打算购买期酒。美国几家最大的葡萄酒零售商提供这种服务，但自从 20 世纪 70 年代中期波尔多市场危机以来，期货需求从未反弹。此外，分析新酿的波尔多桶装酒并准确地预想一年半后装瓶时的样子——更不用说十年后了——需要长期的经验和训练有素的味觉。比如酒窖主人，会几百次地品尝他的桶装酒，从葡萄汁发酵成葡萄酒直到最后装瓶，都会定期检查。未成熟葡萄酒通常味道很冲，充斥着令人不舒服的、粗糙的单宁，但在指导下，专业人士会超越涩感，去评估葡萄酒潜在的平衡度、浓度和果味以及潜在的质量。

对于消费者来说，葡萄酒期货有点像金融期货，蕴藏着很大风险。你要花钱（一些零售商提前收取 50%）以固定的价格预订一箱葡萄酒。在此后的两年内，如果葡萄酒被装瓶和运输后价值有所增加，你就省钱了——有时还会省很多钱。投资葡萄酒的收益可能超过许多股票。1975 年，拉菲酒庄期酒的售价为每箱 150—160 美元；当瓶装酒到达纽约时，价格涨到原来的 3 倍；到 1983 年，同样一箱酒售价高达 1200 美元。如果价格没有上涨，或者汇率不利，那么投入资本毫无意义。另外，稀少的顶级葡萄酒初入市场时，如果你没有购买期酒，很可能就买不到了。

期货市场是波尔多葡萄酒独特的销售方式之一。酿造葡萄酒的酒庄在波尔多非常引人注目，也被葡萄酒爱好者追捧。另一个更加隐蔽的世界是“波尔多葡萄酒贸易体系”[1]——一个由数百名批发商、经纪人组成的复杂商业网络，维持着期酒交易。期酒交易类似一个游戏，运作方式如下：每年春天，酒庄会把去年收获的葡萄酒的 50%—90% 卖给批发商，这些酒尚在桶中酿造着，经纪人充当酒庄和批发商的中间人，负责处理交易；批发商通常保留少量库存，将大部分卖给进口商；进口商迅速将商品分发给经销商和零售商，再由他们卖给消费者。所有这些交易都只是一纸空文——一张销售单或合同而已，葡萄酒甚至还没有装瓶。期货交易系统对酒庄的好处显而易见——即时现金流，在葡萄酒出货前两年全球分销，批发商保证即使在收成不好的年份也会购买（以确保他们在收成好的年份能分得几箱）。在这一交易系统下，批发商负责为葡萄酒创建市场。

几个世纪以来，葡萄酒投机活动盛行，至今仍然如此。在 18—20 世纪的大部分时间里，批发商和经纪人都变得有钱有势。其间，批发商将购买的葡萄酒存储在自己的大型酒窖里，直至葡萄酒装瓶，然后售卖、运输。到了 1970 年前后，所有的重要酒庄开始自己装瓶，投机者的势力开始减弱。20 世纪 70 年代中期，市场崩溃，许多人破产，

[1] 波尔多葡萄酒贸易体系是酿造商通过经纪人将葡萄酒出售给酒商的商业模式，不仅用于现酒交易，也适用于期酒交易。

投机行为进一步衰退。曾经是中间商持有大量葡萄酒，现在只有少数人持有，多为批发商或经销商，他们专注于特定市场——欧洲、亚洲和英国的连锁超市。

在这个高度复杂的系统中，葡萄酒的价格和销售受到影响，有时诸多因素交织，包括酒的质量、葡萄的产量、特定国家的需求、世界经济状况、特定酒庄的声誉、特定市场的受欢迎程度、消费者的口碑和闲言碎语等，不一而足。酒庄庄主设定价格，他们想尽可能地多赚钱——即使没有超过邻居，也要和他们持平。精准地设定初始价格极为重要，销售链中每位参与者都必须赚钱。中间商对市场的影响比酒庄更大，他们希望把全球采购的所有葡萄酒卖出去并赚取利润。

1982 年葡萄酒事件后，一个强有力的新生力量——罗伯特・帕克，通过一个开放的系统进入葡萄酒行业。

既然消费者在购买葡萄酒期货之前无法品尝，那么，他们如何知道该不该购买以及购买什么呢？在英国，葡萄酒爱好者依赖信誉度高的葡萄酒商——对方身兼进口商和零售商，经常品尝葡萄酒，知道该从中间商那里购买什么，然后将名单和描述传达给自己的客户。在美国，情况更为复杂，因为禁酒令废除后，酒类许可管理条例开始实施，进口商品尝过那些葡萄酒，可他们与普通消费者之间缺乏联系；在大多数州，酒只能卖给批发商，批发商卖给零售商，零售商再卖给消费者。不同于英国，美国没有传统意义上信誉可靠的葡萄酒商。事实上，即使是了解葡萄酒的零售商，也很少有期货经验。20 世纪 70 年代，美国零售商推出了一些品质不佳的葡萄酒之后，很多爱好者就对零售商失去了信心。葡萄酒爱好者们如有疑问，会参考 1855 年的葡萄酒评级寻觅最好的葡萄酒。一些严谨的葡萄酒爱好者，则会向菲尼根和帕克这样的独立专家请教。

葡萄酒期货市场奄奄一息。每个人都在等待一个真正伟大的酿酒年份，以激发反复无常却十分富有的美国人，再次说服他们大量购买期酒。对波尔多来说，1982 年就是这样一个年份，让人觉得自己的祈祷得到了回应。

在葡萄酒界，时机就是一切。葡萄酒由葡萄酿制而成，非常仰赖大自然的造化之功。制作美酒需要恰当的时间和适当的天气。从 6 月到 10 月，波尔多的葡萄种植者眺望天空，关注天气预报，祈祷晴天，担心下雨和冰雹。他们时常与之前的生长条件作对比，以预测葡萄酒的风格和质量。1982 年，在两个关键时期，天气状况都十分理想，注定了这是一个不平凡的年份。

第一个关键时期是“开花”，即葡萄花长成葡萄串的重要时期。6 月初，晴朗的天空和温暖的气温为早期开花提供了完美的条件，如果一切顺利，就能提前收获。秋季终会降雨，葡萄在那之前可能就会被采摘。提早开花，就意味着在竞争中抢占了先机。

到 6 月底，一串串看起来长势健康的葡萄浆果预示着丰收，也预示着会有大量的葡萄酒。夏天和收获时连绵的阴雨天气会酿出轻薄、寡淡的葡萄酒，干燥、温暖的天气更利于收获成熟的葡萄，酿出颜色较深、品质优良的葡萄酒。当时的天气究竟有多好呢？ 7 月天气炎热，葡萄种植者轻声念叨，哪怕下点雨来冷却一下葡萄藤也无碍。8 月温暖多云，人们的期望值上升。像往常一样，生长季的最后一个阶段充满悬念。9 月，经历了长达 3 周的酷热和气温超过 37 摄氏度的日子，葡萄果皮颜色变深，糖含量飙升至创纪录水平。高糖转化为葡萄酒中的高酒精，在一些葡萄酒成品中，酒精含量高达 13.5%——这更像是温暖的加利福尼亚州的典型水平，而非凉爽多雨的波尔多可以企及的。地中海式闷热的天气只能通过一阵阵热风来缓解，这种热风令葡萄脱水，使葡萄的含糖量更高。最后一阶段暖和的天气把精彩的一年变成了非凡的一年。正如葡萄酒顾问米歇尔·罗兰后来所说："一切都恰到好处，它们是我一生中见过的最好的葡萄。"

所有波尔多红葡萄酒都是赤霞珠家族中两种或多种葡萄的混合物，包括赤霞珠、美乐、品丽珠、小维多和马尔贝克。在左岸产区，单宁丰富的赤霞珠占主导；在右岸的波美侯和圣爱美隆产区，丰满可口的美乐和醇香的品丽珠占主导。一如往常，美乐首先成熟，这意味着右岸的酒庄 9 月 13 日便开始采摘，这可是有史以来最早的收获日期之一。左岸的木桐酒庄急于在降雨前采摘葡萄，以防雨水稀释了葡萄的味道。该酒庄雇用了 600 名采摘者，他们在炎热的天气里拼命干活，一周就完成了采摘工作，往常可要 3 周才能完成。10 月 5 日，大雨降临，大多数庄主的葡萄早已被压碎，甜甜的红色汁液在发酵桶中嘶嘶作响，冒着气泡。天气非常炎热，一些小庄主面临着大量的发酵酒温度过高的危险；即使庄园配有现代化设备，许多酿酒师都会睡在地窖里，以随时监控缸温，避免灾难。有些庄主会把大量冰块放在发酵罐上，据说，还有人把冰块直接扔进了发酵桶（这是非法的，相当于给酒注水）。突如其来的葡萄大丰收让许多庄主陷入恐慌。有些人没有足够多的桶来发酵压碎的葡萄。劳拉·门泽罗是玛歌酒庄的新庄主，她急需更多的发酵桶来处理过剩的葡萄，便打电话给邻居亚历克西斯·荔仙，问他是否知道如何解决。

发酵会将甜葡萄汁转化为更干、味道更复杂的葡萄酒，葡萄上的酵母会把糖转化为酒精。葡萄越成熟，酿造出的葡萄酒就越浓郁。1982 年，人们都认为葡萄熟透了。只要控制好，发酵过程中的高温将确保提取更多的颜色、味道和单宁，使葡萄酒更醇香。尝了一口刚酿的新酒，蒙宝酒庄的庄主兴高采烈，他告诉《纽约时报》的记者：“就像果酱一样……就像在吃捣碎的水果。”

很快，葡萄酒就会被转移到小的橡木桶中，在桶中酿造12—24个月。3月，帕克到达时，许多庄主已经完成了调配，挑选了他们打算组合起来的单桶以制作最终的佳酿。剩余的桶装酒会用来酿造酒庄的副牌酒[1]，或者批量出售只标有波尔多标签的葡萄酒。

人们公认1982年酿造的葡萄酒质量上乘，这在酒庄老板和酒商之间都传开了。当时，鲜为人知的法国葡萄酒作家米歇尔·贝丹称之为1929年以来最好的葡萄酒。1982年份的葡萄酒真的配得上此等美誉吗？帕克密切关注着公共宣传，在办公室、开车上下班途中、与帕特在家吃饭时都思考着这个问题。过去15年里，法国人常说葡萄酒的“世纪之年”到来了，这就像是男孩说“狼来了”的故事一样。

帕克知道，在过去最好的酿造年份，如1961年，葡萄的产量很少。好像每年葡萄的甜度和丰富度是有限的，只有产量少才能将其集中，保证葡萄酒香味浓郁、味道持久、品质流传。然而，1982年葡萄产量很大，这好似味道被稀释的迹象。当年12月，著名酒类学家、时任40个酒庄顾问的埃米尔·佩诺教授告诉《纽约时报》的特里·罗伯茨，种植者从未见过“如此丰盛、数量如此之多的葡萄”。佩诺将1982年与20世纪几个经典年份[2]的葡萄酒作了一番比较。

帕克羡慕佩诺，迫不及待地想品尝葡萄酒，亲自来作决定。

在波尔多，帕克精疲力竭却振奋不已。他的行程紧凑，第一次会面安排在上午9点。他曾担心自己能否早起，从上午9点工作到下午

[1] 副牌酒，是与正牌酒相对而言的一个概念，通常也被人称作“二军酒”。与正牌的相比，副牌一般在品质方面会稍逊色一些。

[2] 即1961年、1959年、1949年和1947年。

5 点，但在波尔多，他早晨 7 点半就起床了。他想睡足 8 个小时，但酒店的床太软，他有时休息不好，睡眼惺忪。他 8 点半出发，进行长达十一二个小时的高强度品尝和采访，很少能在晚上 7 点半之前结束。有一天，他在中午之前参观了 3 个酒庄，每小时中，他用 45 分钟品尝1982年份的葡萄酒，接着重新品尝1981年份和1980年份的葡萄酒，然后提出问题。有时，他在酒庄吃午饭，继而匆匆地开始工作。他像生意人一样，从批发商办公室的各种酒庄佳酿中挑选出 50—100 种甚至更多样品，或者去更多酒庄品尝。帕克的品酒活动有时持续到晚上。他总是来去匆匆，曾吹嘘自己的驾驶速度“让颇有男子汉气概的法国演员让・保罗・贝尔蒙多赞叹不已”。他经常午夜后才匆匆上床睡觉，期待着第二天同样满满的日程安排。

帕克很快就决定，他完全同意佩诺的观点。他“从未品尝过这么多超级浓郁、丰硕、激动人心的葡萄酒，它们显然是用成熟的如果酱般的水果酿制成的”。同其他地方的酒窖一样，波尔多的酒窖也潮湿寒冷。在冬天的几个月里，彻骨的寒冷会渗入脚部并通过骨头向上渗透，直到牙齿开始颤抖。3 月便是如此，天空阴暗，雨水不断。然而，帕克仿佛身处天堂，站在装满葡萄酒的大桶旁，他高兴地品尝着葡萄酒那浓郁、香甜的味道，热情越发高涨。他看着酿酒师将吸管浸入酒桶，吸起那令人惊叹的深红色酒汁，滴入他等候已久的玻璃杯中。帕克旋转着酒杯，嗅了嗅，饮了几口，把样品吐到了地板上，酿酒师在一旁微笑地看着他。帕克在黑色笔记本上记下笔记，在旁边给了一个分数范围。这些是他尝过的最令人兴奋的桶装样品。他到处询问葡萄的生长季节、收获、发酵和酿酒事宜。帕特也尝了一口，把外套拉得更紧，然后开始翻译。

帕克认为，波美侯产区的柏图斯酒庄 1982 年份的葡萄酒“是他品尝过的最完美、最匀称的葡萄酒”。一小时后，葡萄酒绝佳的品质仍令他“神魂颠倒”。难怪身材高大、思虑周详、热情洋溢的克里斯蒂安·莫艾克斯——该酒庄的经理，也是两位庄主中其中一位的儿子——告诉帕克，这瓶酒“是我的遗产……”，是自己酿造的“最棒的酒”。从一开始，帕克就认为这款酒可能会是《葡萄酒倡导家》上第一款被评为100分的葡萄酒，这是自己能给予的最高褒奖。这让他想起了1947年份的品质上乘的葡萄酒，那是他评价过的唯一一款得分为99分的葡萄酒。

许多人热烈欢迎帕克和帕特将葡萄酒的伟大传播到美国。帕克告诉人们，他想要学习，酒庄庄主和批发商都很乐于提供帮助。杜高巴加酒庄是圣于连产区的二级酒庄，被帕克多次在刊物上予以赞美。该酒庄庄主让·尤吉尼·宝里为人谦逊，他为帕克倒上了1975年份、1976年份、1978年份和1981年份的红葡萄酒，让对方与1982年份的红葡萄酒作对比，以说明葡萄酒的特殊性和不同之处。梅多克最宏伟、最壮丽的一级酒庄——玛歌酒庄，有着多利安式的柱子和两侧长满绿树的长长林荫大道，该酒庄葡萄酒最终的调配还没有完成，经理菲利普·巴雷和劳拉·门泽罗——她已故的丈夫、一位杂货大亨于1977年买下了这座酒庄——却让帕克品尝了几种不同的赤霞珠和美乐桶装酒，方便他形成自己的观点。在出版的《葡萄酒倡导家》中，帕克一直批判另一家一级酒庄——木桐酒庄，当对方拿出样品请他品尝时，帕克很高兴，他认为这款葡萄酒“很传奇……可以发展成为木桐酒庄的代表作”。拉乌尔·布隆丹是一位德高望重的酿酒师，他身着蓝色的工人制服，戴着贝雷帽，将这款酒列在1947年和1961年经典年份的葡萄酒之列。在拉菲和拉图尔这两个一级酒庄，帕克得知，只有员工才能在出售前品尝新酒，他很生气，把对方的拒绝归咎为“紧张兮兮的”。

从法国返美的航班降落到肯尼迪机场，几个小时后，帕克便坐在纽约四季餐厅的桌球室，享用了第 8 届年度加州桶装酒品尝晚宴，周围都是美国葡萄酒界的名流：出版社、酿酒师、零售商，还有一部分名人。1982 年举办的这次盛会，旨在展示加利福尼亚州最高水平的新葡萄酒。盛会始于 1976 年，现已成为纽约葡萄酒史上唯一最重要的事件。按照习俗，纽约的葡萄酒作家和编辑要参加此次盛会，我经常出席这种场合，但定居在马里兰州的帕克从未参加过。

5 个小时的晚宴，需要品尝美食的耐力，这对帕克来说不成问题。晚宴一共有 6 款酒，包括 3 种桶装样品；每款酒配有 7 道菜，之后配有甜点。每个人都喝多了，因为餐厅老板保罗·科维和汤姆·玛吉泰不赞成在晚餐品酒时吐酒。两道菜间隙，大家都谈论着跟葡萄酒相关的话题，这跟评价葡萄酒同等重要。帕克刚从波尔多品尝了 1982 年份的葡萄酒回来，这一话题在房间里掀起了波澜。跟许多人一样，约翰和我都很想听听他对葡萄酒的看法。那些酒到底有多好？“了不起，实在太好了！”帕克津津乐道地回答。我告诉他，我们刚刚和罗伯特·菲尼根聊天时，菲尼根也刚刚品尝了波尔多葡萄酒，他却一点也不喜欢。

帕克从未见过菲尼根。我们介绍他俩相识后，二人礼貌地聊起了 1982 年份的葡萄酒。菲尼根异常冷淡。帕克简直不敢相信自己的耳朵：菲尼根认为葡萄酒被高估了，说自己品尝了几十种劣质酒。在帕克的记忆中，这件事历历在目。他想知道菲尼根尝到了什么，心想：“如果他真的这么写了，那他一定是个傻瓜。”一种偏执的想法在帕克敏感的头脑中闪过，即他是“年轻人”，更成熟的菲尼根则试图动摇他的信心。

菲尼根将他对1982年份葡萄酒的看法写进了文章，即将在3月30日的杂志中发布给订阅者。他根本不记得那天晚上与帕克的会面。

当然，这次交流没有改变帕克对1982年份葡萄酒的初步看法。为了进一步确认，他计划6月重新品酒。他对自己的观点非常有信心，将4月11日刊的大部分版面用于呈现1982年份葡萄酒的预览报表，这相当于是对1982年份葡萄酒的赞美。在第一段，帕克敦促读者“囤一些绝佳的波尔多葡萄酒”。他认为，美元强大的购买力（1美元可兑换7法郎）和1982年份葡萄酒的独特魅力——1961年以来最好的品质，为葡萄酒消费者创造了过去20年以来最好的机会。葡萄酒的价格一直处于合理水平，因为1978年、1979年和1981年的葡萄酒仍在酿制中。他分析汇总了购买1982年份期酒的原因，就好像在争论一个重大的法律案件且志在必得。

与普通的葡萄酒相比，1982年份的葡萄酒并不典型。在波尔多，却是最伟大的葡萄酒，产量大且如此浓郁的葡萄酒并不常见。这些酒的酒精含量高，尤其是在波美侯产区，葡萄酒的成熟度和浓度使帕克在内的许多人想起了饱满的、水果般的加利福尼亚赤霞珠。此外，这些葡萄酒的酸度略低于正常值。典型的新酿波尔多葡萄酒通常口感粗糙、单宁度高，桶装酒甚至有些难喝，这些葡萄酒中的单宁却被浓郁的果香覆盖——亚历克西斯·荔仙称之为“婴儿肥”，它们从一入口就很吸引人。这引发了对葡萄酒陈酿能力的质疑——佳酿的标志之一，好像只有波尔多新酿的口感发涩的葡萄酒才有较强的陈酿能力。波尔多的一些人甚至都持有保留意见，但帕克自信地预测葡萄酒陈酿之后会更可口。

“当然，你的财务状况决定了你要做什么，”帕克认为，但是“任何真正的葡萄酒爱好者都想从现在或两年后开始品尝这些葡萄酒”。

对此，他深信不疑。

帕克对 1982 年份波尔多葡萄酒的看法让他崭露头角。竞争对手罗伯特·菲尼根对同款葡萄酒的评价削弱了他的势头。菲尼根在 1982 年 9 月 30 日的杂志中，第一次非常简短（正面）地提到了 1982 年份葡萄酒的潜力，11 月，他又报道了让·皮埃尔·莫艾克斯和亚历克西斯·荔仙等生产商“对 1982 年份葡萄酒的狂热”。3 月初，菲尼根便开始了“快速而密集的品酒之旅”，他相信葡萄酒品质不错，但问题是到底有多好。

他通常会收集桶装样品，带到几个中心地点以便更有效地品尝，但没有人愿意交易样品，所以菲尼根被迫从一个酒庄辗转到另一个酒庄。他承诺，由于价格尚未确定，他不会对某些葡萄酒发表书面评论，以此来“哄骗”庄主和酿酒师让他品尝。在尽情地对 50 多种葡萄酒旋转、嗅探、啜饮和吞吐后，菲尼根在 1983 年 3 月 30 日的刊物中提出，“我对品尝的大部分葡萄酒无动于衷”。他发现，葡萄酒“令人失望”，甚至“味道古怪”。他说这些葡萄酒酒精含量过高，酒香不浓郁。他的评语是：“不——众所周知的事情并非事实，这不是‘世纪佳酿’。”即便没有完全放弃，他却告诫说：“我不会仓促出手，不会随便在 1982 年份的期货市场投入巨额美元。”

菲尼根还说了很多刻薄的话。他说 1982 年是一个“怪诞”的年份，葡萄酒“非常奇怪”，建议读者购买 1980 年份“柔和诱人”和 1981 年份“口味绝妙”的葡萄酒。

帕克看到这期刊物时，心想：“他都不知道自己在说什么。”

帕克本来心存犹疑，来到波尔多后却确立了信心。菲尼根来时期望很大，离开时却幻想破灭。两位评论家对 1982 年旅行的描述和对 1982

年份葡萄酒的反应，揭示出他们作为名人、品酒师和作家的深刻差异。

帕克的散文充满活力，透着兴奋和激情，文中不时穿插着感叹号和重大声明。他写道：“我预测，1982 年份会被记载到波尔多葡萄酒编年史中，”并补充道，“不要怀疑，1982 年份的葡萄酒注定是 21 世纪最伟大的葡萄酒之一。”他在声明下方画线以突出强调。他形容这些葡萄酒“深厚”“丰裕”“丰满”“耐嚼”“成熟”“辛香”“醇厚”“黏稠”“硕大”“令人惊叹”，他几乎是为消费者品尝的，并列出了 30 个例外或非同寻常的品种。他听取了庄主的意见，将酒的名称抛之脑后。他对这些醇厚丰富的葡萄酒浓浓的爱意和品酒的乐趣跃然纸上。一旦葡萄酒装入瓶中，其味道就会和这些未完成的桶装样品大不相同，而且预测葡萄酒陈酿后的味道也是个不确定事件，但帕克对这些都不在意，他决定不顾一切。

菲尼根给人的印象却像是一名令人厌倦的法官，意在告知读者他作为业内人士的重要性和批判能力。他写到，品尝葡萄酒“并非易事”，因为样品“受到严格保护”，所以只能靠那些“多年来信任他的人”才能办到。他告诉读者，从一个酒庄到另一个酒庄是个乏味的苦差事。一切都神神秘秘：他没有透露品尝的酒和谈话的对象，他暗示，一些庄主“私下并不情愿做 1982 年份葡萄酒的代言人”，但他拒绝透露姓名。这些葡萄酒“气味分散”“酒香短暂”，几乎没有满足他对伟大葡萄酒的期望。

书写新年份葡萄酒的传统方法是先对葡萄酒进行整体评价，过很久以后，再对葡萄酒单品进行鉴定。在这一点上，菲尼根效法了英国葡萄酒评论家，他们频繁地穿越英吉利海峡，去监测每一种新葡萄酒的进展。与帕克相比，菲尼根的评价听上去有些挑剔、模棱两可，并且有点自负。

关于 1982 年份葡萄酒的争论已经开始并将持续多年。特里 · 罗伯茨支持菲尼根。品尝 1982 年份葡萄酒之前，罗伯茨曾说，当年是“葡萄酒的新时代”，但他认为 1979 年份的葡萄酒更值得购买。《葡萄酒观察家》头版上关于波尔多葡萄酒期酒投资的第一栏中，他仍然建议“谨慎的买家会暂时离开市场，重点购买 1978 年份、1979 年份和 1981 年份的葡萄酒”。

这些评论不利于葡萄酒贸易。雪利–莱曼酒品商店的山姆 · 亚伦抱怨说，看完罗伯茨的报道后，他在 1982 年份期酒订单上损失了 2 万美元。亚伦很不高兴，打电话给波尔多的亚历克西斯 · 荔仙，荔仙迅速谴责美国对 1982 年份葡萄酒不利的“新闻宣传”。菲尼根听说，一群酒庄老板实际上在讨论禁止罗伯茨——也许是永久禁止——在他们的庄园里品尝葡萄酒。菲尼根恼羞成怒，说：“你们以为我把这些葡萄酒比作了老鼠药。”他声称，自己和罗伯茨都没有“否定葡萄酒，我们只是不够积极”。他发现，所有积极评论都与波尔多葡萄酒的贸易有关，因为他们希望在法郎下跌之前卖出所有的葡萄酒。对此，他愤愤不平。

荔仙是一个完美、戏剧化的促进者，并且一举成功。在 6 月中旬一个炎热的夏日里，他在荔仙庄园颇具魅力的酒窖中为 6 位顶级酒庄庄主举办了桶装酒品尝活动和午宴会，一劳永逸地证明了 1982 年份的葡萄酒到底有多好。他邀请了《国际先驱导报》的乔恩 · 温罗斯、《葡萄酒观察家》的出版商马文 · 尚肯以及新上任的欧洲记者詹姆斯 · 萨克林，他们完全被吸引了。

事实上，大多数真正品尝过 1982 年份葡萄酒的人，包括英国波尔多专家大卫 · 佩珀康和《纽约时报》专栏作家弗兰克 · 普赖尔，他们虽不像帕克那般热情，但也对 1982 年份的葡萄酒评价甚高。帕克对如此大范围的葡萄酒赞赏有加，基本确保了他最终成为 1982 年份葡萄酒最大的推动者和最重要的先驱。

如果帕克对自己的判断有丝毫疑虑，都会在6月定期举办的法国巡回品酒会上，通过比较各个批发商办公室中的数百桶样品来消除疑虑。他在侯伯王酒庄与让·戴尔马讨论了很长时间，甚至详细考察了他们的档案。在那里，他发现人们还曾怀疑著名的1929年份的葡萄酒是否耐存，最好的葡萄酒陈酿50多年后仍然醇香四溢。他在右岸待了一天，参加了由酿酒专家米歇尔·罗兰组织的品酒会。罗兰拥有一个实验室，为100多名客户分析葡萄酒。去年夏天，他们见过面，当时罗兰提议下次帕克赴波尔多时安排一次品酒会。他告诉客户，一位美国记者要来，所有人都高兴地提供了1982年份的样品酒。帕克从上午一直品尝到下午，一天结束时，他仍然兴奋如初。

帕克在8月14日的刊物上更加肯定了自己的观点。他写到，问题不在于是否购买，而在于何时购买。他预测："我敢肯定，需求量大的葡萄酒在两年内会明显提价（可能贵70%）。"在接下来一年里，他变着花样重申基本主题——"尽可能多地购买1982年份的葡萄酒，近50年可能都没有葡萄酒与之媲美"，那些购买顶级葡萄酒的人"无异于在酒窖中放置了液态黄金"。

马文·尚肯不喜欢犯错。他看出《葡萄酒观察家》并未走在报道这则重大新闻的前列。为了赶赴潮流，他在1983年8月的刊物上连发两篇关于1982年份葡萄酒的文章。其中一篇描述了荔仙举办的午宴，对这些葡萄酒作出好评。罗伯茨也报道了自己的观点，双方的论战依旧不止。在品尝了60种葡萄酒之后，罗伯茨坚持认为有些葡萄酒"太过寡淡"。他猜测"初酿的葡萄酒会比较好喝"，但他"对葡萄酒陈酿多年的可能性持保留意见"。玛歌产区安格鲁邸酒庄的生产商如彼得·艾伦·西奇尔持有相同意见。

到目前为止,《葡萄酒观察家》一直是一个论坛，为像罗伯茨一样独立的自由职业专栏作家提供平台，让他们各抒己见。4 月份时，其他人对葡萄酒的观点都不像帕克那样坚定。马文·尚肯认为这一状况必须立即改变。

菲尼根脾气暴躁，他不会退缩。他在两份秋季刊物上竭力为自己的“新闻异议”辩护。梅多克和格拉夫产区的葡萄酒“酒香温和、有时令人印象深刻”，但算不上世纪品质佳酿。圣爱美隆和波美侯产区的庄主们将他们的葡萄酒风格与 1947 年份的传奇进行了比较，但菲尼根认为，它们“在酒精含量和丰富性上更胜一筹，许多消费者，尤其是经验不足的消费者会喜欢这种酒”。这是对帕克的间接抨击吗？菲尼根坚持认为，没有理由购买，他指责零售商和波尔多人愚弄客户。

菲尼根的态度为何如此不同？一些人推理说：他过分依赖玛歌产区一位受人尊敬的酒庄庄主的观点和该酒庄的年份报告，该酒庄 1982 年份大部分葡萄酒的状况确实不如其他酒庄的好。或许，他与其他人的分歧主要在于葡萄酒的风格。许多英国人和法国人相信，1982 年份葡萄酒的特征符合美国人对成熟度和果香的要求。在那些受欢迎且经常举行的加州赤霞珠对决波尔多葡萄酒的盲品比赛中，美国人通常更喜欢本国的葡萄酒。1982 年份的葡萄酒也“令人惊叹”，华美艳丽，引人注目，甜美的水果香气袭人，它们会过早达到峰值继而开始走下坡路吗？在《纽约时报》的一则广告中，零售商威廉·索科林为已经购买了 1982 年份期酒的顾客提供了兑换 1981 年份波尔多葡萄酒的机会，广告写道：“显然，1981 年份的葡萄酒是一种更精细、更经典的陈酿葡萄酒。”

同期，在波尔多，一级酒庄似乎决心从市场上赚取尽可能多的钱，他们像往常一样分阶段或分批推出葡萄酒。第一批价格即出口价格推出后，下一批期酒的价格明显较高，之后更高，以此类推。拉菲的价格比前一年上涨了 70% 并在迅速攀升，一些贪婪的“超二级庄”（表现最好的二级酒庄的别称，如雄狮酒庄）便一直观望，看邻居的价格会是多少，这引发了竞相提价。即使是较小的酒庄，在葡萄酒全部装瓶后，出售的葡萄酒也没有超过正常比例。这一策略在财务上的成功很大程度上取决于价格上涨，价格上涨又取决于人们对葡萄酒的持续热情引发的需求量增长。

拜帕克在美国的宣传所赐，1982 年份的波尔多葡萄酒大获全胜。

帕克推出的 4 月期刊，对华盛顿特区的零售商产生了立竿见影的影响，到了 5 月，这件事真正开始升温。纽约市几家最大的葡萄酒零售商已经熟知帕克的刊物，自 1981 年以来，他们偶尔会在报纸广告中提到帕克的推荐，通常与更有名气的菲尼根和罗伯茨等人一并提及。现在，他们以电影宣传者般的速度在《纽约时报》上掀起一番评论，大肆渲染帕克对 1982 年份葡萄酒的赞誉。杰拉尔德·阿舍后来评价说：“帕克的出现恰逢其时。零售商需要一个‘西蒙说’，即公众会相信的人。”

在纽约威彻斯特郡，首先出现了施氏佳酿，该葡萄酒商店自 1978 年以来就一直供应期酒。他们在 1982 年期酒的广告上大肆宣扬帕克的预测，即 1982 年份高品质的葡萄酒“将继 1929 年份、1945 年份、1959 年份和 1961 年份的葡萄酒之后，被编入波尔多葡萄酒编年史”。他们将帕克的笔记和分数放在酒的旁边，比如杜高巴加酒庄的葡萄酒，帕克评论“这款令人惊叹的葡萄酒应该在两年内就能获得 95 分以上的成绩”。莫雷尔拥护帕克，称他是“唯一一位在三次独立的波尔多之行中全面品尝了 1982 年份葡萄酒的作家”。雪利–莱曼酒品商店整版广告都在引用帕克的话。但很少有人意识到，只有消费者开始大量购买时，帕克的评论才派得上用场。阿克尔·梅拉尔在一则广告中放了 14 种葡萄酒及其得分，即帕克认为 90 分及以上的葡萄酒——被评为“帕克精选”，5 天内，所有这些 90 分以上的期酒全部售罄。

当时，《葡萄酒倡导家》大约有 8000 名订阅者，葡萄酒商店的广告却将帕克的名字介绍给成千上万的人。很快，从未听说过他的葡萄酒爱好者就会问：“帕克这家伙是谁？”当葡萄酒商店意识到这种独立专家的观点非常有利于招揽顾客时，他们更加频繁地提到帕克的名字。

1982 年，波尔多的促销活动成为罗伯特·帕克和《葡萄酒倡导家》的全国性推广活动，而且没有花费他一分钱。

全国性的购买狂潮达到了不可控制的地步。在巴尔的摩，帕克的朋友、零售商罗伯特·辛德勒根据帕克的推荐买了数千箱葡萄酒，然后全部卖掉。有报道说，洛杉矶一位医生为团体采购，一次性向旧金山的进口商订购了价值 10 万美元的 1982 年份葡萄酒；得克萨斯州的一位石油商，在奥斯汀的一家商店里买了 1.2 万美元的葡萄酒。一位长岛进口商将产自歌丽雅酒庄的葡萄酒投入市场，在前 24 个小时内，就卖出了 2000 多箱，他的一般客户通常只在 6—8 个酒庄中购买几箱葡萄酒，而现在他们订购了 40—60 箱。帕克的密友、杰伊·米勒博士赶紧跑到国家雇员信用社借了将近 1 万美元，去购买帕克推荐的 60 箱葡萄酒。显然，至少有一些需求纯粹是投机性的，是为了投资。

“就像在拉斯维加斯一样，”纽约市进口商巴里·巴辛惊叹不已，“每个人都想在老虎机里投点赌注。”阿卜杜拉·西蒙是当时美国最大的优质波尔多葡萄酒进口商——酒庄和房地产公司的负责人，他承认“这简直是争先恐后地购买”，需求“远远高于我的预期，哪怕这是个特殊年份”。美国市场好像饥肠辘辘，几乎吞噬了所有期酒。

所有这些，最终都对波尔多的批发商办公室产生了影响。欧洲葡萄酒公司的克里斯托弗·卡南还记得，当时每天都从美国收到大量订单，产量少的葡萄酒，如柏图斯葡萄酒，很快就高价难求。“这是波尔多的鼎盛时期，”纳迪尼克·雷纳德说，“美国市场比其他市场更活跃，为期酒市场开创了先例。这是有史以来销售量最大的一次，葡萄酒价格猛涨。1982 年催生了一批新的买家和投机者走向市场。”

美国人买了这么多，波尔多人开始戏称 1982 年为美国的“葡萄酒之年”。

帕克在列举他何以认为 1982 年是伟大的年份时，似乎在制定一个高品质红葡萄酒的标准：第一，要呈现出一种令人难以置信的深色，“酒体浓郁”；第二，“要果味浓郁、酿制成熟”“口感要丰富醇美、浓厚饱满”；第三，高酒精含量要来自“熟度适中的葡萄”。关于 1982 年的小村庄酒庄，帕克说：“如果葡萄酒是巧克力，那么小村庄葡萄酒就是美可味牛奶巧克力和瑞茜花生酱味巧克力的假想组合。”这种葡萄酒在酿制过程中，味道醇厚香甜，果香浓郁，设定了新的标准。事实上，1982 年是现代葡萄酒的开端，预示着一种特殊风格的葡萄酒，这与人们熟知的典型的波尔多葡萄酒大相径庭——起初，波尔多葡萄酒平淡无奇、难以饮用且发展缓慢。

1982 年是里程碑式的一年，象征着波尔多与过去的决裂，开创了消费者购买波尔多葡萄酒作为金融投资的新趋势，点燃了美国市场的繁荣，标志着一种新式的、现代化的葡萄酒营销方式。一位批发商认为，1982 年后，波尔多市场将瞬息万变。对于帕克的影响力，美国零售商和波尔多人拭目以待。

帕克在 1982 年份葡萄酒上的影响力是建立“帕克传奇”的第一步。关于葡萄酒质量的争论持续了好几年，一次又一次的品尝都证明了他对葡萄酒的赞赏是正确的——至少对于最好的葡萄酒确实如此。听取帕克建议的投机者都赚了钱。《葡萄酒鉴赏家》的拍卖记者彼得·梅尔策曾说，1983—2002 年间，葡萄酒的价值增长了 2012%，远远超过了同期道琼斯指数 770% 的回报率。

几年之内，为适应帕克的“独行侠”形象，一些事实被简化，并以不显著的方式被扭曲。人们坚持认为，帕克是第一位宣扬 1982 年份葡萄酒的伟大之处的记者，尽管事实并非如此。帕克本人很赞赏法国评论家米歇尔·贝丹。但帕克始终认为，他独自站出来反对“美国主流媒体”，他们“明确地批判葡萄酒及其风格”并“恶语相向”，这种批评还波及自身。实际上，“主流”是由三个反对者组成的——除了罗伯茨和菲尼根，《洛杉矶时报》的丹·伯格也对 1982 年份的葡萄酒持冷漠态度——他们并没有写过关于帕克个人的负面报道。在《葡萄酒倡导家》创刊的前 5 年里，帕克常常试图把自己描绘成与其他葡萄酒作家截然不同的人物，他站在消费者的立场上考虑问题。现在，他利用自己在 1982 年份葡萄酒上的地位，让自己越走越远。后来，他声称，当时的“权威葡萄酒出版物”认为帕克“对他们的影响力构成威胁”。但事实并非如此，1983 年，他才刚刚成为一个重要人物。

从 1983 年到 1984 年初，帕克知道自己要离开农业信贷银行，舍弃法律了。品尝了 1982 年份的葡萄酒之后，他回到办公室，去参加有关合同的无聊会议变得比以往任何时候都困难。他再也无法对法律工作付出必要的努力、给予必要的关注。幸运的是，他雇用的几个律师对他忠心耿耿，当他偷偷溜到纽约去品酒时，有律师为他“辩护”。

帕克正在寻找一切可能的出路。1984 年初，已在《葡萄酒鉴赏家》和《纽约邮报》站稳脚跟的罗伯茨听说帕克想和《纽约时报》的人组织一场会议，讨论填补评酒员的职位空缺问题，但后来无果而终。帕克也许意识到，这么干《纽约时报》不会允许他继续出版《葡萄酒倡导家》。不管怎样，弗兰克・普赖尔在巴黎办事处工作了一小段时间之后回到了纽约，开始撰写“葡萄酒对话”专栏。

4 月出版的关于 1982 年份波尔多葡萄酒的评论加上葡萄酒商店的广告宣传，以及与菲尼根的持续争论，使得《葡萄酒倡导家》的订阅人数源源不断地增加，已经接近 9000 人了。有了 1982 年的经历后，帕克现在完全相信自己的能力，知道自己正在超越竞争对手。他确信，菲尼根在走下坡路。帕克在农业信贷银行工作了 11 年，获得了 10 年的退休金福利。1984 年 3 月，在帕特的祝福下，他最终辞去了法律方面的工作。

他和帕特在家里举办了一次“退休”晚宴，邀请了一些好朋友。1980 年份查龙酒庄的霞多丽和 1961 年份嘉伯乐酒庄的埃米塔日红葡萄酒让他们“喝得烂醉”。帕克如释重负，非常高兴。两周后，他和帕特前往波尔多去品尝 1983 年份的葡萄酒，并看看 1982 年份的佳酿进展如何。

第五章

一年品尝一万种葡萄酒

法律生涯结束后，这位葡萄酒世界主宰者的时代真正来临了。帕克现在全身心地、着迷似的投入葡萄酒事业中。他每周花费 90 个小时来调研、购买、研究、记录、谈论葡萄酒，最重要的是，品尝葡萄酒。

在大多数日子里，帕克吃完早餐就钻进他在住处新设置的办公室兼品酒室。帕特对那笔开销没有微词，她注意到他原先工作的客房太小了，他的文件早就溜进了她的空间，更不用说葡萄酒了。除了卧室，几乎每个房间里都有葡萄酒。帕克新办公室的装饰以功能而非时尚为主导，但在设计品尝区时，他坚持要加深水槽，并效仿了批发商让・皮埃尔・莫艾克斯在波尔多办公室的装修：一个带有黑瓦片外圆角的白瓷砖品酒柜台，他可以在上面写作。

几年后，这间办公室就显得太小了，帕克又增加了两个房间。他依然没有造型别致的实验室和私密品尝室。他的办公室里有一张很快就摆满了文件的桌子、一个水槽、一架干净的酒杯、一堆杂乱的盒子和文件柜，以及堆放着文件、书籍和一些私人物品的货架。水槽上水龙头后面的标志上写着“禁止在过道上随地吐痰，违者罚款 5—100 美元”。室内没有荧光灯，只有固定在天花板上的白炽灯、几盏照明灯和窗外照进的自然光，这使得红酒看起来像橙色。整面墙的架子和柜台下面存放着红葡萄酒，一个恒温的单元冷藏着白葡萄酒，等待着杯中品尝的时刻。台面和其他可用的桌面上摆着一堆瓶子，显得杂乱不堪。有时，地板上的瓶子甚至会挡住去往外部办公室的路。帕克的秘书琼·帕斯曼辞去了会计和文案工作，全职协助帕克打理外部事务。办公室虽然看起来一片混乱，帕克却知道什么东西放在了何处。更多的酒都储藏在他的两个地下酒窖里，其中一个酒窖在 1977 年被炸坏了，炸出了房子下面的岩石。

最终，帕克原来的办公室变成了一个存储区。台面上后来放置了浓缩咖啡或卡布奇诺咖啡机，旁边放了一台跑步机，供他雨天锻炼使用。

有了这款超深的不锈钢水槽，帕克在品酒时就可以随时吐出，而不用担心反溅出来。他的标准工作服是冬天穿蓝色牛仔裤和运动服，夏季穿短裤和 T 恤，搭配一双网球鞋。举起一杯酒到唇边，听起来不算费力气，但帕克每周的品酒活动如马拉松般漫长。若有品酒活动，当天早上，他就不喝心爱的意大利浓咖啡，只喝矿泉水，以确保味觉不受干扰。前一天晚餐，他吃的味道寡淡，因而不会影响他的判断。大蒜没有给他造成困扰，豆瓣菜却会严重影响他的判断。

按照日程安排，帕克每周要花四五天时间口述或写作，于是，他通常将至关重要的品酒活动安排在周三和周五。他期待品酒，如果不想品尝，就说明他太累了，没有心思去品。

在一个典型的品酒日，8 点半刚过，帕克就会进入办公室。他会仔细检查品酒杯的清洁度和漂洗不当产生的异味，用瓶装水把玻璃杯冲洗干净，以防万一。他认真对待工作，包括使用最好的设备。他认为 215 毫升的郁金香形状的 ISO（国际标准组织）品酒杯和略大一点的 INAO（国家原产地称谓研究所）官方品酒杯非常适合他，但他也倾向于使用昂贵的人工吹制的“无情”水晶杯，便直接订购了这款在法国设计和制造的酒杯，酒杯的形状强化甚至夸大了酒的香气。不幸的是，它们不能用洗碗机清洗。葡萄酒的温度也很重要。帕克想要15—18摄氏度的红葡萄酒和白葡萄酒，如果太热，葡萄酒的味道就会很平淡，香味也会消失；如果太凉，他便几乎分辨不出味道。

帕克的好朋友杰伊·米勒博士自1985年4月起担任帕克的兼职助理，周五会打开80—125瓶葡萄酒，用铝箔盖上标签并给每个标签编号。帕克选好主题——一系列高品质的葡萄酒，或者新推出的美国赤霞珠，或者是罗纳河谷某地区的葡萄酒；品酒的安排工作留给米勒——就像对抗赛，每次至少品尝6款葡萄酒，但通常会品尝12款甚至更多。这些品尝通常是“双盲”，即帕克知道葡萄酒的种类，但不知道有哪些生产商，偶尔也会是“单盲”，这时他知道包括哪些生产商。当时，他认为盲品是较为民主的品酒方式。

帕克一般会把上午的时间留出来品红葡萄酒。他认为勃艮第和黑皮诺比较容易品尝，但他需要新鲜口感来完成更困难的任务，即在更浓郁、单宁更多的红葡萄酒中分辨出果味。帕克认为，下午可以品尝白葡萄酒——白葡萄酒更容易品尝。

米勒在每只玻璃杯中倒入大约两三厘米高的葡萄酒。

一杯葡萄酒给人留下印象的时间只有一分钟左右。帕克首先会闻闻所有样品。如果他闻到塞着瓶塞的酒有发霉或潮湿气味，这瓶酒就会被拿出去，就像那些闻起来有恶臭、味道奇怪或者变质的酒一样。他一般站着品尝，精力集中，举起玻璃杯，看看颜色，轻快地旋动玻璃杯，闻闻葡萄酒。气味是最重要的因素，味道只是为了确认。他会先喝一大口，抿嘴吸入酒汁，轻轻地用舌头呷着，像是在咀嚼，在嘴里品了几秒钟后，一股脑将酒吐到水槽里。短暂的停顿后，他草草地写下一些笔记，或者在录音带上记录下评论。当他记录对酒的印象时，他的鼻子、嘴巴和大脑都有一系列的步骤。葡萄酒的重量、价值和特点几乎立刻就浮现在眼前，一览无余。他训练自己的头脑和味蕾有条不紊地分析酒香，把它们分解成气味和风味成分以及产生这些成分的构成因素——葡萄，还有橡木的品种和酿造时间等。他认为这个过程是用“视觉和身体”去感受，现在它已经是自动进行的了。

帕克的秘密武器在于，他声称能够记住自己品尝过的每一种葡萄酒以及给它打的分数——这令其他葡萄酒专家难以置信。一开始，帕克要在脑海中把颜色、香味等一项项的分数加起来；现在，仅凭直觉，他的脑海中就会浮现出一个数字，就好像是从杯子里冒出来的一样。有时，他感觉自己在权衡几个分数，比如 87—89 分，但通常准确的分数会像葡萄酒的内涵、精确的固有价值一样出现在他的眼前，就像透过相机的镜头观察并将图像聚焦一样。品酒时需要高度集中注意力，帕克说，专注于每一种葡萄酒是最重要的能力。

帕克非常相信一击中的的可靠性。他经常说：“第一印象很关键。”但每次品酒后，他会再重复这个过程，以检查最初印象的准确性。如果他有疑虑，他会把酒放在一边，当天晚些时候再品尝一次，这种情况通常不会发生。如果帕克没有疑虑，米勒便会把剩下的酒液倒进排水沟或外面的山上，把空瓶子扔进垃圾箱。

每隔几个小时，帕克就休息 15 分钟，喝一杯含汽的矿泉水，使味觉变得清爽。到了午饭时间，他的牙齿、舌头和手都染成了紫色。他很少吃午饭，他喜欢品酒时略带饥饿感。品酒工作一直持续到下午 4 点。品酒是件严肃的事情，但几乎不会沉默。米勒和帕克一起品尝，他们会进行热烈的讨论，通常还会对葡萄酒的质量和特点达成共识。如果 25% 的葡萄酒（款）被证明是值得推荐的，可以刊登在《葡萄酒倡导家》上，他们就认为这是美好的一天。两人的工作关系持续到

1998年，那年，米勒在巴尔的摩的海滨开了一家葡萄酒商店，进入葡萄酒行业。米勒说，他对帕克的口味非常了解，只要尝一口葡萄酒，他就能猜出帕克的评分会是多少，误差不超过一两分。

帕克并不担心味觉疲劳，他每天喝5升水来避免这个问题。许多作家和葡萄酒专家感觉自己的鉴赏力在品完几十杯酒之后会逐渐减弱。帕克却坚持说，他只经历过两次严重的味觉疲劳——第一次是品尝饱受争议的1983年份勃艮第红葡萄酒（有些地区的葡萄腐烂变质，影响了葡萄酒的味道）；第二次是长时间去意大利出差，品尝桶装的单宁味很浓的巴罗洛葡萄酒。他可以一周两次品尝50—125杯葡萄酒。最难喝的是酒精和单宁含量都很高的葡萄酒，这有时让他觉得“好像被拳击手击中了头”。不过，他确实担心每年品尝1万多种葡萄酒会损伤口腔。葡萄酒中的酸度是否会破坏牙齿上的牙釉质？鼻黏膜会被损伤吗？新酿葡萄酒中的磨砂单宁和桶装样酒会对喉咙有什么影响吗？他定期咀嚼抗酸剂以抵消酸性对胃的影响（他最终放弃了），还每6个月咨询一位耳鼻喉专家，以防万一。为了预防感冒和鼻塞——这会扰乱他的日常品酒生活——他每日服用大量的维生素C。如果有感冒的迹象，他就会服用紫锥菊。

帕克的名声越来越大，他仍然过着当律师时那种低调、普通的生活。他跟“婴儿潮”时代出生的许多人一样，开着一辆福特野马，在电视和游戏中观看大学篮球赛，为马里兰大学淡水龟队加油，傍晚时慢跑（有时和帕特一起）或骑自行车来保持身材，用最先进的音响系统听尼尔·杨和鲍勃·迪伦的音乐，接待圈子内一群忠实的亲密朋友——他们和他一样热爱葡萄酒，还喜欢邀请他吃饭时玩猜酒游戏。帕克不是故意炫耀，他经常说：“我从来没听说过谁比我更擅长猜葡萄酒，猜具体的葡萄酒名字、产地和葡萄品种。”他也试过将教皇新堡产区的陈酒倒入波尔多酒瓶中，偷偷将其放入波尔多一级名庄的盲品中，用此等把戏来愚弄朋友。朋友们钦佩帕克的葡萄酒专业知识，他们当中的收藏家们——一些最精通葡萄酒的人，像米勒和葡萄酒零售商鲍勃·辛德勒会高兴地拿出最好的酒杯，轻松扮演起助手的角色并分享帕克对葡萄酒的看法。

帕克践行着梦寐以求的生活：他的工作和私人生活几乎融为一体。在帕克顿，烹饪、吃饭、品酒、娱乐和写作占据了他的大部分时间。他身边不乏忠诚的、保护他又很宠溺他的女性，当然，还有帕特和他的母亲。母亲现在给帕克做兼职，帮他回复《葡萄酒倡导家》的读者来信，并在他心情低落时给他打一针“强心剂”。秘书琼·帕斯曼声音柔和，她坐在外面的办公室，看得懂帕克潦草的文字并转录他口述的笔记。她学会了如何拼写酒庄和酿酒厂的名称，但从来没有喝过酒。帕斯曼从1982年起为帕克做兼职，维护数据库、回复信件、记录日益复杂的账目，现在，帕克认为她不可或缺。20世纪80年代，进口商、酿酒厂和媒体都想争夺帕克的时间，他不得不停止接听电话。帕斯曼筛选了那些电话和要求，如带领葡萄酒产区的客车巡游，用帕克的名字冠名一系列高脚杯（像休·约翰逊那样）以及参加几十种风险项目等。帕克对这类事情鲜有兴趣。

帕克身边总有各种各样的狗，猎犬、斗牛犬和边境牧羊犬，它们躺在帕克的桌子底下。帕克写着文章，小狗们打着鼾，尼尔·杨高亢的声音和弦音吉他是背景音乐。除非帕克正在品酒，否则狗的胀气声并不会打扰到他，但帕斯曼和后来雇用的其他兼职秘书还是会握住狗的鼻子将它们赶到外面。

帕克和妻子认为，田园诗般的完美生活中缺少的就是孩子，他们多年来没有生育孩子，便决定在巴尔的摩的天主教慈善机构领养孩子。1987 年秋天，他们在巴尔的摩华盛顿国际机场接到了孩子，给她起名为玛雅 · 宋 · 伊丽莎白。帕克第一次把孩子抱在怀里时哭了。40 岁时，他终于当上了父亲。他在杂志上发表了一篇饱含深情、发自肺腑的文章，与读者们分享了这一消息。

帕特辞去了教学工作，成为一位全职妈妈。像以前一样，她还继续编辑和校对《葡萄酒倡导家》。接下来的几年里，除了更多的翻修以及玛雅从蹒跚学步到上幼儿园，家里几乎没有什么变化。帕克的日程安排得很满，没什么时间度假，他还是抽空去了迪士尼乐园。在那里，他像其他宠爱孩子的父亲一样，开心地戴着米老鼠领带。有了玛雅，帕克夫妇的度假方式就变了：去大开曼群岛海滩成了帕克的终极假期，女儿可以在那里挖沙子，在水中嬉戏；帕特注意到，帕克在这里真的很放松，他会慢慢潜水几个小时，或者一边在海滩上看书一边照看女儿。他暂时放下了美食和佳酿。

帕克的家很舒适，是一片给予他理智和支持的绿洲，他在整个 20 世纪 80 年代创立了葡萄酒事业，扩大了自身的权力和影响力。他继续塑造有着超级鼻子的天真乡村男孩的形象，这让人们相信，他确实是一个功成名就之后依然保持本色的普通人。朋友们说："罗伯特从未忘记他是谁，他不摆架子，你看到的就是他本来的样子。"帕克知道如何在聚会上尽情狂欢，他在当地有了自己的"狗仔队"，他们喜欢他那粗俗的幽默感。朋友们认为帕克忠诚慷慨，他自己也这样认为。他最亲密、交情最深的朋友之一，马里兰州的律师史蒂夫 · 雅各比曾说，酒商讨好帕克时，帕克仍能注意分寸，即便生气也不失礼貌，但事后会向朋友们贬低这些人。钱并非他的动力，他只要有足够的钱支付账单、购买想品尝的葡萄酒就可以。

帕克非常律己，不仅工作日和工作周如此，在年度旅行中亦如此。他的年度全球巡游中，最重要的一站是在波尔多品尝桶装新酒，即 3 月下旬到 4 月初为期 15 天的行程，随后 6 月时再次访问。之后，他开车去勃艮第或罗纳河谷，经常在法国待上整整一个月。如果前一年 1 月没有去加利福尼亚州，他会在 8 月去游历一次。他不是意大利的常客，会在秋天的时候去法国和南欧，他只喝瓶装的德国葡萄酒。他的每次旅行都安排得精确有序，以便在最短时间内见到尽可能多的人，品尝到尽可能多的葡萄酒，但是旅行的总时长还是要三四个月。多年来，日期发生了变化，但 3 月和 6 月去波尔多访问仍然是神圣不可侵犯的。他的日程安排很紧凑，但还是很喜欢拜访生产商，尤其是那些不同寻常的经营者。在波尔多的品酒之旅中，帕克最喜欢的酒庄之一是花堡酒庄，这个小酒庄位于波美侯产区，由两位身材娇小的未婚老姐妹特雷斯和玛丽·罗宾经营，她们在酒庄里养鸭子、小鸡和兔子。她们称帕克为“公牛”，他猜想这可能是因为自己比她们身材高大很多。20 世纪 70 年代和 80 年代早期，该酒庄出产的葡萄酒鲜为人知（只生产了 1000 箱），帕克和品酒伙伴们却认为它和柏图斯酒庄的酒一样富有吸引力。帕克出生那年，花堡酒庄推出了 1947 年份葡萄酒。1987 年，即帕克 40 岁时，他与柏图斯酒庄的老板克里斯蒂安·莫艾克斯共品这款酒——帕克说，这也许是他品尝过的最棒的红葡萄酒，它如此壮观，“让我涌出泪水”。有时候，他梦想买下这座庄园。

一年夏天，在勃艮第待了 3 周后，帕克和帕特驱车沿着高速公路来到普罗旺斯参观丹派酒庄。这是一个小酒庄，其葡萄园位于古雅的海岸小镇邦多勒上方崎岖的山丘梯田上。天空湛蓝，万里无云，天气异常炎热，他们在一辆没有空调的汽车里待了 5 个小时，汗流浃背。下午抵达时，他们口渴难耐，庄主露露和吕西安·佩劳德·佩罗用冰凉可口、果味芬芳、充满活力的桃红葡萄酒招待他们，被帕克赞为“法国最好的桃红葡萄酒”。帕克喝了一杯又一杯，一解口渴。随后，他们与美国进口商克米特·林奇一家以及几位客人共进了一顿丰盛的晚餐，宾主谈笑风生，饮酒畅聊。帕克发现，这是他第一次讲流利的法语。

半夜，他在和帕特居住的乡村民宿中醒来。窗户上的百叶窗掉了下来，他找不到电灯开关，感到幽闭恐惧症要发作了。他又昏睡过去了。早上，他发现他们的车横着停放，占了好几个停车位，车窗大开着，车内音响放着音乐。

这是帕克最后一次在葡萄酒产区喝醉。他的名声开始给夫妇俩带来麻烦。几年后，波尔多人严密地监视他们的行动，这让帕特感到不舒服，非常难为情。他们在哪里吃饭，吃什么，和谁见面，与谁交谈，有时甚至说了什么都在街头巷尾被议论，以至于人尽皆知。

在玛雅加入这个家庭之前，趁着帕特学校放假期间，帕克的大部分欧洲之行都有帕特陪伴。帕特主要担任翻译，但帕克和法国人都认为她比翻译重要得多。她亲切友好，很有魅力，安抚了许多庄主对新闻记者的怀疑。帕克有时直言不讳，提问唐突，再加上日益增长的影响力，也让别人对他心生怨恨，帕特也很好地安抚了这些人，尤其是在勃艮第。帕特的微笑和温柔举止弥补了帕克的不耐烦和在别人眼中的傲慢以及他的演讲倾向。波尔多和勃艮第的几家葡萄酒生产商告诉我，帕克和妻子在一起时会比较温和，因为她是他最宝贵的财富。圣爱美隆产区宝雅酒庄的帕斯卡·德尔贝克说：“她自己就是一个非常好的品酒师。”

几年来，帕特一直在《葡萄酒倡导家》上撰写餐厅评论，但她也把陪伴帕克赶赴品酒之旅看作保持法语流利以增进教学的方式之一。

1986年休假期间，她在没有帕克同行的情况下，在法国度过了几个星期，在巴黎的瓦伦纳烹饪学校上学，在波尔多采摘葡萄，这是帕克从未做过的事情。帕克对蜜蜂的蜇伤过敏，这是采摘葡萄的危险之一，蜜蜂被甜蜜的汁液吸引，很快就会停到人的手上。帕特在金玫瑰酒庄连续待了11天，每天都在葡萄园里待到下午7点——“我是最慢的。”她坦言。她很自豪，因为最后一天采摘“正规军”把她扔进了装葡萄的大箱子，这意味着他们接受了她，她成了“其中一员”。

帕特留在家里时，杰伊·米勒接替她成了帕克的旅行伙伴。此后十年，两个人的旅行就像一场场电影——他们在波尔多、勃艮第、阿尔萨斯、意大利和加利福尼亚的路上，进行了大约20次旅行。他们第一次同行是1986年春季在波尔多品尝1985年份的葡萄酒，这在后来17年里成了常规。帕克高效地安排了两周的紧密行程。现在，他已知道哪些酒庄和商人会在上午9点（或之前）和周末甚至周日与他会面。他的访问时间很短，45分钟品尝三个年份的葡萄酒并提出问题，他想在一天内访问6家或更多酒庄。他知道能够做得更快，但也觉得花那么短的时间不太礼貌。他访问的酒庄中，有40多家的庄主邀请他共进午餐和晚餐，帕克很高兴有米勒陪伴，这样才有人跟他一起开玩笑，谈论他们被招待的那些臭名昭著的“神秘餐”。在精通媒体之道的木桐酒庄吃晚餐是个例外，营销经理打开一瓶1947年——帕克出生年份的葡萄酒，这是他们最起码应为帕克做的，帕克可是给了他们1982年份葡萄酒完美100分的人。

少数值得信赖的酒商用150—200桶样酒举办半天或全天的大型对比品酒会，样酒是从各个酒庄收集来的，这样帕克就可以在不同的环境下多次品尝这些酒，看看它们与同期的酒比起来味道如何。阿奇·约翰斯顿从一开始就帮助帕克，算是他的导师之一。多米尼克·雷纳德喜欢在西装胸袋里整齐地塞进一条白色丝手帕，他偶尔也会陪帕克去酒庄。比尔·布拉奇专门为美国读者提供优质葡萄酒，他衣着随意，在一个简陋的工业区占据了一间仓库式的办公室。布拉奇的葡萄酒报告最受尊敬，他很欣赏帕克粗俗的华盛顿笑话。帕克第一次访问时表现出来的品尝能力，就给布拉奇留下了深刻的印象。他告诉我："帕克的嗅觉像狗一样灵敏，他品酒就像其他人看颜色一样。"

帕克在嘈杂的酒会上匆匆地品尝了几十种葡萄酒，它们是由代表几十家酒庄的促销组织名酒联盟和圣爱美隆的特级酒庄为记者们提供的。但令他恼火的是，一级酒庄，甚至一些超二级酒庄"玩那种不给品尝测试送样酒的把戏"。一些酒庄甚至不愿意向他展示桶中现成的葡萄酒。这真是既打击帕克的声誉，又伤害他的自尊心。米勒带了一本帕克最近出版的有关波尔多葡萄酒的书籍，无论去到哪里，他都要求庄主在评论其庄园的葡萄酒处签名。在圣爱美隆品酒会上，飞卓酒庄的庄主蒂埃里·马侬科特大方地答应了，接着又仔细地察看了帕克写的东西。他看到自己庄园葡萄酒的质量水平被评为第二等级时很气恼，把"第二"删掉，改成了"第一"。"然后，"米勒说，"他走到帕克面前，表达了他的看法。"

每个产酒区都不相同，都在以自己的方式苦心经营。在勃艮第，像罗伯特·哈斯这样的美国进口商和他们的种植者通常在某人的酒窖里为帕克举行集体品酒会。有时，帕克坐在桌旁，种植者一个接一个地把各自的葡萄酒递给他，当他品尝葡萄酒时，他们在旁边"聊聊天、跳跳舞"。帕克和米勒通常会与进口商共度一天，并对路易·亚都等重要酒商和罗曼尼-康帝酒庄等著名庄园进行单独访问。在一次春季访问中，帕克对近千种葡萄酒作了笔记。20世纪80年代，对许多种植者来说，帕克只是一名记者，但进口商了解美国市场，认识到他不断增长的影响力。

帕克的旅行和品酒工作安排异常繁重，他十分关注葡萄酒，品尝过的葡萄酒数目惊人，这帮助他在20世纪80年代赢得葡萄酒界的各方瞩目。很简单，他比任何其他美国葡萄酒作家品的酒都多，或者说旅行都多。令人惊讶的是，他没有旅行时，在马里兰州的孤立状态最终成为他成功的一个因素。

20世纪80年代中期，在纽约和旧金山，来自欧洲的进口商、酿酒师和酒庄老板来到城镇，利用品酒会和午餐会吸引葡萄酒作家。纽约是欧洲葡萄酒进入美国市场的重要进口点，也是美国最重要的媒体市场。加州的酿酒师也认为，除非他们征服该市持怀疑态度的欧洲侍酒师并说服他们将加州葡萄酒列入餐厅最佳酒单，否则就无法在全美国取得成功。

与许多领域中雄心勃勃、急于竞争的人不同，帕克无意搬离乡村小镇。在那里，他可以保持低调的生活作风，按照自己的方式做事。现在，他是一名全职葡萄酒评论家，但他没有兴趣加入那些在品酒会或旅途中一起搭便车相识的“大苹果”葡萄酒作家群。1982年波尔多葡萄酒事件后，作家们互相打探：“你见过帕克这个家伙吗？马里兰州的帕克顿在哪里？”1986年，帕克尖刻地描述了葡萄酒写作群体。他写道：“这些人对我来说没有任何意义，他们只不过是黑客和骗子，他们一直以写杂志为生，为那些付钱的杂志撰稿，因为杂志不知道好酒和坏酒之间的区别。我没有兴趣和他们交往，与他们比较。”他怒气冲冲地说：“这些人什么都不知道。”20世纪80年代，几乎在每次采访中，他都要抨击美国和英国的其他葡萄酒作家，将自己的优点与他们的局限性（他认为的）进行对比：他们工作不努力，没有做好分内事，对贸易太不上心，他不得不插手来填补这个空白。

帕克住在马里兰州的乡村地区，这让他与众不同。远离葡萄酒势力中心，让帕克有了一种神秘的光环，也成为他的标志。后来，帕克形容自己“遥遥领先”。这是一个自我放纵的选择，而不是精心策划的举动，但它孕育了不断高涨的“帕克神话”：他与众不同、特别、独特。有流言说，帕克是一个古怪的天才，独自啜饮唾沫，他是孤寂的山顶堡垒中的一位超级大师。事实上，帕克每天与主要的零售商、进口商和批发商通网络电话，了解市场上的最新信息并定期与我谈论《美食与美酒》的文章构思。他偶尔还会造访纽约和华盛顿特区，参加品酒会和私人晚宴。1984 年 10 月，我和约翰在格林尼治村公寓里举办的一次晚宴上，帕克与帕特也出现了。出席此次晚宴的还有勒内和维罗妮卡·迪·罗莎，他们在纳帕谷拥有酿酒厂和葡萄园；皮埃尔·吉勒·格罗芒，他在波尔多拥有朗马克酒庄；帕特·布朗，他后来是《美食》杂志的编辑。这是简单的一餐——贻贝和煨牛肉是葡萄酒盛宴的配菜，还有一瓶仅供娱乐的“神秘”酒，即 1970 年份碧安帝山迪蒙塔希诺红酒，没有人能猜出来，帕克也没有猜对。

随着帕克的杂志对零售商和消费者越来越重要，他的影响力也越来越大。葡萄酒界的人越来越觉得必须讨好帕克，结果很多人去帕克顿拜访他。

20 世纪 80 年代中期，葡萄酒世界的体量也颇为巨大。每年，世界各地除南北极外，都会生产出成千上万种的葡萄酒。帕克写过的那些优质葡萄酒的数量远不如以前，种类却在不断增长。来自法国、意大利、德国和其他地方的葡萄酒通过少数进口商来到美国，进口商将产品卖给批发商，批发商持许可证在美国各州将它们卖给成千上万的零售商，零售商再将其卖给消费者，每个销售环节都赚取一部分利润。这种复杂的三层制度始于禁酒令的废除。在一些州，如加利福尼亚州和哥伦比亚特区，零售商也可以持有单独的进口许可证，但大多数州都不给零售商颁发进口许可证。为了激发人们对葡萄酒的兴趣，进口商每年都在主要城市为批发商、零售商和侍酒师举办几次组合品酒会，为葡萄酒记者提供特别的午餐和品酒会，希望自己的葡萄酒能获得好评。我在纽约时，经常每天参加一到两次品酒活动，在春秋旺季会参加得更多。最大的进口商穿越美国，去访问重要的葡萄酒商店，讲述自己所代理的生产商和葡萄酒的故事，希望尽可能多卖葡萄酒。

零售商利用帕克的评级来销售葡萄酒。他最初的影响力便源于此。许多新的葡萄酒进入市场，消费者难以选择，此时，帕克评分较高的葡萄酒很快成为他们购买或想购买的畅销品。从未听说过帕克的消费者也认为有评级的葡萄酒比没有评级的要好。销售这些葡萄酒轻而易举，因此，有评级的葡萄酒就像大加宣传的大品牌，零售商甚至不需要品尝就知道能将其卖出去，自然而然，他们就会从批发商那里订购帕克推荐的葡萄酒。结果，越来越多的人依赖帕克的品鉴。为了增加订单，进口商和美国酿酒厂意识到，确保帕克品尝过他们的葡萄酒并对其进行评级，十分有必要。

《葡萄酒倡导家》创刊前几年，到乡间小镇旅游的进口商和酿酒师来到帕克家，受到帕特的招待。起初，她认为这有利于杂志的发展，但这种行为越来越侵犯他们夫妇的隐私。米尔顿酒店是一家位于马里兰州斯帕克斯乡下的壁炉餐厅，坐落在一家 18 世纪 40 年代的庄园宅邸中，距离帕克在帕克顿的住处很近。这家酒店很快就成了帕克的另一个办公室。有时，进口商会带齐 50—100 种或更多的葡萄酒来到这里，欣然开瓶品尝并讨论它们。酒虹进口公司的负责人莱昂纳多·洛卡西奥是其中一员，帕克对他的意大利名酒给出好评。两人在科罗拉多州阿斯彭举行的《美食与美酒》年度葡萄酒和美食节上相识，洛卡西奥给帕克送去了大量葡萄酒，就这样开启了“对话”。帕克发现了很多值得推荐的酒，他给洛卡西奥机会，请对方次年在米尔顿酒店举办一场品酒会。后来，这成了一年一度的盛会。洛卡西奥也开始将酿酒师介绍给帕克。其中一位酿酒师是西西里人马克·德·巴托利，他重振了优质的马沙拉白葡萄酒的生产。巴托利告诉我，洛卡西奥认为酿酒师必须通过“帕克测试”才能在美国做出点成绩。

进口商百般向品酒界的新贵献殷勤，带了数千种葡萄酒到米尔顿酒店供帕克品尝。帕克总是坚持自己付午餐费。最终，他的年历上记录下多达四五十次与进口商或生产商的会面安排。当他有了一定声誉后，他们让他了解到业内最新、最流行、最稀少和最有趣的葡萄酒，它们都由非常敬业的人带来。帕克尊重这些人的口味，以便与贪婪的订阅者分享。菲奥娜·莫里森为酒庄与房地产公司工作，当她准备推出加州葡萄酒多明纳斯时，她带来了柏图斯酒庄的克里斯蒂安·莫艾克斯。她回忆到，上午 11 点与帕克一起品酒后，在午餐时间，“就酒中的单宁展开了一段漫长而深刻的对话”。

品酒会完全在帕克的掌控之下。他在餐厅里放了一套自己喜欢的品酒杯，他决定品尝会持续多久并确定其节奏，然后进行提问，进口商们尽可能多地介绍他们的葡萄酒。

20 世纪 80 年代，帕克开始寻找他买过并喜欢其葡萄酒的进口商。这些进口商大多是创新型的一人式企业，从美国人鲜有耳闻的欧洲小庄园寻找高品质的葡萄酒。帕克称之为“先锋派”。他们代表了葡萄酒界一次巨大的变化，既反映出帕克的影响力，又增强了其影响力。

帕克称赞的前两位开拓者是 20 世纪 70 年代中期在加利福尼亚州开创这一趋势的克米特·林奇和纽约的罗伯特·查德顿。帕克在这个品酒组合中占了三分之一份额。他认为这两个人颇为亲切，感觉他们像自己一样，是“孤独的流浪者”。他钦佩他们的“胆量”和独立性，这也是他自身的写照。他们曾前往法国，爱上了那里的葡萄酒和生活方式，经历了当时美国人典型的文化和美食顿悟，回国后决心把品尝过的美酒分享给美国人。当然，这也意味着他们可以在法国度过重要的时光。两人对葡萄酒颇有见解。大多数进口商主要对大量生产的葡萄酒感兴趣，他们则不同，他们到处搜寻鲜为人知的葡萄酒，寻找“正宗的”葡萄酒（相对那些平淡无味的葡萄酒而言），哪怕只能找出 30 款不一样的酒，他们也会很满意。他们不做广告，自己购买，自己品尝，花时间在葡萄园与种植者们建立密切关系，有时说服他们出售给中间商，当作村庄级混酿销售。他们甚至冒险提出改进葡萄酒的方法。事实上，帕克第一次参观罗纳河谷的小酒庄时，就经常听说林奇已经发现了它们。林奇像个悠闲的嬉皮士，面容和蔼，耳朵很大，在那里是一个传说，被称为“来自加利福尼亚的人”。首次涉足勃艮第之后，林奇迅速扩大了他的酒单，包括来自阿尔萨斯、普罗旺斯、朗格多克甚至科西嘉的非比寻常的葡萄酒。为了激发顾客，他写了一些有趣的短文，为常规订阅者讲述他与古怪的生产商打交道的经历。早在《香蕉共和国》和《J. 彼得曼》等书目利用故事来销售衣服之前，林奇就巧妙地利用自己的旅途冒险故事来推销葡萄酒。

林奇立竿见影地受到了帕克广泛评论的影响。他告诉我，“他（帕克）让我有了一席之地”“我不再是进口那些奇怪东西的人了，突然间我成为一个工作做得不错的人，他让我有了全国性的存在感”。林奇幸存下来，在某些地区广受欢迎，因为伯克利、加利福尼亚、旧金山周边及北部的纳帕谷，比美国其他地方在饮食上更富冒险精神。“潘尼斯之家”的爱丽丝·沃特斯成了林奇的朋友、头号“粉丝”和支持者。

查德顿的个性和口味在推崇欧洲葡萄酒的纽约更受欢迎。帕克发现，查德顿势利且傲慢，但他引进的葡萄酒很好。当时，查德顿比林奇涉猎更广，他引进了几瓶澳大利亚和意大利的瓶装酒、顶级的勃艮第葡萄酒和帕克·罗恩最喜欢的稀雅丝酒庄生产的葡萄酒。他以非传统的分配方式闻名，只有他认可的葡萄酒零售商（现在仍然如此）才能获得货物。像帕克一样，他对自己发现优质葡萄酒的能力信心十足，对大多数葡萄酒记者的鉴赏能力评价不高。他拒绝向帕克出售葡萄酒，但建议帕克到他位于洛克菲勒中心的办公室去了解一下他在纽约的情况。

帕克最终去了。查德顿给他倒了几瓶未经鉴定的葡萄酒，有白葡萄酒和红葡萄酒。他告诉帕克，当他们面对面交谈时，要品尝一些葡萄酒并给出评价。他并不指望帕克能猜出这些酒的品种，但他经常用这种方式测试记者（包括我），还想听听帕克会怎么说。帕克中了圈套，甚至把白葡萄酒鉴定为勃艮第特级白葡萄酒，把红葡萄酒鉴定为勃艮第夜丘的一级田红葡萄酒。查德顿倒了两杯瑞士葡萄酒，一杯是来自沃州的“莎斯拉”，一杯是来自瓦莱州的“多勒”，帕克都没有留下深刻印象。查德顿说，帕克试图找出自己出错的原因，但心有余而力不足，最终困窘地离开了。帕克对这次相遇的记忆不同，他说其中一种酒是卢瓦尔红葡萄酒，他猜对了，但还是很生气。他从未忘记这段经历，再也没有去那里。他认为查德顿是个“十足的浑蛋”，但还是对他的酒赞赏有加。帕克促进了查德顿的葡萄酒销售，但对方与业界的其他人不同，并不太尊重帕克的方法和能力。

除美国以外，对于世界上其他地区的优质葡萄酒来说，未来取决于那些以林奇和查德顿为榜样的小型进口商。马克·德·格雷齐亚、罗伯特·卡切尔、埃里克·所罗门、乔治·奥德涅斯、乔·德雷斯纳、丹·菲利浦斯、约翰·拉切特以及很多人都会迎合美国人的新兴趣，购买那些非大品牌和著名酒庄的葡萄酒。蒂埃里·泰斯是德国和奥地利顶级的葡萄酒进口商，他从 1988 年开始为帕克举办为期两天的马拉松式品酒会，并邀请了其他几位作家和商人一道参与，以免浪费他倒好的 220 种葡萄酒。这些酒酸度很高，会使品尝者耳朵刺痛。泰斯在品酒前用舒酸定牙膏刷了 5 天牙，帮助牙齿脱敏。帕克则坚不可摧，他品尝了大量的葡萄酒，还带来了特别的葡萄酒供大家午餐时享用。帕克把酒瓶用纸袋包起来，方便大家盲品。几个月之内，他对葡萄酒的大多数评论和评级占据了《葡萄酒倡导家》杂志的好几页，这些评价中有褒有贬。

被帕克“钦点”是小型进口商或酿酒厂获得认可的最快方式，也是说服谨慎的零售商和批发商认同他们的葡萄酒有市场的最快方法。有时，他们游说帕克去品鉴葡萄酒；有时，帕克会邀请他们去自己的家里品酒——这也是大家最开心的事。帕克为林奇和查德顿所做的事情，已向泰斯和其他人证明：如果帕克在他们身上略施小计，他们也会成功。

最重要的是，帕克的 100 分评分系统使他成为美国市场上不容忽视的力量。作为葡萄酒评论家，他引起了人们的关注。

葡萄酒顾客“分数盲”的故事比比皆是。在一项实验中，洛杉矶“酒家”商店的经理安排了帕克刚刚品鉴过的两款加州霞多丽葡萄酒进行销售，摆出了帕克给的分数和品尝笔记。他告诉记者，得到 92 分的霞多丽“销量会超过得到 84 分的酒”。当经理拿走分数，只留下品酒笔记的描述时，两款酒的销售量基本持平。

新一期的《葡萄酒倡导家》出版时，芝加哥“山姆的葡萄酒山庄”也根据帕克最新的评级举办了一场展览。巴尔的摩奥姆尼内港酒店的餐饮总监史蒂夫·亨德森将帕克评分加入餐厅酒单，使葡萄酒的销售额增长了40%。

新出刊的《葡萄酒倡导家》被邮寄出去之前，帕克会将这些新的分数严格保密。他小心翼翼，从不在品酒时透露出来，甚至不会将它们告诉密友，密友们也知道不能问。帕克很早就意识到，若有人提前知晓分数，就可以借此垄断高档葡萄酒市场。既然高分可以保证葡萄酒立即被销售一空，那么从批发商到零售商，从零售商到葡萄酒爱好者，在需求爆发之前大举购买，然后抬高价格，都可以获利。帕克坚守正直，担心有人会贿赂《葡萄酒倡导家》的印刷商。他坚称，如果分数在公布前泄露，按照合同，印刷商会遭到严厉的惩罚。多年来，一直有传言说，帕克很早就把分数透露给了波尔多某些受青睐的经纪人、进口商和零售商，或许还有几个朋友。敌人们尽管怀疑，却没有人能够拿出任何令人信服的证据。

然而，尽快知道这些分数异常重要。1988年前后，巴尔的摩派恩赫斯特葡萄酒商店的老板鲍勃·辛德勒和帕克的朋友们开始提供（现在仍然提供）“葡萄酒倡导家赏金”来赢得竞争。辛德勒在收到新一期《葡萄酒倡导家》之前，谁能给他提供该杂志的最新版，谁就可以进店免费挑选任何一款90分以上的葡萄酒。如果有人在上午9点之前收到了该杂志，辛德勒就会派一名司机去取。他会快速翻阅，记下5种顶级葡萄酒，然后给批发商打电话。如果他比别人早一个小时得到杂志，他就能将可以买到的酒都买下来。如果他不这样做，其他人就会买到酒。

分数意味着什么？对于美国人来说，分数是一种感情寄托——他们在学校里一直被评定，对等级有着共同的记忆。这样一来，98 分会对内心产生冲击，就像在考试中看到 98 分一样兴奋。相比之下，79 分则是失望的代名词，没有取得好成绩，父母会训斥你学习不努力。百分制，真正的天才之处是方便美国的普通人完全理解。当时，看到一个带有评分的葡萄酒既新奇又惊人。

评价系统对数字和评级有更深的迷恋，一些人认为这是美国特有的。局外人看来，美国人非常关心谁是头号人物或什么是最好的——不管是棒球队、排行榜前 20 位的摇滚专辑，还是智商最高的人。美国人对食品和餐馆进行评级，衡量工作表现和电视节目的收视率，并根据收入和资产给富人排名，根据击球平均数给棒球运动员排名，根据票房收入给电影排名，根据学术能力评估测试（SAT）分数给高中生排名。谈到葡萄酒时，他们随身带着袖珍葡萄酒年份图表，只买公认的最佳葡萄酒，不管其他葡萄酒是否更好喝。数字鉴赏，意味着你只需要购买帕克评分 90 分以上的葡萄酒，即电视节目《财富之轮》的凡娜·怀特告诉比弗利山庄的酒商她想买到的葡萄酒。

最低得 90 分才能让人兴奋，得 95 分或更高分的葡萄酒才会让人争先恐后地购买。许多葡萄酒爱好者一窝蜂地购买 90 分以上的葡萄酒。早在 1986 年，帕克就觉得有必要在《葡萄酒倡导家》中恳求读者不要忽视 84 分和 85 分的葡萄酒，他指出，它们通常都很便宜，可以早点喝完，他自己就买了一些放在酒窖里。他自称消费者对他的百分制评分系统反响巨大，他感到非常惊讶，并告诉不止一位采访者："我认为消费者已经读过品酒笔记了。分数是一种简单的方式，他们看到某些同类葡萄酒的得分范围。我从来没想到分数在美国葡萄酒市场上如此重要，从来没想到许多其他出版物会复制这种评分系统。"一些葡萄酒商店只拿分数做广告却无视品酒笔记，这种广告占用空间少，能快速带动销售，甚至有商家谎报分数。为了阻止这种行径，帕克聘请了一家纽约律师事务所给最严重的违规者发去律师函。这取得了一定效果，但这场斗争最终胜算还是毫无希望。

帕克的评分看起来很精确，这让对葡萄酒心存恐惧的美国人很放心，也在无形中增加了他的神秘感。帕克的评分系统给人的印象是：他的舌头可以记录微小的质量差异，其他人的舌头和味觉则不能。其他葡萄酒作家对推荐的葡萄酒用模糊的质量评定来分组，帕克的味觉却显然更灵敏，他能察觉到 87 分葡萄酒的味道和香气要比 86 分的稍微好一点。这意味着每种葡萄酒都有神奇的质量指数，只有帕克这种超级品酒师才能察觉到。印度教认为，世界上每种物质都有神秘的宇宙音调，世界上每种葡萄酒似乎也有一个预先设定的分数，谁能认出这个数字，谁就是拥有最强味蕾的人。帕克正是那个能够发现密码的人，这使他从一众评酒者中脱颖而出。英国记者詹西斯·罗宾逊称帕克为“神谕酒师”。

帕克可能认为，数字是一种方便的速记手段。人们似乎更喜欢数字而不是需要理解的大段形容词。分数符合缺乏耐心、切中要害的态度——就给我最好的。英国作家安德鲁·巴认为，帕克的评分是“美国实用主义对法国神秘主义的胜利”。

在一些人看来，帕克分数的吸引力反映出人们对葡萄酒重要数据的新兴趣。20 世纪 80 年代，葡萄酒酿造更多地依赖科学研究和技术，酒中可测量的化学成分被描述出来。一种新型的消费者，即葡萄酒爱好者，开始关注葡萄酒的“规格”，就像发烧友痴迷于立体声设备的“规格”一样。美国葡萄酒作家，尤其是加州的葡萄酒作家，开始提出问题，哪些是用数字作答：葡萄酒的 pH 值是多少？总酸度是多少？在橡木桶中存放了多少个月？葡萄采摘后的糖分含量是多少？

酒精度是多少？在波尔多酒庄某种特殊的葡萄酒中，赤霞珠的比例是多少？

这些量化的细节会使冒充葡萄酒技术行家的人暴露出来。如今，英国和欧洲出版物中从未出现的问题在美国出现了，尤其是在技术人员“统治”的加利福尼亚州。美国人似乎既热爱数字也热爱技术。例如，洛斯阿拉莫斯的一个物理学家品尝小组沉迷于验证葡萄酒曝气实验，提出了一个问题：一瓶纯正的意大利巴洛罗葡萄酒在饮用之前，应该提前多少分钟打开，以明显地提高口味？

截至20世纪80年代末，即1989年，帕克只给了19种葡萄酒——18种红葡萄酒和1种白葡萄酒——100分，他认为这些酒是“完美的”，它们从《葡萄酒倡导家》创刊以来他品尝过的9万—10万种葡萄酒中脱颖而出，其中来自罗纳河谷的多达9种（7种来自同一个生产商吉加尔）；勃艮第著名的罗曼尼-康帝酒庄有2种；波尔多产区有8种，几乎都来自一级酒庄。但什么是完美的葡萄酒呢？“100分的葡萄酒不可思议，”帕克曾说，“当你尝到这种酒时……你一定会完全……被感动。喝100分的葡萄酒是一种精神上的体验。我的意思是，当你碰到这样一种酒时，你马上就知道了。事实上，当我一旦闻到，我就知道它能得100分，我只是祈祷这些酒尝起来能和闻到的味道一样好。”

帕克给出第一个100分的加州葡萄酒时，被业界认为是轰动新闻，足以在伦敦《金融时报》葡萄酒专栏上发表，这彰显了帕克的重要性。1982年，雅达利电脑公司的前任主管丹尼斯·格鲁斯创办了格鲁斯酒庄，他在电话中首次听说帕克认为自己酒庄出产的1985年份珍藏赤霞珠是“完美”的。一个刚刚在邮件中收到1990年2月28日《葡萄酒倡导家》的人打电话给他告知了这件事。“这听起来太棒了。”格鲁斯兴奋地说，一扫当天因新酒庄建筑问题造成的心烦意乱。他的酿酒师尼尔斯·温基持怀疑态度：“好吧，它怎么能成为完美的葡萄酒呢？没人知道它陈化后如何。一个完美的 100 分应该要到确定这款酒可以陈化才能给出来！”“哦，尼尔斯，别再争论了！”格鲁斯恼怒地反驳说，“帕克相信它能陈化。”这是个未知数，因为酒已经被卖完了。批发商将其哄抢而光，以 26 美元一瓶卖给了最优质的顾客。

格鲁斯和温基笑了起来，向帕克举杯庆祝胜利。他们在酿酒厂的书房里留了大约 300 瓶葡萄酒，但很难留得住。朋友们纷纷打来电话，包括格鲁斯最好的猎鸭伙伴。格鲁斯经常与其他顶级生产商交易葡萄酒，生产商们无比渴望用最好批次的酒来换取格鲁斯 1985 年份的葡萄酒。鹿跃酒窖的沃伦·维尼亚斯基要求用两瓶酒来换格鲁斯 23 号木桶中的一瓶赤霞珠，事实上维尼亚斯基的酒价钱更高。普通消费者也想方设法来弄到几瓶酒。格鲁斯夫人告诉一位再三来访的顾客：“你不知道，我们只剩下留给家人喝的酒了。”

“你有女儿吗？她们呢？她们能分到 1985 年份的葡萄酒吗？”他问道。

“嗯，有啊，当然。”她回答道。

“你有一些适合结婚时喝的酒吗？”来访者问道。这时，格鲁斯夫人疑惑此人是开玩笑了。

帕克的分数成了有用的工具：生产商用它们向进口商销售葡萄酒，进口商用它们来说服批发商囤积葡萄酒，批发商用它们来说服零售商采购葡萄酒，零售商将分数张贴出来吸引顾客购买葡萄酒，顾客则用它们来打动晚餐客人。数字是葡萄酒销售的新方式，帕克是第一位用数字来评判葡萄酒的人。难怪在 1988 年《酒类商店》杂志上，零售商对全国十大葡萄酒作家的排名中，帕克在 100 分的评价标准中得到 96 分。这是零售商给出的最高分，比排名第二的《葡萄酒观察家》的特里·罗伯茨领先 10 分，帕克的老对手罗伯特·菲尼根获得了 79 分。

这十年间，传播技术迅速发展，葡萄酒口味也迅速全球化。帕克提倡“重要的是杯中之物”之哲学。葡萄酒界的全球化进一步提升了帕克的影响力和能力，使他的个人品位和判断力在每个酿酒大洲都日益重要。

法国也发生了这种转变，背后最重要的人物是波尔多大学经济学教授埃米尔·佩诺，他被誉为现代波尔多酿酒大师。他发明了当今被称为“国际风格”的葡萄酒，尤其是红葡萄酒：果体成熟、果香浓郁、单宁柔和，有新橡木的味道，这些葡萄酒初酿时味道鲜美，也可以陈酿。20 世纪六七十年代，佩诺坚持认为，只有葡萄完全成熟后才能采摘，并断言成熟的单宁使得葡萄酒可以陈酿。这在波尔多是一个革命性的想法。生产者一般很早就作出采摘决定，担心不这样做就要冒很大的风险：如果下雨，葡萄可能会腐烂；若加上冰雹，葡萄就会完全损坏。佩诺提倡使用温度控制的发酵罐以保持葡萄酒新鲜度，他在酒窖宣传卫生和科学的葡萄园管理方式，提出了激进的搭配法——只用最好的酒桶装最优质的葡萄酒，略差的酒桶装二级葡萄酒，他提倡使用新橡木桶。20 世纪 70 年代，在美国市场的推动下，许多酒庄终于开始实现盈利，经营者聘请佩诺做顾问——不仅为了挽救陷入困境的经营，也为了从一开始就确保葡萄酒的高品质。最终，佩诺成为 70 多家酒庄的顾问。1982 年份的葡萄酒令帕克和美国人惊叹不已，这是佩诺的想法使波尔多葡萄酒受益的体现。成熟的水果是新葡萄酒的标志，帕克很欣赏这一点。

事实上，对于从加利福尼亚到勃艮第等酿酒产区的人来说，20世纪80年代是一个令人兴奋的时期。改变流行起来——技术带来了改良的酿酒和通信方法，更为便捷的交通使世界上的酿酒商之间的联系更为紧密。他们品尝彼此的葡萄酒，互相学习。加州的酿酒师们到勃艮第朝圣，试图发现酿造伟大的黑皮诺葡萄酒的秘密。喜欢冒险的欧洲人为了尝试一些新东西，前往加利福尼亚州，学习美国的技术和经验。意大利人希望自己的葡萄酒能与法国葡萄酒的国际声誉媲美，他们种植了国际上新的葡萄品种赤霞珠和霞多丽，并尝试使用法国橡木桶。传统酿酒家族中的新一代人学习了酒类研究学，在其他国家工作几个月或者一年，回来后会用更广阔的视角看待酿酒。世界各地的酒庄都开始雇用酿酒师顾问来酿酒。许多人开始雇用佩诺的学生米歇尔·罗兰。

1982年7月的一天，帕克把头探进位于利布尔讷的罗兰实验室。实验室的门开着，帕克向这位身材矮胖粗壮、头发乌黑的男子作了自我介绍。罗兰身着一件开领衬衫，站在各式各样的试管前，咧着嘴，露出略带邪恶的笑容表示欢迎。这或许开启了帕克在20世纪80年代建立的最重要的葡萄酒关系。这是一次平等的会面，两位年轻的专业人士都出生于1947年，成长过程中，他们的声誉和对葡萄酒界的影响力均处于刚刚起步阶段。帕克还不是那个“伟大的葡萄酒评论家帕克”，罗兰还不是那个“世界上最有影响力的葡萄酒顾问罗兰”。罗兰的职业生涯始于1973年，当时，他建立了一个实验室——波尔多右岸约120家酒庄的葡萄酒被带进实验室里进行分析。

这一天的天气很暖和，实验室的工作不忙。帕克对品酒很感兴趣，罗兰便邀请他和帕特去自己在法国波美侯产区的邦巴斯德酒庄。在3个小时里，他们品尝了酒桶里的酒并通过帕特的翻译“研究有关酒的学问”。他们谈论葡萄酒，谈论品酒，谈论一切。这两个人发现彼此很和善。他们有很多共同之处：两个人都是家里第一批受过大学教育的专业人士，雄心勃勃，外表谦虚，内心自负，都很喜欢葡萄酒，尤其是美乐葡萄酿制的果香丰富、口感柔顺的葡萄酒。他们的妻子都既迷人又忠诚——罗兰的妻子丹妮和他一起工作，也是一位酿酒学家。罗兰也厌倦他的主业，即实验室的工作。作为顾问，他和全职评论家帕克一样，对于在葡萄园里把葡萄酒酿造的观点付诸实践很感兴趣。“我和他相处得很愉快，”罗兰回忆说，“我发现他很有趣，很热情，是一个美好又讨人喜欢的人。”

这形成了一种强大的共生关系：两人以相似的、时而相互交织的轨迹崛起，成为国际巨星，彼此的工作相互促进。罗兰陪伴帕克在波尔多巡游，开车带他四处转悠，帮助他了解葡萄栽培技术和酿酒学，介绍他到波尔多以及后来在世界各地一些遥远国家很有前途的小型酒庄参观——罗兰在这些酒庄担任顾问。帕克很喜欢罗兰的酿酒方法，他承认自己最看重的一样东西就是水果。1989 年，帕克在接受采访时透露：“如果品尝出来的味道都是木头、单宁或酸度，那么这种酒在《葡萄酒倡导家》中的评价永远不会太好。”

帕克称赞罗兰酿造或指导过的大多数葡萄酒，写文章称赞这位“才华横溢”“很有天赋”的酿酒师，文章充满溢美之词。帕克甚至推荐罗兰到美国索诺马的思美酒庄做咨询工作。这是罗兰首次做咨询，咨询费仅为每天 200 美元。到 20 世纪 80 年代末，罗兰学会了英语，开着一辆梅赛德斯，穿着裁剪精致的西装，在三大洲进行咨询。他也是个工作狂。不过，这两个人都理解专业的局限性。1989 年，帕克对罗兰的邦巴斯德酒庄的评价比往常低得多，只给了 84—85 分。罗兰被帕克的批评刺痛了。当年晚些时候，他们见面了，帕克问罗兰：

“你还想跟我说话吗？”

“宇宙主宰”、华尔街债券交易员舍曼·麦考伊以及汤姆·沃尔夫 1987 年的小说《虚荣的篝火》的主角，象征着 20 世纪 80 年代的有钱人。这是一个牛市。过度、贪婪、自我放纵、“快钱”——都使人们对葡萄酒产生了新的兴趣。“婴儿潮”时期出生的人（即三四十岁的群体），尤其是那些有钱的精神科医生、律师、银行家和华尔街人士等促进了葡萄酒产业的兴盛。他们是一种新型消费者，渴望并愿意花钱买体验。这一代人经济成功，奢侈品和享乐主义也随之蓬勃发展。在美国这种社会阶层流动的国家，高档产品帮助定义了你是谁。葡萄酒是一种完美的嗜好：它赋予消费者地位，但不需要高贵的社会背景或知识，而且葡萄酒本身也很有趣。

帕克的杂志是业内人士的追踪器，提供了一种即时洞察的方式。它与财经时事通讯一样，要让读者实时了解葡萄酒的情况。订阅者包括前总统理查德·尼克松、马尔科姆·福布斯、参议员和国会议员，甚至还有几名中央情报局特工。在纽约的一次晚宴上，初出茅庐的葡萄酒爱好者鲍勃·莱斯特注意到在倒葡萄酒和品尝的过程中，每个人都会提到“帕克说”“帕克认为”这种字眼。他从未听说过帕克，但很快就把该了解的都了解到了。同样的事情也发生在小说家杰伊·麦金纳尼身上，他最近关注起葡萄酒，1985 年他在伦敦与一位朋友、英国小说家和葡萄酒爱好者朱利安·巴恩斯闲逛时，“他一直在提帕克”。帕克的名字在所有想成为葡萄酒业内人士的人们中间流传，他们成为帕克的支持者和订阅者。莱斯特、麦金纳尼和巴恩斯仔细研究了每一个问题，买了帕克推荐的葡萄酒，比如，勒克莱尔酒庄的勃艮第葡萄酒。帕克的一组建议体现出他对葡萄酒的热爱和对美好时光的渴望。当时,《美国运通》杂志的出版商汤姆·莱德通过计算帕克建议的价格与价值比率,发明了自己的必购系统:他用分数除以价格,忽略低于90分的葡萄酒。莱德吹嘘自己发现了这个“码中码”,锁定了最大的收益。按照帕克的分数和笔记,不用花很多时间去学习就能积聚一个大型酒窖,这很简单——一切都经过了伟大的罗伯特·帕克的审查。在一些晚宴上,帕克评分为94分的葡萄酒比标签上写着著名酒庄的陈年佳酿更有威望。即使你有根深蒂固的自卑情结,若谈到葡萄酒知识,你熟知某款帕克高度评价的葡萄酒,就可以引以为傲。

美国人习惯于对权威嗤之以鼻,帕克却将自己塑造为反对旧权威的反叛者,从而获得人们的信任。听帕克的建议,就像是从一个专家朋友那里得到建议。

最认真的收藏家,如得克萨斯州的神经外科医生马文·C.奥弗顿三世、南加州粒子物理学家比平·德赛以及德国商人哈迪·罗登斯托克,在两三天马拉松式的品酒会上品尝了几十种稀有葡萄酒,并因而在近十年内名声大噪。这些品酒活动是“炫耀性消费”的缩影——在佛罗里达州的品酒会上,奉上伟大的1961年份60多款酒;在得克萨斯州的品酒会上,奉上80多个年份的侯伯王酒庄佳酿——经常看似一个小型国际葡萄酒收藏比赛庆功宴,彰显了人们的自我而非品酒能力,就连受邀参加的酒庄老板也从未一次性品尝过这么多自己生产的葡萄酒。迈克尔·布罗德本特经常光顾这类品酒会,他是个奇怪的记者(我有几次也是)。组织者很快把帕克加入了拟邀请媒体名单中,希望他能出席最新的活动。帕克没有参加德赛于1988年在洛杉矶举办的玛歌酒庄品鉴会,这位收藏家便说帕克错过了令人惊叹的葡萄酒陈酿。11月,帕克出席了巴黎塔耶旺的品酒会,因为德赛告诉他——

玛歌酒庄的酿酒师说，“1982年份和1900年份的葡萄酒几乎是一样的”。为了纪念这次品酒会，他们私下里印刷了一本书。他们喝了两瓶无价的1900年份葡萄酒。帕克写了一封“感谢信”，并在杂志中给这款葡萄酒100分。1989年举办了一场非凡的品酒会，网罗了美讯酒庄的55款葡萄酒，这是一种来自波尔多格拉夫地区的葡萄酒——帕克很喜欢这种酒，酒会上还有1982年产的100瓶波尔多葡萄酒。第二年品酒会的特色是品尝了几乎所有的葛兰许葡萄酒——澳大利亚最伟大的葡萄酒。

到了1990年年底，帕克对这些大规模的品酒会兴味索然，评价它们“炫耀……无节制”。他和几位认真的收藏家成了好朋友，于1991年创办了一个葡萄酒团体——由爱好葡萄酒的巴尔的摩人组成，成员包括杰伊·米勒、附近开酿酒厂的伯特·巴斯尼亚尼和骨科医生汉克·达德利，后者和帕克还是另一个团体——葡萄酒和脊柱协会——的成员。每位会员都以葡萄酒为主题举办了一次晚宴，并从各自的酒窖里取出“珍品”，例如，20世纪70年代的24种“加利福尼亚珍品”，或一系列帕克最爱的来自罗纳河谷的葡萄酒，供大家在晚餐时盲品。

帕克的所有行动似乎都提升了他的影响力。他打败了所有竞争者，在世界上声名远播，也证明自己具有非凡的自我推销才能。他想为鼻子和味觉投保。他现在是个体经营户，为了保护帕特，帕克咨询了保险顾问该做些什么。顾问推荐了一项残疾项目，涉及了帕克因意外或疾病无法工作的理赔。帕克反驳说，除非这项政策包括失去嗅觉和味觉，否则不值得投保。现在，嗅觉和味觉是他生活的中心，伤残是非常重要的一个问题。英国葡萄酒专家哈利·沃在车祸中头部撞到仪表板，后来完全失去嗅觉。帕克得知这件事后就暗暗担心。“我从来没有遇到过这样的客户，”保险顾问坦言，“但我会问一下。”伦敦的劳埃德保险公司拒绝了帕克的要求，美国田纳西州的普罗维达保险公司却同意承保 100 万美元。十年后，帕克想把承保金额加倍，但该保险公司拒绝了。

当帕克的嗅觉和味觉价值百万美元的新闻甫一爆出时，它强调了一种已经普遍存在的观点，即他的味觉和嗅觉是极其特殊的——事实上，是独特的。没有其他美国葡萄酒作家为自己的鼻子投保，这使得帕克跟名人一样——名人为身体投保并非什么新鲜事儿。摇滚吉他手基思·理查兹曾给自己的手投保，帕克为什么不能给自己的鼻子投保呢？

1982 年后，一本关于波尔多的书巩固了帕克在美国的声誉。以前，关于这个著名葡萄酒产区的书都来自英国。自从《葡萄酒倡导家》创刊首日起，帕克就一直梦想着、念叨着写一本书，在书中对 1855 年的分类给出自己的答案。这件事再次证明，他在葡萄酒界的关系至关重要。当他把梦想告诉克米特·林奇时，这位特立独行的加州人敦促他打电话给《纽约文学》的经纪人罗伯特·莱斯彻。林奇刚在纽约见过莱斯彻，他告诉帕克：莱斯彻是个帕克迷，还订阅了帕克的杂志。

莱斯彻的妻子苏珊也是一名文学经纪人，他们正在佛蒙特州南部度假，在旅馆里接到了罗伯特·帕克的电话。苏珊确认对方是拥有众多“粉丝”的神秘畅销作家罗伯特·帕克后欣喜若狂。莱斯彻代理了包括罗伯特·菲尼根在内的许多美食美酒作家，他希望代理帕克这颗新星。

两人在莱斯彻的纽约办公室会面。帕克对此印象深刻。莱斯彻以洪亮的音调谈论文学，认为书籍和思想的生命远比单纯的时尚或世俗的努力重要。他的书架上有几箱罗纳河谷的葡萄酒，这让帕克确信他们情投意合。原来，俩人都爱上了教皇新堡产区的稀雅丝酒庄，该酒庄庄主、古怪的雅克·雷诺隐遁于世，3 年来一直拒见帕克。有一次，帕克和帕特沿着崎岖不平的泥土路开到雷诺那非常低调的酒庄，对方却躲在沟里，酒庄里一片混乱，还有“一群缺乏管教的狗”冲他们狂吠。

帕克出书，莱斯彻知道应该去找谁——另一位葡萄酒爱好者，西蒙与舒斯特公司的副社长丹·格林。这家出版社靠出版当代葡萄酒书籍大赚了一笔，大部分书的作者都是英国著名作家休·约翰逊和迈克尔·布罗德本特。帕克、格林和莱斯彻在纽约上东区共进午餐，讨论了一些想法。格林和他从事葡萄酒工作的长子看了帕克的作品。儿子告诉父亲：“签下他，他是最好的。”1982 年份的波尔多上了头版新闻，帕克的名字也出现在头版上。格林决定，应该出版讲述波尔多葡萄酒的书。该书 1985 年出版，恰逢瓶装的 1982 年份葡萄酒运往商店。这样一来，这本书在不经意间搭上了宣传便车。

帕克资历已深，脑海里也在构思为何自己才是写葡萄酒类书籍的合适人选，结果却被一个出版商唆使写了一本本来没打算写的书。他认为这顿午餐很成功。几年后，他对一位记者说：“我感觉自己像落基州的西尔维斯特·史泰龙。”接下来的一年，帕克把时间和精力投入书籍创作中，他参考了笔记和杂志。事实上，在这本书的开头，他就打算重用杂志上的内容，这种“循环利用”令作家们备感羡慕，也大大增加了他的收入。为了达成完美的销售循环，在书的最后一页，有一个段落专门讲解如何订阅《葡萄酒倡导家》，订阅者也可以通过杂志购买这本书的签名版——很多人都这么做了。稿子比预期的要长，但帕克不想删掉任何东西。

1985 年 11 月，长达 542 页的《波尔多葡萄酒：自 1961 年以来酿造葡萄酒的权威指南》出版了。英国葡萄酒界重量级人物休·约翰逊和迈克尔·布罗德本特对这本书大加赞赏，《纽约时报》对它进行了两次评论。

在庆祝午宴上，帕克送给格林两大瓶 1982 年份的波尔多佳酿。这本书很快开始销售。市场营销的关键不是书店，而是美国有影响力的葡萄酒商店——经营者订阅了《葡萄酒倡导家》，并用帕克的笔记和分数来出售葡萄酒。在大多数州（纽约州除外），这些商店也卖书籍、葡萄酒开瓶器和酒之外的其他许多东西。格林一直指望着这些商店能卖掉这本书，华盛顿特区的麦克阿瑟酒业订购了大约 2500 本，这让他很惊讶。纽约市零售商阿奇拍卖行与墨水书店合作，为帕克举办了一次图书签售会。墨水书店负责图书销售，排队等候帕克签名的队伍排出门口，绕到了街区上。

葡萄酒商店的促销使这本书的首印量很快售罄；到 1 月底，该书已经进行了三次印刷，还被选为“每月读书会”的荐书，售出了 6.5 万册；9 月，英国版出版；此外，版权还被卖到法国和德国，最终还被销往日本、瑞典和俄罗斯。1991 年，这本书的法文版入选法国的“每月读书会”。

格林建议，帕克在年度指南中汇编每年的品酒笔记，这是“循环利用”的另一种方式。关于其他葡萄酒产地的书籍呢？勃艮第显然是一个选择。但帕克认为，他心爱的罗纳河谷应该是下一个。大家都认同这一点。他们在出版商的小会议室里敲定了一份多本书的约稿与出版协议。莱斯彻给葡萄酒书籍设定的预付款非常高，但当出版商杰克·麦基翁拿出计算器，计算已经印制和销售了多少本波尔多葡萄酒书籍时，合作就敲定了。

几年后，丹·格林与一位朋友——法国作家多米尼克·拉皮埃尔——一起去波尔多旅游时，在每家酒庄都发现了帕克写的关于波尔多葡萄酒的书。他说："所有酒庄都假装蔑视这本书和帕克……他们就是不承认自己很感兴趣。"

20 世纪 80 年代中期，约翰和我辞去了《美食与美酒》的编辑职务，此后继续为该杂志和帕克的杂志撰写专栏。很多时候，我会去帕克刚刚造访过的地方——凡是写葡萄酒文章的人，都会受到帕克的影响。

从 1985—1993 年，帕克除了《波尔多葡萄酒》的首版之外，还出版了关于罗纳河谷和勃艮第的指南，《波尔多葡萄酒》的修订版以及 3 版《帕克葡萄酒购买指南》——后者有 1100 多页。他在 8 年内出版了 7 本书，同时维持着繁忙的品酒日程和旅行计划，并继续出版双月刊杂志。到 1993 年，《葡萄酒倡导家》每期 48 页，刊登了多达 764 种葡萄酒的品酒笔记；他还负责撰写《美食与美酒》的定期专栏，还花一些时间撰写《鉴赏家》和《葡萄酒爱好者》专栏。

帕克很擅长重复利用材料，但其他作家仍然好奇：他什么时候睡觉？他出席各种场合，他的影响力无处不在。在世界某个地方的酒窖里，一位记者，在帕克最喜欢的、小小的、铺着泥土地板的酒窖里——奥古斯特·克拉帕的酒窖，提起帕克的观点，这种情形屡见不鲜。克拉帕显然很不高兴，他听着，轻叩了一下香烟，长长的灰烬直接落在记者面前，然后用平淡又强硬的语气说，帕克与他们如何酿造葡萄酒毫无关系，您懂吗？

1986 年，帕克的杂志定价为每年 28 美元，在 37 个国家有 1.78 万名订阅者，更新率为 70%—80%，年销售额大约 50 万美元。帕克当年在葡萄酒上的花费为 6 万—7.4 万美元，购买的酒占到他全年品酒数量的 75%。他花在葡萄酒上的钱产生了极高的投资回报率，也间接地提升了他在消费者面前的形象，即“自己付钱的作家”。另外 25% 的瓶装酒是免费的，商家主动给他邮寄尚未发布的样品（他们会寄给许多葡萄酒作家）或者葡萄酒进口商将酒带到米尔顿酒店请他品尝。3 年后，杂志的订阅数达到了 2.8 万份，每期 40 页，价格上涨了 2 美元，现在帕克赚得盆满钵满，年收入大约 100 万美元，包括图书的版税收入。

每本书出版都会有一次评论和采访的机会，帕克会发布如何订阅《葡萄酒倡导家》的信息。大部分评论都很精彩，更重要的是，所有评论都传播了帕克的名字和故事。他的故事源远流长，深受美国人喜爱：一个突然成功的故事，一个英雄“去往没有人去过的地方”。诚实坦率的叛逆者挑战绅士窃贼——帕克毫不犹豫地自吹自擂。一些非葡萄酒记者在《人物》《时代周刊》《新闻周刊》等杂志上报道了他。仅凭帕克本人和他保持本色就是最好的故事。

1988 年，帕克成为美国最早的互联网服务提供商之一——神童公司的付费葡萄酒专家。他将葡萄酒讨论带入了新的媒介，引领了在线葡萄酒爱好者群体。神童公司是 IBM 和西尔斯-罗巴克公司的合资企业，雇用了一小部分员工编辑内容，还聘请了帕克等各个领域的专家撰写每周专栏，回复电子邮件并参与 BBS 讨论。公司积极地推销旗下的专家，帕克成为首位在线葡萄酒大师，他的评分系统得到了许多加入在线聊天的技术人员的认可。“他吸引了最古怪的极客，”BBS 管理员马克·斯奎尔斯说，“每个人都想和帕克说话，或者对他大喊大叫。”线上有了联系紧密的社区，线下也举办聚会。与会者大都是帕克的支持者，最终成为“帕克粉丝俱乐部”的基础。他们支持帕克，保护他免受非议，在其他 BBS 上宣传帕克的名字和他对葡萄酒的看法。当神童公司开始衰退、赔钱、降低专家费时，帕克选择了退出。但 BBS 上的很多人都以朋友身份和他保持联系，后来帕克有了自己的网站时，这些人又重新聚集在了一起。

帕克谨慎地挑选公开露面的场合，拒绝了一些电视和广播节目的邀请。他想要隐私，但也喜欢有机会在施氏佳酿这样重要的商店和有组织的品酒会上作为嘉宾发言人与潜在的订阅者一一握手。作为葡萄酒界的名人，他会营造出激动人心的氛围并感染身边的人。一位纽约零售商在机场接到帕克后非常激动，以至于当开车进入曼哈顿时，他还时刻关注着乘客而忘了看路。他喋喋不休地谈论着葡萄酒，开车左冲右撞，帕克非常惊恐，一直盯着高速公路一侧的混凝土和金属屏障。

1984 年，帕克首次在公开的品酒会上露面。这场品酒会是由霍华德·卡普兰和罗伯特·米尔曼在纽约葡萄酒研讨会上举办的波尔多分场研讨会，有 80 人参加，大多数是男性，他们花了 28 美元赢得了两个小时与帕克一同盲品 1978 年份和 1979 年份 12 种葡萄酒的机会。这场品酒会在莱克星顿大道多尔酒店的一个私人宴会厅举行。帕克穿了一套西装，把《葡萄酒倡导家》整齐地放在前台一块白色的桌布上。很多观众从未听说过他——葡萄酒是主角，帕克不是——品酒单上也没有他的名字。在场的人说，他们之所以喜欢帕克，是因为他的真诚和热情。他似乎是个纯朴的人，他用“精心酿造”来形容葡萄酒，而不用太专业或太浮华的辞藻。事实上，如果你是新泽西的足疗师，戴着假发，地下室里放着十几箱葡萄酒，他也不会看不起你。他赢得了热烈的掌声。

莫雷尔酒品商店的葡萄酒推销员卡普兰和米尔曼已经是帕克的

“粉丝”了，他们的研讨会针对那些渴望学习葡萄酒知识的高管，这正是帕克想征服的人。他们不必付给帕克费用，帕克也会出席，他要换取知名度。他们定期收到《葡萄酒倡导家》杂志和传单，上面写着“如果你要订阅一本葡萄酒出版物，就应该是《葡萄酒倡导家》”。于是，帕克与卡普兰和米尔曼建立了一段长期的友谊。他对自己寂寂无闻时就支持他的人都非常忠诚，他每年都会出席研讨会（虽然费用不断增加），现在仍然如此。几年后，一提到帕克先生，就会吸引两倍的人群，卡普兰和米尔曼把研讨会搬到多尔酒店的舞厅，门票提前几个月就卖完了。他们接到公司的电话，对方想提供四位数报酬，邀请帕克为其高管作一次演讲。

每个人都需要帕克。他在国际葡萄酒中心发表演讲，在伦敦举办品酒会，在俄勒冈州举办黑皮诺会议，领导华盛顿特区的慈善活动，甚至在古彻学院教授葡萄酒鉴赏课程。1993 年，他在底特律一家餐馆主持了一场 1982 年份波尔多葡萄酒的品酒会。几年前，他在这个城市做类似的工作时，还只是一个无名小卒。现在，底特律汽车业的巨头和中西部的“酒王”们每人支付了 275 美元，正如一家报纸所说，就是“为了出现在葡萄酒王储面前”。

帕克的第一个竞争对手——罗伯特·菲尼根逐渐失势。菲尼根被卷入一起投资者破产的法律纠纷，杂志被迫停刊一年多。帕克正如明星一样冉冉升起，同时瓶装的 1982 年份波尔多葡萄酒也已经开始上市。当菲尼根卷土重来时，尽管重新筹谋，也未能东山再起——他已经失去了对帕克的威胁。事实上，1987 年 10 月，订阅者写信要求更精确的葡萄酒评级，菲尼根“不相信任何形式的感官体验都可以归结为适合数学测试的得分”，却屈服于使用 20 分制——他不得不向必然趋势低头。他认为帕克的百分制是荒谬的。

新崛起的竞争对手是马文·尚肯的《葡萄酒观察家》。1985年夏末，尚肯从纽约飞往旧金山，参加定期在办公室召开的两天自由创作会议，以激励年轻员工们和致力于改进杂志。尚肯嘴里叼着雪茄，身穿衬衫及标志性的背带裤，在会议桌前探身提出关于帕克的问题。

两年前，就在帕克宣传1982年份葡萄酒后的几个月，尚肯和《葡萄酒观察家》的员工们作了一次彻底改变，出版了一期波尔多专栏，也对1982年份葡萄酒大加赞赏。之后，为了赢得消费者的信任，显示《葡萄酒观察家》也可以像帕克一样具有批判性，他们在评论中添加了一个新章节，列出质量太差而不值得推荐的葡萄酒，这令一些广告商很生气，向尚肯表露出不满。

"我们有罗伯特·帕克这个竞争对手，"尚肯说，他眯着眼睛环顾着桌子四周，看着秃顶的哈维·斯蒂曼、留着标志性黑胡子的吉姆·劳贝以及新聘用的未来总编辑吉姆·戈登。"我们能做些什么呢？我们能采用百分制吗？我们谈谈这个问题吧。"这种想法以问题的形式呈现出来，但戈登说，工作人员猜测尚肯已经决定了但希望他们也同意。显然，尚肯和《葡萄酒观察家》正在与帕克争夺影响力。他想追求消费者的认可度而非广告市场份额——《葡萄酒倡导家》并不追求广告商，所以二者在这方面没有竞争。经过两天断断续续的讨论，每个人都同意了。帕克试验了百分制，事实证明人们可以理解，零售商也很喜欢。劳贝认为，通过使用百分制，人们会像葡萄酒评论家一样更加认真地对待葡萄酒。尚肯下令只有员工才能使用它，以确保杂志中没有相互矛盾的分数。基本上，尚肯想组建一个团队，共同决策或判断，掌握权力并发挥影响力。

本着合作第一的传统，尚肯请帕克为《葡萄酒观察家》撰稿（帕克拒绝了），他甚至表达了购买《葡萄酒倡导家》的意愿（帕克再一次拒绝），但两者的竞争甚至敌对情绪也愈演愈烈。有一个真实性有待考证的故事，大概是尚肯邀请帕克在加利福尼亚共进晚餐，在客人坐下来之前，他开口第一句话就是："我要是偷了你的百分制系统会怎么样？"帕克好像反驳道："这有什么用吗？反正任何东西你都给90分。"尚肯回击道："我们要让你破产。"

尚肯想强制执行一项规则，即《葡萄酒观察家》的广告商不能在广告中使用帕克的分数，但并不奏效。事实上，1990年美国顶级葡萄酒商店之一的施氏佳酿发布了一则单页广告，题为"施氏佳酿之帕克评分在95—100分的名酒介绍"，上面列出了43种帕克评分在95分以上的葡萄酒，包括每种葡萄酒的分数和品酒笔记。然而，他们在1991的全版广告中将帕克和《葡萄酒观察家》的得分都放进去了。

媒体对帕克的吹捧，使他成为世界上最伟大的葡萄酒评论家，这不仅惹恼了尚肯，也惹恼了其他员工。吉姆·戈登记得，每当有新文章出现时，他们都会翻着白眼抱怨："噢，不，别再讲帕克和他是如何喝可口可乐长大的故事了好吗？"他们听腻了帕克的故事，感觉自己被冷落。但如果写一个关于葡萄酒期货的新闻故事需要的话，他们还是会参考《葡萄酒倡导家》，但不会大刀阔斧地描写帕克。毕竟，《新闻周刊》会写关于《纽约时报》的文章吗？虽然没有硬性规定，但戈登知道，如果某个故事提到了帕克，尚肯会想在出版前就看到它。偶尔，戈登也想把帕克放进参考目录，但如果看起来不重要，尚肯就会告诉他："把帕克删掉。"不过，他们仍然会传阅每一期《葡萄酒倡导家》，对帕克的书也会给予好评。

尚肯也是一个很努力的工作狂，是比帕克更有想法的商人，不断探索如何扩展日益壮大的商业帝国。帕克主要依靠口碑来扩大影响力，尚肯却采取了更典型的商业举措来提升《葡萄酒观察家》的影响力。首先，他将其由报纸改为四色杂志，设法在葡萄酒商店出售。在纽约，这类商店出售除葡萄酒之外的任何东西都是非法的，他便聘请说客说服纽约立法机关将杂志排除在外。到 1991 年年中，全国约有 1500 家商店出售尚肯的出版物并取得了预期成果。零售商证实客户会购买《葡萄酒观察家》推荐的葡萄酒，这就是帕克所拥有的那种影响力，尚肯也致力于此。尚肯希望《葡萄酒观察家》给出的分数与帕克杂志上的分数相差无几：帕克评分 90，《葡萄酒观察家》评分 91。

尚肯的另一项商业成就是年度葡萄酒体验活动，这是一个为期 3 天的周末盛会，世界顶级酒庄的庄主们为消费者免费倒酒，供其静坐品尝。尚肯认为，这是葡萄酒生产商的“超级碗”。在第一次活动上拍摄的一张正式照片体现了尚肯对自己在葡萄酒界的定位。在一群来自世界著名酒庄的酒商中，他站在正中央。虽然波尔多和勃艮第的很多人都不喜欢尚肯，将其视为“丑陋的美国人”，但他还是设法说服了这些生产商来参加活动。在这个过程中，葡萄酒世界的全球化进程明显加快。著名的勃艮第酒商罗伯特·杜鲁安认识了波尔多著名的柏图斯酒庄的克里斯蒂安·莫艾克斯，此前他们从未谋面，意大利的酿酒师有机会与法国酿酒师会面并品尝他们的葡萄酒，这还是第一次。

葡萄酒体验活动也是向欧洲强调美国消费者和市场营销重要性的一种方式。安杰罗·嘉雅很惊讶，竟然有这么多葡萄酒爱好者愿意排队去和尚肯握手。尚肯通常会选择葡萄酒行业中最重要的人物。如果你被邀请而没有接受，你就不会再次被邀请，除非最顶尖的酒庄。尚肯希望葡萄酒界的重要人物都能参加这次活动，1988 年他甚至说服了帕克出一期品尝罗纳河谷葡萄酒的头条新闻，这很好地宣传了对方最近出版的关于该主题的图书。

1993 年，尚肯将《葡萄酒观察家》搬到纽约，大大增加了它评定的葡萄酒数量。然而，在吸引美国媒体关注方面，该杂志有一个致命的缺陷：它的立场过于庞杂。而美国“英雄”很少成群结队，他们像帕克一样，不属于某个社团。帕克的故事是美国人喜欢的类型——一个人，一个口味。

其他美国出版物也倍感压力，如果他们想让自己对葡萄酒的推荐发挥作用，也要采取百分评级系统。其中一家是《葡萄酒爱好者》，通过刊物来出售用于储存优质葡萄酒的装备和家用温控装置。该公司由身材瘦长的亚当·斯特鲁姆创办，他也随之由一名葡萄酒推销员转变为一名企业家。由于帕克推广了 1982 年份的波尔多葡萄酒，有些人购买了数十箱便纷纷采购用于储存葡萄酒的温控装置，这样一来，《葡萄酒爱好者》所属的公司赚了不少钱。该杂志同意在邮寄目录中加入一份《葡萄酒倡导家》的广告，帕克也在自己的杂志中为他们写了一些文章。帕克还将几次独家采访刊登在《葡萄酒爱好者》上，读者看得津津有味，这也为《葡萄酒倡导家》进行了很好的宣传，吸引了更多的订阅者。《葡萄酒爱好者》初始时用星级评价葡萄酒，但到了 1993 年，斯特鲁姆坚持用数字评价。前编辑 W. S. 蒂什说，“这是一个营销策略，以获得市场份额”。

在分数的争夺战中，20 世纪 80 年代末，帕克仍然是最重要的。

外界注意到了帕克的影响力。有些人在 1982 年之前就观察到这种迹象。1982 年 7 月初，一位名叫埃里克·萨马齐耶的年轻经纪人一直在追踪进入劳顿公司的葡萄酒订单，他所在的莎桐湾波尔多之路是该市批发商的集会地，坐落在吉伦特河河口。在阳光明媚的下午，光线照射在18世纪的石头建筑上，将华丽的外墙染成柔软的金色。最著名的酒庄得到订单并不令人感到意外，但那天晚些时候，名不见经传的五级酒庄——杜特酒庄的订单突然增多。萨马齐耶困惑不解，问了一位同事：“杜特酒庄发生什么事情了？我刚接了25个电话，现在酒就已经卖完了。”

对方答道：“噢，一位名叫罗伯特·帕克的美国人刚刚写文章称赞了这个酒庄。”

6月份，帕克对波尔多1979年份葡萄酒的评论中，用四行文字描述了杜特酒庄。这个重整旗鼓的酒庄“开始生产一流、口味浓郁的经典葡萄酒”。他给出85分以上的分数并标出“高度推荐”的符号，很快把该酒庄的酒提升至“价格相当高的葡萄酒”之列。

在后面一期，帕克给1982年木桐酒庄的葡萄酒打了100分，对其价格造成了戏剧化的影响，也使其为藏家所追捧。1983年，木桐酒庄的葡萄酒刚进入市场时价格为170法郎，到1984年9月达到330法郎，但就在1985年2月帕克给这款葡萄酒打出100分后，“当时价格达到450—500法郎，我们将价格抬升至750法郎。”贸易商比尔·布拉奇回忆道，并给我展示了超大笔记本中的几页。他仔细地跟踪着葡萄酒和价格：“3年内价格翻两番闻所未闻。要不是帕克，这种情况永远不会发生。”1986年，帕克的影响力超出了零售领域，使酒庄抬高价格或控制库存。巴黎拉马德莱娜葡萄酒商店的史蒂文·斯珀里尔也能通过店里的销售情况准确地说出帕克在最近的杂志中对哪种葡萄酒的评价最高。

到了1986年，伦敦和其他国际葡萄酒市场的酒庄庄主、贸易商和经纪人都把注意力放在帕克身上，目睹了他的影响力和权力稳步上升。布拉奇和许多波尔多人相信，帕克对波尔多1989年份和1990年份的葡萄酒进行评估时，正是其影响力突然飙升之时。刚开始，帕克对 1989 年的葡萄酒赞不绝口，布拉奇对此深信不疑，结果是“酒庄终于明白他们可以由此赚很多钱”。这是波尔多有史以来最昂贵的葡萄酒。贸易商多米尼克·雷纳德告诉我，“这个价钱，我们简直无法相信”。

随着帕克给葡萄酒的高分转化为即时销售，他访问的一些庄主以及一起品酒的进口商的态度也都发生了变化。很多人好像真的喜欢上了帕克——事实上，他是一个非常讨人喜欢的人，热情友好，富有激情。人们开始评论帕克很强的自我意识、对葡萄酒质量独断式的确定感以及对葡萄酒酿造方法的评价——但所有人都明白，站在对他有利的一方是利害攸关的。

人们就像对待一位新加冕的王子一样，给帕克送去礼物——去往葡萄酒产区、酿酒厂和酒庄的飞机票、午餐和晚餐请柬，甚至是贵重的音乐盒；还有一次，有人送了他一辆保时捷。在米尔顿酒店品完酒之后，一个进口商力劝帕克，“在我巴巴多斯的海滨别墅待一个星期”，还提到另一位葡萄酒作家朋友经常接受这个提议。帕克一开始就宣称会按自己的方式行事，所以拒绝了这些提议、贿赂和主张。帕克确实在别人家中吃过午餐和晚餐，但他也经常自己付账单。

在意大利，安杰罗·嘉雅厌恶地告诉我，欧洲记者在访问期间经常把汽车后备厢打开，希望在开走前发现里面装了几箱葡萄酒。人们说帕克永远不会这样，他利用这种声誉让自己与众不同，来强化人们对他的不同印象，并强调自己不会为了赢得广告商或获得回报而受到影响。言外之意是，他的判断完全可靠。人们经常在购买洗碗机或汽车时查阅《消费者报告》并且很信任它。对于葡萄酒爱好者来说，完全中立的判断并不司空见惯。

帕克坚守着僵化的道德观点，但与潜在的利益冲突划清界限比最初看起来要复杂得多。就像大多数葡萄酒作家那样，帕克也接受了成百上千瓶主动提供的样品酒作为日常盲品酒。当亚历克西斯·荔仙邀请他到荔仙酒庄吃饭时，帕克品尝到了一些买不到的葡萄酒陈酿，他和克里斯蒂安·莫艾克斯在柏图斯酒庄共进午餐时也是如此。如果帕克和任何酒庄庄主或种植者一起在一家餐馆吃饭，即使他付了饭钱，也会喝他们带来的葡萄酒。像所有酒类记者一样，帕克还可以通过酒庄经营者品尝到酒窖里的桶装酒——这是无价之宝。

除非你是经纪公司的客人，否则没有资格参加伯恩济贫院的慈善拍卖会，该拍卖会自 1851 年起每年在勃艮第举办，只有受邀才能参加。1988 年，帕克作为路易亚都酒庄的客人参加了拍卖会。鲍勃·福斯特是神童公司的一位用户，也是加州司法部的刑事检察官，他花了很多时间处理利益冲突，在 BBS 上将其作为一个道德问题提出。毕竟，帕克不是——像往常一样——雇了路易亚都酒庄来把他在拍卖会上中标的那桶葡萄酒完成装瓶吗？几天后，帕克在该酒庄的办公室品尝了对方的葡萄酒并给了高分，这不是利益冲突吗？帕克却不这样认为。他付了那桶葡萄酒装瓶的钱，并且自己订了机票和旅馆房间。

那么，职业友谊中不可避免的往来呢？ 1987 年，帕克和帕特收养了女儿玛雅之后，意大利的安杰罗·嘉雅和勃艮第的多米尼克·拉丰，每人都送给他一箱玛雅出生年份的葡萄酒，帕克也会定期用赞赏之词评论这两人酿制的葡萄酒。帕克认为，把葡萄酒还回去太失礼，他的解决办法是以他们的名义捐出美元作为慈善捐款。

帕克可能都没有意识到，他的力量很早就开始被扭曲，甚至有了简单的互动。他经常认为竞争对手动机低劣，但对于进口商和生产商对他的赞美和友谊却信以为真。“我描述的酒就是我看到的样子。”他喜欢这样说，但要做到这一点，他必须品尝葡萄酒，而唯一可以品尝到那些不太好买、不太知名的葡萄酒的方法就是有人推荐他品尝或者向他介绍这些样品酒。他知道自己是第一个品尝的评论家时会很兴奋，为此，很多种尚未被发现的葡萄酒专门为他留着——他意识到这一点了吗？在每个葡萄酒产区，都存在着机会主义的可能性。当一个人在某个行业权力日盛之时，他就像磁铁一样，每个心有图谋的人都想认识他。

阿兰·雷诺德博士是渴望见到帕克的波尔多人之一，他是一位英俊活泼的公会医生，他的家族自 15 世纪以来就拥有波美侯产区的盖伊十字酒庄。他们是通过米歇尔·罗兰认识的。雷诺德的葡萄酒，即使是 1982 年份的，也没有给帕克留下深刻的印象——帕克称之为“波美侯的野餐”，没有他读到的 20 世纪四五十年代的葡萄酒应有的浓郁味道。

雷诺德发现，有了美国名酒联盟品酒会后，自己的葡萄酒卖不出去了，他第一时间给帕克寄了一封信。当他在花园里拿着开胃酒向我描述时，贸易商杰弗里·戴维斯和酿酒师让·吕克·图内文也在他的花园里。“我写道：好的，帕克先生。我和其他朋友一起将我的葡萄酒和其他人的进行了对比，两周过后，我非常赞同您的观点。所以，让我向您证明我明白您的意思，也能酿造出好酒。”“我开始明白帕克喜欢什么样的酒了，我明白自己必须减少产量，提高酿酒水平。”在他看来，这似乎是一段美好友谊的开始。

帕克受宠若惊，他告诉雷诺德，对方是唯一一个作出这种反应的波尔多人，庄主们通常会把他的评论当作个人恩怨，用侮辱性的信件和电话回复。几年后，当雷诺德让帕克做他新生儿的教父时，帕克告诉我他不知如何拒绝。然而，这种关系最终会带来麻烦。

帕克的旅行已经成为一种“皇家巡游”，他开始注意到自己在葡萄酒乡尤其是波尔多受到欢迎的方式发生了变化。英国葡萄酒作家斯蒂芬·布鲁克曾观察认为，这个地区对其认为的“潜在盟友”进行正式款待并以此闻名。

当帕克动身前往布朗康田酒庄去参加短暂的品酒会时，他只盼望见到友好且迷人的卢西恩·勒顿。但到达时，他发现勒顿全家，包括10个孩子中的好几个都在那里迎接他。20几瓶1961年份的葡萄酒摆在一张大桌子上供帕克品尝。家人们沿着品酒室的墙壁排成一排，静静地看着帕克走过他认为最普通、最低劣的葡萄酒。幸运的是，他们没有直接问他对葡萄酒的看法。当帕克开车到下一站时，他想：“再也不可能比这次更糟了。”

詹西斯·罗宾逊在《星期日泰晤士报》专栏中曾描述到，1986年一级名庄玛歌酒庄的热烈欢迎，显然是为了前来拜访的葡萄酒“皇室”成员。在完美无瑕的新品酒室里，大圆桌上铺着一块厚厚的白色亚麻布，便于“酒王”判断酒的颜色；优雅且完美抛光的长颈水晶玻璃杯摆放在各处；帕克出版的关于波尔多的书在餐具柜上单独展示。酒庄总监保罗·庞塔利尔、酒窖主管让·格兰杰罗和经理菲利普·巴雷都出席了酒会。最终的混合酒尚未装瓶，他们便从6个不同的大桶中倒出样品酒并询问帕克的偏好。帕克承认自己喜欢最后一杯，就像一部“巨大的、轰动一时的大片”；庞塔利尔则选了倒数第二杯，那是一种更香浓、经典的玛歌葡萄酒样品；罗宾逊指出，格兰杰罗和巴雷“立即表示他们实际上也喜欢最后一个样品酒”。

对于帕克来说，1987年第一次出现剧变的迹象，是当时著名的拉菲·罗斯柴尔德酒庄的庄主，高大、温文尔雅的埃里克·罗斯柴尔德从巴黎的家族银行飞来与帕克进行了45分钟的会面。他彬彬有礼地笑着向帕克打招呼，并没有把右手放在夹克里，而用拿破仑式的、经常在拍照时使用的方式接待帕克，向前一步与帕克热情握手。现在，即使是拉菲酒庄都允许帕克在3月品尝桶装样品，即使尚未进行最终的混合。

莱斯·奥纳克斯是一个品酒俱乐部，由波尔多8个最重要的酒界人物组成，包括贸易商让·弗朗索瓦·莫艾克斯——他也是柏图斯酒庄的合伙人，以及侯伯王酒庄的管理者和酿酒师皮埃尔·卡斯贾、让·伯纳德·德尔马斯。现在，他们邀请帕克每年参加一次私密的品尝晚宴。这是一个历史悠久的俱乐部，其成员统一穿着红绿格子夹克，戴着深红色领结。他们对葡萄酒一一盲品，以此来测试彼此的口味，那些猜对出产村庄和酒庄的人会得到奖励！

在勃艮第和罗纳河谷，帕克的到来还没到人人觐见的程度，进口商除外。罗纳河谷忙碌的生产商埃米尔·香普为了照顾其他酒庄的利益，错过了两次会面。但在阿尔萨斯，福勒夫人——温巴赫酒庄的庄主，举办了一场独具地方特色的午餐。共进午餐的杰伊·米勒后来告诉帕克，他吃得太饱了，无法再继续活动，不得不回到酒店休息。帕克将伙伴落在后面，直奔乔士迈酒庄，因为那里有阿尔萨斯葡萄酒和奶酪等待着他。

作为葡萄酒评论家，帕克第一次登上人生顶峰是在1993年1月30日，法国总统弗朗索瓦·密特朗授予他法国的最高奖项之一“国家骑士十字勋章”。很少有美国人获得过它，美国葡萄酒界尚未有人获此殊荣。授予仪式在波尔多右岸的利布尔讷举行。密特朗知道帕克对法国葡萄酒的提名起源于此，起源于波美侯。在密特朗的演讲中，宣称帕克是“法国葡萄酒的世界性参考”“对法国葡萄酒质量的提升有着巨大的影响”。考虑到帕克是美国人，这是一个很好的声明。毕竟在过去几年里，他写了 4 本关于法国葡萄酒的书。帕克在 500 人面前，用他能想到的最好的法语进行了慷慨激昂、令人动情的演讲，他把这个奖项献给了他的妻子。帕特认真听着，眼含泪水。

到 1993 年年底，如下数字对帕克来说似乎还不错。他的杂志创办了 15 年，正在蓬勃发展，有 2.9 万名订阅者。自从他开始品酒以来，已经品尝了大约 13 万种葡萄酒，还写了 7 本书。他受到了法国人的尊敬，在法国很好的餐厅里吃了那么多有营养的食物，体重增加了 60 斤，还是酒界名人。他家客厅的沙发上放着一个枕头，是他的文学经纪人送来的，上面绣着“当帕克品酒时，全世界都在关注”的字样。

但这只是他接下来要完成的事业的一次彩排。

第六章

艰辛的品酒之路

雅克·希伯德是圣爱美隆产区白马酒庄的经理，他对罗伯特·帕克非常气愤。在《葡萄酒倡导家》的一期杂志上，帕克对该酒庄1981年酿造的桶装酒样品的评价是“令人失望”“质量一般”，最多也就是个平均水平。希伯德认定帕克做错了，勃然大怒，一天晚上，他打电话给帕克表达了不满并要求对方重新品尝这款酒。帕克结束了一天的行程，静静地坐在房间里，像往常在旅途中一样，回顾并分析着笔记，仔细回味着刚刚品尝过的东西，无疑他正小口抿着矿泉水。他知道希伯德先生很沮丧。接下来的行程很紧，但他结束了最后一场工作后，晚上可以赶到白马酒庄，他们商定了会面时间。

白马酒庄，是波尔多八大名庄之一，圣爱美隆产区两大一级酒庄之一。该酒庄的葡萄酒成分50%以上是品丽珠（其余是美乐），比其他波尔多红葡萄酒的成分都高，有丝般的质感和独特的品质。这款酒酒体饱满，质感稠密，口味偏甜，无涩感，初酿时易于饮用。由赤霞珠酿造而成的葡萄酒单宁成分高，如木桐-罗斯柴尔德和其他梅多克的葡萄酒。但即便如此，在佳酿中，白马酒庄仍历久弥新。事实上，帕克称赞了白马酒庄著名的1947年份葡萄酒是他品尝过的最棒的葡萄酒之一。希伯德认为，这款酒是世界上最好的葡萄酒。在过去的150年里，希伯德妻子的家族拥有这座酒庄。1947年份的佳酿令白马酒庄名声大噪，使英国鉴赏家认为圣爱美隆的葡萄酒可与贵族享用的梅多克葡萄酒相媲美。

第二天傍晚，帕克来到一个朴素的两层酒庄，绿植映衬着白色的百叶窗。酒庄的一边是一个小教堂和一个美丽的橘园，另一边是酒库。他前去敲门，希伯德打开门，跑出一只小狗——雪纳瑞，它直奔帕克的小腿，凶狠地咬了一口。希伯德是个灰白头发的大个子，比帕克高出几厘米，冷漠地站在门口，看着受惊的酒评家拼命地甩着腿想挣脱这只狗。几次尝试后，狗终于咆哮着跑开了。帕克颤抖着，与一言不发的希伯德一同来到酒庄办公室，他发现自己不仅裤腿被撕裂了，腿还在流血。希伯德并没有去找帕克需要的绷带，而是翻开了《葡萄酒倡导家》杂志，愤怒地将其扔在桌上，说："你竟然这样写我的葡萄酒！"

帕克提醒希伯德，他会重新品尝，试图来安抚他。希伯德表情冷酷，突然说："好吧，我不会让你尝了。"

现在，帕克已经受够了。他感觉到血已经渗出来了（希伯德后来声称帕克的腿没有流血）。他对希伯德说："你想让我重新品尝你的酒。我来了。如果我错了，我会承认。"

希伯德离开了房间。几分钟过去了。就在帕克准备离开的时候，希伯德回来了，粗暴地说："我们去尝吧。"

帕克在品酒室品尝了两次。他想，希伯德可能是对的。葡萄酒现在已经装瓶了，看上去似乎是一种不同的葡萄酒，味道如成熟的李子，有香料味，比自己最初认为的要好得多。一年之后，在帕克关于葡萄酒的最终报告中，他将该酒提升至排名前 13 位的葡萄酒之一，最终在著作《波尔多葡萄酒》一书中，他给出 90 分来赞美它。尽管如此，希伯德还是禁止帕克品尝 1983 年份的桶装葡萄酒。

最终，他们和好了，但几年后，当朋友鲍勃・辛德勒提出要在波尔多参观白马酒庄时，帕克开玩笑地问他："替我踢一下那只狗，好吗？"狗死去的时候，希伯德还告诉了帕克。

帕克在杂志中将葡萄酒打了低分，有时甚至在品酒笔记中对葡萄酒大加抨击，在这种情况下，希伯德并不是唯一一个感到愤怒的葡萄酒生产商。整个20世纪80年代和90年代初期，帕克都忙于在美国建立声誉，无论走到哪里，他身后总有许多抱怨的老板。但很少有人像希伯德（或者更确切地说，他的狗）那样直接攻击他——没有人愿意激怒帕克，但他们私下会抱怨。帕克对美国商人和消费者购买葡萄酒产生的影响越大，他的评论对个人葡萄酒和酿酒厂的业务就越重要，因为这意味着钱。

为了报复，一些像希伯德一样的波尔多人，直接拒绝让帕克品尝葡萄酒（虽然一年后希伯德有所缓和），并且拒绝把样品寄给为帕克安排品酒会的贸易商。1987年，卢西恩·勒顿拒绝帕克在玛歌产区的3个酒庄品酒，鲁臣世家酒庄也效仿了这一做法。但是到了1990年，拒绝帕克品尝桶装葡萄酒对依赖期酒市场的波尔多酒庄来说非常冒险。他的分数对于期货葡萄酒的销售已经至关重要，许多买家也依赖他的分数。事实上，在1990年，几个"超二级酒庄"已经采取了明显的措施，即在帕克的葡萄酒评分公布之前，不向贸易商透露价格。进口商罗伯特·查德顿不赞成他在法国和意大利工作的酒庄邀请帕克品酒。他告诉他们，在美国销售葡萄酒不需要帕克的批准。总的来说，被忽略总比得分低好。

博若莱产区一位名不见经传的生产商起诉帕克没有写他的葡萄酒。他在写给帕克的信中问道："帕克先生，我想知道你为什么不评论我们的葡萄酒？"帕克从未听说过这位生产商，给他寄了一张便条，问生产商在美国哪里可以买到他的葡萄酒。后来，帕克发现自己面临着法律诉讼。法庭对该生产商的指控——没有帕克的评论，他的葡萄酒就卖不出去——置之不理。一些生产商写了投诉信，但帕克从未回复。帕克当面恭敬有礼，迫于压力会重新品尝，但当生产商试图跟他争论分数时，他的标准回答是：“我的首要职责是对订阅者负责。我描述的就是我看到的样子。”事实上，过后他有时会提高一点分数，但这对于生产商来说已经太迟了。

酿酒师和打理葡萄园的人是一群固执己见的人。他们经常不同意帕克对其葡萄酒的评价，有时还反对帕克对于酿造葡萄酒的想法。在罗纳河谷的黑洞山酒庄，帕克与让·阿贝尔的激烈争论变成了一场叫喊比赛。纳帕谷的兰迪·邓恩在佳慕酒庄担任酿酒师时声名远扬，现在他在豪威尔山经营自己的同名酒厂，他告诉我，他警告帕克要当心有人指控他过度描述他们葡萄酒的酸度。纳帕谷的一位酿酒师罗伯特·辛斯基写信给帕克，声称他的葡萄酒没有帕克描述得那么酸。帕克没有改正记录，在下一次评审时，还给了辛斯基的葡萄酒更低得分。类似的故事我听过不下几十个。

在杂志中，帕克想方设法让读者知道，一些愤怒的生产商不让他品酒，甚至禁止他去他们的酒庄。这强化了帕克诚实的名声，表明了他对于葡萄酒质量的描述绝对可信。

法国人尤其不习惯这种影响力很大的葡萄酒作家。多年以前，法国葡萄酒评论杂志社的雷蒙德·博杜安就对表现不佳的生产商大加指责，再加上 20 世纪 30 年代他高度批判了法国葡萄酒，这让许多法国酒庄和产区深感恐惧。他们感到左右为难。一方面，帕克是一位法国葡萄酒爱好者，20 世纪 80 年代，他为波尔多期酒创造了需求，拥护了被忽视的罗纳河谷葡萄酒，扩大了葡萄酒在美国的销售；另一方面，尽管美元或法郎汇率远不如20世纪80年代时那么有利，但帕克的评分已经开始影响波尔多酒庄在波尔多葡萄酒交易市场的开盘价了。即使酒庄赚了更多钱，这也是一件可怕且严肃的事情。

对于帕克的议论出现在意想不到的地方，比如巴黎的普通晚宴，宾客们经常讨论并谴责这个似乎很危险、几乎控制着葡萄酒市场的美国人。“美国正努力成为世界的中心，”他们沮丧地抱怨道，“但他们应该把葡萄酒留给我们。”就形象、价格和葡萄酒文化而言，几个世纪以来，法国葡萄酒一直备受推崇，这主要出于历史原因，法国人希望维持这种状况。

一些拥有符合帕克口味葡萄酒的生产商也开始对他推动市场的能力感到不安，许多葡萄酒贸易商和其他葡萄酒作家，也开始对帕克提出批评。帕克对某些葡萄酒和葡萄酒产区的看法受到质疑，他的评分系统、品尝方法和个人口味偏好都受到了攻击，更不用说他对自己的判断深信不疑的态度了。

事实上，早在1987年，帕克就因抱怨葡萄酒行业的现状而引火烧身——这个行业的很多情况并不是他造成的。帕克本人也开始担心“某种抵制”，他向记者坦言：“你声名鹊起，人们都对你赞不绝口。突然间，你登峰造极，颇具影响力，人们说你太强大了，评分只是个噱头。”神童BBS酒类板块的管理员马克·斯奎尔斯评论道：“正如日本人所说的，成为第一意味着受到最多的批判。”

20世纪80年代和90年代初期，葡萄酒行业在全世界范围内兴起，到1993年飙升至每年80亿美元的市场规模。在那个年代，法国人大部分时间都很快乐：80年代，波尔多酿造出惊人的6种优质葡萄酒，勃艮第有4种，香槟区有5种。那些有2—4种优质葡萄酒的地区都是幸运的；但到了80年代末，美元价值下跌了50%，美国和英国已经有大量优质的法国葡萄酒了，产品供过于求，高品质的加州葡萄酒的数量正在增长，越来越多地占据了美国优质葡萄酒市场。美国的优质葡萄酒业务正迅速发展为公共关系和媒体驱动的行业，许多法国人和欧洲其他国家的人尚不清楚如何参与其中。加州葡萄酒商渴望在世界上引起轰动，他们非常了解如何利用公众舆论刺激消费者的购买欲。他们知道要大胆、积极地营销。因此，宣传力度和知名度是关键。就像威廉酒庄和蒙达维酒庄所做的那样，在全国各个地区举办对比品酒会来挑战法国葡萄酒，这就是一种营销方式。帕克的好评和高分可以保证付出更少的努力并花费更少的费用。

罗伯特·蒙达维扮演了美国高级葡萄酒外交官的角色，他似乎无处不在，用那熟悉而嘶哑的高嗓门到处宣扬着加州葡萄酒和纳帕谷的美好未来，特别是向那些愿意倾听的人。20世纪80年代，无论你去法国的哪个地方，蒙达维都是要么就在那里，要么就在下周抵达，这成了一个笑谈。在波尔多的都柏恩、圣詹姆斯或克拉维尔餐厅用餐时，来访的美国葡萄酒记者都知道，蒙达维那喋喋不休的声音从隔壁房间传出来时，你不必感到惊讶。蒙达维称赞法国人是自己的榜样，提醒他们美国人正尽最大努力去追赶他们。

相比之下，欧洲大多数葡萄酒地区的公关工作似乎做得都不到位，要么重复地吹捧（“这是世纪最佳的年份酒”），要么给出负面报道，比如1991年可怕的冰冻天气使波尔多的葡萄受损，并利用这两招来证明葡萄酒价格过高的合理性。在波尔多，庄主们在酒庄里大肆招待精挑细选的少数精英，而不是像美国酿酒厂那样，通过开品尝室和邀请寻常百姓到酒窖参观来吸引新的消费者。此时的宣传不足与19世纪末香槟区巨大的宣传力度和精明的营销策略大相径庭，后者最终使香槟成了奢侈饮品，正如科莱恩·盖伊在《当香槟变成法国》这本书中记载的“香槟成了法国民族的辉煌之一”。

蒙达维经常和哈维·博塞特一起出行。博塞特是一位公共关系业内的资深人士，他解释说：“法国人只是不了解我们在美国认识的公共关系。”“法国人的时代到来了，要相信他们正处于鼎盛时期。作家们纷至沓来。波尔多人和勃艮第人是私密的、保守的、与世隔绝的，他们依靠批发商、中间商和进口商把葡萄酒卖到国外。他们为什么要亲自去推销葡萄酒呢？”但是，法国人已经迷上了罗伯特·帕克。无论博塞特和蒙达维去到哪里，他们都能听到“帕克来了”或“帕克下个月就要来”的言论。许多法国生产商，尤其是波尔多生产商都有一个束手无策的问题：“我们该怎么应对罗伯特·帕克？”

这个问题背后隐藏着对美国统治葡萄酒行业的恐惧。

美国、法国尤其是英国的其他葡萄酒作家是帕克最尖刻的批评者。几十年来，英国一直是葡萄酒创作的王国，在讲英语的国家中，是对法国葡萄酒有决定权的国家。许多葡萄酒作家的书，尤其是休·约翰逊的书，在整个20世纪七八十年代对美国产生了重要影响。对许多英国葡萄酒作家而言，帕克是个新手。虽然帕克对他们的书称赞有加，但他也批评了他们与葡萄酒贸易的模糊联盟。

在帕克的第一本书出版之前，占有统治地位的英国葡萄酒作家就开始找他的麻烦。帕克的名字出现在1985年纽约斯帕克牛排馆的优质牛排和几瓶波尔多葡萄酒上，当时我和丈夫与另外三个人，施慧娜·萨克利夫、她的丈夫大卫·佩珀康以及迈克尔·布罗德本特共进晚餐。萨克利夫有一头飘逸的金发，她很想知道帕克每年只去法国几次，怎么能对法国葡萄酒作出如此明确的判断。“这实在令人惊讶，”

她狡黠地说道，“他有足够的信心这样做。大卫和我一直在法国访问，所以我们知道葡萄酒是怎么酿出来的。”

萨克利夫那坚挺的方下巴和贵族式的鼻子，使她被誉为葡萄酒界的瓦内莎·立德格拉夫。她着装时髦，是第二位女性葡萄酒大师，她和佩珀康进口葡萄酒。佳士得拍卖行葡萄酒部门的负责人、白发苍苍的布罗德本特是一位著名的品酒师，尤其善品陈酿，他总想把房子拍卖掉换一个好的酒窖。自 1952 年 9 月以来，他把对品尝过的每一种葡萄酒的印象都仔细地记录在红色小笔记本上。但他对葡萄酒的描述与帕克大不相同，他喜欢用星级而不是分数来评定葡萄酒。布罗德本特说话时经常向后挥手，好像要反驳他所听到的大部分内容；他偶尔也会发表关于美国粗俗的观点，比如“如果我对美国朋友们热情好客的态度有什么批评的话，那就是他们有时过于慷慨：举办一次宴会或品酒会，就好像是他们或其他人最后一次参加，往往菜品太多，酒也太多”。

萨克利夫、佩珀康、布罗德本特和其他人不像帕克那样关注利益冲突，也不觉得商业参与损害了他们的写作。报纸专栏作家埃德蒙·彭宁·罗赛尔每周为《金融时报》撰稿，他也是英国第一家邮购葡萄酒俱乐部——“葡萄酒协会”的主席，虽然他对任何职位重叠都非常谨慎，但还是身兼数职。和蔼可亲的休·约翰逊有着浓密的眉毛，穿着银行家似的西装，他以罕见的风格和优雅的笔触描写葡萄酒，是《星期日泰晤士报》葡萄酒俱乐部的成员，也是拉图酒庄的董事。尽管如此，布罗德本特和约翰逊都在帕克的书《波尔多葡萄酒》的护封上写下了赞美的短文。据说，约翰逊认为帕克的成绩是印刷工的功劳，如果印刷工意识到这些分数代表什么，他们就不会认可这本书了。但是，第一次在报纸采访中正式向英国民众介绍帕克的是新一代英国葡萄酒作家詹西斯·罗宾逊，她的采访发表在1986年的《星期日泰晤士报》上。在这篇文章中，她认为帕克的影响力开始波及英国——甚至苏富比拍卖行现在也在葡萄酒目录中使用帕克的笔记——并把其影响力称为“帕克现象”，这个短语已经进入英国人的葡萄酒意识里了。

帕克是个品酒高手，自学成才；相比之下，许多英国葡萄酒作家都经历了严格的训练，有些人对葡萄酒采取了近乎学术性的、历史性的研究方法。葡萄酒大师协会成立于20世纪50年代，旨在确保英国葡萄酒行业有更高的知识水平和专业水准。它开设了一门综合性的专业课程，包括品酒考试，其毕业生有权像教授一样在名字后面使用字母M.W.，就像博士使用Ph.D.一样。约翰逊成为行业外第一位通过考试的英国记者。

对美国人来说，专业训练并不重要。正如马特·克莱默在《葡萄酒鉴赏家》中所说：“美国文化最吸引人的一个特点就是，它从自封的守门人那里获得了自由。”然而，有些人说，如果美国葡萄酒行业有更多有学位的专业人士，那么他们就不会那么依赖帕克等自学成才的专家对葡萄酒简单的数字评级。

英国对帕克的攻击始于1986年秋季，此时《波尔多葡萄酒》在英国出版，帕克随后前往伦敦宣传该书。其间，他在英国葡萄酒商约翰·阿米特安排的几次公众品酒会上发表了讲话。当时，阿米特是科尼与巴罗公司的顾问，他让波美侯产区在英国名扬四方，他也是一家葡萄酒投资基金的创始人，其业务是向一群富有的私人客户提供服务。许多英国作家发现帕克出乎意料地讨人喜欢，他脚踏实地、品位极佳，甚至为人谦虚，但他们中许多人谴责帕克的评分制度是空话，其抽样方法不充分，品位也有偏差。最糟糕的是，在他们眼中，帕克傲慢自大，对自己在杂志中的判断坚定不移。

佩珀康在英国葡萄酒杂志《品醇客》中，对《波尔多葡萄酒》的评价慎重却颇为乐观。“对于英国读者来说，他第一本书的书名‘波尔多……权威指南’本身就体现了一定程度的文化冲突……”这种印象在书的正文部分延续，这是因为帕克表现出极为果敢的判断。在欧洲人看来，这种判断似乎过于武断，尤其是在他评价个别酒庄的相对价值以及提出自己的分级时，使用“决定性”一词令人恼火。很少有英国作家愿意坚决地拥护帕克，尤其是那些像佩珀康（一位 M.W.）一样也写过关于波尔多书籍的人。他发现帕克的评分系统有缺陷，没有用处，还有很大的误导性。

在伦敦旅行期间，我在布里斯托尔附近遇到了比尔·贝克，他是雷德葡萄酒公司的合伙人。贝克的脸很大，腰围很粗，乐呵呵的，这使得他和帕克一样，被别人轻易地视为享乐主义者。他在一本不知名的地区性杂志上写的关于《波尔多葡萄酒》的评论更具批判性，事实上是很极端的，他对帕克的态度似乎没有改变。他写到，当读到这本书时，他“越来越生气”，一直抱怨。帕克声称，自己是第一个在贸易领域以外描写波尔多的人，“没有人像我一样如此频繁地品尝这些葡萄酒”。贝克认为，这不仅仅是令人难以置信的自吹自擂，还有悖事实——想想那些在葡萄酒行业立足很久的人，比如哈里·沃，就知道帕克的话不可信了。他猛烈抨击帕克的取样方法：帕克品尝得太早了，他都没有“开车去每个村认真看看每个酒庄”。谈到帕克在批发商举办的大型品酒会上品酒时，贝克写到，“我只希望他不要把酒杯弄混”。他发现帕克的评价“总是过高或者过低，只不过是对他目前认为波尔多最好的酒庄进行的简单炒作”。贝克发现帕克明显偏爱果味浓郁、香气袭人的浓缩型葡萄酒。他写道：“帕克给出 100 分的葡萄酒正是这种香味浓郁、凝练的葡萄酒……帕克对果味浓郁的葡萄酒的评价彰显出他的好恶，这些葡萄酒具有我在成熟的红葡萄酒中寻找得到的那种简朴的优雅。”他担心帕克的力量，听说美国人已经被他的评级左右，以至于只购买 90 分及以上的葡萄酒。“如果这样的事情发生在这里，”他写道，“会逼得我去卖汽车或冷藏柜。”

当然，并非所有的批评都合乎情理，例如，帕克除了在批发商办公室品尝了很多样酒以外，还定期去参观酒庄。但是，帕克在 1987 年 4 月 1 日的信中，对贝克进行了长达 5 页的逐条驳斥，这表明了他多好面子，对批评有多敏感。毕竟，贝克的评论只刊登在一个读者寥寥无几的期刊上。除了几个英国人，还有谁见过呢？真的有必要回应吗？显然，帕克认为有必要。帕克指控贝克嫉妒——“你捏造的信暴露了你的小气和嫉妒”。他责备贝克没有“抓住我成功的唯一原因”，他成功的原因是“工作更努力”和“比我所在行业的任何人都可靠”。帕克宣称他“只根据酒瓶里的酒作出判断，自己支付费用，没有偏向，不受任何因素影响。没有哪个专门研究波尔多的英国作家敢这么说”。帕克逐条为那些他评价很高而贝克持不同意见的葡萄酒辩护，并指责贝克挖苦和轻蔑，坚持说贝克最看不惯的是作为一个暴发户和美国人的帕克竟然受到如此广泛的尊重。

帕克的反应让贝克的朋友克莱夫·科茨大受刺激。科茨出版了一份月刊《葡萄藤》，他在 7 月刊的《贝克对决帕克》一文中重现了这些生动的台词并刻薄地评论道：“帕克不承认自己有可能犯了错误——至少不是百分之百正确，却指责贝克有偏见、有成见、有恶意、报复心强。”他继续说，“帕克先生在美国的某些地方可能被当作上帝一样……他甚至可能认为，波尔多的商人和庄主或者他们中的一些人理应尊重他——是因为对《葡萄酒倡导家》的权力感到恐惧，还是仅仅出于谄媚？”最后，他警告说：“现在应该谦虚一点了，帕克先生……你不是绝对正确的，那些不同意你的人既不是傻瓜也不是骗子。”

20 年来，克莱夫·科茨一直是葡萄酒商人，在《葡萄酒倡导家》的成功启发下，他从商界“退休”并于 1985 年推出了《葡萄藤》刊物。他有时也会给葡萄酒评分，但会使用更熟悉的 20 分制。他的品酒笔记很短、很简洁，并避免使用《葡萄酒倡导家》中冗长的形容词。他不是盲品。科茨认为自己不喜欢长篇大论，不喜欢老旧的精英作派，也同样反对百分制和用数字对葡萄酒评级。帕克对《葡萄藤》大加赞赏，认为这就是他一直期待阅读的一本葡萄酒出版物。科茨感觉帕克“对罗纳河谷的葡萄酒很有好感”，但像许多其他作家一样，他常常用与帕克不同的方式来定义自己，特别是在勃艮第。科茨有趣但很自负，他的黑眉毛很独特，留着白胡子，喜欢打领结，经常在美国举办勃艮第品酒会。品酒会一般在酒店宴会厅举行，有枝形吊灯，铺着白色桌布的餐桌，餐桌上有着一排排酒杯。品酒会开始时，科茨通常要推荐勃艮第葡萄酒，他说这是“一款精致而细腻的葡萄酒”，这一事实被“那些通过赤霞珠来判断勃艮第的人”忽略了。观众中的每一位葡萄酒爱好者，都知道这是对罗伯特·帕克不加掩饰的抨击。

英国最著名的葡萄酒杂志《品醇客》于 1975 年创立了“给编辑的信”专栏，它很快就成为帕克的抨击者和捍卫者的一个高度娱乐性的论坛。几乎每一期都能收到关于帕克和他的评分体系的充满激情的信件，不管是赞成还是反对——大部分还是反对，现在也是如此。他们的标题是“帕克及其观点：世界范围内的影响”或“葡萄酒与数字”或“帕克的观点”，抑或是“葡萄酒评论数的上升”。偶尔的回复则更为积极，如“为帕克辩护”，有些人辩解到，帕克是“少数几个勇者，他们会对某个葡萄酒发表真正的看法，无论评价是好是坏”，并称赞他的口味和诚实，更典型的是称他为“100分粉碎机”。

帕克经常写信为自己辩护。

休·约翰逊曾经是英国最重要、最著名的葡萄酒作家，但到了20世纪80年代末，帕克接替了这个位置。他对美国葡萄酒贸易产生了巨大的影响力，英国葡萄酒作家的市场份额正被帕克和《葡萄酒观察家》抢占。一群年轻的英国作家进入了“竞技场”——罗宾逊除了在英国的专栏发表文章，还有一段时间成为《葡萄酒观察家》的专栏作家——虽然他们影响了英国消费者，但也像克莱夫·科茨一样，在法国人中没有影响力，没有像帕克那种推动市场发展的力量。在葡萄酒写作的世界舞台上，英国的影响力似乎在下降，与此同时，加利福尼亚的葡萄酒产业却在呈爆炸式增长。

在大西洋两岸，人们最激烈的批评集中体现在帕克的百分制评分系统上，葡萄酒界正在迅速接受这种评分制。尽管其他美国出版物，包括《葡萄酒观察家》也采纳了这一系统，但人们还是更加关注首次提出该系统的罗伯特·帕克。当然，没有什么比激烈的两极分化的争论更能传播和提升他的名气了。

罗伯特·菲尼根称帕克的评分系统只是个“噱头”，休·约翰逊不喜欢所有的数字化评分，这会给人一种“所有的好酒都是一场竞赛或一场比赛的印象……每一款好酒都试图表达不同的东西，这与竞争不同”。时任英国《哈珀斯葡萄酒与烈酒周刊》编辑的蒂姆·阿特金说，给酒评分就是“把葡萄酒当作篮球比赛一样对待，其中必须有一个赢家”。这是还原论，把葡萄酒分为优胜者和失败者。但葡萄酒不仅如此吧？人的维度、背景故事和文化语境呢？每个人迟早都要讨论美学问题：想象去一个艺术博物馆，给毕加索和马蒂斯评分，这能有什么用，又能有多准确呢？简而言之，数千年来葡萄酒都没有任何附加的数字，现在又何苦呢？

这些反对意见始于 20 世纪 80 年代中期，引发了作家、葡萄酒爱好者、进口商、零售商、葡萄酒生产商以及营销和公共关系高管之间持续不断的争论，这种争论非常热烈并持续到了今天。他们在晚宴上争论，在行业研讨活动中、在世界各个葡萄酒产区的酒窖中、在葡萄酒出版物和后来互联网上的葡萄酒 BBS 上阅读那些翻来覆去的观点。他们把观点基本上归结为如下几点。

品尝葡萄酒是一种主观体验。在不同的条件和不同的时间下，葡萄酒对同一个人来说都可能是不同的。葡萄酒品尝的顺序、所用酒杯的类型、葡萄酒的温度以及品酒者的情绪都影响着他们对质量的感知，甚至在装瓶后葡萄酒本身也会发生变化。不管你多么客观，分数只是一个简单印象，充其量是个模糊印象。虽然帕克的方法旨在精确，而且似乎非常一致，但他不是一台专门校准的机器。在机器上人们可以倒 30 毫升酒，等几秒钟后显示数字读数，机器会一次又一次地给出相同的分数。正如迈克尔·布罗德本特所说，不存在“94 分的葡萄酒”这样一种东西。

另一个问题是百分制具有误导性。例如，你可以测量葡萄酒化学方面的酒精含量和酸度，但质量无法测量。专业品酒师知道以科学的精确度对葡萄酒作出绝对的判断是不可能的。据统计，92 分和 93 分的葡萄酒并没有太大的不同，认为哪个更好的想法是荒谬的。整件事情都是伪科学，是西奥多·罗萨克在他的《反文化的形成》一书中所称的“客观意识的虚构”。问题是这个数字变成了缩写，刻在石头上，因此永远是“绝对的”。

然后是口味偏好的问题。在任何一组类似的葡萄酒中，一位专业人士可能会认为那些果味浓郁、味道十足的葡萄酒有优势，而另一位专业人士可能会给那些更轻淡细腻、均衡优雅的葡萄酒更高的分数。当帕克在1988年以67分的评分猛烈抨击波特勒酒庄的霞多丽时，《葡萄酒鉴赏家》给出了88分，赞美了该酒庄的葡萄酒。加州酒庄老板在一则广告中刊登了这两个得分，建议葡萄酒爱好者自己作决定。简而言之，没有统一的客观标准。

分数是有限制的。分数不能告诉你葡萄酒是否美味，是否和某一道菜搭配更好喝，或者是否物有所值。整个类别的葡萄酒从来没有得过90分以上的分数，但是完美的博若莱也不能得到100分吗？它不是完美的吗？

最后，评级扭曲了价格，这当然是拥有高分葡萄酒的商人所希望的。追逐分数的人对90分以上的葡萄酒很狂热，他们被这种情绪所控制，在货架边徘徊寻找高分葡萄酒。随着需求的飙升，价格也随之飞涨。帕克经常抨击生产商要价过高，但是他所反对的局面正是自己造成的。

帕克向几乎每一位质疑百分制的采访者提出了辩护的理由：葡萄酒和其他消费品没什么不同，得分仅仅是一种速记，同时还有大量的品酒笔记。至于偏爱某些类别的葡萄酒胜过其他葡萄酒，他喜欢阿尔萨斯没有用橡木桶酿造的葡萄酒，也喜欢优雅的波尔多葡萄酒，如侯伯王酒庄果味浓郁且质地细腻的葡萄酒，即使对葡萄酒中的植物性或高酸度不大喜欢。

但无论如何，帕克的分数影响力很大是帕克的错吗？甚至他的许多批评者也否认这一点，他们指责葡萄酒经销商和消费者决心将酒窖装满神奇的90分的葡萄酒。英国人沾沾自喜地说，除了某些地区，这种现象在美国更加盛行。他们也许会同意另一位马里兰州的“圣人”——讽刺作家门肯的观点。他说，美国人通常会寻求快速、简单却又经常错误的答案。

在美国，葡萄酒商店对评级系统既爱又恨。确实，帕克给到 90 分的葡萄酒会被一抢而空，但是 70 分和 80 分的葡萄酒越来越难卖了。葡萄酒知识渊博的零售商和进口商开始感到自己的专业知识没有用武之地，客户不想知道他们对葡萄酒的看法，只想知道帕克给葡萄酒的评级。波尔多进口商不再向零售商寄送期酒品尝的内部评价便条，他们现在只对帕克给出的分数感兴趣。

到 1993 年，百分制评分系统已成为葡萄酒行业最具争议的焦点之一。“美国葡萄酒展”当年在纽约举办了两场研讨会，但辩论还远远没有结束。

帕克大规模品尝桶装样酒的做法经常受到埃米尔・佩诺教授的攻击，他现在已经正式退休，但仍然在波尔多最大的酒庄从事咨询工作。“为了获得独家新闻，”他在 1987 年接受《波尔多爱好者》杂志的采访时说，“记者们过早地将葡萄酒从酿酒年份中分类出来。”正如英国记者乔安娜・西蒙在伦敦《星期日泰晤士报》上指出的：“这是一个勇敢的立场，但不能确定是否足够摧毁‘帕克现象’。”

许多酿酒师，比如，加利福尼亚州圣・让酒庄的优秀酿酒师理查德・阿罗德——后来创建了自己的同名酿酒厂——承认，很难准确了解桶装样品。葡萄酒在桶中经常发生根本性变化，所以尽管可以大致了解葡萄酒的年份，但很难对每款葡萄酒的性质作出明确判断。

这正是英国人一直以来的观点，但似乎没有任何作用。

受到攻击时，帕克经常反应过度。他就是不能将批评放下，他必须设法纠正，坚持说自己是对的。他对自己的形象有一种近乎偏执的担忧，当时，他的声誉与他的品酒能力密切相关。我们很容易理解他面对批评的挫败感。毕竟他不是个自大狂，没有把百分制作为占领葡萄酒世界的“阴谋”策略。虽然他曾渴望成功并雄心勃勃地提升自己，但从未寻求过现在拥有的这种权力，他觉得自己没有能力去调和它。他觉得自己的意图是好的。他很高兴许多人承认他是变革和改善的促进者。他提醒自己，无论走到哪里，都要劝说葡萄酒生产商做得更好，当他们做到的时候，他就要称赞他们。他的正直是任何人都无可指摘的。他相信自己是一个正派的人，他努力做正确的事情，关注慈善机构、捐赠金钱和葡萄酒。他在西雅图儿童医院拍卖会上通过捐赠晚餐筹集到了 4 万美元，不是吗？他确信自己在这一领域的工作比其他人都努力，而且还对竞争对手写的书给予好评（以及撰写护封上的推荐语）。他确信自己是一位始终如一、才华横溢的品酒师，应该获得成功。帕克对新生活和财富心怀感激。在每年 12 月的期刊中，他都非常感谢他的订阅者。

但是，帕克在对待批评的反应中，表现出一个盲区。通常，他会像对待贝克那样，质疑别人批评他的动机，他坚持认为别人肯定羡慕他的成功，或是“故意为之”。

即使帕克没有回复，对他做过或写过任何东西的轻微质疑都被他的许多忠实追随者解释为偏见和嫉妒的证据。例如，《葡萄酒鉴赏家》的哈维·斯蒂曼在评论帕克关于勃艮第葡萄酒的书时，指出这本书在写作结构上难以理解，一些品酒笔记也不是最新的。组织葡萄酒研讨会的霍华德·卡普兰写了一封信，声称“斯蒂曼就像葡萄酒行业所有其他帕克的抨击者一样，都是出于嫉妒这一纯粹而简单的动机。他们根本不会承认帕克是凭借才华、奉献精神和努力工作才取得了今天的成绩。然而，帕克的抨击者忽略了他对葡萄酒行业的巨大贡献，反而选择诋毁他”。比大多数葡萄酒作家喝了更多的勃艮第葡萄酒的马文·奥弗顿，在同样的问题上也同意斯蒂曼的评价。帕克的抨击者和捍卫者之间的战争才刚刚开始，这场战争后来被称为“人盾”，有时候是“帕克羊”。

帕克的诚实和正直得到了广泛认可，即使是反对他的评级体系和口味判断的人也认可这一点。帕克仍然坚持认为自己即便不是唯一，也是少数几个谨慎地避免利益冲突的葡萄酒作家。他谨慎地避免利益冲突，这必定会导致某种程度的强烈反对。当他投资葡萄园时，其他评论家也忍不住质疑。

1986 年，在俄勒冈州度假期间，帕克的连襟迈克·埃策尔发现了一个 35 万平方米的养猪场和奶牛场，该农场曾经是联邦公路管理局丧失抵押品赎回权后出售的葡萄园，位于纽伯格附近的切拉赫姆山谷，地理位置非常理想。很快，他就和帕克通电话了。帕克会借钱给埃策尔买下农场吗?

帕特起初犹豫不决。埃策尔认为帕特可能担心引发家庭矛盾，她最终会左右为难，成为和事佬，一边是兄弟，一边是丈夫。但是帕特也担心在外界看来这会不会像是一场利益冲突，并且会影响她丈夫的未来。最后双方讨论决定，如果价格合适，帕克会同意借钱。两天后，埃策尔打电话过来了。他花了 12 万美元买下了农场，这次拍卖会没有其他人出现。埃策尔从科罗拉多举家搬迁到俄勒冈，想生产出很棒的黑皮诺葡萄酒。他们将这个未来的酒庄命名为 Beaux Frères，法语是“法律上的兄弟”之意。1988 年，埃策尔建起了一座占地 6 万平方米的葡萄园（后来扩展到 13 万平方米），一排排葡萄藤像勃艮第的葡萄园一样紧密地排列开来，在接下来的几年里，他向附近庞兹酒庄的迪克·庞兹学习如何酿酒。

葡萄园和酒庄迅速变成了资金黑洞，因此埃策尔和帕克在 1991 年寻找并迎来了第三个财务合作伙伴，魁北克商人罗伯特·罗伊，同年埃策尔生产出了他们的第一批葡萄酒，共 75 箱。但他们真正意义上的第一个年份是 1992 年——借助庞兹酒庄的力量总共生产了 1000 箱。埃策尔定期向帕克寄送未品尝的样品，供其进行专家评估并给出建议，帕克会赶过去参加最后的葡萄酒混合。按照帕克的葡萄酒哲学，产量要低，要在成熟度最佳时采摘葡萄，在装瓶前尽可能少地处理葡萄酒，即不要进行澄清或过滤。

当酒在桶中陈酿时，残渣即葡萄籽、葡萄皮碎片、细菌等最终会沉淀在酒桶底部。酿酒厂通常加入蛋清之类的澄清剂来加速这个过程，它们吸收并把杂质沉到底部。许多人会在装瓶之前过滤葡萄酒，但这种做法变得越来越有争议。按照克米特·林奇的指导，帕克也确信过滤对最优质的葡萄酒尤其不利。

埃策尔和帕克的目标是酿造一种果香浓郁、口感醇厚、质地柔和、香气诱人且令人难忘的葡萄酒，有着最好的勃艮第红葡萄酒即黑皮诺葡萄酒的风格。但对帕克来说，结果令人沮丧。他觉得葡萄酒很好，但没有勃艮第产区葡萄酒的丰富性和伟大性。俄勒冈州开拓者的瓶装葡萄酒强调的是美味而不是丰富性，他们和一些批评家们指责早期的瓶装酒橡木味太浓，但许多人对此赞不绝口。

从一开始，帕克就告诉读者，他不会写作或者谈论兄弟酒庄的葡萄酒，也不会给该酒庄的葡萄酒打分，他甚至拒绝评论庞兹酒庄 20 周年纪念的 1990 年份黑皮诺葡萄酒，因为用来酿造这款酒的葡萄有一半来自兄弟酒庄的葡萄园。然而，1994 年初第一瓶葡萄酒以每瓶 34 美元的高价出售后，更多的问题和批评随之出现。也许帕克不会讨论或评价兄弟酒庄，但是葡萄酒界的每个人都知道该酒庄对他有经济利益。还有一个事实是，帕克把该酒庄的酒送给了来到米尔顿酒店的进口商，当场征求他们的意见。如果他们不喜欢，敢说出真正的想法吗？

埃策尔计划通过邮寄独家销售500箱兄弟酒庄的葡萄酒，剩余500箱由帕克的朋友——进口商博比·卡切尔分销。一位零售商向我提到这相当于一份馈赠——卡切尔可以从兄弟酒庄赚到很多钱，而不需要付出太多努力。此外，这与帕克形成了一个强有力的业务关系，帕克经常评价他的葡萄酒，这不是利益冲突吗？

《洛杉矶时报》的葡萄酒作家丹·伯格提出了另外一个问题："如果你拥有一家酿酒厂并同意不写自己的葡萄酒，那么在写竞争对手时，你能百分之百客观吗？"《葡萄酒鉴赏家》也开始报道兄弟酒庄，1993年，马文·尚肯在《巴尔的摩太阳报》评论道："既然（帕克）自己违反了主要的道德规范，即利益冲突，那么批评别人就是愚蠢和傲慢的……他应该决定他想成为什么样的人——葡萄酒作家还是酿酒师。"不过，《葡萄酒鉴赏家》还是列出了该酒庄葡萄酒的优点，给了兄弟酒庄1992年份的葡萄酒91分。

马尔科姆·格拉克为《卫报》撰写了一篇诙谐的葡萄酒专栏文章《超级劣质酒》，为被帕克指责为利益冲突的同胞布里茨辩护，他问道："一个从密特朗总统那里收到'国家骑士十字勋章'的人可以公平地描写法国葡萄酒吗？俄勒冈州一个葡萄园的股东能否无私地评价来自该地区的葡萄酒？"这正是帕特所担心的问题。

葡萄酒行业有一个人对帕克极为不满，远远超出了抱怨和指责。1990年，帕克准备开启巡回书展之旅来宣传《勃艮第：生产商、称谓和葡萄酒的综合指南》，并敲定了在全美各地重要的葡萄酒商店停留和签售的时间。10 月初的一天早上，秘书琼·帕斯曼到达办公室听电话答录机上的留言时，却听到了一个令人恐慌的威胁。她颤抖着找到帕克说："我想你应该听听这个。"录音带上的声音警告帕克"你会被杀死的"。留言是在夜间留下的，接下来的 9 个威胁都设定了时间，所有威胁都在晚上 11 点到凌晨 2 点之间发出。

帕克立即打电话给当地警察和联邦调查局，他们开始监听电话。帕克已经在当地做了一些签售活动，西蒙与舒斯特出版社同意在未来的活动中提供保护。帕克继续巡访，但威胁电话依旧不止。最令人担忧的是打电话的人似乎很熟悉帕克的日程安排。西蒙与舒斯特出版社曾在精选的葡萄酒出版物上放置广告，让忠实的读者了解帕克的活动地点和时间。"如果你星期六出现在德雷珀与艾斯金，那么你将被杀死。"威胁者在一条消息中这样说道。位于旧金山的德雷珀与艾斯金是帕克巡访的西海岸的商店之一，帕克还想去旧金山市、门洛帕克市、洛杉矶市及其附近的两个商店。那时出版商清楚他们无法保护帕克，因为代价太大了。他们建议帕克取消剩下的巡访，他也照做了。

通过监听电话，联邦调查局最终确认威胁电话是一位纽约零售商打来的。帕克通知了当地政府。

"你知道，你应该雇一个私家侦探，一个退役警察，让他们去应对那个留言的家伙。"帕克告诉我这是他们给出的建议。"这可能会阻止他。如果你想起诉，那就去吧。但是，你可能不会很幸运，因为你没有任何弹孔或刀伤。"在纽约和马里兰州，制造死亡威胁会被定为重罪，但当地警方指出，除非那个人说"我会杀了你"，否则也不能拿他怎么样，只是警告别人生命有危险是不够的。

帕克既担心又愤怒，他买了一把枪，并在房子里安装了一套安全系统。当包裹到达时，帕特不敢打开，怕里面有炸弹。帕克雇用了一个退役中尉作为私人调查员。纽约市警方很快发现该零售商关闭商店后，向其他人打了类似的威胁电话，之后又在晚上吸食了可卡因。退役警员在商店里与这名商人对峙，告诉他："我们有录音带，你遇到了大麻烦。"正如警方预测的那样，威胁电话没有再打来。

寻求正义的帕克和私人调查员一起去了曼哈顿辖区，在那里把磁带的复制品交给了相关部门并告知零售商的名字。帕克要起诉他，并花了一个小时填写必要的文件。一个月后，他收到了一封来自纽约律师事务所的信，他们拒绝追查此案；帕克果断地把它交给了马里兰当局，但起诉也被驳回。警方的回复是，来电者没有说"我会杀了你"，只是说"你会被杀死"。

帕克仍在努力解决这个问题。

对帕克的批评和抱怨主要出现在报纸和杂志的文章中，也出现在他母亲处理多年的《葡萄酒倡导家》的来信中，但很少直接出现在帕克眼前。有一次，他问母亲："除了抱怨，没有人送我什么吗？"她回答说："这些是我让你看到的仅有的几封信。"这个故事是我在帕克的办公室与她证实的，当时她手里拿了一堆信封。

无情的批评是人们对帕克日益崇拜的副产品。这使得帕克的家更像是一个精神避难所，可以逃离不值得信赖的葡萄酒世界。家是一个静思和休息的地方，在家里他可以私下品酒，像普通人一样生活。帕特不再和他一起旅行，但是谈到《葡萄酒倡导家》、帕克的经历、他在葡萄酒世界中的角色以及他受到的攻击时，帕特是（并且仍是）他最重要的倾诉对象和知己。帕克非常依赖她的建议。人们对帕克的负面看法让帕特大发雷霆。有时她会问他："你想让我收拾他们吗？"

但最让她恼火的是有人散播关于他诚实和正直的谎言。“他是绝对不会接受任何东西的，”她言辞激烈地说，“如果有人说三道四，我就要拧断他的脖子。”

帕克承认，他们理解酒庄庄主反对不良评论的心情，“这就像告诉母亲她的孩子丑陋或愚蠢一样”。帕特最终把别人对她丈夫的怨恨视为评论家生活的一部分。“如果我的生计掌握在某个人手里，我可能也会怨恨他们。”她这样告诉我。

当帕克全身心地投入旅行和品酒会时，帕特会全心全意地照顾玛雅、打扫房子、打理不断扩大的花园。她一直是一个充满激情的园丁，但全职教学工作和旅行让她能投入园艺的时间很有限。如今她解脱了，她加入了当地的园艺俱乐部，最终成了该俱乐部的负责人并赢得了水仙花种植冠军。帕克对此不感兴趣，他也不喜欢和家人一起旅行，尤其不喜欢去迪士尼乐园。从玛雅 4 岁到 8 岁生日，他们去了 7 次迪士尼乐园。

帕克在品酒道路上遇到的最大问题出现在勃艮第，那里葡萄酒行业的特征和结构以及葡萄酒本身与波尔多、加利福尼亚或意大利的完全不同。与波尔多宏伟的形式相比，勃艮第是乡村式的，是拥有独立思想的种植者和农民生活的地方，他们经营着家族的小葡萄园。当帕克来访时，他们经常开着拖拉机外出，还有像梅森·路易·亚都这样的批发商，他们从几十个不同的葡萄园酿制葡萄酒并将其装瓶。加利福尼亚以个别酿酒厂和明星酿酒师著称，那里的葡萄酒被贴上葡萄品种标签，并且大多数人都有国际视野。与之相比，勃艮第产区在 20 世纪七八十年代似乎非常复杂、混乱且莫名其妙；这里的大多数酿酒师都很孤立，专注于自己的土地和家庭传统，而不是市场营销。勃艮第人众口一词地反对帕克。

帕克在美国的影响力之所以提升，跟波尔多产区销售消费者难以获得的期酒有关，在勃艮第情况有所不同。有太多人需要了解：几十个村庄、数百个个体葡萄园以及鲜为人知的小型种植者，他们现在自己将葡萄酒装瓶，质量良莠不齐，但劣质葡萄酒与优质的售价等高。对于想投资获利的美国消费者而言，该地区通常被称为“雷区”。葡萄酒爱好者一次又一次地被坑骗。他们需要一本信息全面的指南，以整理出要避免的标签以及热销的葡萄酒。这样看来，帕克“统治”这个地区的条件已经成熟，但他的影响力在勃艮第比在波尔多要小得多，因为勃艮第的葡萄酒产量非常小，所以无论帕克评分高低，许多酒庄都可以销售完他们酿造的葡萄酒。对酒庄来说，更重要的是帕克对某个年份葡萄酒的整体评价。如果他严加批判，许多美国人就不会买了。当帕克走进勃艮第产区时，他发现自己沉浸在一个复杂的网络中，历史、传统和地区敏感性交织。

勃艮第产区包括 5 个不同区域，金丘的夜丘和博恩丘生产该地区最好的葡萄酒。葡萄酒主要由两种葡萄酿制而成：黑皮诺酿制红葡萄酒，霞多丽酿制白葡萄酒。在这片狭长的土地上，有一片覆盖着葡萄藤、点缀着石墙的斜坡地，这里有世界上最著名的葡萄园。葡萄园曾经属于少数贵族和修道院，产出的葡萄酒在中世纪声名大噪，但在法国大革命之后，所有庄园都被毁坏了。《拿破仑法典》取消了长子继承制，加速了财产分割，导致土地所有权零碎、葡萄园租赁安排复杂，结果在一个非常小的区域里囊括了各种各样的独立葡萄园、酿酒风格和酿酒技术。沃尔奈、圣乔治夜和夏山蒙哈榭等 25 个村落都以其名字来命名基本的葡萄酒；村落里有 476 个独立的葡萄园被归为顶级葡萄园，其中 32 个为特级葡萄园。更令人困惑的是，在一个大葡萄园中，几十个种植者可能各拥有几排葡萄；例如，占地 50 万平方米的伏旧园特级葡萄园拥有大约 80 名业主，其中约 50 人酿造了一款名为伏旧园的葡萄酒。在勃艮第，最好的葡萄酒产量很低，经常供不应求。

直到 20 世纪 30 年代，几乎所有的小种植者都将葡萄或葡萄酒卖给了大型批发商（包括拉图、杜鲁安、罗德、费维利、布查德和亚都），后者将葡萄酒窖藏、装瓶并销售。雷蒙德·博杜安是第一个敦促种植者酿造葡萄酒并自己装瓶的人；弗兰克·斯库恩梅克和亚历克西斯·荔仙将葡萄酒销往美国市场，被早期的专业进口商竞相效仿，如罗伯特·哈斯、克米特·林奇和罗伯特·查德顿以及贝基·沃瑟曼—— 一位 1968 年和她的艺术家丈夫一起来到勃艮第的美国人。沃瑟曼与克里斯托弗·卡南在波尔多建立起合作，成为许多小酒庄的经纪人和亲密朋友，向美国进口商和批发商出售葡萄酒。帕克赞扬了他们中的许多人。同期，法国人开始自己直接购买勃艮第葡萄酒，许多英国专业进口商也是如此。

所有这些都加快了 20 世纪 80 年代最好的小型酒庄的装瓶活动。小酒庄给葡萄酒装瓶的风险很大，但这样做能让他们赚更多的钱；到了 1992 年，大约一半的种植者和大部分最好的酒庄都选择自己装瓶。一些种植者甚至成了“微型贸易商”，从一个或多个邻近的小种植者那里购买葡萄或葡萄酒，然后装瓶并出售给专业进口商。他们与进口商的关系非常私人化，进口商要坚持不懈地巧妙谈判才能获得几十箱葡萄酒，生意往往是在一顿丰盛的晚餐中吃着勃艮第牛肉、喝着几杯独特的桶装酒时谈妥的。信任最为重要——进口商能否及时付款？许多人生产的葡萄酒很少，两三笔交易就是这个家庭辛苦一年得到的收入。

勃艮第位于葡萄种植区的北部边界，每年都存在着收成不好的风险。十年有六年，葡萄不会完全成熟，必须增加含糖量以达到足够高的酒精含量。然而，偶尔气温上升惊人。2002 年，当我沿着帕克的足迹去往勃艮第时，该地区主要城市博讷的温度高达 33 摄氏度——一股股热浪扑面而来——跟我上次来访时遇到的雨夹冰雹大相径庭。这里的葡萄酒质量不稳定，比其他任何地方都更多变。众所周知，薄皮黑皮诺很难种植，勃艮第红葡萄酒可能是世界上最难酿造的葡萄酒。

然而，勃艮第仍对葡萄酒爱好者充满着特别的吸引力。香气丰富的白葡萄酒堪称伟大的霞多丽葡萄酒之最，红葡萄酒香味浓郁、质地丝滑且十分诱人——它比帕克喜欢的波尔多红葡萄酒和浓郁的罗纳河谷葡萄酒口味更浅、质地更细腻，但仍然富有吸引力。这里的葡萄酒比任何其他葡萄酒更能捕捉到法国称之为“风土”的本质。风土是一个复杂的概念，包括地质、土壤、气候、光照、海拔以及勃艮第人升华到神学中的无形的灵魂和精神。

当帕克开始撰写关于勃艮第的文章时，这里正尝试酿制更优质的葡萄酒。接受过专业酿酒学培训的新一代人开始接管家族财产并利用科学方法酿酒，而非效仿父辈在地窖里的实践。勃艮第人开始旅行，品尝来自新世界的葡萄酒并开阔了视野，最重要的是，他们开始了一场彻底的葡萄栽培技术革命，以降低化肥使用和广泛应用高产葡萄无性繁殖技术。克米特·林奇还开始说服种植者不要过度过滤葡萄酒，要把它们用冷藏集装箱运到美国，这样就不会在途中耐受高温，也不会在到达时受损。

我去的其中一站是位于布伊兰的 15 世纪农舍，它坐落在一个距离博讷 30 分钟车程的小村庄里。这里有美国人幻想搬到葡萄酒产区时梦寐以求的场景：小鸡在谷仓附近啄食，农舍里可以看到横梁和巨大的石壁炉，书架在旧书的重压下下陷，桌子在果树下，你可以坐在那里啜饮美味而鲜为人知的葡萄酒，就像我与沃瑟曼、她的丈夫拉塞尔·霍恩和她从纽约回来探亲的儿子彼得·沃瑟曼一样。

沃瑟曼首次见到帕克是在20世纪80年代初，当时她是一位身材矮胖、头发蓬松的美国侨民，已经在勃艮第居住了大约15年，几乎认识这里的每一个人。她开始时向美国人出口桶装葡萄酒，后来出口小种植者的葡萄酒，并与波尔多的一位英国人克里斯托弗·卡南合作经营出口。对于美国进口商克米特·林奇等人来说，沃瑟曼是入口，是中间人，他们需要通过她来结识最有趣的酿酒师。

帕克给沃瑟曼的第一印象是对葡萄酒充满喜悦和热情。“你可以在他脸上看到喜悦。”她吸着烟说。她认为当时勃艮第应该加大营销，生产商理解美国媒体对销售的重要性，她认为要让美国人了解勃艮第。帕克是这里的新面孔，她很高兴从种植者那里找来一些葡萄酒让他品尝。事实上，帕克早在20世纪80年代初的《葡萄酒倡导家》中就称赞了“卡南和沃瑟曼的天才之处”。

1985年6月的一天，上午9点，帕克来到沃瑟曼的农舍，快速品尝了大约130种葡萄酒，然后留下来吃午饭，接着又品尝了50种葡萄酒，然后去参加拉丰酒庄和拉波斯酒庄的品酒会。沃瑟曼清楚地记得，他离开后，所有种植者都品尝了葡萄酒，后来将自己的笔记与帕克出版的笔记进行了对比。对他们来说，帕克的方法令人震惊；他非凡的节奏让他们苦恼，一分钟一种酒，并且不需要重新品尝。他们告诉沃瑟曼，对于一篇要发表的品酒笔记来说，他的判断未免过于草率。看了帕克的评论，沃瑟曼和许多种植者都认为帕克有明显的风格偏好且对过滤有很大的偏见。她开始担心，如果一个种植者承认他

“在必要时”进行了过滤，这就将被解释为“坏”——无论葡萄酒的味道如何，都会影响帕克的判断。

克米特·林奇告诫种植者在装瓶前不要过滤葡萄酒——过度的过滤会减损葡萄酒的味道和颜色，尤其是黑皮诺。这是一个重要的立场。许多优秀种植者都尽量少地澄清和过滤，但向美国运送未经过滤的葡萄酒似乎充满风险：如果葡萄酒中的某些成分没有自然沉淀，除非在冷藏箱中运输，否则瓶中可能会出现问题。林奇不得不向有疑问的美国顾客解释，一瓶葡萄酒底部有一点沉淀物不一定是坏事，这表明它是天然的。

沃瑟曼看到了更广泛的含义。“作为一个术语，‘未经过滤’对美国人来说可以有很好的内涵，”她说，“就像新闻‘未经过滤’一样，你可以了解到完整的真相，它没有被扭曲。”帕克将未经过滤作为伟大的勃艮第葡萄酒的一个准则；他仔细询问种植者，甚至训导他们并向读者宣传这个观念，在杂志中经常提到哪些酒庄过滤了，哪些酒庄没有过滤。许多新晋美国进口商，如卡切尔，都同意帕克和林奇的观点，也明白如果酒庄想获得高分，“未经过滤”就是口号。然而，对于许多酿酒师，包括好的酿酒师而言，在装瓶前以正确的方式进行轻度过滤和澄清是必要的，也相信这么做不会被检测到，尤其是在葡萄酒装瓶几个月之后。

很早以前，种植者就邀请帕克——尤其是帕特——到他们的酒窖里来。现在，很多人为帕克提供样酒，以便他在勃艮第或酒店房间里品尝，这种做法惹恼了一些人——他们想要帕克去访问、交谈，听他们的故事。现在，也有一些人开始抱怨被训导着如何酿造葡萄酒。沃瑟曼知道一个事实，一些种植者在帕克访问之前把过滤设备藏起来，撒谎说没用过。

杰拉德·波特尔在沃瑟曼曾经掌管的沃尔奈村管理拉波斯酒庄，他没有说谎。他是一位高尚的人（于1998年去世），指导了一代勃艮第葡萄酒酿造商。他喜欢帕克，对方购买了拉波斯葡萄酒放在酒窖里。波特尔告诉帕克，如果需要的话他会去过滤；帕克却写下波特尔已经开始过滤了，这曲解了波特尔的意思，导致该酒庄失去了很多美国市场。波特尔的心被深深地刺痛了。

1986年，帕克再次访问该酒庄，恰逢一位德国记者在场，波特尔提供了两种1985年份的葡萄酒：一种经过过滤，一种未经过滤——看看帕克会说些什么。波特尔后来声称，帕克不仅无法分辨，还更喜欢过滤过的葡萄酒。“我父亲犯了一个错误，让帕克在另一位记者面前很尴尬。”波特尔的儿子尼古拉斯说道。帕克称1985年份的葡萄酒是最好的葡萄酒之一，这样的年份再也回不来了；他给后来年份的葡萄酒的评分低得多。“这是一场小男孩的战斗，”尼古拉斯耸了耸肩，“两个人都听不进对方的话。”但直到去世前，波特尔一直受帕克的影响。尼古拉斯认为，帕克所坚持的不过滤方法会导致生产商添加转基因酶，这比单纯地过滤更糟糕。

帕克声称，没有发生过这样的品酒活动。他认为波特尔的葡萄酒与其他1986年份的葡萄酒一样，呈现下降趋势。后来，他听克莱夫·科茨说，“帕克从未品尝过他写的那些拉波斯葡萄酒”。帕克给波特尔寄了一封信，询问他是否这样跟科茨讲，但没有收到回信。“真是个浑蛋。”帕克心想。

帕克在美国有着举足轻重的地位，而美国是沃瑟曼和霍恩的主要市场，所以他们仍尽职尽责地举行品酒会。1988年，他们与生产商多米尼克·拉丰和丹尼尔·瑞阳提前品尝了1986年份质量很差的葡萄酒，拿掉了他们认为帕克会讨厌的葡萄酒。1993年的某天，农舍是帕克在那个周六晚上的最后一站，他迟到了两个半小时。种植者感觉受到了侮辱，纷纷离开了，那时葡萄酒已经打开了好几个小时，看上去也不太好了。“我在美国的进口商一直告诉我，‘你必须向罗伯特展示你的葡萄酒’，”沃瑟曼说，“但我一直在想，为什么我要把所做的一切交给一个人去评判？既然勃艮第是多元化、个性化的，我应该展示所有的葡萄酒，而不是我认为他会喜欢的那些葡萄酒。”

帕克像其他记者一样，在方便时就去参观酒庄，不管是否为品尝桶装酒的最佳时刻。“品酒是一场现场表演。”沃瑟曼指出。这些葡萄酒可能不是最佳状态，可能正在进行乳酸发酵，不宜品尝，气压也似乎影响了桶中葡萄酒的味道。对于许多种植者如沃尔奈的米歇尔·拉法基来说，帕克所说的并不重要。不管怎样，拉法基的葡萄酒都卖光了。

帕克说，他对沃瑟曼感到失望，称她为“勃艮第的女主人”；对于从勃艮第想要得到什么，他们在理念上存在分歧。她不会要求种植者完全停止过滤，也不要求所有买家都使用温控集装箱。帕克说：“我直截了当地告诉她，你是勃艮第的大捍卫者，但你并没有鼓励这些人将葡萄园中的精华装进酒瓶；一旦离开酒窖，你就不管葡萄酒是如何保存的。我认为这非常不负责任。”

沃瑟曼评论帕克道：“他相信自己百分之百正确。我不喜欢它，它就不好；我喜欢它，它就很好。这是典型的美国人的做法。能力越大责任越大。”

沃瑟曼并非勃艮第唯一一个抵制帕克并对他的固执观点不满的人。帕克挑选出了许多值得称赞和获得高分的酒庄，但他经常写到，种植者和批发商“太贪婪、太草率了”，勃艮第的葡萄酒“非常适合受虐狂……你必须忍受大量的虐待和痛苦才能找到乐趣”。勃艮第人认为帕克与该地区有过节。1992年，帕克宣布他将不再对品尝的桶装酒进行评级，因为“许多种植者呈现的桶装酒与最终放入瓶中的葡萄酒差别太大。这种可悲的情况在法国其他地方都不存在。在勃艮第，种植者只向来访的葡萄酒作家展示最好的酒”。在一次采访中，帕克提出也许勃艮第人正利用他来“扼杀市场”。英国勃艮第专家安东尼·汉森认为，帕克的观点似乎是：该地区是葡萄酒的罪恶之地——过度生产、过度过滤、葡萄酒的不良处理以及从不运送桶中的葡萄酒。简言之，勃艮第在被证明无辜之前是有罪的，种植者、贸易商、进口商和富有同情心的葡萄酒作家却不认同。他们认为帕克不了解该地区，不了解该地区的文化、葡萄酒、小型种植者的处境、黑皮诺的善变和微妙的性质以及土壤的重要性。甚至受到帕克称赞的人，如拉丰酒庄的多米尼克·拉丰和罗曼尼-康帝酒庄的奥伯特·德·维兰，也反对帕克对葡萄酒的判断方式和他更偏爱浓郁而非精致葡萄酒的偏好。然而，帕克称自己的观点和品酒笔记是“未经过滤”的。

“他对葡萄酒如何陈酿有着极大的误解，对1993年份的葡萄酒判断也有误。”汉森说道，他在勃艮第居住了3年，其间写了一本关于该地区的书并为合伙公司向英国进口葡萄酒。“帕克描写勃艮第时，好像认为应该将其送进监狱。”他写道。

尽管如此，一些生产商仍然设法与帕克建立良好的关系。路易亚都酒庄的安德烈·加吉是第一批在帕克还是年轻品酒师时就欢迎他的人。勃艮第人深信，从那以后，帕克总是对该酒庄的葡萄酒情有独钟。帕克是包括法国顶级厨师和餐馆老板在内的45位嘉宾之一，受邀参加1992年4月6日加吉在葡萄酒行业工作45年后的退休庆典。帕克搭乘“协和号”飞机（他自己花钱）来品尝十几种葡萄酒，它们都是从建在旧的道明会女修院下面的酒窖中拿出来的，几乎都产自 19 世纪，接着是吃午餐和发表演讲。帕克在 1987 年“发现”了像伯特兰·安布鲁瓦兹这样小型种植者的酒庄并不断称赞它们，令对方感激不尽。安布鲁瓦兹通过进口商博比·卡切尔认识了帕克，感受到了“我们之间意气相投”，他将自己的成功归功于帕克。1987 年，安布鲁瓦兹生产了 2 万瓶葡萄酒；到 2002 年，他每年生产 15 万瓶葡萄酒，其中大部分运往美国。

这并没有阻止其他勃艮第人称帕克为“葡萄酒独裁者”。有人说：“你不应该喜欢他不喜欢的任何东西，如果你这样做，显然你就是错的。”帕克对风土神秘重要性的怀疑被勃艮第人视作异端邪说。他认为风土只是酿造美酒的一个因素，经常说“是人让一切与众不同”。

勃艮第年轻一代的许多人对此表示反对。穿着棕色短裤、运动鞋和白色 T 恤的尼古拉斯·波特尔带领我在圣乔治夜酒庄的酒窖里参观一桶桶葡萄酒，分享了酿造心得：“我们必须非常小心。葡萄只是一种记忆，一种指纹，其变化来自地球、风和星星。葡萄园所在的地方，就有力量决定是否可以给葡萄带来记忆。对于古老的葡萄藤来说，有更多的风土定义。”对他而言，这是一种简单的思维方式，“地球上下、万物之间都存在着某种联系”。这是你在勃艮第一次又一次听到的描述，并且不容易在帕克的百分制中获取。

“费维利一案”，被视作勃艮第人对待帕克态度的分水岭。它可以追溯到 1993 年秋季出版的《帕克葡萄酒购买指南》第三版中的两句话。对费维利葡萄酒进行了长达四页半的高度评价后，帕克在“其他思考”的标题下写道：“还有一些负面报道，在国外品尝的费维利葡萄酒不如在酒窖里品尝的丰富——我也注意到了这一点，呃……”

这些言论激怒了勃艮第最受欢迎和最具影响力的人物之一——弗朗索瓦·费维利，他于1994年2月起诉了帕克、西蒙与舒斯特出版社时任董事长理查德·斯奈德，以及巴黎的几家书店（包括布伦塔诺书店和W. H. 史密斯书店），罪名是诽谤。根据《拿破仑法典》的规定，费维利在法国提起诉讼，声称他因为帕克暗示他从事欺诈行为而受到侮辱。

《葡萄酒观察家》写了半页故事，放了一张费维利沉思的照片。杂志中写到“接近费维利的消息人士”称，“费维利感到不安，因为他觉得这个评论暗示着他向帕克和来他酒窖品尝的顾客提供的葡萄酒，比最终发货的葡萄酒质量更高”。费维利告诉《葡萄酒观察家》，世界各地的批发商都没有将帕克的声明解释为存储或运输问题。

他们最终达成了庭外和解，但实质上帕克输了。这起案件及其后果影响了整个勃艮第产区。

差不多十年之后，我坐在圣乔治夜后街的弗朗索瓦·费维利的办公室，听了整个故事。约瑟夫·费维利酒庄的总部于1825年由皮埃尔·费维利创立，是一座并不美观的混凝土建筑，周围环绕着修剪整齐的鲜花和常青树，坐落在巨大且历史悠久的酒窖之上。该酒庄是勃艮第最大的酒庄之一——拥有110万平方米葡萄园，分别位于梅顾亥和夜丘之间。弗朗索瓦·费维利是该酒庄第六代经营者，也是一位受人尊敬的商人。作为法国最知名的富豪之一，他的办公室却相当简陋。如今，他的财富主要来自费维利交通，该公司成立于1919年，总部位于巴黎，为法国和世界各地制造和销售高速火车（TGV）铁路设备，如今还在约10个国家设立了分支机构、办事处和工厂，营业额约为4.15亿欧元。费维利占有其中大部分资金，这笔钱足以让他沉浸在航海的激情中，并支撑他将对葡萄酒的热爱转变为酿造最好的葡萄酒。

费维利穿着随意，他穿着蓝色短袖衬衫和深蓝色裤子，坐在办公桌后面。他的头发有些散乱、卷曲，还有些秃顶，但角框眼镜仍让他看起来像个勤奋的法国知识分子，像是深夜在高档餐厅谈论政治的一位当代理论家。事实上，他疯狂热爱音乐，尤其喜欢巴赫，并以加拿大钢琴家格伦·古尔德的名字命名了他的两艘帆船“格伦一世”和“格伦二世”。格伦·古尔德以其对《巴赫变奏曲》和《戈德堡格变奏曲》的诠释而闻名。

帕克和费维利首次见面是在 20 世纪 80 年代中期，直到 1993 年，每当帕克在品酒途中路过勃艮第时，费维利都邀请他在家里吃午餐。费维利经营酒庄的经历与帕克多年来经营《葡萄酒倡导家》的经历相似；他们只差几岁；费维利认为他们是朋友，他发现帕克“令人同情”；帕克认为费维利是“一个好人”，并且喜欢他的葡萄酒，还将他列入 1988 年“年度葡萄酒人物 / 酿酒师最佳表现奖”之列。在帕克写的关于勃艮第的书中，他将费维利的酒庄评为五星级，这是他的最高评价。他写到，费维利酒庄是“……勃艮第产区最完美的酒庄之一，在年轻的弗朗索瓦·费维利的领导下，该酒庄的葡萄酒现在可以与勃艮第最好的葡萄酒相媲美……自从弗朗索瓦于 1978 年接管葡萄酒酿造工作以来，他们的葡萄酒的品质已飙升到最高水平”。

1994 年 1 月中旬的一个夜晚，费维利在巴黎参加了一整天的董事会议，晚上 10 点回到圣乔治夜，在办公室待了一会儿查看留言。来自巴西的经销商西罗·坎普斯·利拉发来了一份令人费解的传真，利拉刚和妻子从加利福尼亚度假回来，在那里买了一本《帕克葡萄酒购买指南》第三版。费维利说传真上写道："我不知道你是否已经阅读或看到，但这绝对是一场灾难，因为他写这本书很清楚地表明他所品尝的葡萄酒不是你销售给顾客的葡萄酒。"费维利不知该如何看待这件事，他并不认识这个人。第二天，费维利给这名经销商打了电话，请对方将那一页发传真过来。

当他收到传真时，"我读了一遍，又读了一遍。"费维利说道，回想起来似乎又感到一阵心烦，"我父亲盖伊当时还活着，我打电话给他，我说，'爸爸，我要给你读点英语写的东西。你能告诉我你的感受吗？'"

"我现在很难给出意见，"他父亲听完后，回答道，"我老了，你给我发一份传真。我先看看传真，再告诉你我对整件事的感受。"

他父亲终于回电话了，说："弗朗索瓦，很明显，帕克认为费维利酒庄是由一群骗子经营的……帕克没有给你任何选择，你必须做点什么，就是这样。"

同时，费维利还打电话给在美国的经纪人亨利·卡瓦利埃，对方告诉他："这件事我十天前就已经知道了，但不敢打电话给你，我不知道该告诉你什么。"美国的两个分销商通过卡瓦利埃表达了关切。其他人，包括苏格兰的一位分销商直接打电话给费维利，询问其库存的葡萄酒是否和在费维利酒窖里品尝的相同。费维利得出结论：如果不采取紧急措施，他的家族公司形象就会"永远"受损。在接下来的一个月里，他极度沮丧，精疲力竭，晚上要服用安眠药才能睡着。

1993 年 9 月，帕克和杰伊·米勒在费维利家中与主人夫妇共进午餐。"气氛如往常一样友好。"费维利回忆道。他们讨论了音乐，费维利还从私人酒窖中拿了一瓶陈年波尔多葡萄酒。饭后，他把客人们送上车。费维利说，帕克一定是早在共进午餐前就将底稿交给了西蒙与舒斯特出版社。“我还在想，他为什么接受了在我家吃饭的邀请，却还写这样的文章？”他一想到这里就很沮丧。

对于费维利来说，“如果你在某人的餐桌上吃饭，是有妻子出席的那种家宴，你根本就不会写那种东西。如果你写了那种东西，就不要和他们一起吃饭”。他认为帕克的行径是对两人友谊的“背叛”。

勃艮第产区葡萄酒的圈子很小，消息传播得很快。人们打电话给费维利表示支持，他咨询了该地区的朋友，包括第戎的一位律师休伯特·德·蒙特勒和沃尔奈一家著名小酒庄的庄主，这位庄主曾经帮他处理过一些法律问题；美国经纪人贝基·沃瑟曼，他们在1979年就认识了，此外还有拉丰酒庄。3周内，他在巴黎聘请了两名律师——他们都是法裔美国人，是诽谤案件专家——并提起诉讼。一位法国记者和其他一些人警告他，帕克本人就是一名律师，美国的法律很复杂，诉讼将持续一年，要花费一大笔钱，而且无论如何，在美国与记者作对很难获得正义。费维利认为声誉受到了威胁，必须继续这样做。

这场诉讼吸引了勃艮第所有人的注意并引发了深刻的冲突。在生产商和贸易商的会议上，人们纷纷发表看法。这就像是对帕克的全民公决，许多人认为他过于强大。现在是时候“限制他的权力了”。有人提醒费维利：“如果你输了，勃艮第所有人就都输了。”但是费维利说：“我告诉他们，夏尔·戴高乐认为自己代表法国人，但我不代表勃艮第。我这样做只是为了自己的声誉……如果我去法院并且败诉，失败的只是弗朗索瓦·费维利。”

“如果是除了费维利以外的任何人……”香皮酒庄的贸易商皮埃尔·莫尔吉叹了一口气，回忆起午餐时的情形，“每个人都非常尊重费维利，人们也很支持他。他是为数不多的对质量从不妥协的人。这次让勃艮第遭遇了信任危机。费维利没有演戏，他真的很受伤。”沃瑟曼告诉我，费维利是勃艮第最接近“圣人”的人。

在葡萄酒界如此紧张的对峙中，有两种反应。

费维利的许多朋友，如德·蒙特勒，感觉和费维利一样受到侮辱，直接宣布不再接受帕克了；贝基·沃瑟曼感到厌恶，她的种植者感到震惊；每个人都在谈论“那个可怕的‘呃’”。种植者打电话说，“弗朗索瓦，我们非常喜欢你”。在晚餐和品酒会上，人们走到费维利面前说：“我支持你。”小酒庄也宣称他们不会再让帕克品尝葡萄酒了。

莫尔吉说，其他人包括许多中间商则更为冷静，他们试图让费维利重新考虑，因为害怕这件事的后果。

在一次会议上，拉图酒庄大型贸易商的负责人路易·法布里斯·拉图表达了观点，即费维利应该放弃诉讼，因为“这不值得让勃艮第树敌”。拉图认为费维利表现得很幼稚（“竟然有人敢批评我！”）。他指出：“20 世纪 80 年代初，拉图酒庄的遭遇比帕克描写费维利一事悲惨十倍。帕克是勃艮第在美国的推动者，这毋庸置疑。”拉图是为数不多持这种观点的人，他说：“这可不是因为我爱上帕克了。”在 1993 年和 1994 年，葡萄酒生意很难做。拉图觉得他们应该从战略角度来看待帕克。他说，许多批评帕克的种植者甚至没有在美国出售葡萄酒，“他们还说，如果我们不见帕克，不让他品尝葡萄酒，《葡萄酒倡导家》就不会成为一个好杂志”。他们相信，如果阻止帕克，就可以惩罚他了；帕克无法向订阅者提供有关勃艮第的全面报道，杂志就会受到影响。

伯特兰·德维拉尔时任安东尼·罗德贸易商公司的负责人，也是贸易工会的总裁，他听说好像整个勃艮第都在和帕克作战。他打电话向帕克保证，工会没对此案进行正式讨论。他还告诉帕克，“帕克写的对于费维利的评论，与勃艮第人理解的不一样。帕克的意思并不是说费维利在作弊，但别人看起来是这样。帕克没有将自己的意思用正确的语言表达出来……只是那三页的三行，却带来这么大的影响”。

罗曼尼-康帝酒庄的奥伯特·德·维兰利用自身的影响力说服费维利在庭外和解。

就帕克而言，他告诉我，“我完全没想到会被起诉”。2 月，诉讼文件送到他家时，他才知道这件事。作为一名律师，他很清楚一旦被卷入一桩案件后会发生什么，所以他打电话给费维利想阻止这件事，但费维利不接电话。

帕克对费维利的葡萄酒一直给予了很高的评价，但他说，3 年来，当他在美国购买同款葡萄酒时，那些酒似乎总和他在费维利酒窖中品尝的完全不同。葡萄酒是否在运输过程中受到了损坏？帕克怀疑问题出在美国进口商身上。帕克说，进口商似乎并不关心如何运输和储存葡萄酒。得克萨斯州最大的葡萄酒经销商销售了大量的费维利葡萄酒，在 1990 年的巡回展期间，该经销商为帕克和 35 位“粉丝”的午餐供酒，但酒尝起来很糟糕。帕克很沮丧，认为当时说什么都太尴尬。后来，经销商向他展示了葡萄酒的库存后，帕克就明白了问题所在。这些葡萄酒被存放在一个两层楼高的仓库里，仓库像三个足球场那么大，有一个波纹状的铁皮屋顶，没有空调。更糟糕的是，包括费维利葡萄酒在内的所有优质葡萄酒都储存在顶部！帕克想，如果地面的温度是 32 摄氏度，顶部的温度会有多高？经销商把它们放在那里以防被盗——葡萄酒要用叉车才能取出来。

“你应该调查一下。”帕克不止一次地告诉费维利，但对方似乎听不进去。

帕克收到了读者对费维利葡萄酒的投诉，他决定在即将出版的《帕克葡萄酒购买指南》中作出回应。帕特没有像校对杂志那样校对这篇文章，否则绝不允许那样的句子出现，尤其是那个“呃”，出版商后来也没有发现问题。被起诉时，帕克想，好吧，这些表述确实会引起一些问题，但他认为对方反应过度了。

帕克咨询了他在巴尔的摩的律师和在波尔多的几个熟人。根据他们的建议，他选择了备受尊敬的波尔多大学教授埃里克·阿格斯蒂尼来代理这个案子。阿格斯蒂尼的妻子汉娜也是一名律师，能说一口流利的英语，还翻译了帕克不理解的法国法律术语。

西蒙与舒斯特出版社时任董事长迪克·斯奈德十分生气。帕克听到斯奈德愤怒地问道：“帕克这个家伙是谁？”诉讼一拖再拖。费维利的要求之一是出版商停止发行这些有冒犯言论的书籍，这会造成很大损失。帕克认为西蒙与舒斯特出版社故意拖延时间，想尽可能地推迟最后的和解。

费维利和帕克都从进口商、经销商和其他酒界人士那里收集了证明信，帕克提供了他写过的关于费维利的所有文章。

在勃艮第，帕克既没有收到恐吓信，也没有收到鼓励的话。他感到惊讶、失望，也有点受伤。诉讼报告出现在《葡萄酒鉴赏家》上后，没有一个葡萄酒记者为他辩护。他知道自己多年来一直在出版物上抨击葡萄酒写作同行，因此没有多少朋友，但仍然不解他们为什么不支持言论自由？

最终，帕克的律师和西蒙与舒斯特出版社的律师都同意解决此事。费维利说，如果不是曾跟帕克感情深厚，他会采取更进一步的行动。

1994 年 10 月，诉讼终于在庭外和解，费维利告诉《葡萄酒鉴赏家》：“罗伯特·帕克同意了我的要求。”该杂志报道，按照协议规定，帕克和西蒙与舒斯特出版社将在该书的未来版本中删除有争议的字句，并从协议签署之日起停止发行当前版本。在 8 月份的《葡萄酒倡导家》杂志中，帕克用律师们精心敲定的语言发布了一份通知，表明他并不认为费维利在欺骗顾客。很多报道说费维利索赔 100 万美元，但费维利告诉《葡萄酒鉴赏家》，他只要求帕克象征性地支付 1 法郎。对于他来说，诉讼并不关乎金钱，而是关乎传统观念——荣誉和真理。

当费维利在勃艮第的好友聚集起来，像往常一样悠闲地品酒、吃晚餐时，他们为他感到高兴。每当出现帕克的话题时，每个人都说：“好吧，如果费维利不欢迎帕克，我也不欢迎他。”

我采访费维利时，他说以前一直拒绝与记者讨论帕克或这个案件，是不想让人觉得自己在报复。直到今天，他还保留着厚厚的案卷，包括所有笔记、信件和文件以及《帕克葡萄酒购买指南》的两个版本——一份带有冒犯性的字句和一份修正后的副本。他始终想不明白，为什么帕克事先不跟他沟通就写下这样的话语。

实际上，这是一场文化冲突。

诉讼结束后，帕克很受伤、很愤怒，他从私人酒窖里拖出勃艮第的那几箱酒，堆放在办公室里并告诉一位朋友，即使他喜欢喝勃艮第酒，也打算把它们卖掉。帕克的一位美国朋友后来告诉我，一旦帕克成为你的朋友，他就是你终生的朋友；如果你在后面捅他一刀，他也不会忘记。帕克仍然认为律师们夸大了他写的内容，费维利也反应过度，但他承认："我应该把话讲清楚，应该换一种表述。"最具讽刺意味的是，这场诉讼最终花费了帕克10多万美元的法律费用，但宣传力度却使得该书在法国疯狂销售——额外的版税基本上能支付大部分法律费用，曝光度则可能提升帕克后续在法国出版的所有书籍的销售量。帕克没有料到在瑞士和比利时等国家得到了支持，那里的人们认为"哦，你被起诉了，那肯定是因为你说了实话"。

当时，帕克没有诉讼责任保险。现在他有了。

后来，帕克确实回到勃艮第品尝了几次酒。表面上看起来一切都好，但他能感觉到潜在的敌意。沃瑟曼认为，"没有人能够安心"，人们普遍会想："如果帕克可以对费维利做出这样的事情，如果他这么有误导性，那么他会对我做些什么呢？"

勃艮第的许多人也认为帕克厌恶该地区。德维拉尔说，当诉讼最终解决后，"他（帕克）打算让勃艮第人为此付出代价。我们受到了惩罚。随着岁月流逝，现在他可能意识到勃艮第不应该受到这样的对待"。他觉得帕克本应更像是一个"大人物"，但他表现得"像一个失望的情人"。

帕克当时在杂志中写了一篇《在勃艮第雷区冲浪的诙谐指南》，标题更像是"酸葡萄"而非幽默，这无异于火上浇油。他列出了十个"行话"句子，解释了它们的真正含义。根据帕克的说法，勃艮第人和许多勃艮第的美国商人使用"这是一款佳酿"（字面意思是：这是一款长期陈酿的经典葡萄酒）的潜台词是"这款葡萄酒的单宁太高，并且在单宁入口融化之前果味就消失了"。第八句话是："帕克先生一无所知。"实际上他意指："我们不能影响他，也不能贿赂他。"

在帕克1990年出版的《勃艮第》一书中，费维利的酒庄获得了五星级评价；在 1993 年《帕克葡萄酒购买指南》第三版中，它被降级为四星级酒庄，但平均分是一样的；在诉讼解决后的第四版中，帕克将该酒庄降级为三星，并表示他现在同意了其他两位葡萄酒作家的意见，费维利的葡萄酒经过几年陈酿后，变得“坚硬”“泥土味太重且太粗糙”。然而，对于 1991 年份的葡萄酒，几乎所有得分都与前一版的得分一样高（在某些情况下更高）。

帕克后悔跟费维利撕破了脸皮，他个人是很喜欢对方的。他满怀希冀地告诉我，总希望在往返于巴黎的许多航班中，与费维利碰面并以某种方式修补已经破裂的友谊。他承认自己措辞不当，对造成的结果感到苦恼。“如果勃艮第人认为他们会削弱我的权力，”他带着一种虚张声势的傲慢说道，“那么他们根本就没有成功。这提高了人们对我所做之事的认识。”他仍然坚信，“我在那儿的工作很好。我对勃艮第的兴趣对该地区的长期利益很有利。”

几年后，他聘请皮埃尔 · 安东尼 · 罗瓦尼为其杂志报道勃艮第，他试图安排罗瓦尼去见费维利，但被对方拒绝了。帕克说，对方真是“幼稚、愚蠢，太不专业了”。

管理罗曼尼–康帝酒庄的奥伯特 · 德 · 维兰告诉我，他曾经拒绝向记者谈到帕克，因为勃艮第人不想说出他们的真实想法。但现在他愿意说了。在粉刷过的客厅里，他坐在巨大的壁炉前说：“美国拥有如此强大的力量，美国人通过帕克影响着葡萄酒世界。他对葡萄酒很有鉴赏力，使得葡萄酒在世界范围内扩张，真难以置信。但他的权威有不利的方面。他的成功基于：他自己决定‘这很好，这很糟糕’。他提供了明确的判断，但当你给出同样清楚的判断时，你就会犯错误。他就像家庭族长一样，一些家庭成员可能会受制于他的权威。

人们有必要认识到这仅仅是个人判断，人们应该对帕克的品位更为挑剔。”

德·维兰承认，自从帕克不来之后，“我们感到更加自由，即使这增加了经营难度。但葡萄酒品鉴毕竟不是考试，现在没有一个貌似非凡机器的东西来评判我们，大家可以把注意力集中在风土上”。

第七章

品酒之王的成就

2002年5月的一个早晨，7点55分，在纳帕谷梅都伍德乡村俱乐部度假村接待大楼前面的停车场上，我坐在车里，一边小口地喝着从奥克维尔食品店买的拿铁咖啡，一边等罗伯特·帕克。他的笔记字迹潦草，明确说了8点钟碰面，我当然不想迟到。品酒之王帕克每年都会去一次加州北部的葡萄酒产区，品酒之旅通常会持续很多天，像马拉松一样漫长又累人，有一天我也跟着他去了，那天天气阴冷。在我们出发的那周，我听说葡萄的成熟情况比正常生长季节落后了半个月。

在纳帕谷的西尔佛拉多附近，沿着一条蜿蜒的小路往北就是梅都伍德，该度假村既方便又隐蔽，非常适合像帕克一样到访此地的名人；同时，这里也很奢华，房间起步价400美元一晚。梅都伍德度假村的老板是房地产开发商比尔·哈兰，他也是哈兰酒庄的创始人，该酒庄的"膜拜酒"是帕克最喜欢的加州赤霞珠葡萄酒之一（1994年份和1997年份均为100分）。1981年，纳帕谷首届葡萄酒拍卖会就是在梅都伍德度假村举办的。我至今记忆犹新，由于6月气温超过37摄氏度，葡萄不到预期时间就早早地成熟了。帐篷里面实在太热，拍卖师迈克尔·布罗德本特在拍卖桌后面挂了一个冰桶，一边把双脚泡在冰桶里，一边敦促买家购买很多人从未听闻的葡萄酒。当时，很少有人听说过罗伯特·帕克。拍卖会上最激烈的争夺当数两位竞买人抢购一箱“作品一号”葡萄酒，其最终售价为 2.4 万美元。20 年后，纳帕谷的葡萄酒文化发生了翻天覆地的变化，纳帕谷拍卖会筹集了 5500 万美元慈善资金，帕克已经成了家喻户晓的人物。

从帕克的笔记内容来看，这一天会忙到很晚，可能要到晚上 8 点左右才结束，中间没有午饭时间。因此，我在包里塞了一天的口粮——一个苹果、一块蓝莓松饼、一大块索诺玛杰克奶酪（包裹得严严实实的，以免污染了这位品酒“伟人”的嗅觉）、能量棒、两升高山天然矿泉水，打算和帕克一起吃。我还带了一件夹克，以免帕克穿得太正式，还有一件毛衣，方便在寒冷的酒窖中穿。

几分钟后，帕克也到了，他开着一辆普通的福特金牛座 SES 型汽车。看到他之后，我发现根本没必要担心自己的衣着。帕克身高体壮，穿着一件带拉链口袋的黑色 REI[1] 短裤，一件有红色标志的黑色 Polo 衫，上身还穿着一件敞开的红黑色防风夹克——颜色很搭，但绝不是什么时尚装扮。他脚上穿着破旧的棕色牛津鞋，配上卷起来的袜子，仿佛它们可以经受任何泥泞不堪的葡萄园，很可能它们已经去过很多这样的葡萄园了。他的一个膝盖下面绑着一条黑色的绑腿带，走起路来感觉很不舒服——实际上，他走路一瘸一拐——但他没有时间去做关节镜手术。

帕克的眼睛看起来有点红。他坦言自己一直在房间里哭——他刚刚和最好的朋友帕克·史密斯打完电话，得知史密斯的妻子患有脑癌，情况非常严重，将不久于人世。1988 年，两人就相识了。史密斯是一位优秀的葡萄酒收藏家（有 5 个酒窖，约 6 万瓶葡萄酒），也是唯理餐厅的老板之一。他称帕克为“Mongo”（蒙戈），帕克则称他

---

[1] REI（休闲装备公司）是美国以及全球最大的户外用品连锁零售商。

为“伟大的帕克斯特”。在家里，他们每天都会通电话。卡罗尔·史密是史密斯的妻子，大家都叫她“老妈”。帕克担心在此次出行期间，卡罗尔会离世，他不得不缩短行程以便随时飞回去参加葬礼。但万一不幸真的发生，帕克不会丝毫犹豫。他说：“如果我不得不离开，我会起身就走。”

对帕克而言，整个4月噩耗连连。4月8日，帕克的母亲去世。2月时，他的母亲被诊断出患有癌症，就在我刚刚认识她之后。他的连襟——不是和他共有兄弟酒庄的那位——既不抽烟也不肥胖，还经常锻炼，却做了心脏手术。现在，一位好朋友也即将辞世。在这种情况下，其他人可能难以外出品酒，或认为这毫无意义，但帕克欣然接受了这次品酒之旅，想借此分散注意力。在旅途中，只要一谈到葡萄酒，他就会立刻变得非常专注。他说：“我只是不去想那些悲伤的事罢了。”

帕克每次到加州都会引起轰动——虽然不及有一次他去波尔多的声势大，但很多不在行程名单上的酿酒厂纷纷送来样酒，希望能唤醒他的味蕾。在纳帕县和索诺玛县，共有51家非常幸运的酿酒厂在行程名单上，包括一些“模范酿酒厂”——“非常努力酿制优质葡萄酒”的那些人、新葡萄酒生产商以及多年未见的旧相识，如好莱坞电影大亨弗朗西斯·福特·科波拉，他20年前买下了历史悠久的鹦歌酒庄，这次会与帕克私下见面。帕克并不是非常喜欢科波拉的葡萄酒，但仍把他列在行程名单之上。

帕克总是淡化他的影响力，但每次他用传真告知要预约的到访日期与时间时，没有一家酿酒厂会让他重新安排时间。贝灵哲酒庄是加州历史最悠久、规模最大的优质酒庄之一。在这次品酒之旅中，该酒庄的首席酿酒师埃德·斯布拉吉亚打断了帕克回家的行程，和他畅聊了 4 个半小时，帕克在大多数酒厂只停留 1 个小时。与其他少数几家值得长时间停留的大型酿酒厂一样，贝灵哲酒庄的葡萄酒种类非常丰富。只有一位小型酿酒厂的酿酒师有幸与帕克交谈了几小时，她就是帕克最喜欢的海伦·特利，他称其为“葡萄酒大师与女神”。

我坐进了帕克的车。后座上放着一箱波兰泉水瓶装水和一大串香蕉。“我外出品酒从来不吃东西。”帕克解释说，“要是饿了，就吃点香蕉，因为香蕉的口味和质地似乎不会影响我的味蕾。”晚餐也很简单，他在房间里吃了一份沙拉，喝了一瓶矿泉水。随后，他给帕特打了个电话，有时候会一天给她打三次电话。在品酒旅途中，他总是带着三四本小说，这样可以在一天高度专注于味觉的工作之后放松身心。帕克喜欢犯罪和惊悚题材的小说，比如巴尔的摩作家斯蒂芬·亨特的小说，亨特曾任《巴尔的摩太阳报》的电影评论家。通常情况下，他会在开车时随手放上一盒尼尔·杨的磁带，把音量调得很高，但是今天我们会一直聊天。

与《葡萄酒倡导家》创刊之初相比，2002 年纳帕谷和加州的葡萄酒行业已经大不相同。想当初，大多数加州酿酒厂和酿酒师都会受到帕克的猛烈抨击，他们则愤愤不平地指责帕克太偏爱法国葡萄酒。当初，加州只有几家行业巨头和几家前沿的精品酿酒厂，葡萄酒主要在本地销售；现在，加州已经有 1000 多家酿酒厂，很多都将葡萄酒出口到世界各地。

1990 年，帕克得出的结论是，“现在世界上很多优质葡萄酒都是加州生产的，谁无视这一点，谁就是傻子”。尽管如此，在 20 世纪 90 年代末期，他确信仅有不到 100 家酿酒厂能够酿制世界一流的葡萄酒。他认为它们大部分都在纳帕谷，这也是他每年奔波跋涉的重点所在。

早在20世纪70年代，加州的酿酒厂就寻求媒体的支持来宣传葡萄酒，但法国并没有这么做。小型酿酒厂致力于提高葡萄酒的品质，想获得全世界葡萄酒饮用者的关注简直就像一场争夺战——他们举办了各种活动和大胆的比较品酒会；他们走上街头，竭力劝说媒体人士品尝葡萄酒，希望获得报道或几句溢美之词。他们没有几十年的时间来树立声誉，他们要尽快，在一个12%的人口能喝掉88%的葡萄酒的国度，媒体就是最佳的营销机器。全球葡萄酒行业的媒体化肇始于美国——世界媒体之都。

在一个竞争对手林立的行业里，每个酿酒厂都更需要借助媒体的力量脱颖而出；对于新建立的酿酒厂而言，媒体的关注是其树立声誉的关键。许多酿酒厂在品酒室出售葡萄酒，但要想说服全国经销商、零售商和餐厅购买，帕克和《葡萄酒观察家》的良好评论便必不可少。20世纪90年代，一批新的小型酿酒厂诞生了，其产量小，主要通过邮寄名单销售葡萄酒，售价高达50—100美元一瓶，严重依赖媒体宣传建立客户网。他们翘首盼望帕克的到来，因为深知即便是富有的买家，也希望花大价钱购买的葡萄酒物有所值。

20世纪八九十年代，美国葡萄酒风格发生了变化。酿酒师逐渐放弃照搬法国模式，开始探索加州最擅长酿制的葡萄酒。事实证明，加州擅长用当地的葡萄酿酒。在加州温暖的阳光下成熟的葡萄鲜美多汁、味道甘甜、口感强劲、风味凝练、果味浓郁、单宁含量高，构成了众多早期加州赤霞珠葡萄酒的典型特征。在《葡萄酒倡导家》创办之初，帕克高度赞赏了包括银橡木酒庄、邓恩酒庄、佳慕酒庄、卡内罗斯酒庄、马雅卡玛丝山庄园的赤霞珠葡萄酒。加州霞多丽葡萄酒则口感丰富、果味浓郁，带有辛香的橡木味，弥补了其细腻与优雅方面的不足。经过几百年的反复试验，欧洲种植者学会了在土地上种植合适的葡萄品种。加州酿酒厂认为，借助科学技术的发展，他们可以超越欧洲作出的努力，最关键的是拥有会“魔法”的酿酒师。他们坚信，现代酿酒的高科技是提升葡萄酒品质的重要途径。20 世纪 80 年代，很少有酿酒师对葡萄园种植技术感兴趣——他们都直接利用成熟的葡萄来施展“魔法”。20 世纪 80 年代初期，有些人想酿制更具平衡感与克制感的葡萄酒——所谓“餐酒”。在一次“四季桶中样酒品鉴晚宴”上，沃伦·维尼亚斯基宣称，他过滤并澄清了最近酿制的赤霞珠葡萄酒，大家一片唏嘘，很多人认为这是对葡萄酒的亵渎。

帕克认为，加州虽有十几家优秀的酿酒厂，但当时“酿制的都是毫无吸引力、深度加工的葡萄酒，酸度过高、香味全无、口味平淡，经过多重过滤后葡萄酒精髓尽失”。帕克再次变身为严厉的律师，指控葡萄酒罪行，尤其是这条最严重的罪行：“以进步的名义破坏饮酒的乐趣。”

20 世纪 90 年代，情况发生了翻天覆地的变化。酿酒师纷纷前往圣芭芭拉等新葡萄酒产区，欣然接受西拉等新葡萄品种；有些酿酒师有意识地重拾美国风格，大胆地以最快速度开始酿制葡萄酒——成熟、丰富、强劲、凝练的葡萄酒。帕克是通过品尝法国葡萄酒来训练味觉的，他却自称“果味狂人”，喜欢加州葡萄酒天然的丰富和浓度。帕克把 1990—1997 年间的 8 年称为加州葡萄酒品质的“发展史”。

风土条件，曾经只有少数加州葡萄酒生产商如山脊酒庄的保罗·德雷柏会提及。20 世纪 90 年代，一批颇具影响力的新晋葡萄园管理顾问出现了，如大卫·艾伯如和约翰·韦劳弗。海伦·特利和海蒂·彼得森·巴雷特等优秀的新晋酿酒师顾问，开始更加注重管理葡萄园，倡导在酒窖中以更自然的方式酿制葡萄酒。他们将理念从一个酿酒厂带到另一个酿酒厂，获得了相当于明星厨师的地位。与帕克一样，很多新一代酿酒师似乎都顽固倔强、胸怀大志、特立独行，他们独来独往，自学成才，敢于挑战权威机构（指加利福尼亚大学戴维斯分校的葡萄种植与葡萄酒学院），并且坚信自己知道酿制优质葡萄酒的正确方式。帕克就是如此。

在帕克看来，20 世纪 80 年代是法国葡萄酒的黄金十年，他也曾在那时称赞过其中的顶尖者。20 世纪 90 年代早期，波尔多遭遇了几个不佳的年份，美国葡萄酒的质量突然就超越了法国。帕克认为，顶级酿酒厂现在酿制的都是优质葡萄酒，但是其中一些他经常批评的酿酒厂，其葡萄酒定价是“与其自负成正比的”。每次到访纳帕谷，他总是寻找一些让人激动的新东西，比如一款有潜力的膜拜酒的首年份酒款、海伦·特利最新酿制的葡萄酒、克佩伽斯酒庄聘请了一名新酿酒师之后的改良葡萄酒以及那些他认为未能酿制优质葡萄酒的人。在过去几年里，这个名单上包括很多帕克曾经称赞过的酿酒厂，比如法国酿酒师伯纳德·波泰经营的克罗杜维尔酒庄、阿尔·布朗斯坦的钻石溪酒庄，甚至罗伯特·蒙达维的酒庄。

帕克对加州葡萄酒的正确风格和酿酒技术有着非常坚定的看法，对勃艮第等地区也是如此。那些与他持不同看法的人就要倒霉了——比如蒂姆·蒙达维，几天之后帕克就会去见他。

蒙达维酒庄是他每年都会去的“模范酿酒厂”之一，在 20 世纪 90 年代经常受到他的称赞。即便如此，也无法阻止帕克在 1999 年 12 月份的《葡萄酒倡导家》上指责罗伯特的儿子蒂姆，他负责管理该酒庄最近的酿酒走向。“加州顶级葡萄酒的优势不在于波尔多葡萄酒特有的雅致与细腻，而在于强劲、丰富、浓郁成熟的果味，这是显而易见的。”帕克写道。难道蒂姆·蒙达维追求的“近乎雅致的葡萄酒不与加州真正的优势相悖吗”？蒂姆显然没有明白帕克的意思。2000 年 12 月，帕克又使用了一种更尖锐甚至情绪化的语气，称蒂姆错误地支持“欧式的优雅”。帕克严词斥责，酿制“口味越来越淡，在我看来品质一般、平淡无味的葡萄酒，过分地追求平庸而非拥有内心、灵魂和乐趣的葡萄酒，他违背了大自然对加州的恩赐”。帕克曾给予该酒庄葡萄酒的高分已下滑到 80—85 分，还有几瓶甚至只有 70 多分。帕克确定加州最擅长——而且应该继续——酿制“完全成熟、深厚丰富、浓度较高的葡萄酒”，酿制其他任何葡萄酒都是“大错特错”。

帕克的报道公布后，蒙达维酒庄的股价下跌了 14 个点。

通常情况下，其他人对葡萄酒持不同看法时，帕克并不会用对待蒂姆的方式来对待自己不喜欢的葡萄酒风格，他会将视线转移到造成这一现象的外在原因。早在 6 年前，帕克就将蒙达维酒庄列入了“英雄”榜单，所以一定是有人对蒂姆产生了不良影响。蒙达维酒庄和蒂姆在全世界参与了 6 个联合葡萄酒项目，帕克推断这是因为蒂姆长期和“法国、意大利等地的一些顶级葡萄酒酒庄的人”待在一起，这些人认为加州葡萄酒酒精含量过高，过于夸张，是“美国低俗文化在葡萄酒中的体现”。詹姆斯·劳贝就住在纳帕谷，为《葡萄酒观察家》撰稿报道加州葡萄酒，6 个月后，他将帕克的观点发表在该杂志上。

这场风波升级成了流言蜚语推动的行业斗争之一，两份英国葡萄酒出版物进行跟踪报道，索诺玛的《全球葡萄酒年份季刊》和《葡萄酒贸易月刊》进行了深入分析。丹·伯格和许多葡萄酒作家写信给蒂姆：对帕克的行为表示愤慨，对蒂姆表示支持。“我只是想告诉你，他简直就是大错特错。”零售商杰拉尔德·韦斯尔将写给蒂姆的信和回信发布在商店的网站上。在接受采访时，蒂姆和父亲多数情况下都对帕克礼貌有加——大意是“他为这个行业作出了很大贡献，他有他的看法，我们有我们的观点”，但这次父子二人都很受伤，觉得受到了冒犯，尤其是帕克对蒂姆的人身攻击，还暗示他们的葡萄酒缺少“心灵和灵魂”，这势必会激怒罗伯特·蒙达维。父子二人要求与帕克见面，一起探讨他的评论。

后来蒙达维家族在公开言论中平息了此事，但罗伯特·蒙达维私底下总忍不住谈论帕克对其葡萄酒的猛烈抨击。罗伯特的女儿玛茜在公寓里为父亲举办了小型生日宴会，他在宴会上对我说：“我们有自己的风格，相信自己的风格。如果你全心全意地酿制葡萄酒，即便隔壁的葡萄酒再好，人们也会更加喜欢你的葡萄酒。”

蒂姆坚持认为，问题的根源在于2000年10月他不在酒庄，未能参加帕克一年一度的品酒会，当时他正在纽约参加《葡萄酒观察家》举办的葡萄酒体验活动。蒙达维酒庄的酿酒负责人吉纳维芙·詹森告诉一位采访者，帕克抵达酒庄时心情很不好，举止粗鲁唐突，一边品尝酒庄的葡萄酒，一边反反复复地说：“这是个问题，这是个问题，哪里还有品酒的乐趣？”

帕克笑了笑，他的说法完全不同——当时他是失望，并非心情不好，他想与人探讨他的看法，却没有得到任何回应。米歇尔·罗兰是波尔多著名的酿酒顾问，帕克与他相识近20年，一直很敬重他。得知蒙达维酒庄聘请了米歇尔·罗兰，帕克肯定认为他们将自己的话铭记于心，想方设法地提升被自己批评的葡萄酒的品质，就像15年前一样。从1975—1985年，蒙达维酒庄酿制的葡萄酒都经过过滤。帕克尖酸严厉的评论说服了他们不再过滤葡萄酒，重新以最自然的方式去酿制。米歇尔·罗兰声称，帕克的杂志出版两周之后，蒂姆就给他打电话了，但酒庄的官方说辞是，罗兰只是来此参与一个美乐葡萄酒项目。

在帕克猛烈抨击蒙达维酒庄的葡萄酒之后，位于索诺玛的Enologix实验室组建了一个由酿酒专业人士组成的品酒小组，举办比较盲品会，对比蒙达维酒庄的赤霞珠葡萄酒与几种帕克评分较高的赤霞珠葡萄酒，没有人认为前者不如后者。蒂姆说："我认为他（帕克）从来不该说只应有一种风格，但是从他的行文方式中可以看出，那确实就是他的真实想法。"

那已经是去年的事情了。他们最终见面了，据说已经和好如初。今年去蒙达维酒庄品酒应该会更加令人满意吧——至少对帕克来说是这样。

帕克躬着身，手扶在方向盘上，驱车前往圣海伦娜[1]，他开始打起精神让自己进入葡萄酒模式，整个人也随之振奋，然后向南驶入29号公路，这条南北向公路将整个狭窄的山谷一分为二。工人早已在葡萄园里喷洒药剂，现在路上的车辆还很少，相比之下，高峰时段装载葡萄的卡车能让整条路上的车辆像蜗牛一般爬行。我们到了拉瑟福德，第一站是斯坦格林家族酒庄。帕克很沮丧，不知道该走哪条岔路口，手边又没有地图。我掏出了自带的地图，上面标明了酿酒厂的地址。我们沿着贝拉奥克斯路往南走，路的尽头隐藏在玛雅卡玛斯山区的圣约翰山山坡下面，这里就是斯坦格林家族酒庄。通往葡萄园的路上有一道锁着的铁门，帕克按了石柱上的门铃，说道："您好，我是罗伯特·帕克。"我们看不到人，只听到莎莉·斯坦格林的声音，她说道："真是太好了，您能顺便帮我把报纸带上来吗？"

"葡萄酒之王"冲我翻了翻白眼，仿佛在说，看吧，毕竟我也不

[1] 圣海伦娜位于美国加利福尼亚州纳帕谷。

是什么大不了的人物，然后笑着捡起了报纸。帕克很喜欢斯坦格林一家，他们白手起家，后来变得非常富裕。在詹姆斯·科纳韦的编年著作《伊甸园彼岸》中，帕克认为他们“被刻意抹黑了”，他们是被描述为“新贵”人群的典型代表，十年前来到纳帕谷种植葡萄酿制葡萄酒，以此获得地位并满足他们的自尊心——用斯坦格林的话来说，是“享受不同的生活方式”。好吧，可以这样来看待他们。他们当然很有钱，甚至多到不知道该怎么花。他们仿造了一座1000平方米的托斯卡纳乡村别墅，里面的装饰包括一幅刺绣地毯，上面的图案是一座意大利文艺复兴宫殿的彩绘天花板。他们开始酿制赤霞珠葡萄酒，把房子租给华特·迪士尼公司翻拍《天生一对》[1]，这让邻居感到很诧异。此外，他们向慈善机构捐赠了大量善款和葡萄酒；帕克对此大为赞赏，他自己也做过类似之事，不过规模要小得多。

纳帕谷也吸引了其他企业家、网络公司老板和投资银行家。在20世纪90年代极度繁荣的时期，这些银行家快速地赚到了很多钱，却找不到足够的项目来花掉那些钱，于是效仿斯坦格林家族，用自己的名字创立一家酿酒厂，这似乎是一种追求享乐且极易实现的梦想。

斯坦格林家的两条杰克罗素梗犬[2]，萨米和杜斯（有一次，纳帕谷葡萄酒拍卖会上的狗狗宴会共筹集了2.8万美元，它们就是宴会的“东道主”）冲着帕克大声叫。我们在酿酒厂门口见到了斯坦格林夫妇以及他们的一双成年儿女——儿子布兰登和女儿香农。他们新建的酿酒厂是一座2200平方米的环保型酿酒厂，建在了山坡上。帕克上一次来这里还是两年前，那时候他们仍然使用附近的定制破皮压榨设备

[1]《天生一对》是美国1998年出品的家庭喜剧电影。

[2] 杰克罗素梗是一种活泼、精力旺盛、爱好群集的工作犬种，身高不会超过40厘米。

酿酒。为了获得分区审批建立这座新酿酒厂，他们花了十年时间，还设计将酿酒厂隐藏在地下。人们都说，他们向罗伯特·蒙达维在纳帕谷的美国葡萄酒美食和艺术中心捐赠了100万美元，才最终获得了审批。斯坦格林夫妇迫不及待地要向帕克炫耀一番。

加伦·斯坦格林和莎莉·斯坦格林两人身材矮小，做事严肃认真。加伦是黑头发，脸上总洋溢着微笑；莎莉是金色短发，非常健谈。在酿制和推销葡萄酒时，他们总是不知疲倦，精力无限，做其他生意时也是如此。他们拥有一家安全玻璃公司和一家有1100名员工的电子支付系统公司——这使得他们从一开始就有充足的资本。

你不得不佩服他们。如果说他们致力于酿制优质葡萄酒，那么运气也好，智慧也罢，他们从一开始就踏上了正途。首先在1985年，他们购买了一座历史悠久的20万平方米的葡萄园，原主人是纳帕谷的先驱乔治·德·拉·图尔，柏里欧酒庄的创始人。他们费了很大力气才从图尔的孙女达格玛·沙利文手里买下了这座葡萄园。这里最初由著名的酿酒学家安德烈·切列斯切夫管理葡萄种植，20世纪四五十年代，他改变了美国葡萄酒酿制方式。该葡萄园的葡萄酿制出了美国第一批优质葡萄酒，即柏里欧乔治拉图私人珍藏赤霞珠干红葡萄酒。这是美国最符合风土条件的一款葡萄酒，不仅有业绩而且声誉不错。

斯坦格林夫妇聘请了具有争议的大卫·艾伯如作为葡萄园的管理者，以表明他们对待葡萄园严谨认真的态度。1993年，帕克曾经将艾伯如列在他的“英雄”榜单上。20世纪90年代，艾伯如曾是纳帕谷著名膜拜酒生产商的葡萄园顾问。帕克给予1977年份艾伯如麦当娜园干红葡萄酒100分，可惜只有300箱，数量非常稀少。碰巧那天艾伯如不在场，否则他肯定会和帕克聊上好几个小时，谈论种植葡萄的各种技术层面的内容——气候、葡萄园、悬挂期[1]等。

斯坦格林夫妇购买了新设备，谈起葡萄酒来头头是道，知道如何充分利用罗伯特·蒙达维之前使用的一切方法来推销葡萄酒。加伦的意大利传统（家族姓氏原来是斯塔利亚诺）、他们的家庭观念（子女也要参与其中，“这是整个家庭的事情”），还有他们的艺术品收集，所有这些都与他们的葡萄酒息息相关——这是获得成功的正确方法。两年前，他们聘请酿酒顾问米歇尔·罗兰与酿酒师合作（据莎莉透露，聘请罗兰的实际费用比预期的要高得多）。

与很多刚来纳帕谷的富人一样，他们只想酿制最好的葡萄酒（谁也不想成为二级酒庄，更不用说小酒庄）——获得帕克的认可。斯坦格林酒庄的 1990 年份赤霞珠葡萄酒勉强获得 90 分，1994 年份赤霞珠葡萄酒则获得了 90 多分。帕克称赞他们酿制的桑娇维塞葡萄酒是加州葡萄酒的最佳典范。为了传承加伦的意大利传统，他们用托斯卡纳地区酿制基安蒂酒[2]的葡萄来酿制葡萄酒，“可以为酿酒故事增添色彩”。

刚来的酿酒师安迪·埃里克森（2003 年离开酒庄）穿着一件深绿色的 V 领毛衣，站在场地中间主持品酒会，向大家介绍 12 瓶葡萄酒，毕恭毕敬地多次向帕克表达诚意。帕克从未见过埃里克森，他在哈兰酒庄工作过一段时间，之后去了斯勃兹伍德酒庄，这两家都是帕克最喜欢的酒庄之一。寒暄后，帕克了解了基本情况：管道五横三纵，房间高 9 米、宽 10 米、长 30 米，如果室内湿度超过 80%，7 个风扇会自动打开。帕克颇有兴致地开始深入探讨酿酒细节，想看看自从上次

[1] 葡萄果实留在枝头的时间。

[2] 基安蒂酒（Chianti）是一种意大利红葡萄酒，出产自托斯卡纳大区基安蒂产区，也称“香缇”。

造访后有什么新鲜事。埃里克森很乐意效劳：艾伯如正打算降低葡萄园的产量，尝试新的克隆品种，调整重新种植的葡萄株的间距，以便果实成熟得更好；葡萄酒在桶中时尽量减少倒灌，尽量少干扰葡萄酒（口头禅“我们认为葡萄酒是在葡萄园里酿制的”）——简而言之，现代酿酒的所有常用流行语在耳边响个不停。帕克点点头，明确表示赞同，打断了埃里克森的讲话，开始就自己关注的酿酒话题发表看法——以低产确保葡萄酒风味的重要性、让葡萄在葡萄园中充分成熟的重要性以及过滤问题。莎莉·斯坦格林坚持要酿制桑娇维塞葡萄酒，帕克很喜欢这种酒，但也不禁怀疑在加州种植桑娇维塞的意义何在。与在托斯卡纳相比，它在加州生长得并不是很好。但是斯坦格林夫妇对它有深厚的感情，毕竟桑娇维塞与他们一家有着不解之缘。

品酒会在一张饰有水晶的圆桌旁边举行，两条杰克罗素梗犬的叫声此起彼伏，帕克在家里也会遇到这种情况，因此全然不受影响。他特别喜欢 2001 年份赤霞珠葡萄酒的桶中样酒，这是埃里克森在这里酿制的第一个年份酒。“浓度已经达到了。”埃里克森解释说，“但是米歇尔（罗兰）来了之后，我们才会做最后的混酿。”1999 年份的赤霞珠葡萄酒既未澄清也未过滤。“我们听从米歇尔的建议：做什么事情都要有恰当的理由。如果没有问题，为什么要过滤？”帕克对此深表赞同。

“斯坦格林家族酒庄还在发展之中。”在回来的车上，帕克告诉我，“我一直来这里，是因为看到了酿制世界顶级葡萄酒的动力，他们离目标越来越近。”帕克最终给了 2001 年份赤霞珠葡萄酒的桶中样酒 94 分，这是该酒庄最高的得分。此外，埃里克森是一位非常得力的干将。

多年来，帕克一直都会去花溪酒庄，我们的下一站即是。朱莉·加维和她的两位兄弟共有这座酒庄，她的丈夫负责管理葡萄园。加维非常热情地迎接了帕克，同时又有点紧张。帕克通常和酿酒师肯·戴斯一起品尝葡萄酒，但今天他有事不在。帕克和戴斯都喜欢大学篮球队。加维知道帕克原本期待着与戴斯热烈地讨论，上个月他支持的马里兰大学淡水龟队赢得了一级男子篮球锦标赛的冠军。为了活跃气氛，她递给帕克一只小乌龟和一个微型篮球，又指了指品酒桌上的淡水龟队横幅，笑着说道："嘿，这可不是为了贿赂你给我们高分哦。"帕克似乎被眼前的这些和她安慰的话语打动了——"我为您母亲的事情感到很遗憾"。帕克看着比赛却心不在焉，他为母亲感到悲伤。几乎整个加州葡萄酒界的人都认识帕克，很多人给他寄送了私人慰问信。

花溪酒庄实际上是一家老酒庄，于 20 世纪 70 年代末酿酒厂热潮中成立，那时美国人还没有葡萄酒评分的意识。该酒庄拥有良好的声誉，虽然葡萄酒品质上乘，却从未受到追捧，也从未声名大噪。加维的父母购买了一处带有两个废弃酿酒厂的宅地。他们没有按照计划退休，而是开始酿制葡萄酒，并最早推出了具有波尔多风格的赤霞珠混酿（他们称之为"三部曲"）。现在，这个家族拥有 240 万平方米葡萄园，能够酿制十几种葡萄酒。与很多加州产区的人一样，他们无法抵制试验的诱惑，总冒险种植一些新的葡萄品种。谈到葡萄酒，热爱试验是美国和法国之间的最大差异之一，正是试验使得酿制葡萄酒不至于太过乏味。"如果我们坚持只酿制赤霞珠和霞多丽，我们的葡萄酒可能早就卖光了。"加维说道。

花溪酒庄与帕克的关系并非一直都很融洽。从 20 世纪 80 年代中期到 90 年代初，帕克经常赞赏他们的白葡萄酒，但认为"三部曲"

最多也就称得上“时尚、高雅”。他们必须努力为“三部曲”找到忠实“粉丝”。加维一直都没有忘记：“那款葡萄酒非常好，风格没有现在这么强劲。我们必须让人们喜欢这种酒。我们没有帕克给的99分。”但是1991年份“三部曲”改变了帕克的看法，现在他每年都会来花溪酒庄。

加维热情友好，和她相处让帕克倍感惬意；他们聊起了彼此的孩子，吐槽坐飞机新出现的各种困扰，讨论加州喜欢酿制越来越强劲的葡萄酒。帕克认为“葡萄酒是一种能给人带来乐趣的饮料”，这是他最喜欢的短句之一。加维则说：“我想问的是……你是否认为不需要重新重视陈年潜力？那些越来越强劲的葡萄酒适合陈酿吗？人们开始做一些匪夷所思的事情，以此获得能受到评论家赞赏的风味。”换句话说，提前熟透的水果与高酒精含量是会保证葡萄酒的持久性，还是会导致葡萄酒经不住陈酿？

帕克用心倾听，打断加维说：“你可以酿制强劲的葡萄酒，但必须保持良好的平衡性。”那天，他说了好几次这句话。

在品酒室的长桌上，加维将24种葡萄酒按品种顺序摆成一排。就在我们抵达酒庄之前，酿酒师戴斯打电话询问情况，他告诉加维，帕克喜欢按年份品尝葡萄酒。他是想要加维重新摆放那24瓶葡萄酒吗？帕克说，没关系。品酒清单上涵盖了他想要品尝的每种葡萄酒的所有细节——葡萄品种、价格、酿制的箱数以及发布日期。加维把戴斯的办公椅推了出来，帕克就坐在这张椅子上，开始按照自己的流程品酒：玻璃杯中倒入三分之一的葡萄酒，他喜欢用右鼻孔闻酒香，然后品尝一口，吐入红色塑料杯内，给出评论——他喜欢12美元一瓶的灰皮诺葡萄酒，最后提问。霞多丽的发酵方式是什么？加维是否注意到了这样一种趋势，为了保留更高的酸度，人们开始弃用苹果酸-

乳酸发酵？橡木桶情况如何？“听说人们厌倦了橡木味和丰富的口感。”加维回答说。她对过去三个年份的葡萄酒有什么看法？在她说话时，帕克在品尝他想喝的葡萄酒，此时已浑然忘却周围的一切。在法学院学习的时候，立体音响常常发出刺耳的声音，这对他没有什么影响。帕克表示，即便“房子里有100个孩子在尖叫”，他也可以照样品酒。

葡萄酒进入帕克嘴里时，他的脑海里跳出的第一印象就是质地，随后是一幅画面和一张葡萄酒的照片，似乎是三维的。他曾多次想要描述这个过程。他知道这听起来像是胡说八道，但是他看到了葡萄酒的层次和质地，在脑海中将其一层一层地剥开。有时候，他觉得就像是拉窗帘；有时候，他又觉得像是爬上了10层的高楼。“我在思考那里有什么，有多少，酸度、单宁、酒精在哪里？”帕克说道。他经常会问有关橡木桶的问题。如果他知道一家酿酒厂只使用50%的新橡木桶且桶中样酒的橡木味过浓，他便确信他们一定听说过他喜欢很重的橡木味，对样酒动了手脚。“如果这种情况发生了，”他说，“我就不会评论那款葡萄酒。”

帕克写字的时候用左臂将摊开的厚厚黑色笔记本环抱在胸前——他是个左撇子。谁也别想偷看评分，但我可以看到小玛雅在她爸爸的笔记本上贴的忍者神龟贴纸。

经过几天的品酒，帕克确信2001年将成为赤霞珠葡萄酒的重要年份。“我喜欢这个年份，一切都很美好。我认为这是优质年份的开端。”他说道（帕克在说话时反复用到“开端”这个词）。最近几年，花溪酒庄等许多加州酒庄开始特别注重风土条件，就像勃艮第的酒庄一样。花溪酒庄首次推出了一系列来自不同葡萄园的赤霞珠葡萄酒，都“标明了产地”。帕克的兴奋感——“嘿，这个是新的！这是哪里的？”——显而易见：品尝了一款还没有命名的葡萄酒时，帕克脸色都变温和了，似笑非笑。每当品尝到喜欢的葡萄酒时，他看起来就是这个样子，似乎非常幸福。他有时候会舔舔嘴唇，在喝了一口花溪野猪园赤霞珠葡萄酒之后就这样做了。“这是一种老式加州葡萄酒。”加维说。“愿上帝保佑。”帕克热切地说道，称之为“地狱天使[1]专属葡萄酒”，但他在杂志中用词更温和一些，写的是“摩托车铁杆粉”。

“三部曲”代表的是赤霞珠、品丽珠和美乐，三种用于混酿的葡萄品种。1984年，花溪酒庄第一次酿制了这种葡萄酒，当时没什么酒庄酿制波尔多混酿。“实际上，帕克并不是很喜欢‘三部曲’。”加维对我说。她的声音很温柔，用了开玩笑的语气，但能感受到她的怒气。

“是的，我确实对你很苛刻。”帕克表示赞同，似乎觉得有点尴尬。

加维继续跟我说话，眼睛却注视着帕克：“不仅仅是那款酒，他还不喜欢我们在那之后酿制的任何葡萄酒，他觉得那些酒太过‘优雅’。”

“不，我认为那些酒缺乏质地，口味太酸。”

“嗯哼，但是你刚刚说的就是‘优雅’。”

“好吧，是有点太过优雅，太礼貌。”帕克的话题稍稍转变，“现在，这（1999年份）是一款典型的、风格优雅的葡萄酒。但我所说的优雅是褒义的。那个时候（餐酒时期）葡萄酒总是被轻描淡写，受到压制。优雅并不是一件坏事，但很多酿酒师用‘优雅’一词来掩盖平淡无味与风味不足。”

---

[1] 地狱天使是一个被美国司法部视为有组织的犯罪集团的摩托车帮会，会员大多骑乘哈雷摩托车，主要是由白人男性组成，小部分成员是西班牙裔和美洲原住民血统。

“嗯，我们从未想过自己的葡萄酒风味不足，也从未打算酿制强劲饱满的葡萄酒。说实话，我认为20世纪90年代更加宽容一些。我们一边酿酒一边学习，我相信你在品酒中也逐渐进步了。”她笑了笑，以减少嘲讽的意味。

“你觉不觉得……我一直怀疑酸度有点高。”

“不可能，绝对不可能。你说我们添加了酸，过滤了葡萄酒，但我们从未这样做过，这真的让人很恼火。”

“所以，那就是你们的葡萄采摘得太早了。”

“我不知道。与80年代的做法不同，现在我们按照不同的成熟速度采摘。大家都是这么做的。我相信我们很了解……”

“当然，但你应该知道我给的分数越高，对质地的要求也就越高。”

“我们的葡萄酒是有质地的。但……最大的挑战是，我们减少了品丽珠。品丽珠影响质地，质地会影响你的部分味觉，而这部分味觉你还不习惯。这有点破坏了整体，使整体口感更加清瘦……与20世纪80年代相比，我们现在采摘的葡萄更加成熟。现在的葡萄酒比80年代的葡萄酒更好，这点我赞同，但是我认为那时候的葡萄酒也没那么差劲。”

“那时候我用词比较难听吧。”

“你曾说‘酿酒师去死吧’，这话伤害了杜斯。”她提醒帕克。帕克则看着我，无奈地摊了摊手。

“我确实不应该那么做……你确定我说了那样的话？估计品尝葡萄酒的时候，我肯定非常生气。”帕克听起来有点不高兴。

加维拿出了1985年份、1987年份、1990年份、1992年份和1996年份的“三部曲”供我们品尝，以证明她的观点。

过后，帕克一直在琢磨他们的对话。他问我："嘿，我真的说过那样的话吗？我写了些什么，我倒是记得很清楚。我简直不敢相信自己写过'酿酒师去死吧'，完全不是我的风格。"

我找到了 1991 年《葡萄酒倡导家》中描述"三部曲"那段伤人的文字："如果莎士比亚今天还活着，那么他可能会说'首先，让我们杀了所有的律师，再杀了所有的酿酒学家'。这种红葡萄酒餐酒口味清瘦、酸度太高、尖锐酸涩、有股浓浓的消毒液味，这就是加州酿酒知识被滥用的典范。"

难怪时隔 11 年他们还记得。

相比斯坦格林酒庄，帕克与花溪酒庄之间有更多的相互迁就和意见分歧。花溪酒庄对待帕克更加随意，没那么崇拜他。实际上，那是我那一天听到的、最像是对帕克的观点与评判的质疑。

花溪酒庄已经建立很多年了，遭遇过很低的评分，却始终砥砺向前，树立了自己的声誉，虽然仍不及那些帕克评 95 分以上的膜拜酒庄。现在竞争更加激烈，已经有越来越多的波尔多风格混酿和优质赤霞珠葡萄酒问世。

"我宁愿私下品尝那些葡萄酒，不理会那些闲谈。"帕克在车上坦承，也许不必忍受别人的质疑。"他们的葡萄酒装瓶之后味道更好。他们所做的一切，我并不是都认同，但是条条大路通罗马。斯坦格林酒庄走的是法国路线。这是乔·赫兹旧式的酿酒方式。很管用。"他的话让我很惊讶。

帕兹酒庄庄主在几千米之外的鸿宁酒窖等着我们，这里是他们酿制葡萄酒的酿酒厂。对他们而言，帕克几乎就是"英雄"或"圣人"——帕克在紧要关头拯救了他们，更加证明了他主宰成败的能力。

我们迟到了7分钟——帕克很少迟到，他总是为自己的准时而感到自豪。4位庄主——酿酒师詹姆斯·霍尔和妻子安妮·摩西（她也是一位酿酒师），希瑟·帕兹和唐纳德·帕兹（负责管理与销售）都挤在了一间很小的白色品酒室里，风格类似厨房，还有绿色橱柜。成套的玻璃杯摆放在白色的方桌上，有一套比其余的都要精致，显然是为帕克准备的。他们给我也找了一些杯子，但不怎么精致。对于接下来发生的事情，我感觉自己就像一位不速之客。桌上还有一些大杯，用来装吐出的葡萄酒。我们挤作一团，坐在很不舒服的农场椅子上，现场气氛十分紧张，充满了热切的期待。

在纳帕谷，如果没有大量的资金，进入葡萄酒行业的选择也就不多。人们常说——想在葡萄酒贸易中赚点小钱，就要从赚大钱开始——这话十分贴切。20世纪80年代，土地价格暴涨，种植葡萄园的成本急剧增加。要等上好几年才能用葡萄园里的葡萄酿制葡萄酒，所以需要大量资金。帕兹酒庄在1988年成立了公司，为了应对资金问题，他们的解决办法是变身为葡萄酒批发商，从最好的葡萄园购买葡萄，然后在“老板”的酿酒厂即鸿宁酒窖酿制葡萄酒，当时詹姆斯·霍尔是鸿宁酒窖的酿酒师。加州开始注重风土条件，这点非常符合他们的目标，现在利用从加州北部一些顶级种植商那里购买的葡萄，他们能够酿制6种霞多丽葡萄酒和4种黑皮诺葡萄酒。

1991年4月，他们一度非常沮丧甚至绝望，因为帕兹酒庄1989年份的葡萄酒彻底失败了。他们快要没有资金了，交完一笔大额税款后，他们的银行账户里只有600美元，甚至无法负担桶中葡萄酒的装瓶费用。批发掉一部分桶中葡萄酒之后，他们获得了足够的资金，一共装了500箱1990年份霞多丽葡萄酒。事情大概就是这样，1991年将成为生死攸关的一年。随后奇迹发生了——他们的一位好朋友布鲁斯·吉尔哈特认识帕克，还说服他去品尝他们的葡萄酒——帕克真的去了。随后，一篇热情洋溢的评论出现在《葡萄酒倡导家》的封底。帕兹酒庄的葡萄酒——帕克的新发现——“重拾了我对纳帕谷手工酿制的霞多丽葡萄酒的信心”。得分：92。

在美国东部地区，帕兹酒庄的经销商劳伯进口公司突然接到大量订单，短短4天之内就卖掉了400箱葡萄酒。一个月之后，他们收到了一张支票，詹姆斯·霍尔非常激动地说道：“我们的银行账户里有钱了，这些钱足够建立信贷额度，我们有现金流了——奋进！”他们如释重负，几乎热泪盈眶。自此，他们限量款的葡萄酒，无论劳伯进口公司想要多少，都可以买到。

1998年10月，帕克第一次来到帕兹酒庄，詹姆斯·霍尔非常紧张，就好像他必须在一场口语考试中表现出色，却又不知道问题是什么，这是可以理解的。他遇到过很多评论家，那些人脾气暴躁，对什么都嗤之以鼻。他回忆说，“我以为他会要求很高，难以相处，会问一些刁钻的问题。前10分钟简直是心惊胆战，如坐针毡。我希望问题不要太专业”。帕克非常热情，喜欢他们的1991年份葡萄酒，这让霍尔如释重负，此后他和帕克一直保持联系。

这一天，4位酒庄庄主看起来轻松自在，实际上却非常兴奋，他们使出浑身解数，想要给帕克留下深刻的印象。没有任何寒暄，他们热情洋溢地谈论一些细节内容，酒庄对供应葡萄的种植者有多大的掌控；葡萄园特定区块土地合同的复杂性，让他们能够管控葡萄园的修剪、疏苗、采摘时间；与种植者保持关系融洽的必要性。接着，他们谈到了酿酒技术，原生酵母的优点、分离压榨葡萄酒、搅桶[1]、长时间

[1] 搅桶，即搅动沉淀在桶底的酒泥可获取更丰富的风味物质，同时使葡萄酒和空气接触。

苹果酸-乳酸发酵，甚至还谈到了想要成为法国橡木桶最重要的客户之一，这样就可以获得最好的橡木桶。他们还聊起了流言八卦，听说法国特有的黑皮诺克隆品种被“放在手提箱中”偷运到了加拿大（换句话说，葡萄幼苗被偷运到了加拿大）。

到目前为止，詹姆斯·霍尔和安妮·摩西口齿伶俐，对于为帕克举办品酒会的方式了如指掌：在整个过程中，他们不停地交谈，让帕克感觉自己也是团队一员；他们耐心地向他一点一点地讲解自身的看法，比如该年份的品质与风味、葡萄酒的味道、品质好坏及原因，表示赞同或回应时，帕克就会高兴地点点头。2000年份桤木泉园霞多丽葡萄酒让帕克想起了法国的巴塔-蒙哈榭，带有一丝橙花和柑橘的味道（后来发布的得分：92）。帕克说，就像是同一个葡萄园的黑皮诺“从嘴中驰骋而过”。与帕兹酒庄其他所有葡萄酒一样，皮索尼酒庄的黑皮诺葡萄酒也拥有极高的“水果纯度”。霍尔坚持认为，这是加州的特点，应当发扬光大；帕克表示认同，也经常发表同样的观点。

加州一些愤慨的酿酒师告诉我，这样的谈话会影响帕克对其葡萄酒的描述与评价——如果他们不谈论那些内容，帕克就不会知道。酿酒师们认为，帕克并没有意识到他们想要左右他的看法。

难道他没有意识到吗？这很难说，帕克也扮演了自己的角色：有时候，他更像是葡萄酒爱好者或葡萄酒“粉丝”，而非很有影响力的评论家；如朋友般絮絮叨叨地了解一些细节和看法；像新闻工作者一样提出葡萄酒评论以得到回应，这些评论都是从他拜访过的葡萄酒人士那里搜集而来的；汲取在兄弟酒庄的经验，从酿酒师的角度谈论问题。他所做的一切都是希望人们能够喜欢他，把他当作普通人。他非常努力地想让酿酒师和酒庄庄主与他相处时觉得更舒服，这点有目共睹。对葡萄酒人士颐指气使——不管是面对面，还是以任何方式，都不是他的风格。“我又不是吃人的恶魔。”他对我说。

帕克向帕兹酒庄的4位庄主介绍了一种带滚轮的橡木桶以及这种桶的使用方便，并愿意给他们寄一本小册子过来。他们则告诉帕克酒庄的内幕故事，如何在加州最现代的皮索尼葡萄园买到葡萄（7000美元一吨的黑皮诺），还向他推荐了一家新开的寿司店，位于贝尼西亚的祭寿司，就在去往核桃溪途中的780号州际公路附近。他们在这家店里“狼吞虎咽地吃光了”点的所有菜，还喝了一大瓶库克香槟。帕克当场就决定下周返程去机场的路上要去这家寿司店，他现在好像就垂涎三尺了。

帕克旅程的重点都是品酒会，而非参观葡萄园。霍尔却极力引诱他：“如果你想参观门多西诺北部的阿尔德斯普林酒庄，庄主本人非常有意思，他肯定会非常高兴。他一定会很激动，高兴得手舞足蹈。他还有一个计划，如果你能给他酒庄的任何葡萄酒评分超过90，他就会给葡萄园的每位员工发1500美元奖金。”这座葡萄园海拔约640米，距离太平洋约11千米。帕克说，如果他和帕特一起来这里的海边度假，他可能会偷偷溜出去一个早上……

我们准备离开时，霍尔递给我一台相机，让我在外面给他们4人和帕克拍照。站在“救世主”的两边，他们紧紧地靠在一起，突然出现了一缕阳光，他们的脸上掠过了开怀的笑容。

下午的剩余时间里，我们在辛格罗酒庄的品酒吧里待了一个小时。雷·辛格罗身材消瘦，头发朝后梳得平平整整。他因为感冒一直在抽鼻子，有点羞涩又有点犹疑，最终鼓起勇气去问帕克，为什么他再也不推荐辛格罗酒庄的葡萄酒了。几年前，帕克写过一系列热情洋溢的评论，之后逐渐开始无视他们的葡萄酒了。帕克看起来有点恼怒。很显然，这不是辛格罗应该问的问题。“我品尝的葡萄酒只有 30% 会被推荐在《葡萄酒倡导家》上。”帕克解释说。帕克去洗手间的时候，我注意到他特意将笔记本翻了一页，这样就只能看见上面的空白页。

思福酒庄就在同一条路上，在一个很大的白色房间里举办了一场几近浪漫的品酒会，地上铺着墨西哥瓷砖地板，房间的一端有个大型开放式壁炉，透过窗户可以看到葡萄藤。桌上铺着白色桌布，擦得锃亮的玻璃杯被小心翼翼地摆成排，灯光照得玻璃杯闪闪发光。桌子一边坐着道格·思福，他身材瘦高，穿着粉色衬衫，他的父亲穿着牛仔裤和运动鞋，酿酒师伊莱亚斯·费尔南德斯负责倒酒，他全神贯注，随时准备回答提问。自 1991 年以来，帕克就一直品尝思福酒庄的葡萄酒，尤其是该酒庄的山坡精选赤霞珠葡萄酒，他认为这是美国十几种顶级的葡萄酒之一。在这里，帕克似乎如鱼得水。品尝完四个年份的山坡精选葡萄酒之后，他的脸上露出一丝微笑。2001 年份桶中样酒赢得了一声赞叹和一声“哇”，得分在 96—100 分之间，非常完美。对帕克而言，这似乎是今天最精彩的部分。费尔南德斯说，这款葡萄酒有阳光和温暖的味道，正是帕克眼中加州优质赤霞珠葡萄酒应该具有的味道。在帕克心中占有一席之地的赤霞珠葡萄酒之中，思福酒庄出产的一直是其中的极品。

一路与帕克同行，可以很明显地看到，他的影响力已经非常巨大。即便对于不需要他拯救于破产之中的酒庄，帕克的认可也非常有用。但是，得到帕克的赞许之后，也不见得一直能保有。格鲁斯酒庄的赤霞珠葡萄酒曾获得 100 分，3 年之后该酒庄就被降级了，十年之后它的所有葡萄酒都未被列入《帕克葡萄酒购买指南》。

多年来帕克一直称赞吉姆·克兰邓恩的奥邦酒庄出产的葡萄酒，

后来却降低了对其的评分。克兰邓恩沮丧万分。经销商纷纷问他："为什么帕克不喜欢你的葡萄酒啊？"他不得不寻找各种说辞。兰德尔·格雷厄姆是邦尼顿酒庄的酿酒师，他为人风趣幽默，不拘一格，在2001年秋季写道："我似乎已经（非常不幸地）断绝了与帕克先生的一切联系。他似乎再也不会评论邦尼顿酒庄的葡萄酒了。我可以靠自己，不需要任何帮助，非常感谢——如果贸易还能继续繁荣发展。"

下午6点半，我们回到了梅都伍德度假村，帕克依然精力旺盛，准备与意大利酿酒师安杰罗·嘉雅一起参加品酒会。他刚好也在纳帕谷，还带了新酿酒厂歌玛达园的样酒，想和帕克一起品尝。歌玛达园位于保格利，毗邻托斯卡纳海岸。西施佳雅是第一款用赤霞珠酿制的"超级托斯卡纳"[1]，它就是在保格利生产的，开启了意大利的葡萄酒革命。

嘉雅是最富有创新能力、最有志向、最精通媒体的意大利酿酒师之一，他1982年认识了帕克，当时帕克还是个无名小卒。他非常敬重帕克的慷慨，认为慷慨是葡萄酒作家难能可贵的品质。很多情况下，帕克都会在家里设宴款待他。在1998年的一次意大利之旅中，帕克甚至为酿酒师准备了一次松露午餐，据说至少花费了3000美元。嘉雅很欣赏帕克对皮埃蒙特出品的现代风格和传统风格的葡萄酒都持开放态度并加以称赞。"只要他说一款葡萄酒的品质不错，立刻就会有人买。小生产商为了他们的葡萄酒甘愿冒一切风险。他们获得了鼓励，这成倍地增加了我们的市场机会。"他说道。一个不断发展中的新产区总需要借助支持者。

[1] 超级托斯卡纳是产自意大利托斯卡纳产区却游离于意大利分级制度之外、酒质上乘的一类葡萄酒的统称。

尽管如此，帕克也会对自己热爱的事物相当傲慢。20 年来，他只去过 3 次意大利。但是，这也未能阻止他对《洛杉矶时报》的大卫·肖说，他“对 1997 年份的巴罗洛葡萄酒和巴巴列斯科的了解，甚至超过了酿制它们的人，其中很多人的家族世世代代都酿制葡萄酒……我认为他们并没有真正意识到他们拥有了什么”。

20 世纪 90 年代，随着加州乃至世界葡萄酒行业的发展，帕克让许多产区名扬四海，也让许多酒庄和酿酒师家喻户晓。正如他常说的，“我不在乎你酿酒时间的长短，也不在乎你的酒是用什么葡萄酿的、在哪里酿的，售价是 4 美元还是 400 美元。只要好喝，我就会说好喝”。结果是，建立新产区或树立葡萄酒声誉，曾经需要十几年乃至一代人的时间，帕克和媒体却将这个时间缩短到几年甚至更短。

事实上，能够帮助富有创新精神的生产商成功酿制优质葡萄酒，帕克感到无比自豪；同时他认为，关注那些积极进取的酒庄并给予较高的评分，是他致力于提升葡萄酒品质的方法之一。这个过程与帕克“成就”1982 年份波尔多葡萄酒的方式差别不大。帕克喜欢“发掘”别人忽略的、从未听过的或者不当回事的葡萄酒。

以法国罗纳河谷产区为例，帕克不仅在杂志中激发了美国葡萄酒饮用者对罗纳河谷的关注，还在 1987 年出版（十年之后更新）的关于该产区的书籍中着墨甚多。在这本书中，他反复强调自己的看法，即罗纳河谷葡萄酒品质上乘却被轻视。帕克认为这本书是他最具原创性的著作，销量却比不上其他著作，这点一直让他很失望。他写引言时说：“品尝优质的罗纳河谷葡萄酒时，我的心灵和味觉仿佛互换了位置。”这证明了他对葡萄酒的热爱，这种热爱可以追溯到他还在马里兰大学法学院时，当时他刚刚接触葡萄酒。人们普遍认为罗纳河谷无法与波尔多或勃艮第媲美，产出的葡萄酒不具备同样的收藏价值。在过去，罗纳河谷葡萄酒仅被视为勃艮第葡萄酒的改良剂，以改良勃艮第浅色黑皮诺的颜色，给予其厚重的口感以满足英国买家的需求。

对帕克来说，第一个吸引他注意力的是吉佳乐世家酒庄。该酒庄创建于1946年，当时艾蒂安·吉佳乐离开了葡萄酒批发商维达尔·弗勒里，他和儿子马塞尔逐步成为罗蒂丘（罗纳河谷北部地区）最主要的葡萄酒批发商和葡萄园主人。马塞尔是一位酿酒师，身材高大，思维敏捷，总戴着一顶乡村平顶帽。他开始复兴罗蒂丘，对当地酿酒的传统方法进行了重大改良——采摘完全熟透的葡萄；在新橡木桶中陈酿葡萄酒，不再使用又大又旧、橡木味早已散尽的橡木桶；把不同葡萄园的葡萄酒分开装瓶，而不是混装在一起，从而创造出首批“奢侈的车库酒[1]”。这种概念传播到其他酿酒厂，20世纪90年代，很多新建的酿酒厂吸引了帕克的注意力并获得了高分。

拉慕林干红葡萄酒、拉兰当干红葡萄酒、杜克红葡萄酒（1985年新增）出自吉佳乐世家酒庄的三座小型葡萄园，这三款罗蒂丘葡萄酒让帕克震惊至极，他称赞拉慕林干红葡萄酒是“全世界最好的葡萄酒，没有之一”。拉慕林干红葡萄酒是“世界上酒香最浓郁的葡萄酒之一，遇上较好的年份，该葡萄酒能散发出与众不同的芳香，熏猪肉味、烤面包味、黑醋栗甜酒味、野姜花味、黑树莓味，偶尔还有普罗旺斯橄榄树的香气”。拉慕林干红葡萄酒是这三种葡萄酒中“最柔顺迷人的，能够15—20年始终保持质地丰满，给人带来愉悦的饮酒体验”，它就像是“吉佳乐世家酒庄葡萄酒系列中的莫扎特”；相比之

[1] 车库酒起源于法国波尔多产区，指一些小酒庄支撑不了高昂的场地费用，选择车库作为酿酒场地，酿出的葡萄酒被称为“车库酒”。

下，香气稠密、口感厚重、“几乎让人望而却步”的拉兰当干红葡萄酒就像“勃拉姆斯”。艾蒂安·吉佳乐降低了葡萄园的产量，在酿酒过程中尽量减少人为干预，最重要的是不过滤葡萄酒——至少他对帕克是这么说的。

多年来，帕克给予吉佳乐世家酒庄这三种葡萄酒的100分，比世界上任何其他生产商都要多——拉慕林干红葡萄酒获得了8次100分，超过了所有波尔多酒庄——售价就表明了这一点。20世纪90年代末，它们的价格是原来的4倍多，在美国的价格高达400—500美元一瓶，达到了膜拜酒的地位，而且除了拍卖行，别的地方根本找不到。这仍然体现了供需关系：这三种葡萄酒仅各有300—500箱产量。吉佳乐世家酒庄的进口商曾经说过，虽然这些葡萄酒在法国受到米其林二星和三星餐厅热捧，但人们争先恐后地以高价抢购它们，还主要归功于帕克。在夏季旅游季节，有时一天会有100人站在阿布斯村的吉佳乐世家酒庄门口排队购买葡萄酒。人们还寄来了支票，乞求能够买一瓶年份久一点的葡萄酒。马塞尔·吉佳乐不知道该如何应对他们。

吉佳乐世家酒庄赚得盆满钵满，这让其他生产商明白，美国人愿意掷重金购买优质葡萄园的奢侈特酿葡萄酒。位于教皇新堡的沙普提亚和佩高酒庄等雄心勃勃的生产商纷纷效仿，帕克对他们的举措大为赞赏。

并非每个人都喜欢吉佳乐世家酒庄的葡萄酒。罗宾·亚普是一位英国商人，从20世纪70年代开始就一直进口罗纳河谷葡萄酒，但他认为这里的葡萄酒口感太过厚重、口味太过浓郁、橡木味过重，缺少北罗纳河谷产区葡萄酒的细腻口感。克米特·林奇和罗伯特·查德顿是亚普的竞争对手，他们进口酿制风格截然不同、更优雅传统的葡萄酒，他们也赞同亚普的观点。罗蒂丘的其他生产商也表示，吉佳乐世家酒庄的葡萄酒橡木味太浓，酒精含量过高，但帕克对他们的批评不予理会，认为他们要么是自己酿的酒品质太差，要么是心生嫉妒。但他不会这么说帕特，有一次，帕克打开一瓶吉佳乐世家酒庄的葡萄酒，准备配晚餐喝，帕特问他“你怎么喜欢这样的酒”，她认为这些酒橡木味太重。“从帕特那里，我总能得到关于葡萄酒最真实的反应，”帕克说道，“她很难伺候。”为了改变帕特对该酒庄葡萄酒的看法，有一天晚上，帕克拿出了几瓶陈酿十年的吉佳乐顶级特酿。帕特非常喜欢这些葡萄酒——前提是要经过陈酿。

艾蒂安·吉佳乐获利颇丰，建立了一座耗资百万美元的酿酒厂和一座大型仓库，还斥资 5 万美元购买了一辆梅赛德斯–奔驰。“拉拉[1]”葡萄酒的光环带动了酒庄生产的质朴美味、售价仅为 10 美元的大区级葡萄酒。吉佳乐迅速扩大了大区级葡萄酒的产量——利用“光环效应”的典型例子——很快，想要购买 6 瓶“拉拉”葡萄酒，进口商必须先购买 100 瓶大区级葡萄酒。

帕克特别喜欢让葡萄酒一夜成名。曼弗雷德·克兰克尔是洛杉矶一家餐厅的老板，1990 年，结婚后不久的一天，他坐在奥哈伊[2]的露天阳台上，想象有一天要是能喝到自己亲手酿制的葡萄酒该有多美好。

克兰克尔出生于澳大利亚，身材高大，留着胡子，当时是洛杉矶著名的钟楼餐厅和拉布雷亚面包店的管理合伙人，对葡萄酒有些了解——他负责管理餐厅的葡萄酒酒窖，自己制定了一份优质葡萄酒清

[1] 拉拉葡萄酒是指罗纳河谷产区吉佳乐世家酒庄的两款佳酿：吉佳乐世家拉兰当干红葡萄酒与吉佳乐世家拉慕林干红葡萄酒。

[2] 位于美国加利福尼亚州。

单。他和妻子伊莱恩都从未接受过酿酒培训，也没有葡萄园。克兰克尔厌倦了四处奔走为餐厅购买膜拜酒。如果他们买一些葡萄，就可以为餐厅和朋友们酿制几桶葡萄酒，还可以按照自己对葡萄酒的见解随意酿制葡萄酒：香气稠密、口感丰富、风味独特、复杂度高、独一无二的葡萄酒。克兰克尔认为，酿制优质葡萄酒所必备的条件——无限的热情、全心全意的直觉方法、不要过多干预过程——与很多伟大的面包师的做法如出一辙。

酿酒的念头一直萦绕在克兰克尔的脑海中，他越来越喜欢这个想法。起初，他们尝试酿制了一桶霞多丽，然后是一桶巴贝拉[1]与品丽珠混酿以及一桶实验中的西拉葡萄酒。随后，克兰克尔给圣玛利亚谷[2]的葡萄园打电话，最终通过内部渠道从本娜西德酒庄买到了一些老藤西拉。像很多刚开始酿酒的人一样，克兰克尔很有动力，满怀激情地沉醉其中。他总是穿着 T 恤和皮夹克，很容易被误认为是加州摩托车手。他为人严肃认真，幸好还有一丝幽默感。

赛奎农酒庄就此诞生。酒庄名字的含义是“没有它，什么都不是”，换句话说就是“不可或缺的东西”。该酒庄的第一批葡萄酒是用借来的设备酿制的，葡萄也是从别的酿酒厂买的。日后，这座酒庄就位于文图拉高速公路[3]附近的垃圾堆旁边的一座废弃仓库里。没有商业计划，也没有办公室，它甚至算不上是一家企业——至少当时还不是。1994 年，他们酿制的葡萄酒颜色深暗、口味成熟、果味浓郁，克兰克尔将其命名为“黑桃皇后”，装在非常沉重的、形状怪异的瓶

[1] 巴贝拉来源于意大利，是该国的第二大葡萄栽培品种。巴贝拉葡萄酒的风格多样，其中的优质产品可以耐受很长时间的陈酿。

[2] 美国加州地区著名的葡萄酒产区。

[3] 南加州地区的一条高速公路，穿越文图拉县最主要的高速公路。

子里，还在时髦的酒标上添加了自己的插图和哥特式字体。这款酒总共只有 100 箱，就放在他们的酒窖里。一些卖给了钟楼餐厅和几位同事的餐厅，一些送给了朋友，克兰克尔夫妇开始想办法处理剩下的葡萄酒。

权当是开玩笑，克兰克尔寄了一箱“黑桃皇后”给帕克，还附上了一封信，描述了他酿酒的过程——绝对天然，未经过滤，用了新橡木桶，等等。大约一个星期之后，克兰克尔的电话铃响了，是帕克打来的。他非常喜欢这款葡萄酒，于是打电话询问一些细节，比如酿制了多少箱。得知他拨通的是克兰克尔家里的电话，他建议克兰克尔置办一个业务电话，置办好之后给他回个电话。“相信我，”帕克告诉他，“我之前也经历过这样的事情。我的下一期杂志出版后，会有很多很多人给你打电话。你肯定不想让我把你的家庭电话写在杂志上吧。”

克兰克尔听取了帕克的建议。正如帕克所料，后来克兰克尔的业务电话一直响个不停。来自纽约、东京、伦敦等城市的几百个电话蜂拥而至，不分白天黑夜，都想要订购帕克所说的“惊艳的杰作”，这款酒获得 95 分。之前剩下的葡萄酒两天之内就被抢购一空。被告知葡萄酒已经售罄时，有些人根本不接受这种回复。一位总裁助理跟踪克兰克尔到了钟楼餐厅，想为她的老板购买一箱“黑桃皇后”，并且希望克兰克尔不要敷衍她，说着说着就流下了眼泪——她担心要是买不到，可能会被炒鱿鱼。最后，伊莱恩用她独特的、又尖又细的声音录制了一条电话留言：“感谢您的来电。我们非常抱歉,1994 年份‘黑桃皇后’葡萄酒已经售罄。如果您想成为我们下一个年份邮寄名单上的顾客，请您留下姓名和地址。”几周之内，这份邮寄名单上的名字已经超过了 500 人，赛奎农酒庄成了一个可行的商业项目。该酒庄持续获得帕克给出的高分，致使价格上涨，邮寄名单上的预约需求也越来越强烈。每款葡萄酒都只酿制一次，都有一个标新立异的名称——“冒牌货”“新娘”“向前向后”——嘲笑克兰克尔精挑细选的独特性。几年之后，帕克写道：“即使是最不起眼的特酿，也能刺激我的味觉和感官。”

私底下，帕克对打破传统的克兰克尔很热情；他们喜欢同样的葡萄酒——罗纳河谷品种酒、海伦·特利酿制的葡萄酒、吉佳乐世家酒庄的葡萄酒，还有意大利伊林奥特酒庄的葡萄酒——两人都出身小城镇，却在更广阔的世界中取得了成就。两人都具备良好的幽默感，对葡萄酒有着相似的理念，对美食和美酒有着近乎痴迷的喜爱。帕克告诉我说，如果他允许自己和酿酒师交朋友，那么这个人一定是克兰克尔。他也知道，这是不可能的事情，他承受不起这样做的代价。帕克认为，自己必须与所评论的葡萄酒生产商保持距离。友谊可能会被理解为利益冲突，也可能会被过分夸大——如果他总是在社交场合和酿酒师待在一起，人们还会相信他能够在评价中保持刚正不阿吗？同时，朋友可能期望他相信其葡萄酒的品质。帕克必须谨慎行事，他被自己的角色束缚住了。他并未提及他的忧虑，我却看得一清二楚——为了利益，生产商可能会假装成为他的朋友。事实上，帕克似乎很难区分朋友和溜须拍马者，这也是很多影响力人物的困扰。这一切似乎有点悲伤。

在加利福尼亚州，帕克的称赞对酿酒师或葡萄酒顾问的声誉帮助最大的就是海伦·特利，帕克常常称她为“女神”和“天才”。正如波尔多及意大利等地方，加州的20世纪90年代见证了葡萄酒顾问和酿酒学家的兴起。海伦·特利身高1.8米，一头金色长发半披着，她喜欢穿牛仔工装，和工人一起工作，自从20世纪70年代来到纳帕谷，她就逐渐形成了自己的葡萄酒理念。到了 20 世纪 90 年代，她支持一种特殊的酿酒风格以及用这种风格酿制的葡萄酒——口感丰富、充满异国情调、完全成熟——她已经成了加州最受追捧的顾问之一。帕克曾经热情地赞扬了她在这些酒庄任职期间酿制的葡萄酒：彼特麦克酒庄、帕尔美酒庄、寇金酒庄、布莱恩特家族酒庄、马丁南尼酒庄、地标葡萄酒园以及她自己的玛尔卡森酒庄。雇用海伦·特利则意味着帕克肯定会品尝你的葡萄酒，有人认为，这还意味着他很可能对你的葡萄酒赞不绝口。这肯定就是一位得克萨斯州百万富翁聘请她的原因，这位百万富翁创立了布朗基耶酒庄——帕克称之为“新的明日之星”。特利喜欢隐居生活，很少与媒体交流。她的丈夫约翰·韦劳弗是一位著名的葡萄栽培学家，2002 年，夫妻二人在附近酒庄的顾问收费高达 20 万—25 万美元，他们以坚持不受约束和不受预算限制著称。

帕克在一期杂志中承认，“这份杂志给予了海伦·特利和约翰·韦劳弗极高的评分、大量的专业赞誉以及无限的钦佩赞赏，要是人们怀疑我和这两位顶尖的葡萄酒风云人物共有一个瑞士银行账户，我是可以理解的”。对于葡萄酒获得帕克较高评分的顾问而言，高分直接转变成了工作机会和更高的薪资。在加利福尼亚州，有一些顾问是帕克非常敬重的——如托尼·索特、米娅·克莱因、海蒂·彼得森·巴雷特、菲利普·梅尔卡、保罗·豪斯等幕后高手——聘请他们，似乎能确保帕克会品尝你的葡萄酒。

在职业生涯的这个阶段，帕克的个人生活和工作不断重叠；一周 7 天，他都需要工作；只要有事情，他随时都会冲到办公室，写作、查收传真，或者坐在桌子旁边赶着处理一些刚收到的信息或邮件。他的个人生活主要围绕着美食与美酒。帕克夫妇经常设宴招待客人，每次与朋友共进晚餐，都会从帕克的三个酒窖的任意一个中取出优质葡萄酒，这是举办“迷你品酒会”的绝佳时机。他们总是会准备很多葡萄酒，多到似乎谁也喝不完。为了不让朋友觉得他们必须喝掉每一杯，帕克总是会准备倒酒桶。到了晚上，桌上就堆满了瓶子。帕克的朋友包括富裕的收藏家、葡萄酒贸易从业者以及成功的专业人士——医生、律师和教授。他们所有人的共同点就是热爱佳酿美食。“除非你喜欢葡萄酒，不然你不会被邀请到这里来吃饭。”帕特笑着告诉我。

帕克的这些朋友，有些是在法学院认识的，有些是早期巴尔的摩品酒小组的；还有一些是收藏家，比如帕克·史密斯，他与帕克同名，是纽约一家家居用品公司的创始人，他的妻子卡罗尔是公司的副总裁。帕克和史密斯在华盛顿相识，一位葡萄酒商人坚持要介绍两人认识。几个月之后，他们一起吃了午饭，此后就成了非常亲密的朋友。1994年，费维利酒庄起诉帕克之后，史密斯坚决与帕克团结一致，把他酒窖里所有费维利酒庄的勃艮第葡萄酒都免费赠送出去了，其中一些被作为圣诞礼物送出，他声称无法忍受每天看着这些葡萄酒。实际上，史密斯停止收藏所有勃艮第出产的葡萄酒。他和帕克一样，都很喜欢罗纳河谷的葡萄酒，尤其是教皇新堡产区[1]的，也喜欢一些加州葡萄酒，比如哈兰酒庄和赛奎农酒庄的葡萄酒，但他还有60箱1982年份的木桐葡萄酒，这是一款帕克满分葡萄酒。帕克和帕特周末偶尔也会去史密斯家中，他家就在康涅狄格州。有一次，史密斯从酒窖中拖出来100瓶葡萄酒，但是史密斯夫妇与帕克夫妇4个人只喝了51瓶。

---

[1] 教皇新堡产区位于阿维尼翁市北部几千米处，是罗纳河谷产区南部最著名且最重要的葡萄酒产区。

多年来，一直都是帕特在家给帕克做饭，现在帕克也开始经常做饭，似乎觉得做饭可以放松身心。两个人都认为帕克的蟹肉饼配方堪称一绝。但是，他很快就承认，“帕特做的蟹肉油炸馅饼最好吃”。与很多男人一样，帕克的专长是烤肉，尤其是烤肉质较老的牛前腰脊肉；炖菜或者任何需要搭配的荤菜则是帕特的强项，比如炖牛小排或者肉馅土豆饼。帕特觉得切洋葱很麻烦，帕克就负责切。帕克的看家本领还包括焗烤土豆、意大利面和肉丸，帕特说他总是放很多黄油和橄榄油。晚餐通常是家常便饭，他们一边做饭，一边聊聊白天的事情；如果是晚宴，他们就会发现一起在厨房做饭非常困难，很有压力。

帕克的成就为他带来了经济保障和稳定的收入，他可以花 100 美元从洛贝尔肉店买 170 克的神户牛排，也可以沉浸在葡萄酒和美食之外的爱好中，比如越野自行车。他以前常常和帕特一起跑步，现在他太重了，膝盖也有毛病；但是只要能做得到，他每天都会骑行 40 千米，通常一年至少五六千千米。帕克不再在路上骑行，而是选择了顶级的越野车型。他喜欢颠簸的感觉，越野骑行更加令人兴奋。他最喜欢的路线之一是北方中央铁路，这是一条约 3 米宽的旧铁路路基，从巴尔的摩北部到宾夕法尼亚州的约克县，中途经过芒克顿和帕克顿，总长 100 千米。这条偏僻的小路沿途主要是一条河流，穿过风景优美的田园风光，四处都是野生动物，还经过了一家内战时期的旧医院。骑行时他一边放松自我，一边思考问题。“我追求速度，骑得飞快，”帕克对我说：“我是典型的 A 型人格[1]。”

[1] 美国学者 M.H. 弗里德曼等人研究心脏疾病时，把人的性格分为两类：A 型和 B 型。A 型人格者属于较具进取心、侵略性、自信心、成就感，并且容易紧张。A 型人格者总愿意从事高强度的竞争活动，不断驱动自己要在最短的时间里干最多的事，并对阻碍自己努力的其他人或其他事进行攻击。B 型人格者则属较松散、与世无争，对任何事皆处之泰然。

帕特每天的事情就是负责玛雅上学放学，沉浸在她的花园俱乐部工作之中，在幕后帮助《葡萄酒倡导家》。不用和帕克一起去葡萄酒产区、与他一起品尝葡萄酒，让帕特感到如释重负。她的丈夫现在太高调了，每个人都知道“他的一举一动”，她不喜欢被关注的感觉。帕克品酒之旅结束时，她时不时会在巴黎等地方与他见面，他们从来不会厌倦一起探索新餐厅。

只要在家，帕克就会去参加玛雅学校的活动。玛雅上六年级时，他还去了她的教室谈论法国和法国葡萄酒。这位世界上最伟大的葡萄酒评论家向所有学生展示如何用开瓶器打开葡萄酒，引起了学生家长的强烈反对，他们指责帕克是在鼓励学生饮酒。

帕克在葡萄酒和美食界的名气越来越大，慈善机构经常向帕克募捐，慈善活动也成了夫妇俩社交生活的重要组成部分。他很少拒绝慈善机构的要求，尤其是对于资助心脏病或癌症的研究——一谈到儿童癌症研究，他就来者不拒。他很乐意以自己的名义帮助一些不幸的人筹集资金。他告诉我，父母从小就是这么教育他的。鲁思·巴辛是麦克阿瑟酒业老板阿迪·巴辛的遗孀，她对帕克创办《葡萄酒倡导家》给予了至关重要的帮助。鲁思恳请帕克支持美国心脏协会的一项慈善活动以纪念她的儿子，他毫不犹豫地答应了。为此，帕克挑选并邀请了很多波多尔顶级酒庄参加他举办的品酒会和晚宴。各酒庄纷纷接受邀请并带上了葡萄酒（鉴于帕克的影响力，谁又会拒绝呢）。最令人向往的是和这位伟大的品酒师共进晚餐，通常有很多人愿意为此掷重金。帕克负责点菜，带上葡萄酒并支付所有费用，帕特有时候也会一起去。大多数人都非常有趣，帕克觉得这个场合更像是相亲。奇怪的是，每年他都愿意在玛雅学校的拍卖会上捐赠与他共进晚餐的机会，但直到她上高三，学校才接受他的捐赠。

帕克脑子里并不总是只有葡萄酒，他也会留出时间和家人一起度假。他在科罗拉多州买了一座海滩公寓和一座滑雪公寓，夏天时他会在这里进行山地骑行，家人则一起玩竹筏漂流。每年，他都会留一次长胡子，说这样看起来像拉斯普京[1]。帕特并不喜欢他留胡子。在8月的两三个星期里，帕克发誓要远离葡萄酒。一旦开始品酒，他就会想，这么久没喝葡萄酒，我是怎么熬过来的？

20世纪90年代，爱冒险的美国人在加利福尼亚州、俄勒冈州和华盛顿的新产区以及西海岸地区种植了葡萄。欧洲酿酒厂、酒庄庄主和经纪人将目光投向鲜为人知的产区——西班牙的普里奥拉托产区、杜埃罗河岸产区、比埃尔索产区以及意大利的西西里岛产区、保格利产区，纷纷奔向新世界葡萄酒国家。那里葡萄种植条件优良，土地便宜。这是葡萄酒领域的新一轮淘金热。国际合作蓬勃发展，法国或美国酒庄与当地企业合作，利用已经种植的葡萄酿制独特的葡萄酒，这样酿酒更容易也更快速。

法国培育的著名葡萄品种——赤霞珠、霞多丽、黑皮诺、西拉等已经成为国际葡萄，成为现代葡萄酒的味道之源，也是人们在新世界种植的葡萄，从而能够在国际市场上竞争。正如很多欧洲葡萄酒产区一样，法国葡萄种植也受到地域限制。例如，几个世纪的反复试验才得以让黑皮诺和霞多丽在勃艮第蓬勃发展。

相比之下，地域在美国等新世界产区的含义则完全不同，因为谁也不知道哪里最适合种植哪种葡萄，是葡萄“统治”了美国。美国酿

[1] 格里高利·叶菲莫维奇·拉斯普京（1869年1月21日—1916年12月30日），又译拉斯普丁、拉斯普钦或拉斯普廷，俄罗斯帝国神父，尼古拉二世时期的神秘主义者，沙皇及皇后的宠臣。

酒厂以葡萄种类的名称命名大部分葡萄酒，其他地区的新酿酒厂也纷纷效仿。葡萄酒爱好者已经了解了当代霞多丽葡萄酒的味道，并认为每个标有相同葡萄名称的葡萄酒应该具有类似的味道，无论它产自美国加州、澳大利亚还是智利。美国流行的葡萄品种都是大家熟知的，很多新葡萄酒产区也选择种植这些葡萄品种。所有这些，再加上科学酿酒技术的传播，促使世界各地的葡萄酒风格越来越相似。现在的问题不是在这些地方酿制优质葡萄酒，而是售卖葡萄酒。在美国，批发商的数量锐减。1963 年有 1.09 万家批发商，20 世纪 90 年代末只有 300 家，三分之一的葡萄酒需要经过 5 家批发商转手。

葡萄酒行业正在走向全球化。帕克每年都会去法国和加州，但他并没有计划去任何新产区，只能是葡萄酒来找他。

有三种方法可以将一种新葡萄酒送到帕克手中。当然，第一种方法就是将样酒寄送到《葡萄酒倡导家》办公室，希望帕克能将其纳入定期的品酒会中，并对其赞不绝口。这种情况会发生，但效率太低，就好比作家将花几年心血撰写的珍贵手稿寄到出版社，希望有人能将其从一堆稿件中筛选出来并签订合同。更好的方法是求助著名的酿酒师或葡萄酒顾问，此时，被求助者就如铂金一般珍贵。葡萄酒全球化的发展得益于一类新型的咨询专家——大约有 100 人，其中 20 人比较出名，只有米歇尔·罗兰是超级巨星。他们从一个产区飞到另一个产区，从一个大陆飞到另一个大陆。就如同世界著名的建筑师或名厨，这些“飞行酿酒师”用提供建议来换取高额回报。他们负责决定种植品种、采摘时间和酿酒技术，使酿酒厂能酿制更高水平、更与时俱进、更具国际吸引力的葡萄酒。他们正在改变全世界的酿酒方式。其中最具影响力的是美乐酒大师罗兰，他在波美侯将自己的酿酒理论磨砺成熟后，最终将触角伸及 4 个大陆 12 个国家的 100 多家酿酒厂。到 20 世纪 90 年代末，他的客户基本都是世界顶级的葡萄酒酒庄：大约 60 家波尔多酒庄、十几家加州酒庄、智利的拉博丝特酒庄、阿根廷的艾查德酒庄以及南非的罗伯乐富齐酒庄，甚至还有一家印度酿酒厂。

自从第一次见面，帕克就一直强烈地支持罗兰的酿酒风格，他喜欢酿制口感圆润、果味浓郁、不需要陈年就能享用的葡萄酒，尤其是红葡萄酒。罗兰是较早使用成熟度高的葡萄和新橡木桶的人之一，自始至终避免过滤——帕克的准则之一。他去哪儿，这种观点就被带到哪儿。评论家说，罗兰注重成熟味和橡木味，这种配方使得他所酿葡萄酒的味道都差不多，这样做能使葡萄酒有相似的风格，但并不完全正确。一家新成立的或面临困境的酒庄知道帕克喜欢罗兰酿制的葡萄酒，就聘请了罗兰以便吸引帕克的注意力。一家波尔多酒庄列出了一份名单，共有 73 种 2001 年份的葡萄酒得分在 90 以上，其中 47 种的酿酒顾问都是米歇尔·罗兰。

第三种方法就是通过葡萄酒批发商或进口商，他们要能在帕克那里说得上话——至少了解帕克的口味。进口商莱昂纳多·洛卡西奥曾于 1995 年将罗兰的意大利同行里卡多·科塔瑞拉介绍给帕克。科塔瑞拉是意大利葡萄酒革命的关键人物，这场革命转变了意大利中部和南部地区的葡萄栽培技术。最初，他在翁布里亚创办了家族庄园伐勒科酒庄，以酿制白葡萄酒为主。随后，他声名远播并最终成了 50 多家酒庄的顾问。科塔瑞拉认为，早期与帕克的一次讨论对于他形成葡萄酒理念至关重要。“帕克告诉我消费者想要什么样的葡萄酒，”科塔瑞拉说，“我明白了需要怎么做才能酿制出市场所需的葡萄酒。”在 1996 年 6 月的一期《葡萄酒倡导家》中，帕克称科塔瑞拉是“精神层面的米歇尔·罗兰”。科塔瑞拉也喜欢美乐葡萄酒，酿制了因罗兰而出名的同款红葡萄酒，口感柔和顺滑。他的酒庄酿制的葡萄酒以及他指导的其他酒庄的葡萄酒，都受到了帕克的好评。帕克能带来一种循环效应：科塔瑞拉的葡萄酒得分给其带来了更多顾问工作，顾问工作又有助于提高他的葡萄酒分数。这种情况很常见。

一位小型进口商告诉我，如果一家雄心勃勃的新酿酒厂要选择一位美国进口商代表，他们考虑的因素之一就是该进口商能否帮助其获得帕克的好评。帕克的评分就像是棒球中的打击率[1]。有些进口商成功地获得高分，从而卖出了葡萄酒，获得了更多的现金流；进口商如果卖不出货，可能就会被抛弃。一位进口商告诉我，“科塔瑞拉提升了莱昂纳多·洛卡西奥的声誉，这既吸引了其他生产商，又给洛卡西奥带来了前所未有的发展势头”。此外，他还向洛卡西奥引荐了很多他曾经的咨询主顾，比如莫尔甘特酒庄，西西里的一家小酒庄。我到访过这家酒庄，酿酒师不会说英语，非常自豪地给我看《葡萄酒倡导家》，他们最好的 1999 年份唐安东尼奥葡萄酒获得了 92 分，被特意标了出来，这只是他们第二个年份的葡萄酒。

当然，也可能出现另一种情况：进口商不愿意与新酿酒厂合作，除非确定该酿酒厂的葡萄酒会得到高分。我听说——当然是私底下——有些人在冒险与新生产商合作之前，会先将样酒送给帕克品尝。如果得到了高分，那么他们就可以合作。

20 世纪 90 年代中期，一些进口商开始向帕克推荐来自西班牙的新风格葡萄酒。乔治·奥德涅斯就是其中一位，他身材矮小，精力充

[1] 打击率是棒球运动中评量打击手成绩的重要指标，其计算方式为选手击出的安打数除以打数。一般而言，职棒选手的打击率在 0.280 以上，被认为是一个称职的打者。

沛，总是一支接一支地抽着万宝路香烟。由于帕克在 1994 年和 1995 年评论了里奥哈的雷梅留里酒庄和新兴的普里奥拉托产区的苏拉纳河岸酒庄，奥德涅斯的星级迅速飙升。站在一批零售商和经销商面前，奥德涅斯希望他们能够购买他的葡萄酒。他手里挥舞着一瓶帕克喜欢的葡萄酒，一边用力摇晃，一边用口音很重的英语喊道："帕克评分 94，帕克评分 94！"生产商纷纷给他打电话，大家认为他有获得帕克高分的神奇诀窍。他吹嘘自己将要带着帕克飞遍西班牙。

进口商曼尼·伯克是稀有葡萄酒公司的老板，他对我说："多亏帕克对亚历杭德罗·费尔南德兹及其酒庄的评论，杜埃罗河岸产区变得非常受欢迎。"伯克还将该产区平古斯酒庄的一款葡萄酒介绍给帕克，这座酒庄是丹麦酿酒师皮特·西塞克在 1995 年创立的。帕克对该酒庄出产的 1995 年份的葡萄酒评分 98。一开始，这款葡萄酒全部出口到美国，帕克的评分和高昂的价格最终激发了西班牙本国人的兴趣。到 2000 年，1995 年份平古斯酒庄的葡萄酒在美国的售价为 500 美元一瓶，在西班牙则是 1000 美元一瓶。

1993 年，帕克认为澳大利亚并不重要，称之为"普通葡萄酒和劣质葡萄酒的海上产地"，但此后几年许多小型进口商说服帕克事实并非如此。第一次品尝 1994 年份克拉伦敦山酒庄的"星光园"葡萄酒时，帕克忍不住告诉约翰·拉切特说"噢，天呐，这真是太棒了"。丹·菲利浦斯通过曼弗雷德·克兰克尔认识了帕克，为所在公司购买了一些巴罗萨谷[1]的西拉葡萄酒——口感非常丰富、成熟度非常高、

[1] 巴罗萨谷位于南澳大利亚州首府阿得雷德市以北 100 千米处，车程约 1 小时，与新南威尔士州的"猎人河谷"、维多利亚州的"雅拉河谷"并称为澳洲的三大葡萄酒河谷。

风格非常凝练的老藤葡萄酒。这些葡萄酒肯定能够吸引帕克，其中有几款获得了 100 分，这个消息在澳大利亚电视、广播和报纸上纷纷报道。帕克已经“发现了”澳大利亚葡萄酒！其中一份报纸反问道：“你怎么现在才发现？”

2001 年 6 月底和 7 月初的两周，帕克第一次踏上澳大利亚的土地，他们一家三口来此度假，游览了悉尼，在哲也餐厅等著名的餐馆用餐，还去了大堡礁潜水。他留出了 5 天时间去参观南澳大利亚的一些小型酿酒厂，他非常推崇这里的葡萄酒；他还要去参加奔富酒庄举办的一场大型的葛兰许葡萄酒品酒会，这种红葡萄酒一直被认为是澳大利亚最好的葡萄酒。约翰·拉切特的所有生产商都在问：“他什么时候来啊？你能帮我引见吗？”

帕克的第一站是位于阿德莱德北部巴罗萨谷的伯格家族酒庄。天蒙蒙亮，里克·伯格就起床了，忙着让办公室变得暖和点儿，忙着准备葡萄酒。1998 年份的德瑞考特西拉珍藏葡萄酒获得了帕克评出的 99 分，他的出口订单量从 25% 增长至 60%，传真 24 小时响个不停。他发现帕克是个“非常正派的人”，这属情理之中。随后，他和帕克还有另外 3 位酿酒师一起共进午餐。他们的葡萄酒在美国都是天价，但利润主要是美国进口商而非酒庄赚取了。与他们共进午餐的克里斯·瑞兰德对此非常愤慨，于是将其 1996 年份的三河西拉葡萄酒（帕克满分葡萄酒，“一款凝练度非常好的葡萄酒……就好像干型年份的波特酒”）的批发价格提高了 923%，达到 600 美元，两周之内售罄。

像往常一样，帕克毫不犹豫地发表了自己的看法，澳大利亚人应该做什么，不应该做什么——酿制欧洲风格的葡萄酒。蒂姆·怀特是《澳大利亚金融评论报》的葡萄酒专栏作家，我们一起在悉尼吃过午餐。午餐吃得有点晚，我们一起喝了几杯司徒妮酒庄的黑皮诺葡萄酒，他说：“我反感的是他那种居高临下的美国人态度，认为在他发现澳大利亚葡萄酒之前，澳大利亚葡萄酒一无是处，‘你们应该继续酿制你们擅长的葡萄酒’。他只在这个产区待了一周，品尝了几家生产商的葡萄酒——但澳大利亚不仅仅只有巴罗萨谷。”早在几年前，怀特就赞扬过三河[1]地区的葡萄酒，批评过克拉伦敦山的星光园葡萄酒，那时候帕克甚至都未听说过这些葡萄酒。怀特指出澳洲实际上已有150年的葡萄种植历史。他认为，澳大利亚葡萄酒比赛的方式长久以来塑造了一种强劲、丰腴的葡萄酒风格，这样的酒能够在一大堆酒中脱颖而出，但这与帕克没有任何关系，早在帕克之前就是如此。怀特继续说道：“我担心‘帕克可乐’式的葡萄酒，比如爱思婷酒庄[2]——出产的全是味道甜甜的‘麦当酒’。”

不过，蒂姆·怀特欣赏帕克的这种观点，“重要的是杯中之物”。还有，帕克让葡萄酒听起来像是“你想留在嘴里的东西”。

与往常一样，帕克很少关注澳大利亚的葡萄酒媒体。他告诉我，他确信媒体都在四大葡萄酒企业的掌控之中。

葡萄酒市场全球化部分归因于从未喝过也不了解葡萄酒的人，尤其是中国香港、新加坡、日本等地的人，他们开始接受葡萄酒文化和法国葡萄酒，接受帕克和他的评分体系。厄尼·辛格是一位长期居住在美国的日本人，在日本消费者中传播帕克的影响力和声誉。20世纪80年代，辛格就开始进口勃艮第和波尔多葡萄酒。他曾和马文·尚肯探讨在日本出版《葡萄酒观察家》，但最终认为帕克更有利于建立

[1] 三河位于澳大利亚昆士兰州克朗克里郡。
[2] 爱思婷酒庄位于澳大利亚南澳州的袋鼠岛葡萄酒产区。

市场——关键是帕克始终站在消费者的立场上，使得他在波尔多这种蓝筹股市场中树立起声誉。“想要葡萄酒大卖，首先必须保证葡萄酒可靠”，辛格说，他也给自己制定了一个任务，翻译帕克的著作《波尔多葡萄酒》。对阅读外文酒标有困难的日本人来说，帕克的评分也很方便。日本人认为帕克在这方面是独一无二的人物，是终极专家，辛格知道这样的形象在等级意识浓厚的日本很吃得开。1985—1986年，“帕克团队评分”获得了广泛认可，罗曼尼-康帝酒庄等得分较高的“奖杯酒”价值暴涨，从200美元一瓶上涨到4000—5000美元一瓶。一份错误的报告指出红葡萄酒可以治愈癌症，促使葡萄酒销量进一步猛增；田崎真也是西洋银座酒店的侍酒师，1995年他成为首位赢得世界侍酒师比赛冠军的亚洲人，掀起人们对葡萄酒更加高涨的热情。乔·左竹的流行就说明了这一点，他是日本漫画系列中的传奇侍酒师英雄：品尝力惊人，对一级名庄和晦涩的称谓了如指掌，凭借这些他成功地破获了犯罪案件，还在品酒会上打败了目中无人的欧洲侍酒师。

辛格和波尔多葡萄酒批发商多米尼克·雷纳德一直催促帕克去日本宣传他的著作。他们认为，倘若日本人阅读帕克的著作，相信他的言论，这将表明日本是世界葡萄酒行业的重要组成部分。事实上，日本早就已经是了。虽然亚洲经济衰退，但仅在1997—1998年间，日本对法国葡萄酒的进口量就增长了115%，高达13.2亿美元；对加州葡萄酒的进口量比1992年增加了近5倍，达到近3000万美元。

1998年，帕克要在亚洲游历一个月左右，这是一个绝佳的机会。近3000人参加了他的品酒会，媒体报道多次提及他。亚太区国际葡萄酒及烈酒展览会在中国香港举行，一位与会者称之为“盛大的法国专场表演”，博览会组织者邀请帕克作为重磅嘉宾。帕克共有两场演讲，在其中一场上他说道："评判葡萄酒时，切记要谦虚。"与会者耐心地排队等候他的签名。一篇亚洲新闻报道认为，帕克评分鼓励有钱有势的潜在葡萄酒收藏家开始喝波尔多葡萄酒。如果你带一瓶高分葡萄酒参加宴会，所有人都知道这是一瓶好酒，因为帕克是这么说的。

博览会结束后，帕克飞往新加坡，随后去了日本。辛格说："他就像个摇滚明星。"电视摄像机和媒体都围着帕克转，希望从他那里得到只言片语，还有人称他为"葡萄酒之神"。很多人赶到机场迎接帕克，日本二线演员川岛直美也在其中。1996 年份的波尔多葡萄酒品酒会和新闻发布会之后，紧接着是 VIP 正装晚宴，为了混进晚宴，川岛直美用了假名。辛格的妻子坐在讲台上，就在帕克旁边，她起身去拿麦克风时，川岛直美抓住机会迅速溜到她的空座上坐下。辛格回忆说："她穿着一件露肚脐的连衣裙。"川岛直美刻意挑逗性地向帕克身上靠，露出乳沟以确保摄影师会给他们拍照。"我认为帕克都不知道是怎么回事，但我确实叫保安把她赶出了宴会。"辛格说道。宴会上的照片广泛流传，成就了川岛直美的事业。辛格说，她成了"葡萄酒行业的广告女王，她的名字家喻户晓"。

帕克从未喝过清酒，对此知之甚少，但还是按照自己的方法和评分体系，在东京举办了一场包括 225 种优质清酒在内的综合品酒会。后来，他说这是他举办的最艰难的品酒会之一。清酒的酒精含量为 18%，日常餐酒的平均酒精含量为 13%—14%。品酒会进行到三分之一的时候，他已经汗如雨下。帕克心想，我到底是在干什么？他感觉自己好像会当场毙命。从那刻起，只要样酒的味道没有吸引力，他就会直接淘汰。他在杂志中详细地介绍了这次品酒会，其中有 52 种清酒得分在 87—92 分。在泛太平洋横滨湾酒店举办的专业品酒会上，有 10 种他称之为"完美"的葡萄酒，他还是对葡萄酒更熟悉一些。

20世纪90年代，帕克的影响力和名气不断增长，随之而来的是他人的崇拜与批评、模仿与恶搞，这些都是名人会经历的。媒体上他的绰号比比皆是：伟大的鲍勃、葡萄酒教皇、鲍勃陛下、大师、P先生。

零售商大卫·雷恩斯的公司位于马萨诸塞州沃尔瑟姆，据说，他梦见一位葡萄酒批发商编造了一期假的《葡萄酒倡导家》，便创作了一份有意思的杂志《酒鳄梨》，封面上是帕克的开瓶器图案和一个鳄梨。杂志还重新定义了帕克的分数："95—100分，大量的热带水果；90—95分，很多热带水果；85—90分，一些热带水果。"他还把这份杂志寄给了帕克。帕克回信说，自己被他的幽默方式"震惊了"。

多数情况下，帕克都像往常一样容易动怒，有时他也会利用自己强大的影响力来反击中伤他的人。例如，为了滑稽地模仿邦尼顿酒庄的"雪茄盘"葡萄酒酒标，加州乔里酒庄把恶搞的酒标贴在1989年份的红色齐柏林葡萄酒酒瓶上，以此作为愚人节笑话——1991年4月1日当天发布。酒瓶上还特意加上了颈标，颈标上有一幅漫画像，画着一个鼻子被遮住的男人的半身像——写着"皇帝鲍勃三世"（指的是帕克在评论家辈分中的排名，在他前面还有同样昵称为鲍勃的罗伯特·劳伦斯·鲍尔泽和罗伯特·菲尼根）。半身像的四周写着"这位皇帝没有鼻子"。《葡萄酒观察家》暗示这个形象就是罗伯特·帕克。听说了这个消息，帕克觉得一点都不好笑，他非常生气：乔里酒庄收到了纽约一家律师事务所寄来的信件，说要代表帕克起诉该酒庄。斯蒂尔曼·布朗是乔里酒庄的董事长兼酿酒师，他在回信中声称，这个酒标上的画像不是帕克，而是模仿了尼禄。此外，他还追问了一句，"难道你的委托人也叫'皇帝鲍勃三世'吗？"在1993年《帕克葡萄酒购买指南》第三版中，帕克写到，“我从未遇到过我喜欢的乔里酒庄的葡萄酒”，称其是“包装花哨的”罗纳河谷风格混酿，“让人毫无食欲，简直就是毫无乐趣、毫无魅力的商品”。乔里不甘示弱，在接下来两款红色齐柏林葡萄酒酒瓶上都加上了相同的酒标，还添了一行字“皇帝珍藏”。

帕克发表品酒笔记和解答问题的“神童”BBS上面很容易爆发大规模争论。斯图尔特·亚尼格是一位有科学背景的活跃用户，每当询问帕克细节时，他对帕克敷衍他的方式感到很失望。亚尼格曾盲品过两种葡萄酒，一种是过滤的，一种是未经过滤的，他无法像帕克一样发现两种酒之间的区别。如果帕克给两款酒的评分分别是92分和93分，这是否意味着他会对比两款酒的味道？如果帕克在晚餐时先和酿酒师一起品尝了一款葡萄酒，随后再去酿酒厂品尝另一款葡萄酒，他怎么知道自己更喜欢哪一个呢？他很快意识到，这样直接质疑帕克的观点或方法不受待见，被认为是“好争论”。亚尼格说：“我后来收到了三五十封电子邮件，都是维护帕克的人或盲目从众的人写来的：‘你竟敢暗示这位伟人不是正直的典范。很显然你这个人就很差劲，你一定非常嫉妒伟大的鲍勃’。”亚尼格说，这些“更像是宗教崇拜的反应”。

1996年，帕克发起了一项挑战，想让罗伯特·卡拉汉出丑（有人说，这意在羞辱）。卡拉汉是一位葡萄酒商店的职员，也是常常“批判帕克”的人——他既不遵循行业的潜规则，又不尊重这位“品酒之王”的规矩。当时帕克已经进入推崇加州葡萄酒的阶段，卡拉汉批评帕克对加州葡萄酒的新评论，指责它们不仅大错特错，还荒谬可笑。有一次，卡拉汉批判了1994年份兄弟酒庄的葡萄酒。对帕克来说，这就是压垮骆驼的最后一根稻草。“P先生”，当时帕克的网络“粉丝”

都这么称呼他，邀请卡拉汉（他又邀请了亚尼格）以及20位忠实的网络“粉丝”参加一场盲品会，品酒会上共有30瓶葡萄酒，评分都在90分以上，看看他们能否区分加州葡萄酒和欧洲葡萄酒。帕克为每个人支付了午餐费用，甚至愿意支付卡拉汉的机票或火车票费用。

这次活动发生在1996年12月初，帕克称之为“罗伯特·帕克邀请赛：神童网友品酒会”，就在他常去的马里兰州斯帕克斯的米尔顿酒店举行。16位“团队嘉宾”从遥远的加利福尼亚州坐飞机赶过来。帕克身为东道主，大掏腰包，准备了“适合酒神”享用的6道菜的午宴，挑选的都是他酒窖中品质上乘、价值不菲的葡萄酒，比如1983年份玛歌酒庄的葡萄酒。帕克整理了一份打印的菜单，列出了所有的菜肴和酒款。上面还引用了莎士比亚《奥赛罗》中常常被提及的一句名言：“小心嫉妒：它就是绿眼怪，甚至会嘲笑自己赖以为生的肉。”

在场的嘉宾纷纷猜测哪些是法国葡萄酒，哪些是加州葡萄酒。有些人的表现比其他人好，卡拉汉猜对了60%的葡萄酒。事实证明，卡拉汉评分最高的两款黑皮诺葡萄酒中，有一款就是他此前猛烈抨击的1994年份的兄弟酒庄葡萄酒。卡拉汉感觉受到莫大的屈辱。是帕克陷害他吗？如果这次品酒活动旨在让卡拉汉闭嘴，那么这一目的并未实现。

第二年，卡拉汉在alt.food.wine.com上发表了一段批判性的话语，质疑帕克对一款葡萄酒的评论，质疑他修订后的书籍中一些内容的正确性，质疑他根本就没有亲自品尝。几天后，邮递员将一封西蒙与舒斯特出版社高级法律顾问写的信件送到了卡拉汉工作的葡萄酒商店的老板手中。这封信指出，“帕克先生身为葡萄酒评论家，取得了巨大的成就，因为他能够在坚持亲自品尝的前提下，提供正直的、有意义的、独立的和无保留的葡萄酒评论”，卡拉汉的声明“是错误的，是在中伤帕克先生，使帕克先生的职业受到严重影响……”如果卡拉汉不删除他发布的内容，帕克先生和西蒙与舒斯特出版社就会“考虑采取进一步措施”。对卡拉汉来说，幸运的是，他的老板只觉得这一切很滑稽、很好笑。卡拉汉将包括那封信在内的所有沟通内容发布在众多互联网 BBS 上，事件在网上愈演愈烈。

今时今日，帕克已经是葡萄酒行业最具影响力的评论家，当时他似乎处于一段非常艰难的时期，既要接受名人身份，又要接受他人的批评，对也好错也罢，是名人就必须面对这些。

随着葡萄酒行业的发展壮大，帕克发现自己同时要处理很多事情。他知道一些葡萄酒产区在《葡萄酒倡导家》中未受到重视，但他希望能保持现状，因为该杂志已经是全世界“最受重视、最可靠、最全面、最亲近消费者的葡萄酒购买指南”了。

《葡萄酒观察家》是帕克唯一真正的竞争对手，该杂志在全球都有指定的专家负责相应的区域：吉姆·萨克林负责报道波尔多、意大利和波特酒；伯·亨利克·曼森负责勃艮第（可能会变动）；詹姆斯·劳贝负责加州；哈维·史戴曼负责太平洋西北地区、新西兰和澳大利亚；汤姆·马修斯负责西班牙；布鲁斯·桑德森负责德国、奥地利、阿尔萨斯和香槟产区（后来包括勃艮第）。铁杆葡萄酒爱好者常常抱怨《葡萄酒观察家》上的品酒笔记和评级分布不均衡。他们称其为“投机者”，并且怀疑大型广告客户的评分是否会更高。但是马文·尚肯很清楚自己在做什么。这是一门生意，他经营得很好。他的办公室就在纽约公园大道，里面豪华舒适，皮质沙发平滑柔软，会议室里收藏了很多古老的雪茄盒，还有一间装满优质葡萄酒的玻璃墙面酒窖，这些都证明了《葡萄酒观察家》取得的成就。《葡萄酒观察家》

正在逐渐成为一本“生活方式”杂志，里面有很多彩色照片和文章，都是关于葡萄酒产区的生活、酿酒师简介、热门餐厅和奢侈品广告。20世纪90年代末期，该杂志的发行量已超过30万册，不过在波尔多，它并没有像《葡萄酒倡导家》一样推动葡萄酒贸易的发展。此外，每个葡萄酒作家的国际地位和影响力都不及帕克。他们都是尚肯的团队成员，帕克则一直都是马里兰州芒克顿的“圣人”。

在帕克的光环之下，其他葡萄酒评论家似乎都很逊色。斯蒂芬·坦泽的杂志《国际葡萄酒酒窖》颇受公众重视，尤其是关于勃艮第的报道，很多人认为他比帕克更了解勃艮第，可他的订阅用户数量少，对葡萄酒贸易的影响也不大；弗兰克·普赖尔的名望主要得益于身为《纽约时报》专栏作家，而非他对葡萄酒的见解；丹·伯格等西海岸地区的葡萄酒作家在当地占有一席之地，偶尔也会竭力提醒人们关注帕克的缺点。有一次，我和一位葡萄酒作家（不愿意透露姓名）在电话中聊了很久，对方告诉我，其他评论家根本没有办法批评帕克。他们赚的钱没帕克多，影响力也没他大，使得人们和帕克本人都认为所有批评都纯粹出于嫉妒，也不予理会。

英国有一群能说会道的葡萄酒作家。安德鲁·杰福德和安东尼·罗斯等年轻一代作家认为帕克是一股积极的力量，非常敬重他不牵涉利益冲突的立场。但是，英国葡萄酒作家在国外都没有产生太大影响。米歇尔·贝丹被称为“法国版的罗伯特·帕克”，当时他负责运营法国最重要的葡萄酒杂志《葡萄酒评论》，但他的评论只在法国有些影响。

从全球范围来看，帕克无人能及。但他也需要帮助，于是他开始寻求他人的帮助。

1996年12月出版的《葡萄酒倡导家》中，帕克向读者宣布，他

“聘请了一位品酒和写作助理”：彼埃尔·安托万·罗瓦尼。两人首次相遇是在 1992 年，当时罗瓦尼在麦克阿瑟酒业工作，帕克偶然听到他在电话里非常气愤地责备一位进口商，他的法语非常流利。他和帕克都喜欢开玩笑，喜欢吃好吃的，对美食和美酒有着相似的见解，很快就成了朋友，经常一起品酒。罗瓦尼的脸与帕克的脸一样又圆又大，腰围也不断扩大，只是还未追上帕克。两人成长的背景截然不同。罗瓦尼在华盛顿长大，父母是法国人，父亲在世界银行工作，母亲在法国大使馆工作。他会说英语和法语，从一出生就沉浸在法国文化的熏陶之中。他的父亲有一间酒窖，但我们见面时，我并未从他身上发现法国人言行举止的影子。罗瓦尼告诉我，他 5 岁就会背诵博若莱产区的称谓，一年级时进行了一次葡萄酒展示和讲述，给每个人的一次性杯子都倒入了一点点葡萄酒。他的父亲是帕克第一批杂志订阅用户之一。

在麦克阿瑟酒业工作 5 年之后，罗瓦尼收到了很多进口商的工作邀请，正打算挑选一家并准备前往罗纳河谷购买葡萄酒。他向帕克征求建议，帕克直接给了他一份工作。

大约一周之后，他们在阿维尼翁北部的诺富特酒店吃早餐，讨论工作职责范围，随后罗瓦尼加入了帕克团队。最终，帕克决定让他专门撰稿报道一些自己没兴趣或没时间应对的产区，比如葡萄酒口味平淡的产区，那里的酿酒师过去总是盼望吸引帕克的注意力，现在他们意识到，他们精致的葡萄酒被帕克忽略反而更好，这样就可以逃避悲惨的低分命运。帕克在勃艮第不再受欢迎，而罗瓦尼可以负责勃艮第。帕克提醒他，让勃艮第接受他绝非一日之功。身为帕克的雇员，罗瓦尼的第一次勃艮第之旅并不轻松。“所以，你和帕克是一类人。”一位酿酒师嘲讽地说。罗瓦尼法语流利，据说也没有帕克那么咄咄逼人，但勃艮第人不相信他的品酒能力。他被视为帕克的翻版，同样偏爱口感强劲、口味丰富的葡萄酒，不了解葡萄酒的雅致与细腻。许多人强烈反对他对 1998 年份勃艮第葡萄酒的评价，认为他听从了帕克的指令，所以不看好该年份的葡萄酒。

罗瓦尼还负责阿尔萨斯、德国、奥地利、新西兰和太平洋西北地区，并且都取得了不同程度的成功。他既钦佩又喜欢帕克，虽然会因为没有获得自认为应得的影响力而感到苦恼，但他不介意位居第二。事实上，只要觉得有人中伤帕克，他总是极力维护帕克，并且团结“粉丝”俱乐部一起维护帕克。

罗瓦尼是否想过有一天他可能会接管整个王国？他告诉我，这应该让帕克决断。

然而，帕克向读者保证，绝不会“减少自己的工作量……我的旗帜会继续飘扬，我依然会冲锋陷阵”。“独行侠”仍然在路上，只是现在他的身边，准确来说是身后，多了一位伙伴与他一同前进。

帕克在法国也聘请了一位助手，汉娜·阿格斯蒂尼，她的丈夫埃里克是费维利案件中帕克的律师，她也是一位受过培训的律师。案件最终处理完毕后，帕克就聘请汉娜替他处理一些兼职工作，主要负责翻译和发放调查问卷，以便更新他关于罗纳河谷的著作。日光出版社是帕克的法国出版商，1996 年，汉娜开始为该出版社翻译帕克的书籍。渐渐地，帕克越来越依赖她，她替帕克安排在波尔多的所有预约，为品酒会收集样酒，负责将《葡萄酒倡导家》翻译成法语。帕克非常喜欢这对夫妻和他们的女儿。他称汉娜为“伟大的帕克女郎”。帕克在法国时，经常去他们家里吃饭。3 年来，帕克每年都会去他们女儿的班里讲一次美国人眼中的法国。

无论在自己家的餐桌上，还是在全球顶级餐厅，帕克对美食与葡萄酒的热情旗鼓相当。遇到名不副实的葡萄酒，他必定会出言指责；同样，遇到服务不佳的著名餐厅，他也会如此——他对美食也有着深深的执念。1997 年，帕克开始在《葡萄酒倡导家》中撰写他最喜欢的美食，到年底就会总结一年中的最佳菜肴，但是没有评分。在过去的 20 年中，他和帕特几乎去过法国所有二星和三星米其林餐厅，但他最喜欢的一直都是巴黎著名的“我们的朋友路易”小饭馆。截至 1997 年，他已经去过那里大约 80 次。那里的美食仍然值得让人惊叹三声，尤其是大分量的烤乳羊腿、大蒜土豆蛋糕和堪称完美的烤鸡。帕克认为，“全球最优秀的法国厨师”是丹尼尔·布鲁德，他是纽约市丹尼尔餐厅的老板，帕克经常光顾这里。

帕克最喜欢吃的食物有松露、鹅肝酱、北京烤鸭和中国点心。可惜芒克顿附近，甚至巴尔的摩，都没有吃饭的好去处。米尔顿酒店关门了，现在，帕克就在附近科基斯维尔的俄勒冈烤肉店与进口商见面。大旺记是一家中国餐馆，位于弗吉尼亚州的福尔斯彻奇，至少每隔三四个星期，帕克就会聚集一群朋友去这里吃海鲜饺子、湖南炸鱼和锅贴，喝从自己酒窖中带来的巴罗洛和巴巴列斯科葡萄酒。对帕克来说，这里的美食和他的佳酿就是绝配。

1997 年，帕克即将年满 50 岁。在波尔多，他与“其他几位刚刚年过半百的人一起庆祝”生日。他们品尝了 28 瓶 1974 年份的葡萄酒，他给予其中 3 瓶分别来自木桐酒庄、白马酒庄、柏图斯酒庄的葡萄酒 100 分。到目前为止，这位葡萄酒大师的名声远远超出了葡萄酒行业的范围。他成了真正的名人，甚至出现在八卦专栏上，这些专栏通常报道电影明星和摇滚明星的滑稽趣事。帕克和 6 位朋友在丹尼尔餐厅共享了生日午宴，一共点了 10 道菜，吃到一半时，他突然觉得头晕目眩，浑身冒汗，桌上的一位医生认为他是心脏病发作。帕克非常确定不是，于是要了一瓶可乐。最终救护车来了，他被急救队抬出餐厅。他庞大的身躯卧躺在担架上，提醒即将上任的（纽约州）州长乔治·保陶基，“别吃扇贝”，帕克笑着说。《纽约邮报》第六版专栏标题报道了这一事件，称“帕克喝多了波特酒”。

20 世纪 90 年代末，帕克的影响力已遍布全球。尽管他在全世界都很有声誉，但在他的家乡马里兰州，人们认为他参与的葡萄酒活动即便不违法，也是很可疑的。1934 年废除禁酒令之后，每个州各自管理本州的烈性酒；与很多州一样，马里兰州也禁止不经过批发商直接向消费者售卖葡萄酒。每年，都有很多葡萄酒主动送上门来；此外，帕克还购买了很多葡萄酒。最终在 1998 年，时任马里兰州审计办公室的酒税和烟草部门主任查尔斯·埃哈特博士注意到了这一点。他打算让帕克停止这些活动，训斥他这 19 年来的行为是违法的，声称他们必须让帕克取得“葡萄酒专家”的资格。为此，帕克必须前往他们在安纳波利斯的办公室，填写问卷，获得许可证，这种许可证允许医院为了治疗病人购买酒类产品。“他们只是想让我饱受折磨，”帕克告诉我，“我也有脾气，当时忍不住发火了。在马里兰州，买把枪都比买瓶霞多丽葡萄酒寄到家容易。”帕克总是时刻准备对抗“幸灾乐祸的警察”，认为他们就是潜伏在美国的反对饮酒的“清教徒残部”。这一点与法国完全不同，葡萄酒在法国不会被怀疑，葡萄酒是法国民族文化的一部分。曾经有一项调查询问法国公民，是什么构成了“法国人”，所有答案中“葡萄酒”排名前五。

同年，帕克接到了法国大使馆的电话，大使馆告知他，他被提名法国最高奖项，法国荣誉军团勋章。后来他才知道，与他此前获得的奖项一样，荣誉军团勋章起源于波尔多，法国影响力最大的葡萄酒产区。他还了解到，整个过程很复杂，包括一系列严格的步骤，以确定提名人是否有任何与头衔不符的污点。帕克认为自己在法国葡萄酒行业有很多劲敌，所以怀疑自己未必会成功。但无论结果如何，当时他的父亲已经病重，1998 年年中父亲去世之前，帕克还是将此事告诉了父亲。

1999 年 4 月，帕克收到了法国驻美国大使馆的一封来信，告知他雅克・希拉克总统将于 6 月 22 日在巴黎爱丽舍宫的典礼上亲自授予他该奖项，用帕克的话说，他“高兴得飘起来了”。虽然他在特别早的一期《葡萄酒倡导家》中开玩笑说过，他花了这么多钱购买勃艮第葡萄酒，法国政府应该给他颁发荣誉军团勋章，但他说，这“是他完全没想过的”。

6 月 22 日早上，帕克在巴黎的酒店房间里，担心他们会迟到。帕克、帕特和玛雅住在巴黎歌剧院对面的斯克里布酒店，走十个街区就能到爱丽舍宫，但他坚持雇了一辆私家车来酒店接他们，这是他以前在巴黎从未做过的事情。帕克现在紧张得大汗淋漓。他们应该在 10 点半之前到达爱丽舍宫。最后，还只剩下几分钟，车终于来了，他们即刻出发，手里拿着法国总统的邀请函，但帕克仍然紧张得流汗。

过去几周，他一直在法国工作，所有人都很震惊，希拉克竟然会亲自授予他荣誉军团勋章。后来，帕克终于明白这是一件非常了不起的事情。只有百分之一的获奖者会由法国总统亲自授予该奖项，大多数获奖的外国人都是直接从驻本国的法国大使馆接受该奖项。帕克将与罗纳德・里根、科林・鲍威尔、尼尔・阿姆斯特朗以及罗伯特・德尼罗齐名，成为少数几个获得该殊荣的美国人之一。“但是，”他很确信地告诉我，“无论谁给我颁奖，我都会接受的。”

大约有100名宾客聚集在爱丽舍宫正式的红色和金色接待厅里，站在大型落地窗前面，人群后面就是获奖者。帕特拿出小型摄像机，但她和玛雅只能看到帕克的背影。希拉克站在台上，面对所有获奖者。头顶上，巨大的玻璃吊灯闪闪发光，光线从镀金墙壁上面的半圆形窗户照射进来。

站在获奖者中间，帕克穿着不起眼的深色西装、白色衬衫，系着红黑相间的花纹领带，卷曲的头发梳在脑后——棕褐色的头发中间夹杂着几根银丝。现场有8位荣誉军团勋章获得者，帕克是唯一一位美国人，也是获得该殊荣的首位葡萄酒评论家。法国荣誉军团勋章是拿破仑在1802年创立的，正如希拉克在开幕致辞中所说，目的是为了表彰“那些利用自己的天赋给法国带来荣誉的人、为法国作出贡献的人”。轮到帕克时，希拉克说，这意味着“向美国人介绍法国葡萄酒”。他赞扬帕克“绝对可靠的味觉”“他是全世界家喻户晓、最具影响力的（葡萄酒）评论家”，讲述了美国前总统比尔·克林顿曾经提到过帕克对一款葡萄酒的评论，两位总统在“我们的朋友路易”饭馆吃饭时还喝了一瓶这款葡萄酒。“对法国和法国葡萄酒的热爱，”他继续说道，“使他为法国葡萄酒在大西洋和全世界的传播作出了巨大贡献。”

回顾过去20年，一路的点点滴滴在帕克的脑海中历历在目。一场葡萄酒革命发生了，他在其中发挥了重要的作用。这些年，每天吃美食喝两瓶葡萄酒，对他的身体有一定的影响。帕克现在体重有240斤，走上台去领奖时，他显然已经有些步履蹒跚。

五个带花边的星形形状围绕着一个金色中心，挂在猩红色的丝带上。希拉克把勋章挂在帕克的翻领上时，帕克额头上冒出了很多汗珠。

这是激动人心的时刻，他回忆说，就像是“灵魂出窍的体验”。帕克热泪盈眶，他脱口而出：“谢谢您，总统。”很显然，他不应该说话，没有人这么做，帕克的话让希拉克措手不及。他飞吻了帕克的两颊，兴高采烈的帕克再次作出了意外之举——他亲吻了希拉克的两颊，显然他很开心。随后，他们以法国人的礼节相互拍了拍肩膀。

在接待会上，帕克和希拉克谈论了他们喜欢的“我们的朋友路易”饭馆并拍了一些照片。他的桌上至今放着玛雅与希拉克握手的合照，旁边的一个盒子里放着那枚勋章。

帕克一家三口去附近的勒杜瓦扬餐厅吃了一顿午餐以示庆祝，这是法国最新的米其林三星餐厅。随后，他们回到了酒店，帕克可以脱掉西装解开领带，重新变回“正常人”。他们在协和广场上漫步，身旁经过一群警察，他们突然“啪”地一下向帕克立正敬礼。“那真的是太酷了”，他很自豪地告诉我。帕克对此很震惊，别人告诉他说：“只要您佩戴着勋章，依据法国法律每位警察和军人都要向您敬礼。”

帕克在巴黎皇家宫殿的一家商店门口停下来，进去购买红色小缎带，可以穿在扣眼里，以表示自己是一位荣誉军团勋章获得者。柜台的女营业员认出了帕克，满脸笑容，拿出帕克的一本书让他签名。1993 年，帕克曾在此购买法国国家功绩骑士勋章的小蓝色绸缎，今时往日简直是天壤之别。女售货员不相信外国人能够获得荣誉军团勋章，提醒帕克擅自佩戴可是重罪。

各大主要报刊纷纷报道了帕克获得法国荣誉军团勋章的新闻，包括《纽约时报》和《费加罗报》(但是没有《葡萄酒观察家》)。一个最大好处就是因为帕克获得了该勋章，再也没有法国人起诉或扬言起诉他。很显然，法国人认为帕克已经是无法逃避的人，他们不得不接受。

回到美国，帕克和帕特在纽约的丹尼尔餐厅举办了一场盛大的庆祝派对，共有150人参加。他们邀请了老朋友，还有自始至终一直相信和支持帕克的人。葡萄酒批发商阿奇·约翰斯顿和多米尼克·雷纳德从波尔多坐飞机赶过来，酿酒师海伦·特利和酒庄庄主比尔·哈兰从加州坐飞机赶过来，进口商鲍比·卡切尔和马克·德·葛拉齐亚分别从华盛顿和意大利赶过来。帕克还租了一辆全新的公交车，将巴尔的摩的朋友们都接过来了。与帕克祝酒时，所有人喝的都是1990年份的唐培里侬香槟。他们喝的都是大瓶酒，如1990年份康赛扬酒庄的葡萄酒和1982年份杜嘉酒庄的葡萄酒。帕克和帕特发表了慷慨激昂，甚至催人泪下的讲话。帕克的母亲亲吻了丹尼尔·布鲁德的脸颊并告诉他："我从未吃过这么美味的食物。"帕克的老朋友鲍勃·辛德勒非常感慨地告诉我，"这是我这一生参加过的最大的葡萄酒盛宴了"。

第八章

酿酒取悦帕克

“每隔 25 年，波尔多人就要重新整顿一番，各个方面都不例外，因为这里的生活太舒适、太惬意了”，让・纪尧姆・普拉茨清瘦的脸庞上浮现一丝微笑，仿佛觉得自己说的话很好笑，“每个人都会自满，帕克让大家更清醒地认识自己。”刚 30 多岁，普拉茨就开始负责打理爱士图尔庄园——一家位于圣爱斯泰夫村的二级酒庄，1998 年以前一直都属于他们家族。接管酒庄之前，普拉茨在伦敦金融市场历练过，能从圈内人和圈外人两个角度看待波尔多葡萄酒行业。在大锅饭馆吃饭时，我们一直都在谈论帕克。“大锅”位于波尔多老城区，很像乡村旅店，深受大家喜爱。饭馆里有壁炉，挂着铜锅，大块大块的肉穿在烤肉扦上转动，以口味浓郁而丰厚的当地传统美食著称，比如法国锅菜。开车来这里很麻烦，由于城市正在大规模翻新，很多道路都被毁坏了，必须多次绕行才能到达。2002 年，波尔多葡萄酒行业也面临着变革。变革是好是坏，不同人有不同的看法。

普拉茨说，自从帕克推崇 1982 年份的波尔多葡萄酒以来，他的评论和评分促使酒庄庄主追求更高的质量，投资新设备，让很多酿酒师和酒庄声名远扬，重组了整个波尔多产区，让普通酒庄也能够立足葡萄酒行业。帕克是第一个简化这一切的人——“同一种味觉，同一个体系，同一个世界。”他停顿了一下，“1995 年份和 1996 年份的葡萄酒在期货市场上市时，帕克的影响力越来越大。从那个时候起，他开始左右葡萄酒的价格。”那是有史以来第一次，很多酒庄纷纷决定，等到 4 月底波尔多年度期刊中帕克评分发布之后，再给葡萄酒定价。

“得益于 1995 年份，帕克整个商业体系开始运转。”葡萄酒批发商比尔·布莱齐表示赞同。与普拉茨一起吃饭的两天之后，我认识了布莱齐。如果帕克给你的葡萄酒“评分”较高，你可以将价格定得更高。对于顶级酒庄而言，布莱齐说到，“85 分与 95 分之间的区别等同于六七百万欧元”。如果一座酒庄得到满分，那么其葡萄酒的价格可以增加 4 倍。事情就是这么简单。

所有葡萄酒经纪人和批发商都时时关注全世界当前的葡萄酒销量与价格。我顺道拜访了塔斯泰与劳顿酒行的埃里克·萨马齐耶，他的办公室朴素优雅，位于加仑河市区段河岸一座古老的建筑中。在这里我了解到，在国际葡萄酒贸易中，帕克的评分会被非常仔细地审查。萨马齐耶的桌上只有一台大计算机，他可以从计算机的数据库中快速调取任何数据。这个庞大的数据库涵盖了 800 家酒庄的信息，包括每家酒庄葡萄酒的开市价、酒庄和中间商之间的最佳价格、从低到高的价格变动以及帕克评分。就经济层面的影响而言，只有帕克能创造市场，萨马齐耶断言，“《葡萄酒观察家》还未能施展全力”。他还告诉我，他拜访过法国南部的一位外科医生，医生的酒窖既不是按产区也不是按品种排列，而是按照帕克评分排列，对方非常自豪地向他展示了所有满分葡萄酒。

美国是波尔多葡萄酒最大的市场，如果帕克不推动美国人购买，波尔多葡萄酒的市场就会南移。现在，帕克的影响力已经触及英国的波尔多葡萄酒买家。英国的莱与惠勒酒行和贝瑞兄弟与路德酒行声名显赫，长期以来一直为上流社会供应优质葡萄酒，帕克的影响甚至让英国的葡萄酒贸易更加民主化。由于帕克评分的推动，20 世纪 80 年代，波尔多葡萄酒投机活动十分诱人，一群没有背景的葡萄酒新经纪人投身于葡萄酒贸易并取得了成功。法尔葡萄酒行的发展历程就是如此，其合伙人史蒂夫·布劳伊特解释说，1978 年法尔创立于一位合伙人公寓的客厅，因售卖 1982 年份的波尔多期酒，1984 年便在市场上占据了一席之地。他们订购《葡萄酒倡导家》，购买帕克推荐的葡萄酒，将帕克的评分列入目录之中，业务随之迅速增长。布劳伊特说，帕克"了解普通人的口味"。法尔现在是英国最大的波尔多期酒销售商。

周游波尔多，与葡萄酒批发商和酒庄庄主交谈，我发现人人都对帕克十分不满。圣爱斯泰夫村的小丘餐厅的一位服务员也发表了看法，他告诉我，现在酒窖里半瓶装葡萄酒都很少了，因为帕克导致葡萄酒价格飙升，法国人连半瓶装的都买不起了。即便是私底下喜欢帕克甚至从他的评分中获益的人，也觉得帕克的影响力让他们很不舒服。进口商梅丽莎·瑟尔消息灵通，她曾经告诉我："法国人认为帕克是法国葡萄酒制胜的法宝，但他们不喜欢按照美国人的方式办事。"

3 月初，所有的酒庄都在等待"伟大的鲍勃"。正式的期酒盛况通常在当月最后一周开始。帕克和《葡萄酒观察家》的詹姆斯·萨克林通常会提前一两周到达波尔多，有时候甚至在大批民众涌入波尔多之前就离开了——全世界的记者和葡萄酒买家都聚集于此，住满了所有的酒店房间；波尔多列级葡萄酒品尝会上人山人海，每个人微笑时都会露出被葡萄酒染成紫色的牙齿。只要酒庄送来了桶中样酒，每个产区都会有一场品酒会。早在 20 世纪 80 年代就已经有这样的品酒会了，当时帕克也会前来参加；20 世纪 90 年代中期以后，他就不再参与了。他把所有时间都集中在私人品酒会上，举办者还是这几位批发商，有时在酒店房间里，有时在预约的酒庄里——在酒庄，帕克总是会受到皇家贵族般的礼遇。在波尔多的这一两周，帕克的电话总是响个不停；他是人们谈话的焦点，一位酒庄庄主说，对葡萄酒而言，他的评分比丰收时节的天气更为重要。

1995 年，波尔多特级酒庄联盟（UGC）规定，每年 4 月 1 日之前任何人不允许私自品尝桶中样酒。帕克的朋友阿兰·雷诺医生时任 UGC 的主席，帕克谈及自己只能每年 3 月的最后一周到波尔多，据说雷诺一口答应：没问题，我们可以调整日期，但仅限于对你。帕克欣然同意在 4 月 1 日之后再公布品酒笔记，他后来做到了；随后，詹姆斯·萨克林也要求早点品尝桶中样酒。现在，所有人都可以这样做了。曾经，帕克是唯一一位重视品尝新年份桶中样酒的葡萄酒评论家，他也很重视在品酒后尽快发布详细的评论内容，但是现在包括萨克林和英国的詹西斯·罗宾逊在内的 6 位记者，在《葡萄酒倡导家》出版之前，早早地就在网上公布了他们的品酒笔记。

期酒品尝会经常能引起轰动——人们认为这对于销售波尔多葡萄酒至关重要，也激起了大量的抱怨和不满，大部分都与他们所谓的“帕克专享问题”有关。

其中一个就是桶中样酒的可靠性。样酒非常重要。刚扎格·勒顿对这个问题直言不讳，他的父亲卢西恩·勒顿拥有 10 座酒庄，他负责管理位于玛歌产区的杜霍酒庄。到波尔多几天之后，我和勒顿在嘈杂的金狮餐厅一边吃午餐一边讨论这个问题。这家餐厅位于玛歌产区，一直都座无虚席，大部分人是来喝葡萄酒的。“这些年，我们一直听说奇特的‘帕克样酒’”，勒顿告诉我。他确定很多酒庄都会送一桶“鲍勃特酿”给批发商以参加帕克的品酒会，那不能代表最终装瓶的葡萄酒的品质。很多酒庄会在 3 月之前调配好混酿，但并不是所有酒庄都会在此之前完成，因此参加品酒会的样酒与一年多之后装瓶的葡萄酒品质大致相仿。即便装样酒的酒桶也有差异，总有一些比另一些好。不止勒顿一个人相信：大部分样酒都是品质最佳的葡萄酒，要么是从品质最佳的桶中取出的，要么是经过美化的，目的是为了获得帕克的高分。我采访过的很多业内人士，如圣朱利安的拉格喜酒庄的马塞尔·杜卡斯，他认为有相当大一部分酒庄作假。“在波尔多，经常听到的一个笑话就是，”勒顿说，“只要你发现有一桶葡萄酒比其他的都好，那就是为帕克准备的。”

勒顿身形清瘦，为人热情，拥有孩子般的真诚，这在法国人中很罕见。他建议为桶中样酒设立标准，但 UGC 忽略了他的提议。讲到这里，他声音中有些愤怒，也夹杂着一丝难过。“1997 年，我在计算机上做了一个小标签，贴在样酒上，以人格担保我的样酒能够代表 57.4 万升葡萄酒的品质。只有我一个人这样做。”所有人都嘲笑他太天真，但他说“大家都知道我就是这样的人”。很多人告诉勒顿，他做得对，但是“如果我们能够有所获，我们就不想改变什么……刚扎格，不要太过招摇。”勒顿不再寄送样酒参加品酒会，“为了在帕克品酒会上夺得一席之地，就去酿制口味最强劲、颜色最深、口感最肥硕的葡萄酒——算了吧，我不想这么做。”在《波尔多葡萄酒》中，帕克予以了反击，勒顿“错误”地以为样酒掺假，其实是因为杜霍酒庄在盲品会上表现不佳。

事实上，帕克的确很担心自己被人设局，他有很多事情都处于成败关头。他听说过“帕克特酿”，也许是真的。当我问及此事，帕克非常理智地向我解释：“我在不同时间、不同场景下品尝样酒，这些酒装瓶后我还会继续品尝。如果有明显差异，我就不会再品尝那家酒庄的葡萄酒。”他承认，有时候他会发现差异，但通常瓶装的品质更佳。他认为有关广泛作弊的报道太过夸张。他用了一贯的辩护姿态：

"'帕克桶'完全就是那些嫉妒我的对手挑起的。"

问题是，即便样酒是"公平的、准确的"，但葡萄酒本身也会随着天气在桶中逐渐变化，每天都不一样。在波美侯产区，老色丹酒庄的亚历山大·蒂安邦几天之后告诉我，"一旦气压下降，样酒的状况就不会很好"，这意味着帕克对酒的评分可能会相差 10 分。

随后，又有人抱怨帕克一口气品尝 100 多种样酒。盲品可能会让酒庄失去一切。如果一款雅致的葡萄酒夹在两款强劲的葡萄酒中间，势必会显得很柔弱。此外，没有人知道样酒已经打开多久了。普拉茨决定效仿一级酒庄的做法，只允许在酒庄的酒窖中品尝桶中样酒，帕克也不例外，很多二级酒庄也这么做。"这被视为一种傲慢的要求"，普拉茨说，但他觉得采访的记者至少应该做到这一点。

"这主要关乎盲品中会发生什么"，蒂安邦解释说，他就是这么做的。帕克在老色丹酒庄品酒之后，将以前在一次大型品酒会上品尝过的一款葡萄酒提高了 3 分。

本周晚些时候，我来到波亚克产区的碧尚女爵酒庄，坐在一间优雅的小客厅里。庄主梅·艾莲·德·朗格桑将一本厚厚的淡紫色活页笔记本放在玻璃咖啡桌上，上面记录着与帕克有关的一些信息，每份文件都整齐地放在了一个单独的塑料袋中。她的穿着像往常一样优雅：金色的头发梳到脑后，戴着一条系得完美的红色、海军蓝和白色相间的三色围巾，穿着红色毛衣和时髦的红色鞋子，一条乖巧的骑士查理王猎犬蜷缩在她腿上。自 1978 年以来，她一直经营着家族酒庄，不辞辛劳地提升葡萄酒品质，并在欧洲和美国推广葡萄酒。我第一次见到她是在美国。她已故的丈夫曾经是派驻在美国堪萨斯州的陆军上将。她说，密苏里河让她想起了波尔多的吉伦特河，我完全没料到她会对比两者。

帕克常常称赞碧尚女爵酒庄，但朗格桑认为他应该给予酒庄更高的评价。帕克经常在 3 月给出一个中等评分，来年秋天他几乎总是说，“哦，这比我想象的要好得多”，这点让她特别恼怒。她非常了解帕克：“过去这些年，我发现了他犯的所有错误，我常说，‘留心，留心！’”朗格桑强烈反对评分体系，反对帕克偏爱“大酒”——“现代葡萄酒酒体饱满，缺乏个性”。她最反对的是媒体记者过早（3 月）地品尝桶中样酒。她问道：“那时的葡萄酒就像四五岁的小男孩，你怎么能断言他将来会创造辉煌的职业成就呢？”她不送样酒去大型品酒会，每个人都要到酒庄来品尝葡萄酒，包括帕克。“我就快 78 岁了，我只是说出真实的想法，如果没人喜欢我，那也无所谓！”她大声说道。

埃米尔·佩诺教授早在 1987 年就曾提醒所有酒庄：“他们认为能够有所收获……因为害怕帕克误以为他们的葡萄酒有问题要掩盖，他们不敢拒绝他的品尝要求，事实上他们应该拒绝。”

为了确保桶中样酒在 3 月底时能给媒体（尤其是帕克）留下好印象，人们甚至改变了酿酒方式。成败都在3月。葡萄酒批发商比尔·布莱齐曾经说过，“重点是开始阶段需要一个月。现在发酵完成后，人们立即就把葡萄酒倒入了大桶[1]”。他们利用微氧化[2]给葡萄酒添加氧气，使味道更柔和、果味更丰富。

在帕克看来：“认为品酒会举办得太早的人太过虚伪。明明是酒庄想要尽早开始售卖葡萄酒。我并不是总想第一个发布品酒报告。事实上，在我的报告发布之前，《葡萄酒观察家》提前几周就在网上公

[1] 容量 225 升的法国大酒桶。

[2] 微氧化即利用氧气来改良单宁的结构，通过往葡萄酒中加入微量的氧气，让葡萄酒的结构变得丰盈柔和。

布了，詹西斯也比我早，波尔多却没人在乎这个。”他说的都是真实情况。

越来越多的企业购买了酒庄，想要获得良好的投资回报，于是获得帕克高评分的压力就加大了。力士金庄园就是急需获得回报的酒庄之一。该酒庄位于玛歌产区，原来属于亚历克西斯·荔仙和一群投资者，目前经营情况不佳，已经被一个财团以 6700 万美元购得，该财团包括柯罗尼资本[1]、瑞安航空公司[2]的爱尔兰老板托尼·瑞安以及高盛集团[3]的一些投资者。这笔交易是阿兰·雷诺组织的，他负责管理整个项目，不久之后他就聘请了酿酒学家米歇尔·罗兰。人们都认为这个组合必定能够获得很高的帕克评分。他告诉我，在新的力士金庄园提供第一个年份的葡萄酒之前，他参加了一次经纪人午宴，餐桌上罗兰保证他们的葡萄酒肯定能获得很高的帕克评分。如果你必须靠出售高价的葡萄酒来支付银行贷款，那么你至少要得到 94—95 分；甚至连银行也知道评分有多重要。

并非所有人都必须等评分公布才知道是否购买某一款葡萄酒。纪尧姆·图顿是纽约市的法国葡萄酒进口商，2000 年在办公室接到了一位著名波尔多批发商的电话。“帕克和汉娜·阿格斯蒂尼刚走。”他说。帕克花了两个半小时静静地品尝了很多 1999 年份的桶中样酒，这位批发商靠墙而立，默默地观察帕克。“当时，帕克品尝了一杯酒，然后说，‘哇！我实在控制不住激动的心情。这款酒应该可以得 93 分。你应该买’。他接着说道。”

[1] 柯罗尼资本成立于 1991 年，是目前全球规模最大的房地产私募基金之一。
[2] 瑞安航空公司由克里斯蒂·瑞安创立于 1985 年，总部设在爱尔兰，是欧洲最大的廉价航空公司。
[3] 高盛集团是一家国际领先的投资银行，向全球提供广泛的投资、咨询和金融服务，拥有大量的多行业客户，包括私营公司、金融企业、政府机构以及个人。

“你确定他说了‘哇’吗？”图顿问道，“也可能是‘喔’。”

“不，”批发商说道，“肯定是‘哇’。”

帕克“哇”的语气听起来到底有多强烈，他们就此争论了好几分钟。这款葡萄酒每箱价格在800—900美元，而图顿要在3分钟内作出决定。“只是依据一声‘哇’，我就作出了8万美元的决定，订购了75箱，”图顿笑着告诉我，“这实在是太冒险了，还好后来帕克给了这款酒不止93分。”

对于波尔多人而言，帕克的评分与《米其林指南》的餐厅星级没什么两样。1月，帕克会来波尔多再次品尝前一年3月品尝过的葡萄酒，波尔多人则会在2月等着看哪些酒的评分会增加，哪些会降低。伊曼纽尔·克鲁斯的迪仙酒庄位于玛歌产区，2月26日，纽约时间晚上11点半，他被从办公室传来的一封传真吵醒了——一份三页半的列表，列举了帕克对所有2000年份葡萄酒的评分。首先列出最初的评分，已经发布在去年4月23日的《葡萄酒倡导家》上；其次是1月再次品尝之后的更新评分，发布在刚刚邮寄的2月28日的杂志上；最后是两次评分之间的差别。大多数葡萄酒的评分都是增减1分甚至0.5分，但飞龙世家酒庄的评分下降了7.5分。克鲁斯告诉我，幸运的是，该酒庄已经将葡萄酒卖出去了，接着又说：“现在，批发商不可能在未来半年到一年内卖掉这些葡萄酒了。”

帕克改变了游戏规则。他对年份品质和葡萄酒品质的看法加强了他对价格的影响，使得批发商对价格的影响有所下降。1999年，波尔多葡萄酒批发商联合会试图通过发布期酒联合报告予以反击，但为时已晚。

帕克坚信自己带来了积极的变化，但他也听到了一些抱怨之声。他为此非常悲观，认为自己树敌很多，真正的朋友寥寥无几。有一次，他听说了一则谣言，那些心怀不满的酒庄庄主打算告诉警察他离开品酒会的时间，以便陷害他酒驾。帕克严肃对待此事，他去家用电器商店购买了一个数字酒精测试仪，每场品酒会结束之后都会着魔似的测量一下。

20 世纪 90 年代，波尔多最富争议性的事件就是右岸葡萄酒的崛起，特别是此前死气沉沉的圣爱美隆产区，还有少数被称为“车库酒酿酒师”的革命酿酒师——他们在棚屋和车库而非传统的酒庄中酿制葡萄酒，产量很低，被称为车库酒。

对于许多传统的酒庄庄主而言，这些雄心勃勃的后起之秀就像是门口的野蛮人，比如：瓦兰德鲁酒庄[1]的葡萄酒商让・吕克・图内文做过伐木工；格雷西亚酒庄的米歇尔・格雷西亚做过石匠。相比传统内敛的波尔多葡萄酒，人们指责他们酿制的葡萄酒太过凝练、过分华丽、橡木味重、口味过熟，更像是新世界赤霞珠葡萄酒；他们还有几款酒在美国和亚洲的实际售价是一级酒庄的两倍。瓦兰德鲁酒庄和拉梦多酒庄的葡萄园缺乏纯种葡萄，为了弥补这一点，他们制定超低的产量，选择手工采摘，选用熟透的水果、有争议的酿酒方法、大量新橡木桶，将大量的资金投在小块的种植园土地上。这些尝试使他们一夜之间取得成功，他们的成就激励了很多酒庄。然而，他们根基薄弱，没有历史，没有业绩记录，没有声誉，只有帕克能证明他们的高价是物有所值。埃里克・萨马齐耶指责说，这些酒庄大部分“没有帕克就不会存在”。亚历山大・蒂安邦大声责骂他们时，言辞越来越激烈。“这三四年他们貌似一级酒庄”，他说到，“实则为垃圾。”

[1] 又称瓦兰佐酒庄。

葡萄酒行业的圈外人通过努力奋斗，竭力提升品质，以此挑战权威人士，这样的故事总能引起帕克的共鸣，其葡萄酒风格也能博得他的喜爱。帕克确信他们是未来的潮流走向，认为他们的一些酿酒方法将在波尔多普及，这种情感让许多梅多克的酒庄庄主感到惊恐和愤怒。

吃晚餐的时候，让·纪尧姆·普拉茨和我将1996年康迪萨酒庄的车库酒与1995年克莱蒙教皇酒庄的葡萄酒进行对比，前者果味早已消退，后者仍不断发展、均衡优雅。普拉茨向我讲述了他的理论，为什么车库酒能吸引帕克："美国是一片充满梦想与惊喜的土地，"他说道，"发现一些新的东西，他会觉得很有意思。"普拉茨本人也渴望发现新的东西，但是不会在波尔多——他会去西班牙或南非寻找。在爱士图尔庄园，"循规蹈矩"是非常重要的。

帕克成就了车库酒，刺痛了波尔多的灵魂，重新点燃了酝酿已久的争论，即传统与现代实验、风土条件与酿酒师的方法、鉴赏与感受、精巧雅致的葡萄酒与强劲凝练的葡萄酒。

仿佛车库酒酿酒师将"加州病毒"带到了波尔多：葡萄种植者不需要仰仗神圣的土地，不需要经过几百年辛勤耕作的山坡土壤，就能种植优质葡萄品种，酿制优质葡萄酒，这是一种革命性的想法。有了品质不错的葡萄，酿制优质葡萄酒就只需要汗水、野心、远见和胆量，当然通常还需要新的技术和资金支持。

波尔多左岸和右岸的很多酒庄庄主发现，车库酒完全比不上波尔多葡萄酒完美的平衡度、复杂度和陈年潜力。与勃艮第人一样，他们也相信风土条件的独特性。帕克曾经说过，"模糊、难以理解的观念，认为土地决定了葡萄酒的风味"。风土条件是法国精心设计产区体系和各种品质等级的基础，赋予了葡萄酒口味中应该具备的"地域感"。

相信风土条件意味着相信是土地掌控“魔法”塑造葡萄酒，而不是酿酒师，否则就是要剥夺法国在其他酿酒国家中引以为荣的地位。对于多数波尔多人而言，例如负责管理圣爱美隆产区贝莱尔酒庄的帕斯卡·德尔贝克，帕克正在给反对风土的人摇旗呐喊，他们随时准备抹去葡萄酒的背景、文化和酒标之后辛勤付出的人。一旦人们接受这一切，葡萄酒将沦为玻璃杯中的混杂物，酿酒的过程不再重要——葡萄酒只是酒窖的产物，佚名葡萄的后代，酿酒学家的伎俩，而不是一种浓缩一个地方的天地山水精华的液体。

总而言之，如果无法酿制帕克中意的葡萄酒，在美国销售葡萄酒会更加艰难，售价会更低。刚扎格·勒顿和骑士酒庄的奥利维尔·伯纳德就是如此，英国评论家认为骑士酒庄的葡萄酒一直被帕克低估。改变你的酿酒风格，去酿制帕克偏爱的葡萄酒，这样做回报相当不错。法国人将这些葡萄酒称为“帕克葡萄酒”——“帕克化的葡萄酒”。

“目前已有十几种纯粹的‘帕克葡萄酒’，这个数字还在增长。”葡萄酒批发商比尔·布莱齐一边说一边摇头，“现在正向波尔多左岸蔓延。”在我的旅途中，人们列举了酿制帕克葡萄酒的酒庄，比如欧蓓姬酒庄、教堂园酒庄以及上康迪萨酒庄，他们担心格拉夫产区的克莱蒙教皇酒庄也会受到影响，因为新庄主聘请了一位顾问——米歇尔·罗兰。

多年来，帕克一直听到这样的指责：他只喜欢特定风格的葡萄酒。这让他十分沮丧。2002年年底，我们坐在他杂乱的办公室里聊天，他转动着办公椅，疲惫地摇摇头，突然变得非常激动，然后说道：“大家都说我喜欢华丽空洞、橡木味厚重、果味浓郁的葡萄酒，还说我让所有人都喜欢这样的葡萄酒——简直就是胡编乱造。我喜欢法国葡萄酒——本质上非常雅致的葡萄酒……欧洲的同事说我是全球主义者。很显然，当我看中葡萄酒的品质时，你能猜到我大概要说什么，即可接受的程度，但最重要的是葡萄酒必须反映出其原产地和葡萄品种。我想让内比奥罗葡萄酒尝起来就是内比奥罗的味道。”他不想让所有葡萄酒的味道都是千篇一律。他说道：“我的口味太多样了。”事实上，他确信自己撰写和品鉴的葡萄酒风格比其他评论家多得多。

帕克声称，自己是喜欢葡萄酒的杂食动物。他喜欢强劲丰富的葡萄酒，也喜欢侯伯王酒庄的复杂度。他喜欢嘉雅酒庄现代国际风格的葡萄酒，也喜欢嘉科萨酒庄传统风格的巴罗洛葡萄酒。他会定期购买巴罗洛葡萄酒放在酒窖里，他说，要一直买到它变得太贵为止。那天，在帕克家吃晚餐，我们喝了一瓶 1989 年份的雷司令和一瓶 1970 年份飞卓酒庄的葡萄酒。前者口感甘甜，后者质地柔滑，都不是人们口中帕克所偏好的强劲葡萄酒，很可能他选择这两款酒就是为了说明这一点。

阅读帕克的著作和杂志时，我发现他对很多葡萄酒都不感兴趣：活泼的新西兰长相思葡萄酒、草本味的卢瓦尔红葡萄酒、酸度高的红葡萄酒——也就是所有口味清淡简朴的葡萄酒，即便搭配食物时口感更好，他也不感兴趣。除了少数特例，获得 95 分以上的葡萄酒和那些推动市场运作的葡萄酒有一些共同之处——质地丰富、浓度较高、风味凝练、果味浓郁，红葡萄酒则酸度较低。实际上，大部分都是红葡萄酒。满分葡萄酒通常被帕克描述成“厚重凝练”而非“雅致微妙”。正如帕克所言，一些“完美”或“近乎完美”的红葡萄酒就像“干型的波特酒佳酿”，其他味道则让人联想到咳嗽糖浆。帕克中意的葡萄酒多数酒精含量高，甚至高达 16%，成熟果味的感觉至关重要。帕克特别喜欢问：“吃没熟的梨子，你能有多大乐趣？如果葡萄没熟，就是绿色的、酸的，口味自然不会好，吃起来就毫无乐趣。”帕克在刊物中承认，就波尔多葡萄酒而言，他“在风格上偏爱那些质地丰富、酸度较低的葡萄酒”。有些报道声称，他迷恋橡木味极重的葡萄酒，这有些夸张。毕竟，他非常喜欢克莱蒙教皇酒庄，它的葡萄酒大部分都没有使用新橡木桶。帕克非常符合英国作家史蒂文·斯珀里尔关于葡萄酒偏好的“体型理论”：体型清瘦的人喜欢白中白香槟等雅致葡萄酒，体型高大魁梧的人（比如帕克）偏爱强劲的葡萄酒。

品尝过成千上万种葡萄酒之后，20 世纪 90 年代后期，帕克坚定地认为优质葡萄酒应具备以下特点：果味浓郁、风格凝练、质地丰满、注重对整体感官的影响。在很多方面，葡萄酒行业所认为的“帕克口味”反映了时代精神。毕竟，这是一个注重感官与即时感的时代。大卫·布鲁克斯在著作《布波族：一个社会新阶层的崛起》中，提出了对美国当代上流文化的看法，还指出 20 世纪 90 年代受过教育的精英阶层“非常喜欢质地……受过教育的人喝过的所有东西都会在玻璃杯底部留下沉淀物：酵母味的微酿啤酒、未经过滤的果汁和有机咖啡”。他本应将葡萄酒也列入其中。不仅仅在美国，当今时代似乎都偏爱奢华的、浓郁的味道，这些都不必太过努力就能得到。快乐意味着拥有浓郁的果味、淡淡的甜味、柔软的单宁，可以立即饮用。换句话说，快乐是可以获得即刻满足感的葡萄酒。

在一次巴黎晚宴上，杰拉尔德·阿舍也这么对我说，一旦微妙与精巧在文化的其他方面没有那么明显之时，他们在葡萄酒中的地位也就没那么重要了，这会让整个巴黎为之震惊。

最开始，大多数葡萄酒进口商、批发商和酿酒师只希望帕克给他们的葡萄酒一个不错的分数。随着帕克的影响力越来越大，他们开始了解帕克的风格偏好，贝基·沃瑟曼就这么做了。无论他们是否与帕克一起品酒，都可以方便地了解到高分葡萄酒。如果他们认为某一款葡萄酒符合帕克的偏好，就会让这款酒吸引帕克的注意力。1997 年，丹·菲利浦斯就是这么做的，那时候他刚刚开始从澳大利亚进口强劲庞大的巴罗萨谷老藤西拉葡萄酒（帕克极力赞扬，促使《时代周刊》也对菲利浦斯进行了报道）。

20 世纪 80 年代末和 90 年代初，有些人采取了亲身实践的主动方法。进口商鲍比·卡切尔长着一张长长的脸，总是一副睡眼惺忪的样子。实际上，他是一位精明敏锐且富有说服力的推销员，不仅在勃艮第四处物色强劲丰富、果味浓郁的葡萄酒，还说服共事的酿酒师借助必要的技术酿制取悦帕克的葡萄酒。例如，他敦促伯特兰·安布鲁瓦兹使用更多的橡木桶，甚至替他订购橡木桶；鼓励其他人采摘更加成熟的葡萄，改变酿制技术，让葡萄酒颜色更深、口味更凝练。勃艮第有很多人指责卡切尔的葡萄酒太过强劲，橡木味太重，忽略了风土条件，完全不能代表传统的勃艮第葡萄酒。那些不愿意合作的酒庄对于勃艮第葡萄酒的味道持不同的看法，如德蒙蒂酒庄的艾蒂安·德·德蒙蒂，他们就找了另一位进口商。

意大利的马克·德·葛拉齐亚貌似文艺复兴时期的诗人——一双温柔的棕色眼睛，精致的面孔，高挺的鼻梁，乱蓬蓬的黑发，还穿着带有长衣袖的衬衣。他将创作精力投入推动与其合作的皮埃蒙特和托斯卡纳小生产商以变革酿酒方式，有时会遭到老一代生产商的强烈反对。酿酒家族内部争论激烈，父亲已经一个月没和儿子讲话了。最终，他酿制出的更具现代风格、果味更浓郁、具有法国橡木桶味道的葡萄酒更能吸引国际市场。帕克称赞其葡萄酒品质更高，但其他人认为葛拉齐亚多此一举，扼杀了意大利传统葡萄酒的口味与风格。他们给他取了个绰号“马克家族的耻辱”（Marco Disgrazia），Disgrazia 是意大利语，表示耻辱。

这些改变葡萄酒的人偏爱自己推崇的风格，他们是真正的信徒，还是精通市场的进口商和酿酒师，想凭借帕克的味蕾大赚一笔？或者说，他们只是认清了现实，即大多数当代葡萄酒爱好者喜欢喝什么，什么酒能在国际市场上竞争。答案取决于与你交谈的进口商或酿酒师，不同人持不同看法。里卡多·科塔瑞拉到处宣扬帕克向他展示了消费者想要的口味。如果你遵循了这种方案，结果一目了然。提高葡萄酒品质，搭上帕克的顺风车，获得高评分带来的经济收益，这样的诱惑肯定是有的。很多酿酒师告诉我，“如果我想酿制 95 分的葡萄酒，我知道该怎么做”。

每种葡萄品种都有特定的品性和风味。品种选择、葡萄藤种植了 5 年还是 50 年、种植在什么样的土地上、葡萄园的坡度和朝向、葡萄藤如何修剪、是否喷洒化学品、天气条件、葡萄采摘时间、压榨方式、采用野生酵母还是商业酵母发酵、在什么温度下发酵、葡萄酒是抽吸的还是靠重力往下流动的、葡萄酒是否在橡木桶中陈酿、用什么样的橡木桶、陈酿多长时间、装瓶之前是否澄清或过滤——所有这些因素都会影响葡萄酒在玻璃杯中给人留下的印象。

酿制“帕克化葡萄酒”的基本配方众所周知，任何酿酒师都能像念咒语一样重复：在葡萄园中，疏剪葡萄藤的叶子，使葡萄能照射到更多阳光，且更均衡、更快地成熟。通过“疏果[1]”，或者说在葡萄串仍然是绿色时剪掉一部分果实，使产量下降，让所有风味都聚集在

[1] 疏果（green harvesting），可以在葡萄开花之前，或者“挂果”之后，减少每棵葡萄树上的挂果量，提高剩余葡萄的品质和浓度。

剩余的葡萄中。尽量晚点采摘葡萄，直至熟透为止，以确保葡萄酒酒精含量高、酒体厚实、单宁甘甜。葡萄酒的颜色源自葡萄果皮，因此尽可能长时间地冷浸渍[1]葡萄。在桶中利用苹果酸-乳酸发酵使早期的葡萄酒变得顺滑。随后尽量不要干扰葡萄酒：装瓶之前不要倒灌换桶，不要澄清，不要过滤，保持自然状态——这是最基本的观点。当然，采摘更加成熟的葡萄等方法有点太过头了，很多法国酿酒师坚持认为熟过头的葡萄酿制的葡萄酒，其口味像果酱且酒精含量过高。《葡萄酒贸易月刊》的一篇文章提醒说，为了酿制能在盲品会中拔得头筹的"奖杯"葡萄酒，酿酒师已经创造了一种高酒精含量的新葡萄酒，即"社交葡萄酒"，它不需要搭配食物，喝多了容易让人疲倦。1971 年以来，纳帕谷葡萄酒的平均酒精含量已经从 12.5% 增长至 14.5% 以上，"这种社交风格葡萄酒广为盛行，似乎完全由市场驱动"。

从 20 世纪 90 年代中期开始，新的酿酒技术不仅可以控制酒窖中的葡萄酒损坏率，还可以微调最终产品。现在，你可以选择任意口味（从覆盆子到热带水果）的发酵酵母，添加单宁、色素、酸和橡木片（比橡木桶便宜），采用比普通酿酒师更加现代化的科学处理方法。反渗透设备和其他集中器能去除多余水分，酿制超级凝练的葡萄酒。旋转锥体可以去除葡萄过熟所导致的多余酒精。在微氧化过程中，微小的氧气泡被放入酒桶中取代倒灌换桶；微氧化可以固定葡萄酒颜色，加快葡萄酒成熟，让评论家尽早品尝到样酒，而且味道更佳。一位酿酒师曾非常粗暴地说过："评论家口口声声谈论自然的葡萄酒，但得到 93—95 分的往往都是那些乱搞的葡萄酒。"

---

[1] 冷浸渍，也称"低温浸渍"，是葡萄酒酿造过程中的一个选择性步骤，一般在葡萄发酵前进行。其主要做法是将破皮后的葡萄在低温环境下连皮带渣浸泡一段时间，以提取葡萄皮中的色素和风味物质。

在加利福尼亚州索诺玛的一幢普通的棕褐色灰泥办公楼中，葡萄酒顾问里奥·麦克罗斯基即将就“酿制取悦帕克的葡萄酒”这一概念得出一个符合逻辑的结论。他的办公室呈方形，摆设很简单，窗外是草坪而非葡萄藤。整个上午，我都在他的办公室里，他的桌上只有一台最先进的笔记本电脑，别无其他。

在实验室中分析高分葡萄酒，然后设计软件程序预测葡萄酒是否能够满足帕克的味觉，并告知你应该作出哪些改变以让葡萄酒得分在 90 以上——肯定有人会想到这一点，只是时间早晚。麦克罗斯基就是这个人，有些人认为他就是葡萄酒界的弗兰肯斯坦博士[1]。他常喜欢说：“我们已经解决了葡萄酒口味的数学问题。”他的酿酒方法是一种逆向工程，从最后一步开始——得分——往前一步步推导到酒窖和葡萄园。

与葡萄酒行业中的很多人一样，麦克罗斯基貌似一位满怀热忱却胡编乱造的艺术家，53 岁的他看起来比实际年龄要年轻，黄白色头发按照朋克方式向上梳得笔直。他总是使用大量青少年俚语（跟他孩子学的）以及《创新者的窘境》等新时代经济学书籍中的行话，谈论他的公司 Enologix 如何利用先进的化学和计算机分析帮助大约 75 家酿酒厂客户“跨越了 90 分‘门槛’”。他的客户多是规模较小的酿酒厂，按照传统方式酿制优质葡萄酒，每年帕克都会去品尝，比如圣弗朗西丝酒庄、钻石溪酒庄和哈恩酒庄。麦克罗斯基声称，Enologix 帮助约瑟夫·菲尔普斯的 1994 年份波尔多风格混酿“徽章”获得了 96 分，这简直是“突破性”的分数。该公司的广告承诺“提高国内评论家对

[1] 源自玛丽·雪莱的小说《科学怪人》，其中的科学家弗兰肯斯坦用尸体的不同部位拼成了一个怪物并赋予它生命。

葡萄酒的评分”，基本是说到做到。

1984 年，麦克罗斯基在加利福尼亚大学圣克鲁兹分校攻读化学生态学博士学位，常常在闲暇时上网。他已经研究了测量葡萄和葡萄酒中化学成分分子结构的技术，一种葡萄酒包括大约 400—500 种单独的化学混合物。麦克罗斯基已经确定了 84 种葡萄酒——32 种红葡萄酒和 52 种白葡萄酒——他称之为“旗帜”（即由不同组合和比例构成的重要葡萄酒），并确定其组合和比例与价格和品质息息相关。他邀请数学系主任为其数据建立数学模型。

经过几次测试，他确信自己将制造下一个热门话题。当时有一场 12 瓶黑皮诺葡萄酒的品酒会，一群酿酒师也受邀参加，麦克罗斯基依据葡萄酒的化学特性，预测了它们的排名。他的预测是正确的。他的软件正确地预测了拉菲酒庄十几个年份的葡萄酒成分与价格之间的关系。1995 年，他发现可以利用自己的品质管理系统（QMS）软件预测美国最重要的葡萄酒评论家的评分。如果没有得到理想分数，QMS 可以帮助分析从葡萄园到装瓶之间的所有要素以提高质量，从而提高评分。

这个过程从采摘葡萄之前就开始了，还考虑了区域性。麦克罗斯基压榨了一桶葡萄，创造了“实验室”葡萄酒，依据 QMS 预测最终质量与陈年潜力，利用套色版和分光计确定最佳采摘时间。随后，他将葡萄酒放入桶中，测量不同酒桶中的“旗帜”成分，将测量结果与数据库中的葡萄园和发酵数据联系起来，再用 QMS 确定酿制技术，最终创建一系列虚拟组合，看看哪种可以满足帕克（和其他评论家）的口味。

Enologix 庞大的数据库中包含大约 5 万种虚拟葡萄酒，每种酒都可以分解成单个化学混合物，这些混合物分别构成了葡萄酒的口味、质地、颜色和香气。所有虚拟葡萄酒都以数字形式存储在附近仓库的安全服务器上。麦克罗斯基沉迷于商业机密，拒绝透露一切相关的科学内容，他告诉我：“我们就像洛斯阿拉莫斯国家实验室。”

当然，人们总是酿制符合市场需求的葡萄酒。早在 19 世纪，罗纳河谷艾米塔日产区的葡萄酒就已经归属波尔多和勃艮第，以便提高其品质满足英国市场需求，当时香槟生产商创造了俄罗斯人喜欢的味道甘甜的香槟特酿。近年来，大型加州和澳大利亚酿酒厂进行测试，把葡萄酒当作大众产品一样营销，借助常规的销售讨论组决定消费者在特定价位上想要的确切口味。肯德杰克逊酒庄凭借酿酒师珍藏霞多丽荣获高分，这款酒酿制于 1983 年，口味成熟略甜，主要为了吸引刚刚放弃可口可乐的人群。这些是针对大众消费者的商业葡萄酒，但同样的技术也可以用于小众市场。

埃米尔·佩诺认为，酿酒学家有责任通过酿制自己感到满意的葡萄酒来改变葡萄酒的风格。“如果口味不一样了，那是因为产品改变了，”他写道，“公众无法想象一种不存在的口味。”就像每个时代都有独特的音乐风格、服装风格和行为标准，每个时代也有独特的葡萄酒风格。“但是，”佩诺补充道，“这不再是时尚问题，而是观念、技术、生产组织和营销问题。”

新的问题是，生产的优质葡萄酒，现在都偏向于迎合评论家的口味——尤其是帕克的口味。行业巨头百富门公司在其菲泽酒庄为酿酒师提供奖金，发放多少会考虑帕克和《葡萄酒观察家》给予的分数。酿酒负责人丹尼斯·马丁承认，他在酿制菲泽酒庄 30 美元一瓶的葡萄酒时，把帕克等人的偏好也考虑进去了。他们还能以什么方式在市场上更加快速地发展？

帕克现在非常符合法国社会学家皮埃尔·布迪厄的观察：各行各

业的顶尖人群有能力赋予偏爱的人、话题和“话语风格”一些光环和声誉，使其神圣化。布迪厄谈论的是思想自由市场中的知识分子——联想到了克莱芒·格林伯格身为艺术家的影响力——只是把酿酒师、葡萄酒和葡萄酒术语套入他的模型之中。很显然，帕克等同于神圣化的执行者。布迪厄认为，那些拥有这种力量的人会影响大众品位，偏爱特定的方法论，界定人们谈论的内容，所有这些帕克都做到了。

但是，帕克不仅影响了葡萄酒的口味，还改变了人们谈论葡萄酒的方式。他改变了人们使用的词汇，从而改变了人们看待葡萄酒的方式，改变了人们想要的葡萄酒，改变了其他人的葡萄酒写作。

谈论嗅觉和味觉是很困难的事情，会让人陷入比喻的困境。葡萄酒术语似乎是一种小众语言，圈内人谈话也晦涩难懂，需要详尽讲解才能让人理解。事实上，几十年来，葡萄酒专业人士一直努力寻找有意义的词汇，既要具备一定的客观性，又能反映出真实的感官分析，以便每个人都能准确地理解它们。除了颜色之外，所有葡萄酒都具备一些可以测量的基本维度——比如酸度、单宁、甜度。通常，受污染的软木塞会导致三氯苯甲醚（TCA）污染，致使散发出发霉的纸板气味，又被称为木塞味——它可以通过化学分析找到原因，但描述葡萄酒的味道和香气就要困难得多。已故的加利福尼亚大学戴维斯分校的著名酿酒学教授梅纳德·阿梅林在1976年的《葡萄酒感官评鉴》一书中尝试提出分析词汇，劝告人们使用他核准过的词汇列表，还提供了一长列“无论如何都要避免使用”的词汇名单，比如“朴素的”“活泼的”“粗糙的”“高贵的”等抽象术语。他坚定地支持客观的科学，反对用浪漫的或诗意的感性方式谈论葡萄酒，反对使用“阳刚的”或“阴柔的”等术语将其拟人化。该校另一位教授安·诺布尔，发明了方便使用的“葡萄酒香气轮盘”，旨在建立常用的口味和香味词汇，帮助品酒师训练鼻子和大脑。葡萄酒香气轮盘是一个平滑的压膜圆板，被分成了多个彩色扇形切片；内圈是概括性的描述词汇，如“花香”“果味”和“辣味”；圈越靠外，词汇越具体——“果味”往外是“浆果”，再往外是“覆盆子”。“高贵的”也是强调“分析性”的词汇，而不是“芳香”或“优雅”这样的词汇，她称这类词为“享乐的”或“评判的”，这些术语兼具赞美与批评之意。在一篇分析《新千年葡萄酒术语》的文章中，英国教授肖恩·谢斯格林认为当代的品酒笔记是一种新田园诗，注重“生动形象的食物”，将葡萄酒语言的转变与广泛的文化变革联系起来。他说，旧的性别与阶级术语属于法国的正式风格，而新的食物和田园意象代表意大利的休闲风格，更能吸引今天的消费者。他还认为，提到水果和蔬菜，让“正在变老的婴儿潮一代”联想到“健康的食物”。

然而，埃米尔·佩诺通过《葡萄酒的味道》引领了这一潮流，他拥有自己的葡萄酒香气类别。帕克在著作中使用的术语更多，但佩诺的术语给他提供了基础词汇。

20 世纪 90 年代，帕克的品酒笔记从笨拙的、生硬的描述，转变为流畅、连贯的话语，流露出满腔热情和难以抑制的兴奋。读者被激起了购买欲，时不时就会去葡萄酒零售商店（“快跑，不要走”，他每期都会告诫读者；零售商则认为这很好笑）。帕克的用语反映出他的口味偏好，他喜欢用风格简明的语言、实话实说的方式。与上一代人相比，帕克的用语发生了 180 度大转弯。旧的阶级和性别术语，对美国新一代中产阶级来说没多大意义，他们正在自学葡萄酒知识。人们不再使用“贵族”“血统”“教养”等社会阶级术语，也不再如痴如梦地将葡萄酒比作女性（“波尔多是一位年轻女孩儿，勃艮第是一位 30 岁的女性”，等等），法国人以前很喜欢这么做，毕竟是他们想到用“腿”（挂杯）来描述摇杯之后杯内向下流动的酒液。

相反，帕克的“意象数据库”包括了很多具体的术语，尤其是描述果味和质地的术语。他提到了几乎所有吃过的水果，包括最具异国风情的水果，使得一位葡萄酒作家将他的品酒笔记称为“没完没了的水果浓粥”。一篇典型的红葡萄酒笔记详细地记录着“过熟的草莓酱香气，浓郁的蓝莓、黑莓、奶油黑树莓风味”。“果味过重”和“果酱浓郁”在他的词汇中是积极措辞。他经常在描述中添加大量的俚语，以此增强趣味性，如“很多”（gobs of）或“大量”（oodles of）果味。他也经常使用食物词汇——巧克力、亚洲香料、咖啡、烤面包、黄油、香草、熏肉、烤肉、蜂蜜。这里的风味没有“气味”“细微差别”“暗示”“共鸣”。

“质地”（更直白地说是“口感”）至关重要，帕克用了大量的词汇描述质地：“稠密的”“厚实的”“凝练的”“柔滑的”“肉质饱满的”“鹅绒般的”“柔和的”“耐嚼的”“黏稠的”“多汁的”“甘美的”“油质的”。在一个所有人都努力瘦身的时代，一款“肥硕的、肉质饱满的、丰满的”葡萄酒是珍贵的商品，但一款“松弛的”葡萄酒就不是了。帕克选用一些容易激发男性荷尔蒙的词汇描述葡萄酒的酒劲：“强劲的”“健壮的”“厚重的”“巨大的”“强大的”“凶猛的”“庞大的”“极大的”。这些散发男性气质的术语显然吸引了读者，主要是那些认为葡萄酒是男人专属的美国男性，就像电视厨师艾梅里尔·拉加西做饭时总会发出语气强烈的“嘭”，这让普通男性认为下厨做饭是可以接受的。

帕克的词汇也反映出这个时代的主旨是感官、奢华和性。20 世纪八九十年代是“自我”的年代，人们更加注重活在当下，注重纯粹的快乐。帕克喜欢自称为享乐主义者，这个词有 19 世纪的古雅味道，但现在属于20世纪末。他似乎拥有描述“享乐主义的”之专利权，至少作为葡萄酒术语是这样。在十年时间里，这个词他大约用了836次，以描述葡萄酒“旨在带来纯粹的乐趣、快乐和狂喜，葡萄酒的唯一缺点就是给人们带来了太多乐趣，它们都是完美的葡萄酒，让人神魂颠倒”。

与“奢华”类似的一些术语也常常出现，比如“华丽的”“非常慷慨的”和“颓废的”。帕克对最后一个词的定义是：“如果你喜欢冰激凌和巧克力，你就会知道吃特大号圣代冰激凌的感受，堆满了软糖和生奶油的香草冰激凌。如果你喜欢喝葡萄酒，那么果味层次丰腴，甚至有些油腻，香气馥郁，质地丰富奢华，这样的葡萄酒可被称为颓废的。”他也喜欢描述行为的术语，比如“爆炸的”和“活跃的”，他还喜欢提及与性相关的词汇，“性感的”“诱人的”“肉欲的”“肉感的”，甚至是“液体的伟哥”。他曾经写过，1999年份的杰美特罗蒂丘干红葡萄酒是“纯粹关乎性的”。

帕克非常喜欢当代摇滚乐。在疯狂的葡萄酒世界中，他说到，音乐“让我保持理智”。他特别喜欢听尼尔·杨的歌曲，帕克告诉我，尼尔·杨的“吉他弦能触动他的心弦”（帕克认为，尼尔·杨最杰出的两张唱片是1978年在牛宫[1]演出的现场专辑《拉斯特从不睡觉》以及“杰作”《褴褛的荣耀》）。美国音乐杂志《绝对音响》上的一篇文章甚至将尼尔·杨批判数字音乐产业与帕克批评过滤葡萄酒相类比。

帕克的品酒笔记总是长篇大论。他常常一段接一段地描述香气、

[1] 牛宫，原名加利福尼亚州家畜展示场，是一座位于美国加州戴利城的室内体育馆，场址在戴利城与旧金山的边界，是举办多项运动、展览、表演的重要场地。

味道和质地，使用大量的形容词，能写的都写了，就差替你闻酒、品酒了。他确切地计算出葡萄酒的味道在他的味觉记忆中停留的时间——最长的余味是 70 多秒，这是目前的纪录。

通过重新组织葡萄酒语言，帕克巧妙地改变了人们青睐的葡萄酒，重新描绘了人们期待优质葡萄酒时的画面。词汇永远不会中立，而是暗含了品质。在帕克的葡萄酒语言世界中，“果香四溢”的使用次数远远超过“细腻”。别人称为“凝练的”，他称之为“稀薄的”；别人称为“言过其实”，他称之为“重磅轰动”；别人称为“有力的”，他称之为“酸的”。

在帕克描述葡萄酒的方式中，最重要的一个方面是以真正的后现代主义方式解构整体体验与印象，将葡萄酒分解为不同个体元素的组合——具体的香气和口味。这种方法非常适用于把葡萄酒视为商品来评价，这时候它是装在玻璃杯中的液体而非文化的一部分。一旦评论家开始专注特定的味道元素，酿酒师就可以利用技术操控这些元素，以生产更符合评论家喜好的口味。例如，霞多丽葡萄酒可以被视为一部分是黄油，一部分是香草，等等。

对于《葡萄酒观察家》等涵盖各种葡萄酒评论的美国出版物而言，必须采用这种写作风格。如果你要描述 50 种霞多丽葡萄酒，你必须让每一款听起来都不一样。但是，并非所有人都认同这一点。休·约翰逊经常抱怨描述葡萄酒的“水果沙拉”方式；迈克尔·布罗德本特则发现了一些不准确的详尽描述，他曾经告诉我：“葡萄酒应该多喝，少品尝。”

虽然帕克的语言很好地传达了他所品尝出来的精妙之处，但其他人是否能够理解他，并在酒中尝出他所描述的东西呢？贝基·沃瑟曼与消费者一起品酒时，发现很多人坦言无法感受到帕克描述的味道与香气。这向很多人证实了帕克毕竟是“味觉之王”。艾德里安娜·莱勒是一位退休的语言学教授，她进行了一系列实验，邀请加利福尼亚大学戴维斯分校的葡萄酒爱好者参与，其中既有新手也有行家。在实验中，她要求他们描述特定的葡萄酒，然后与其他人在盲品中的品酒笔记对比。她在电话中告诉我，这两者之间没什么关联，即便行家也是如此。不同的人似乎对香气与口味的解读是不同的。

罗纳河谷的酿酒师米歇尔·莎普蒂尔喜欢组织类似的实验，他称之为“评判葡萄酒评论家”。他剪下六七位葡萄酒作家的品酒笔记，去掉葡萄酒名称，预备好 15—30 瓶葡萄酒，然后邀请朋友和其他人将品酒笔记与其描述的葡萄酒配对。所有人发现这很困难——很少有人能达到 25% 以上的正确率。但几乎每个人都能认出哪个是帕克的品酒笔记，即使他们并不总能找出这个笔记所描述的酒。

帕特里克·鲁尼是葡萄酒研究员，他的妻子伊娃·西蒙松是沙隆葡萄酒公司的销售经理。2003 年，他们想到了一个主意，分析包括帕克在内的几位评论家的葡萄酒用语并制成表格，以此作为葡萄酒味道的资料汇集。他们给公司取名为“葡萄酒天使”，他们赌定酿酒师和营销人员会愿意支付 495 美元，以了解描述 90 分以上的葡萄酒时最常提及的确切风味和香气。事实证明，帕克最常提到的是香气与芳香，很少提及口味，而《葡萄酒观察家》的两位评论家詹姆斯·劳贝和哈维·史戴曼几乎不怎么提及香气。劳贝称赞美乐葡萄酒时常用的词语是“醋栗”“黑樱桃”“李子”“辛香的”“雪松味的”“橡木味的”以及“茴芹”，他似乎很喜欢“茴芹味”。帕克描述美乐葡萄酒常用的积极词汇包括“黑樱桃”“樱桃”“果酱”“巧克力”“咖啡”和“烟熏味”。

但是，葡萄酒描述中最重要的始终都是评分。帕克的天赋在于将美国人对数字的喜好与对享乐的喜好结合起来。他经常说，要想写出好的葡萄酒评论，两者缺一不可。使用“货架标签”的葡萄酒商店复制了帕克的评分和描述，贴在推荐的葡萄酒旁边；进口商和酿酒厂将帕克的杂志或《葡萄酒观察家》上的评分和品酒笔记整理出来，打印成可贴在货架上的小广告，供消费者查看。实际上，《葡萄酒观察家》在每期杂志售卖的前一周，就会给主要的零售商寄送货架标签。鉴于葡萄酒生产商或进口商没时间梳理评论，有好几家标签公司成立了，专门梳理评论并打印成货架标签，仅收取一定的费用。

一位纽约葡萄酒作家说，评分始终是本行业的“风向标”。在20世纪90年代美国的葡萄酒投资和拍卖市场上，这点显而易见。在当时的金融形势下，网络公司在硅谷蓬勃发展，纽约的纳斯达克综合指数与道琼斯工业平均指数飙升，各地的IPO[1]让年轻企业家一夜之间成为百万富翁。竞相购买优质葡萄酒等奢侈品的强烈乐趣蔓延到了新的消费者心里，他们根据帕克的评分挑选想购买的葡萄酒。亨利·梁是纽约常青餐厅的老板，近来迷上了葡萄酒。他列出了一张优质葡萄酒酒单，以组织自带酒水晚宴而出名，参加晚宴者得带一瓶帕克评分为90分、98分甚至100分的葡萄酒。这是葡萄酒版本的夸富宴，谈论内容总是吹嘘你拥有哪些100分葡萄酒。100分葡萄酒是战利品，能够证明你也是葡萄酒圈中的一员。这是“1000分晚宴”的时代——有十瓶100分葡萄酒的晚餐。

葡萄酒拍卖成了另一个帕克评分大行其道的领域。1994年，在纽约拍卖会上销售葡萄酒变得合法化，恰逢美国的金融繁荣，纽约迅速

[1] 首次公开募股（Initial Public Offerings，简称IPO）是指一家企业或公司（股份有限公司）第一次将股份向公众出售。

取代伦敦成为葡萄酒拍卖市场的新中心。除了佳士得和苏富比等传统拍卖行，纽约有两家葡萄酒商店也会定期举办拍卖会，1998 年首次出现了一批网站拍卖，数百次慈善葡萄酒拍卖会筹集了数百万美元。到 20 世纪末，美国拍卖的葡萄酒价值已攀升至每年 1 亿美元。

帕克的评分曾经帮助提升了 1982 年份波尔多葡萄酒的销量，现在成了所有优质葡萄酒投资价值的关键指向标。在佳士得的拍卖室里，竞标者既有身着条纹西装的银发收藏家，也有留着长发、穿着运动鞋、伸开四肢坐着的软件大亨。在举牌之前，他们纷纷在笔记本电脑上查询中意的葡萄酒的评分电子表格。波尔多葡萄酒仍然是蓝筹股，用以炫耀的法国车库酒和加州膜拜赤霞珠葡萄酒成了值得收藏的新葡萄酒，售价可谓天文数字——原因很简单，每个人都想拥有稀有的葡萄酒。如果从价格的上涨幅度来衡量，最好的膜拜赤霞珠葡萄酒来自纳帕谷的啸鹰酒庄，该酒庄第一个年份是 1992 年。1997 年，一款帕克评分 100 分的葡萄酒上市时是 125 美元一瓶，在拍卖会上快速涨到 2500 美元一瓶。在 2000 年 6 月纳帕谷的葡萄酒拍卖会上，一瓶 6 升装的葡萄酒售价高达 50 万美元。布莱恩特家族酒庄是一家膜拜酒庄，其葡萄酒经常获得帕克 98 分、99 分和 100 分的评分，在纽约一场为乳腺癌研究筹集资金的慈善拍卖会上，该酒庄邮寄名单上的一个排名位置卖到了 1.2 万美元。

帕克的评分是唯一纳入葡萄酒拍卖市场的评分。在推荐投资最值得购买的葡萄酒时，约翰·施廷普菲希《醇鉴》杂志的“收藏家新闻”专栏认为，如果你是为了投资赚钱，那么“帕克评分”则是需要考虑的最重要因素之一。评分一旦给出，就会和葡萄酒绑在一起，就像是瓶塞上的烙印。帕克对 1989 年份和 1990 年份波尔多葡萄酒拍卖价格的影响更为显著。帕克非常喜欢 1990 年份，虽然很多评论家认为这两个年份不分伯仲。在2002年的一次拍卖中，波美侯产区1989年份乐王吉酒庄葡萄酒的竞拍价是125美元一瓶，帕克评分89分，而1990年份的竞拍价为240美元一瓶，帕克评分96分。看到这一幕，葡萄酒顾问马克·哥罗德兹迅速卖掉了1989年份的库存，担心没有帕克高分的庇佑，这款葡萄酒的价格永远也不会上涨。帕克给予1990年份玛歌酒庄葡萄酒的评分为100分，该葡萄酒的价格始终保持6000美元一箱（2004年涨到8225美元一箱）。1989年份帕克评分为90分，尽管《葡萄酒观察家》给出的评分为96分，但是售价不足1990年份的一半。

波尔多指数公司是伦敦为个人和集团投资者制定投资组合的优质葡萄酒贸易商之一，该公司不会考虑任何帕克评分低于90分的葡萄酒，没有名气的葡萄酒则不能低于95分。在伦敦时，该公司合伙人迪伦·帕里斯跟我说，“他的评分就是投资者的价格参数……表示批准的金印章”。

帕克极力反对购买葡萄酒进行投资，他也经常劝人别这么做。帕克告诉我，他曾多次拒绝经济评论员路易斯·鲁凯泽主持的《华尔街一周》电视节目的邀请，因为“鲁凯泽只想聊葡萄酒投资”。

全世界都相信帕克的味觉是不会犯错的，相信帕克是最伟大的品酒师，但批评帕克的人质疑他的——或任何人的——嗅觉和味觉是有局限性的。确实，朋友和同事见证过他完成了令人惊讶的壮举，比如盲品时还能分辨出他十年前品尝过的葡萄酒。他对于味道和气味的记忆力似乎令人难以置信，他的评论看起来非常一致，这意味着无论何时他盲品一款特定的葡萄酒，他都能给出接近的分数，描述的术语也差不多。但是，真的如他所说的那样，他能够记得他在职业生涯中品尝过的20多万种葡萄酒中的每一种以及相应评分吗？如果他一口气品尝150种葡萄酒，口感疲劳时会怎样？

20世纪90年代，对味觉和嗅觉的新研究开始着眼于品尝力。事实上，10年内掌握的知识超过了以往2000年。琳达·巴托斯萨克博士是耶鲁大学的教授，也是一位研究味道的科学家。她发现了一类“超级品尝者”，占总人口的25%（只占白人男性的15%），他们舌头上的味蕾（实际上是菌状乳头——味蕾主要分布在此）更丰富，对味道尤其是苦味的感觉更加强烈。巴托斯萨克推测，帕克很可能属于口味超级敏感的人群之一。帕克从未参加过她的简单实验：将一张小纸片用一种叫作丙硫氧嘧啶（PROP）的甲状腺药物浸湿，然后放在你的舌头上，看看你能否感受到难以忍受的苦味，如若能感受到，那你就是超级品尝者。

在分辨葡萄酒的味道时，味觉、嗅觉与触觉会重叠。事实证明，超级品尝者拥有更强烈的嗅觉，帕克可能也有。我们只能感知5种不同的基本口味——甜味、咸味、苦味、酸味和鲜味（日本的肉味或咸味）——却能感受到成千上万种气味。嗅觉是我们的神经系统中最原始的组成部分之一，嗅觉非常强大，能够激起强烈的记忆。然而，在1991年之前，嗅觉是如何运作的一直都是一个谜。哥伦比亚大学的理查德·阿克塞尔博士以及福瑞德·哈金森癌症研究中心的琳达·巴克博士，发现人类的鼻腔上部聚集着350种单独的气味受体（他们为此共同获得了2004年的诺贝尔奖）。当鼻子闻到气味时，这种气味可能会激活小部分甚至是大部分受体，特殊的气味会被受体的特定组合感知到，随后该感知会被传送给大脑。人们对不同气味的敏感程度差别很大。例如，我认识一些喝葡萄酒的人，在酒香中只要闻到一丝硫黄味，他们的鼻子立刻就会皱起来，其他人只有在硫黄味非常明显时才能感受到。人们认为这些差异部分是遗传的。我们对触觉知之甚少，即我们所认为的葡萄酒术语中的“质地”，这点对帕克而言非常重要。然而，事实证明大脑才是最重要的因素。2003 年 5 月，意大利的一项研究表明，虽然每个人都拥有品尝葡萄酒的感官能力，但是对训练有素的专家而言，品酒能够触发其智力反应，通过脑部扫描可以探测到。记忆力非常重要。嗅觉和味觉偏好与文化、心理、年代和经历息息相关。一项研究表明，法国人偏爱花香，日本人偏爱清香，美国人偏爱厚重的味道。没有统一的味觉。

此外，加州已故的酿酒师路易斯·马提尼经常说：“你的嘴就像一个潮湿的实验室，并不是总处于同一状态。每天早上你都会煮咖啡，同样的壶，同样的水，同样的咖啡，用同样的炉子煮。大多数情况下，味道都不错，但是偶尔也会很难喝。不同之处在于你嘴里的化学反应，而不是咖啡。”难道帕克的味觉就没有让他失望的时候吗？

事实上，我们的鼻子和味蕾都会受到湿度、饥饿和期待的影响。研究人员发现，长期接触特定的香气或味道，会降低你觉察它们的能力。例如，面对一组橡木味很浓的葡萄酒，在品尝最后几种时，你甚至可能已经无法感觉到浓郁的橡木香气了。在宾夕法尼亚大学的莫奈尔化学感官中心，查尔斯·维索茨基博士在研究“嗅觉适应”。他发现，如果一个人暴露在强烈的气味之中，鼻子会逐渐适应它，最终感知不到这种气味，除非在没有这种气味的地方待一段时间，否则就无法闻到这种气味。

评估一些单宁味重的红葡萄酒，比如桶中样酒，尤其难以应付，因为单宁会在嘴中累积，将残留的味道从一种葡萄酒传到下一种葡萄酒。安·诺布尔博士坚信，酸度和单宁的组合会让品酒师对香气不那么敏感。尤其是对专家而言，气味受体会受到特定的香气和传递给大脑信号的刺激，记忆和期望很容易超越这些受体。

感官认知随着年龄增长而衰退，这是不可否认的事实。葡萄酒的陈酿香气会随着时间的流逝而更加浓郁；我们觉察葡萄酒香气的能力并不会随着时间增强，尤其是在 70 岁之后，也许这就是为什么葡萄酒需要更高的感官强度才能对成熟的味觉产生影响。“年纪越大，”帕克解释说，“我就越喜欢年轻的葡萄酒。”他向我坦言，他的品尝能力可能不像年轻时那般“锋利”了，但帕克认为，他那令人震惊的气味和味道记忆力却比以往更强大。

在加州和波尔多，没有人敢说帕克的品尝能力衰退了，但有人评论他的味觉发生了变化。作为证据，他们指出，21 世纪的帕克现在经常称赞那些言过其实的赤霞珠葡萄酒，如果是 25 年前，这位蓄短连鬓胡子的《巴尔的摩–华盛顿葡萄酒倡导家》的出版者肯定会抨击这样的葡萄酒，指责其是酒精含量过高、口味丰腴的波尔多模仿者。

第九章

为帕克打分

2001 年春天，罗伯特·麦克道尔·帕克正处于职业生涯和权力的顶峰。

20 世纪 80 年代，他赢得了声誉，为消费者开辟了一个新世界。他的大肆评论唤醒了各地酿酒商。20 世纪 90 年代，他的影响力扩展到世界各地的葡萄酒产地，扩大了优质葡萄酒市场，并为许多酒庄庄主、种植者和酿酒厂带来了丰厚的经济利益。如今，在 21 世纪的前十年，他成为一个美国偶像，这意味着他出了名。

葡萄酒世界似乎会随着他的热情而起舞。3 月下旬对波尔多进行的年度访问中，帕克特别喜欢 2000 年份的葡萄酒，它们在千禧年之际满足了他所有的希望和期许。他忍不住竭尽全力、绞尽脑汁找出形容词来描述其惊心动魄的奢华——2000 年份的葡萄酒可与 1982 年份的佳酿相媲美。他的看法已经形成；4 月份的期刊发表之后，他的热情更为高涨。在 4 月刊中，他把 2000 年称为“波尔多有史以来最伟大的一年”，拥有很多“令人印象深刻的”优质葡萄酒，超过他 23 年间品尝过的所有精品葡萄酒。他的评论使得这些划时代的红葡萄酒的价格飙升，让法国人很喜欢他。

作为一位比其他所有人都更被看重的评论家，帕克接受了《60 分钟 II》和《查理·罗斯访谈录》关于年份酒的采访。多年来，帕克一直在新闻界备受推崇，在法国电视台的节目和美国公共广播公司的

《亚当·史密斯的金钱世界》上多有露面，但他还是对出现在黄金时段电视节目中感到紧张。因此，在他和帕特坐下来观看电视节目之前，他拿出几瓶好酒来安抚自己，他拿出了 1990 年份侯伯王酒庄和 1982 年份金玫瑰酒庄的酒。帕克分别给它们评了 95 分和 96 分，但他自己的表现就没有这么高分了。不过，他也不用太过担心。屏幕上的他看上去有点穿不惯正装，但他还是在一脸崇拜的罗斯（他也是《葡萄酒倡导家》的一名订阅者）拼读法国酒庄名称闹笑话时保持着一副毫无表情的沉着面容。他礼貌地拒绝透露 2000 年以来哪种葡萄酒得到了 100 分，这在 4 月的期刊上才会发表。这两个节目引发了葡萄酒购买热潮，与此同时也增加了 2000 名《葡萄酒倡导家》的订阅者。琼·帕斯曼和他的另外两名兼职秘书一时应接不暇。

2001 年 9 月 11 日，当纽约和华盛顿发生恐怖袭击事件时，帕克正在罗纳河谷进行年度品酒之旅。他在科尔纳斯度过了一天，然后回到了在坦耶尔米塔格的酒店，享用了一顿清淡的晚餐，并准备和热拉尔·查维斯在莫沃小村庄的河边品尝葡萄酒。查维斯泪流满面地向他打招呼，他们看了一个小时的电视，震惊万分。最后，帕克说："我看不下去了，让我们品酒吧。"帕克把注意力集中在葡萄酒上，但这也让他心烦意乱。他后来说不喜欢晚餐的食物和葡萄酒，但认为他的品酒笔记"很可信"。他深受"9·11"事件的影响。几天后，当他终于能够回到挂念不已的家中时，他异常沮丧，第一次认真地质疑了自己所做的工作。在一系列事情中，他的葡萄酒写作到底有多重要？几周后，朱莉娅·查尔德在巴尔的摩举办的一项活动中获得了美国葡萄酒与食品研究所颁发的荣誉奖项。看到这幕，帕克就不再迷茫。"她在 89 岁时仍然精神饱满，对生活充满渴望"，帕克告诉我，这使他重返乐观。正如他所说，他总是“看到生活光明的一面”。

他集中精力筹措资金，收集葡萄酒，冠名并出席在纽约举行的价值2500美元一道菜的晚宴，以便为“世界受害者之窗”筹集资金。他和马文·尚肯十年没有见过面了，在晚宴上，他们礼貌地打招呼并握手。帕克招待客人，倒酒，随后与侍酒师交流。他与其中一些人是好朋友，比如组织者丹尼尔·约翰尼斯。

他的生活恢复了正常，专注于饮食和日常生活并从中获得乐趣。他举办了一年一度的“颓废之约”晚宴——在过去的15年里，他每年12月都会举行这样的晚宴。帕克从酒窖里拿出最好的葡萄酒——香槟、加州霞多丽、白勃艮第、红勃艮第、美国黑皮诺（当然包括兄弟酒庄的葡萄酒）、波尔多，还有罗纳河谷葡萄酒——送给20个亲密朋友。他们的聚会持续了很长时间，耗费了很多体力。重获精力后，他投入另一份工作中，即《帕克葡萄酒购买指南》第六版（2002年，1635页）的修订；继续重写关于波尔多的大部分书籍，计划在2003年《葡萄酒倡导家》创刊25周年之际出版；他还计划写一本关于加利福尼亚葡萄酒的书，读者对此期待已久。帕克身体还算不错。多年来，一直有传言说他有严重的健康问题（包括喉癌和心脏病），但他只患过痛风（已经被控制住了）和终生脊柱侧凸造成的背部疾病。除此之外，他血压正常，胆固醇低于140，体重稳定。医生告诉他，他是阿氏食谱的活广告，他还证明了喝红葡萄酒对健康有益处。

几年来，帕克一直与一位亚特兰大的葡萄酒爱好者和商人合作开发一个网站，后者曾帮他开发了“酒窖经理”软件（这个人告诉我，“我是1987年被帕克的魅力所折服的”）。网站最终在2001年年底上线。帕克在进军网络上动作迟缓（他说他低估了其潜力），但他“确信网络是未来的信息和影响力媒介”。他希望网站最终能取代他的杂志，每年节省约 40 万美元的邮费，这几乎是他每年花费在葡萄酒上的 3 倍。对于一个在线网站来说，它的订阅费很高，每年要 99 美元，尤其是考虑到来自《葡萄酒倡导家》的品酒笔记要晚一个月才上线，但它拥有出人意料的多种有用的搜索方式，很容易让“粉丝们”找到他推荐的酒及其评分——只需点击鼠标，就可以找到所有被帕克评为 100 分的葡萄酒。帕克经常对批评他评分系统的人说，品尝笔记才是最重要的，但该网站似乎迎合了追逐分数的人的需求——葡萄酒按照分数的降序排列。

“享乐主义者公报”是一个非常受欢迎的板块，帕克和罗瓦尼在这里发布美食和美酒经历。2002 年 3 月，当马克·斯奎尔斯将自己运营的人气 BBS 搬到帕克的网站上时，帕克确信，www.eRobertParker.com 将吸引互联网上一些知识渊博和愿意表达的葡萄酒极客。“神童”的老网友重新聚集到了帕克的旗下。帖子提供了大量机会来就发人深省的话题进行激烈争论，比如旧式葡萄酒和新式葡萄酒的问题、为什么《葡萄酒观察家》没有提供认真的品酒笔记、风土的重要性以及帕克是否真正了解勃艮第酒等。其中一个话题“帕克对勃艮第一无所知”获得了 500 个跟帖，帕克决定将其删掉。帕克的忠实维护者通常由罗瓦尼领导，他们一定会采取行动捍卫帕克的声誉和观点，并认为他的口味一定错不了，尽管新人们常常质疑这些“无聊比赛”的意义。难道大家不都喜爱葡萄酒吗？起初，帕克很少发帖，但他很快就发现后续讨论和回应会让人上瘾。BBS 释放了他身上的一些东西——终于可以轻松迅速地回应批评者。他不时就许多话题发表长篇大论，享受着带有欣赏之情迅速回应他言论的人的鼓励。2002 年 7 月 23 日，他感谢美好的生日祝福并写下了一些文字，声称他的口味比人们说得更加多样化。一个月后，他为波尔多的车库酿酒师的酿造方法辩护。10月，他发表了关于高酒精度葡萄酒不能很好地陈酿的看法。两个月后，他为1993年勃艮第红葡萄酒的评论辩护。反过来，一些常客提醒他零售商和进口商会误报他的分数。帕克迅速采取了行动，呼吁罗瓦尼进行调查。他比以往任何时候都更愿意作出回应以捍卫自己的声誉。他发现BBS有助于纠正记录和分享他对葡萄酒的"随想"，他也很愿意有机会向读者展示他是一个脚踏实地的普通人。

他在家乡一直保持低调（一些邻居谈起他在《60分钟》上的表现，"嘿，我不知道你是葡萄酒专家"），但他在这个世界上的名气比以往任何时候都要大。在法国，人们在去波尔多的高速列车上走近他并告知已经购买了他的书。他是许多报刊文章的主题，也是许多国家杂志的封面人物，他对关于波尔多和其他葡萄酒产区的书籍产生了重大影响，并且主演了一部关于葡萄酒"帕克全球化"的有争议的纪录片——《葡萄酒世界》。他心爱的斗牛犬乔治和巴塞德猎犬胡佛在2004年戛纳电影节举办的"金棕榈狗狗奖"大赛中击败了一只法国贵宾犬，赢得了最佳表演奖。帕克很恼火，因为好莱坞记者戏称它们很丑陋而且气势汹汹。

帕克的办公室见证了他在葡萄酒界25年的历程。他把《新闻周刊》《今日美国》《人物》和《纽约时报》上刊登的赞美文章裱在画框里，挂在墙上。《洛杉矶时报》的两页头版报道以及《大西洋月刊》封面报道里的个人照片也被他贴在墙上。他获得的奖项很多，以至于一些有框的证书只能被堆放起来。教皇新堡颁发给他的"荣誉市民奖"被挂在墙上，里根和克林顿两位总统的签名照片也被挂在墙上。值得骄傲的是一件在丹尼尔餐厅举办、庆祝自己获颁法国荣誉军团勋章宴会上的纪念品：一张装裱在白色底板上的他家人和雅克·希拉克总统的合照，底板上写着朋友们的美好祝愿。他的书桌则尽显他在世界上取得的成功。

然而，帕克也受到越来越多的批评，无论他走到哪里，批判声都不绝于耳。每次葡萄酒行业的活动上都会有批判他的声音。在他的职业生涯开始时，他那有争议的评分系统就首当其冲遭到批判。从西雅图酿酒会议到英国《哈佩斯葡萄酒与烈酒周刊》组织的贸易专题小组，再到报纸版面，百分制评级体系都是一个热门话题。接着，相伴而来的是继续谴责帕克的品位以及他是否正在摧毁葡萄酒世界的多样性的争论——在国际葡萄酒大会上，一份报告称其为“葡萄酒世界的殖民化”。最重要的是，帕克对酿酒业和对葡萄酒市场的影响力让许多人感到困扰，即使早期拥抱过他、非常喜欢他、认为他非常公正并且品尝力很强的人也同样感到困惑。

这些都困扰着帕克——狭隘的思想、狭小的气量和嫉妒的心灵，别人都想控制住他，就像小人国的人试图打倒格列佛一样。帕克不得不处处小心。波尔多谣言四起，人们大肆宣扬他偏袒少数右岸生产商，传言 2000 年他在波尔多西南部的乐奥博加德吃完晚餐后便开始偏袒他们。帕克本应该只会见时任名酒联盟主席阿兰·雷诺博士，但在他不知情的情况下，雷诺也邀请了柏菲酒庄的老板杰拉德·佩斯和米歇尔·罗兰。第二天早上，帕克品尝了他们的多款葡萄酒。考虑到帕克对雷诺君豪酒庄的新葡萄酒评价很高，一些名酒联盟成员不服气，他们指责雷诺利用职务之便，因此强迫他辞职。像往常一样，帕克对雷诺的意图作出了一番解释，并宣布他不会再在任何品尝路线上与任何生产商共进午餐或晚餐。

法国报纸和杂志对帕克进行了无情的批判，特别是波尔多本地的报纸《西南产区》。《烹饪风土》杂志中的一篇文章《赞成还是反对罗伯特·帕克》，分别给出了6个支持他和6个反对他的原因。编辑们在100分中给了帕克85分。酒庄也开始反击。宝斯科酒庄1999年份葡萄酒被帕克评为79—82分，这是灾难性的，他们以卡通形式在报纸上刊登了一则备受关注的广告——一位零售商告诉顾客："一款真正的风土葡萄酒、个性化的葡萄酒，帕克给了这款酒很低的分！"即使帕克赞赏过他们的葡萄酒，很多酒庄还是反对他的权力并指责他。苏塔酒庄是圣爱美隆产区的一家酒庄，其葡萄酒经常被评为87—91分，该酒庄贴出一张标题为"2001年年末节日"的讽刺海报，展示了一系列葡萄酒的帕克评分，分数"保证集中"。珍·马克·奎里昂自称"反帕克"，他创办了自己的关于波尔多的杂志。

很多文章谴责帕克对右岸车库酿酒师的推崇。2002年4月，英国《金融时报》的詹西斯·罗宾逊在品尝了优质但不惊艳的2001年份酒后写到，一些右岸的酒庄和车库酿酒师似乎终于开始放弃帕克称赞不已的成熟度高、橡木味明显的葡萄酒。她直接抨击了杰拉德·佩斯，他是位前超市大亨，身价百万，是个外行人，自负心强，傲慢自大。20世纪90年代末，他在圣爱美隆买了几处房产，其中包括柏菲酒庄。新的成熟度高、口感浓郁的柏菲葡萄酒深受帕克喜爱——2000年的酒评分100分，2001年的酒在94—96分（佩斯竟还抱怨分数低了）。罗宾逊和许多英国人（包括法尔葡萄酒行的主席史蒂夫·布劳伊特）则彻底否定它，认为它不过是一种"拙劣模仿"，浮夸且类似波特酒，一点不像优雅、柔和的旧式柏菲酒。

帕克把罗宾逊对这些葡萄酒的批评视为对他的品位和影响力的间接批评。5月，当我和帕克一起前往加利福尼亚州时，他提到了罗宾逊的专栏。他很不耐烦，对她大加指责。"这是她的英国基因在控制她的逻辑，"他说，"首先，2001年生产商酿造不出浓郁的葡萄酒，因为自然条件不允许，所以他们假装在制作更优雅的葡萄酒。”他认为罗宾逊错怪了佩斯：“她只是在机械地重复波尔多一些古老的反动派的观点，令人惊讶的是身处那样的地位，有那么高智商的人竟然会做这样的事。这是一种巧妙地向我‘开枪’的方式——说帕克只喜欢这些怪诞的、超重的、木质味太浓的葡萄酒，这完全是胡说八道。”佩斯对他的金钱不屑，对他的傲慢感到不满，帕克说，但是“我不在意，你必须看看他做了什么”。一切迹象表明，这种葡萄酒将变成“惊人的”葡萄酒，他说他是“百分之百肯定的。我对这一点比对 1982 年份的波尔多葡萄酒更为确定，我对这些酒非常有把握”。尽管得分很高，佩斯还是将 2001 年的柏菲酒定价定得太高了，所以卖得并不多。

帕克的权力大厦开始崩塌了吗？ 2002 年 1 月的刑事丑闻使帕克受到了持续不断的批判。在定期访问波尔多期间，帕克在宝马酒庄的停车场被拦下，有人告知他有一些关于葡萄酒咨询的发票上印有他的抬头。帕克认为这一定是个骗局，他还是会见了有发票的拉波特先生——吉恩斯集团旗下圣爱美隆产区一家名不见经传的酒庄经理，吉恩斯集团拥有许多波尔多酒庄和广阔的葡萄园。拉波特给他看了几张发票的复印件，这些关于葡萄酒咨询的发票用的是《葡萄酒倡导家》的信纸。那天晚上，帕克会见了汉娜·阿格斯蒂尼和她的丈夫，她承认曾经在波尔多做过葡萄酒客户的咨询工作，帮他们改进葡萄酒，但她声称用的是自己公司“葡萄酒与羽毛”的发票，她还给帕克看了一些发票的原件。她坚持说帕克看到的发票复印件是假的，她还暗示这一切是怎么发生的，并告诉他：几个月前，她在一家咨询过的酒庄留下了一个公文包，包里有一些空白的《葡萄酒倡导家》的信纸。

帕克对汉娜的糟糕判断感到不满。他告诉她，如果想继续为他工作，就必须停止从事涉及酿酒师合同和提供酿酒建议的咨询工作，并且必须向警方报告所谓的虚假发票问题，便于警方开始调查。

4 月的最后一周，即帕克发布 2001 年份波尔多葡萄酒评级期刊之前，一篇详尽的文章打断了汉娜的咨询工作，文章名为《让帕克蒙羞的事件》，被刊登在《新观察家》杂志上。汉娜和发票信息牵扯出吉恩斯集团更多的内幕。该公司的首席执行官于 2 月中旬被公司解雇并被指控贪污 80 万欧元，正在接受全面调查。汉娜在吉恩斯集团工作了很长一段时间，据报道，汉娜・阿格斯蒂尼将意大利酿酒师里卡尔多・科塔瑞拉和瓦兰佐酒庄的让・吕克・图内文介绍给了吉恩斯集团，该集团聘请他们酿制一系列高品质的葡萄酒。帕克告诉《新观察者》，他 1 月份才知道汉娜做咨询工作并要求她必须停止。然而，这件事情使得流言四起。毕竟除了翻译工作之外，汉娜还为帕克组织了品酒会，他品尝并为这些葡萄酒评级。尽管帕克相信她，但他还是谨慎地聘请了一位法国律师来监督吉恩斯案件的进展。

此事暂时搁置了一段时间，但法国媒体偶尔还是会刊登相关报道，帕克在采访中也经常被问及此事。一些酒庄老板告诉我，他们认为帕克应该马上解雇汉娜，但不知为何他没有这样做。

2002 年 7 月，我在波尔多会见了汉娜。在接受采访时，我了解到帕克对她有同情心，因为她是一名在男人的世界中厮杀的女性。这个行业经常解雇职业女性，他认为有一些敌意直接针对她，因为她是黑人，是来自毛里求斯的一个局外人。在无把握的情况下，帕克没有对汉娜进行判定，对此，我并不感到惊讶。在过去的 6 年里，他认为汉娜工作很出色。那时，我还听到了一些不喜欢她的人的评论，他们认为她以权谋私。有些人不相信帕克对她做的事情一无所知。

我们在汉娜位于波尔多的办公室见面，那是一间宽敞的老式方形办公室，房间有些灰尘，天花板很高，带有高高的落地窗；她和丈夫住在这里。她身材丰满，体态丰盈，留着浓密的黑色短发，眼睛深邃，露出羞怯、多疑和不自然的神情。我知道她迫于帕克的压力而同意见我。汉娜说，我是她会见的第一个记者，而且我不能录音。我对她的印象并不那么好。熟络后，她坦诚地说起了为帕克所做的工作——他很容易相处，“他从来不会让你觉得你是他的下属”。即便如此，我还是觉得这个故事远远不止她说的这些。至于葡萄酒，她说自己不喝波尔多红酒，只喝香槟，为了证明这一点，在我离开之前，她打开了一瓶葡萄酒让我们和她的丈夫共享。后来，我很想知道帕克为何在如此保守的波尔多选她作助手。他期望的是什么？

2002 年夏天，波尔多人对帕克颇为不满。他曾宣布 2001 年份的期酒根本不值得购买，并补充说，波尔多一些大买家一直在呼吁调低价格。然而许多酒庄并没有降低价格——实际上，力士金庄园的葡萄酒价格反而上涨了 35%。美国人听从帕克的建议没有购买。在我看来，梅·艾莲·德·朗格桑 2001 年份的碧尚女爵葡萄酒绝不逊于 2000 年份的。她说，“帕克摧毁了市场，责任重大”。许多车库酿酒师的酒和佩斯的葡萄酒销售很少。法国葡萄酒作家米歇尔·贝丹对波尔多人没有什么同情心，他说：“帕克只是在做一名葡萄酒作家应该做的事。葡萄酒贸易会引发这个问题。当他称赞 2000 年份的葡萄酒时，没有人抱怨；现在他说价格太高，不要购买，他便是个坏人。这真是一部人间喜剧。”

一些美国葡萄酒零售商现在也对帕克的影响力感到不满。有很多顾客不采纳他们的建议，一门心思地购买帕克最近评价在 95 分以上的葡萄酒，而这种瓶装酒通常产量很少，几乎买不到。这把帮助人们找到喜欢的葡萄酒这件乐事的乐趣都耗尽了。当帕克创办《葡萄酒倡导家》时，美国知识渊博的葡萄酒商人很少，但今非昔比。许多零售商仍然依靠帕克和《葡萄酒观察家》的评分来推销葡萄酒，其他零售商却誓要摒弃分数。一类新型葡萄酒商人开始出现，他们在欧洲与葡萄酒结缘，开始热爱上它，逐渐形成自己的品位和专长，并希望把这些传递给客户。罗格斯经常在自己的通讯期刊中批评帕克，把这位大人物最喜欢的仙芬黛比作“出现在一部优秀的《卡门》剧作中的一位异装皇后”。他写道：“斯·蒙克比罗伯特·帕克更影响我们选择葡萄酒的方式和类型。”

许多进口商也开始抵制帕克以表明立场，当然也有许多人不愿意反对他。其中一位是路易斯 / 德雷斯纳精选公司的合伙人乔·德雷斯纳，他有一种冷面幽默感，这似乎是纽约人的典型特质。他对帕克和帕克评分的态度在其年度系列品尝会中得到了最好的体现，那就是一个笑话，一张空桌子上写着一个告示：“这是在《葡萄酒倡导家》中获得 96 分以上的葡萄酒。”他经常向评论家展示葡萄酒，但他收藏了很多卢瓦尔河谷的葡萄酒，特别是帕克不喜欢的带酸味的鲜红葡萄酒。“他不会承认或描述自己的局限性，”德雷斯纳说，“他把自己看作消费者的倡导家，但他成为某种葡萄酒风格的支持者，因为他低估了其他的葡萄酒，否则这种葡萄酒根本不会流行起来。这就好像戏剧评论家只喜欢莎士比亚一样。他不应该把他的偏好误当作客观事实。”但德雷斯纳也承认：“如果没有帕克的恩赐，我就不会取得成功。如果我有 20—100 美元一瓶的葡萄酒，而没有帕克的评论，我可能就破产了。”

对于帕克来说，从 2002 年 4 月到年末是一段悲伤的时光。他深爱的母亲在我和他 5 月去加利福尼亚旅行之前去世了；他最好的朋友帕克·史密斯的妻子卡罗尔，在他从加利福尼亚回到马里兰州不久后，也去世了。在 9 月的罗纳河谷之旅中，一路有帕特和史密斯的陪同，他努力让史密斯振作起来。他们三人被困在教皇新堡产区一条被洪水淹没的道路上，车子侧翻了 40 度。当水涨到方向盘时，他们不得不弃车自救，然后在电闪雷鸣中徒步数千米。帕克丢失了放在后座的尼尔·杨获奖光盘集（他在网站的一篇帖子中哀叹自己的损失后，富有同情心的读者纷纷寄给他替代品，包括他以前从不知道的罕见录音）。

这还不是最糟糕的情况。一个寒冷、清爽、无风的早晨，当帕克在他家附近骑自行车时，一只花栗鼠跑到路上。他制动前刹车以避开它，却以每小时 27 千米的速度翻过车把，头部撞到地上，最后只能缝线。他眼睛发黑，肘部骨折，两个手腕严重扭伤，还有各种瘀伤。想到葡萄酒讲师哈里·沃在一场小车祸中把头撞在汽车仪表板上完全失去了嗅觉时，帕克陷入了巨大的恐慌。他一瘸一拐地走回家，泼了一些酒来闻，想证明他的嗅觉和品尝能力并未受损，这可是他最宝贵的商业资产。10 月底，当我在纽约举办的亚太区国际葡萄酒及烈酒展览会上看到他时，他还有瘀伤。他和朋友米歇尔·罗兰挤在大厅里，当时有 650 人想听他讲述为什么他认为现在的波尔多比 25 年前的更好。几个月后他才完全康复。

2003 年 1 月，帕克从定期的波尔多品酒之旅回到马里兰州后不久，汉娜·阿格斯蒂尼的故事再次浮出水面。1 月 23 日，波尔多警察搜查了她的家后，汉娜被拘留，并因涉嫌伪造和“从违反信托中获利”而被拘禁和审问了 48 小时。随后，她以 3.8 万美元的保释金获释。

汉娜和她的律师坚称自己是无辜的受害者，并声称有证据证明《葡萄酒倡导家》官方信纸里的发票是伪造的，其目的是诋毁她和帕克。发票显示她已经被支付了数千美元的咨询费用。

案件一拖再拖，帕克在网站上发表声明并告诉我，他相信“在被证明有罪之前，每个人都是无罪的”。尽管如此，他的耐心逐渐被消耗殆尽，到1月底，他开始考虑是否应该“暂停”汉娜在《葡萄酒倡导家》的工作。帕克越来越烦恼，他咨询帕特并一反常态地开始向波尔多人询问“我该怎么办”。

帕克网站的推出取得了巨大的成功——到2003年，已有大约8000名付费订阅者。多年来，帕克从著作中获利颇丰，但他没有从他称赞的葡萄酒生产商和进口商那里获得任何金钱上的好处。他正寻找一种即时获取收益的方法。一位设计师朋友正在研制“掌上帕克”，一款适用于掌上电脑的软件程序，方便葡萄酒爱好者随时随地获取帕克的分数。“这对于在餐馆用餐特别有用。”他的搭档告诉我。这名搭档对如何以电子方式传播帕克的名字和分数有各种各样的想法，还在网站上添加了6个重要的链接。他将帕克的分数设置在葡萄酒拍卖和葡萄酒购买或销售的网站上，并与潜在的合作伙伴讨论如何将帕克的感官分析放在全国各地的葡萄酒商店。他们计划将电子售货亭租赁给商家，以方便顾客在货架上获取帕克对葡萄酒的评分和描述。

紧跟整个葡萄酒世界的步伐变得越发困难，订阅者要求帕克对加州和意大利进行更多的报道。2003年初，帕克作出了一个至关重要的决定。他让丹尼尔·托马斯负责意大利业务，这令许多意大利人以及莱昂纳多·洛卡西奥等进口商非常沮丧。帕克希望最大限度地扩大《葡萄酒倡导家》的报道范围，但他自身的能力只能使杂志维持现状。

“粉丝”们很感激他还负责波尔多、有着红葡萄酒风土的罗纳河谷、加利福尼亚以及澳大利亚的葡萄酒。

谣传帕克2003年不会出现在波尔多，30年来首次如此。帕克坚持说他订好了机票。然而，他计划品尝比平常更少一点的葡萄酒。他被波尔多人激怒了。2002年份的葡萄酒并不是一种伟大的葡萄酒。他有什么义务保护期酒？但是，如果他没有来，鲁臣世家酒庄的约翰·科拉萨说：“这将是一场灾难。”

接着爆发了伊拉克战争，帕克改变了主意。他给所有的酒庄写了一封公开信，说明这个理由。但在法国，一些人说这是因为他担心会被汉娜·阿格斯蒂尼的案件牵扯，从而被机场的波尔多警察拘留。后来，帕克听说是汉娜本人散播了那个传言。无论如何，如果没有他，2002年份的葡萄酒就会萎靡不振、滞销，因为缺少了最重要的帕克评分，市场会对这一年份的葡萄酒无动于衷。他6月或9月会来吗？各个酒庄，特别是那些靠吸引帕克的注意力来建立声誉的“新贵”似乎绝望了。“我们希望他会来！”让·吕克·图内文告诉记者。

同期，帕克发觉汉娜和她的丈夫在他提问时越来越闪烁其词。当年夏天，为了获得警方在调查过程中编制的档案，看看是否有任何针对汉娜和她使用《葡萄酒倡导家》信纸的指控属实，帕克以原告身份加入了诉讼。律师审查了证据，于8月告诉帕克，汉娜一直在骗他。帕克提出让她辞职，她照做了。《纽约时报》刊登了一个有损帕克的故事，文章引用了汉娜的话。虽然错误百出，帕克还是非常难堪。他借助BBS使读者消除疑虑。

帕克终于在9月前往波尔多。他急切地想解决这个问题，他请律师与波尔多警察局局长让·皮埃尔·斯坦纳预约。他们于9月5日见面，完整的故事既复杂又卑劣。汉娜被聘请来翻译《葡萄酒倡导家》两个月后，与吉恩斯集团签订了一份合同，即聘请帕克喜欢的酿酒师，正如帕克告诉我的那样，“设计葡萄酒来取悦他，并将它们送给他”。她每年借此牟利5万美元。她还试图拉拢阿兰·雷诺，但遭到拒绝。“这种做法太不像话了。”帕克很伤心，满心厌恶，“显然从一开始，她就认为她可以利用这种关系来牟取私利……这纯粹出于贪婪。”她为帕克安排了葡萄酒品尝会，他却给了大多数葡萄酒平庸的分数——只有一个获得了90分。她甚至删除了帕克的名字，设计了自己的《葡萄酒倡导家》信纸，并用这些信纸来开一些发票。她告诉帕克“假发票”的故事都是一派胡言。

帕克说：“我会选择相信人们是诚实的，除非另有证明。”他觉得自己的声誉受到了新闻报道的损害——当然，《葡萄酒鉴赏家》也有一篇报道，但他并不后悔这么久才水落石出；如果没有证据，他认为开除汉娜是不对的。他听过有关她不礼貌、欺负别人、粗鲁无礼的报道，但他并不理睬。许多人认为她一直在滥用职权。随后，侯伯王酒庄的让·伯纳德·戴尔马告诉帕克，汉娜对他一直粗鲁无礼。一位右岸的酒庄老板私下告诉我，帕克对他葡萄酒的评论让他感到失望，这时汉娜为他和帕克安排了一次午餐会，他很感激，他知道她正在为朋友们创造机会。“我们想告诉帕克这些事，”阿兰·雷诺告诉我，帕克在右岸的几个朋友也想这么做，“但他不会解雇她。”

这力证了帕克顽固的缺点。

不幸的是，汉娜仍然与法国日光出版社签有翻译帕克书籍的合同。法国《劳动法》规定，除非她被判有罪，否则不能被解雇。截至2005年2月，该诉讼尚未被法庭受理，也没有设定日期。帕克坚持她的名字不能出现在任何一本书上，于是聘请了第二位译者来完成翻译工作。帕克关闭了在法国的办公室，停止出版《葡萄酒倡导家》的法语版。

2003年9月访问法国期间，帕克受到了酒庄和贸易商的热情欢迎，仿佛他已经离开了十年之久。人们认为许多较小的车库酿酒师濒临破产，传闻力士金庄园将被出售。帕克发现2002年后葡萄酒行情低迷，这一点他早有预感。此外，2003年葡萄的丰收也吸引了大家的注意。人们提前采摘了在异常炎热的天气中已经成熟了的葡萄。2003年要么是酿制葡萄酒的伟大年份，要么是全球变暖使葡萄酒索然无味的灾难性的一年。

帕克在8月重返电视节目时告诉查理·罗斯，如果他在3月来，他认为也不会有什么不同。帕克在接受《英国卫报》采访时承认，在多年否认自己的市场吸引力后，他现在对市场的吸引力几乎像万有引力（“是的，我是葡萄酒界最有影响力的人”），结果却显得自吹自擂，缺乏诚意。

法国人与帕克继续保持着强烈的爱恨交织的关系。“他们得当心自己想要的东西。”帕克疲倦地对我说。法国政府一直公开怀疑美国入侵伊拉克，现在一些美国人正把香槟倒进厕所来表达对于法国这个老盟友缺乏政治支持的不满。“没有人，”他说，“以我在美国的方式推广法国葡萄酒。”确实如此。对帕克来说，这些经典的葡萄酒是他平时喝的，而不仅仅是品尝。他的3个酒窖藏有约1.2万瓶葡萄酒，其中90%是法国葡萄酒，主要来自波尔多、阿尔萨斯和罗纳河谷。他还买了2000瓶勃艮第葡萄酒。

世界葡萄酒市场正在发生变化。法国葡萄酒生产商正苦于国内消费量的下降和在美国市场份额的下滑。美国市场日益被新世界的葡萄酒（尤其是美国产的）所主导。多年来，法国为餐酒的口味提供了范例，但在评论家的带领下，消费者在21世纪初开始寻找更新的、不同风格的葡萄酒。法国的葡萄酒产业陷入危机；600—1000名生产者被迫停业。产自法国朗格多克地区的新葡萄酒经常在标签上注明葡萄名称，就像美国葡萄酒一样。新世界的葡萄酒处于优势地位，旧世界的葡萄酒，特别是法国葡萄酒，正在被争夺市场份额。

30年前，法国葡萄酒和美食作家雷蒙德·杜迈在《葡萄酒之死》一书中曾预测，法国作为世界上最伟大的葡萄酒生产国的影响力最终会消亡，美国将接管这一角色，随之影响世界各地的酿酒方式。

一切都应验了。自从帕克首次出版《葡萄酒倡导家》以来，美国市场就成了世界上最重要的市场，美国的葡萄酒现在似乎注定要占主导地位。帕克主持了这一切。

2004年10月，我与帕克通了电话，他的声音听起来很疲惫。他告诉我，紧张的一年还没有结束。他超负荷工作，答应要参加的慈善活动扎堆出现，必须在一年内按时完工的任务也有很多。他几乎没有时间与夫妻俩喜欢的朋友共进晚餐。写完60页后，他决定不再继续写这本有关加利福尼亚的书，他设法终止了合同，而是写了一本关于世界上最大的酒庄的手稿，定于今年年底截稿，并准备去写新版的《帕克葡萄酒购买指南》。他告诉我，之后就没有图书合同了。他将把注意力集中在网站上，他认为在网络上评判葡萄酒是未来的趋势。在繁忙的日程安排以外，他还是一个高中生的父亲，要去物色大学。帕特比以往任何时候都更热衷于园艺，她想成为一名园艺设计师，并与美国花园俱乐部合作。帕克心爱的斗牛犬乔治，在朱莉娅·查尔德去世的同一天去世了。现在他有了一只新的小狗巴迪。他母亲的姐妹，

83 岁和 81 岁的两位老人正在帮他处理邮件。

2004 年 3 月，帕克像往常一样来波尔多参加去年的葡萄酿制的期酒品酒会，这让波尔多人松了一口气。但在帕克发表品酒笔记之前，柏菲酒庄的争论就很激烈。罗宾逊在网站上称柏菲葡萄酒“酒味香甜……是一款荒谬的葡萄酒”，帕克忍不住在他网站的 BBS 上发表了一篇 400 多字的评论：“我在四个不同时期品尝过柏菲葡萄酒，这款酒不像罗宾逊描述的那样浓郁（对于我的味觉来说）。她的做法令人遗憾且困惑，她不仅不喜欢佩斯所有的葡萄酒，也不喜欢圣爱美隆产区几乎所有的车库酿酒师酿造的葡萄酒……她的评论反映出对杰拉德·佩斯酿制的柏菲葡萄酒的恶意抨击，也反映了反动派对波尔多的评论。”他竟然攻击罗宾逊的可信度。罗宾逊在她的网站上进行回击：“我就不能有自己的看法吗？只要我的观点与帕克先生的观点相符……我想知道，恶意的抨击和批评性的品酒笔记之间有什么区别？也许前者与世界上最强大的味觉背道而驰，那后者呢？”

这听起来像是两位评论家之间的论战。英国葡萄酒作家大多支持罗宾逊，美国人则支持帕克，关于两者分歧的文章出现在悉尼和旧金山的印刷品中。法尔葡萄酒行看到了更广泛的意义：“这场辩论……不仅仅是关于这一款葡萄酒的，还关乎葡萄酒作家的影响力以及某些生产商似乎在酿制葡萄酒以获得‘在任何地方都最有影响力的评论家’的分数。”

在一次英国之旅中，柏图斯酒庄的克里斯蒂安·莫艾克斯也公开反对波尔多和西班牙的新型超浓缩葡萄酒。他在职业生涯初期曾热情地欢迎帕克，现在他担心“罗伯特大叔”会领导葡萄酒的口味。随后，《醇鉴》上发表了《新加坡葡萄酒报》编辑陈宝廷写的一篇文章，明确抨击了美国人的口味和美国的评论家，尤其是帕克。“波尔多，”他写道，“绝不会是在与美国搏斗中丧失地位的葡萄酒。”

尽管葡萄酒界在帕克帝国般的统治下怨声载道，争论不休，人们开始怀疑要忍受他的统治多久，但是帕克仍然可以在对于他的成就即全球影响力的数不清的庆祝活动中得到慰藉。2004 年中期，意大利总理西尔维奥·贝卢斯科尼和总统卡洛·钱皮授予帕克“意大利共和国高级将领称号”，这是意大利的最高荣誉，以表彰他对意大利葡萄酒的贡献。帕克成为第一位接受该荣誉的葡萄酒评论家，像史蒂文·斯皮尔伯格和亨利·基辛格等人一样，他加入了美国名人之列。

10 月的一个周末，人们为庆祝《葡萄酒倡导家》创刊 25 周年在加利福尼亚举办了极尽奢华的活动并筹集资金，以便在纳帕谷的美国烹饪学院授予“罗伯特·帕克葡萄酒倡导家”奖学金。来自世界各地的酿酒师纷纷前来致敬，最重要的是在安和戈登·格蒂的家中品尝了 10 种被帕克评为 100 分的葡萄酒。

2003 年 12 月，帕克飞往亚洲，在东京组织了两次“享乐主义晚宴”，这让出席活动的 40 位美食家幸运儿每人花费了 100 万日元。由高尔特·米劳设计、被乔尔·罗布森命名为“世纪法国厨师”的菜单上有 19 道菜肴，旨在展示 19 款世界上最伟大的葡萄酒，包括现存的最后一瓶 1870 年份的拉菲和 1864 年份的拉菲，这些酒陈列在苏格兰城堡的地窖里，其灵感来自莎士比亚的《麦克白》。

帕克在波尔多和勃艮第挨个酒庄品酒的那些日子已经过去很久了。他的声誉就像是一款很有影响力的 1982 年份波尔多葡萄酒，登峰造极，并且可以稳定地维持几十年。

2004 年底，帕克的职业生涯中让我印象最深刻的是两极分化——对帕克激烈的支持和反对。帕克已经不仅仅是一个评价葡萄酒的个人了。他现在象征着复杂的思想和当时人们酿造和饮用葡萄酒并定义他们口味的环境。当然，这就是为什么这么多人花时间仔细审视他、判断他并推导他的影响力和成功的理论。

我对于帕克这个人以及他对葡萄酒世界意味着什么，听到了两种不同的声音。我循着他非凡崛起的步伐，听到了谣言、谩骂和指责，对他的抱怨以及偏袒朋友的指控，但我也听到了感激和钦佩以及通过他的职业道德和正直赢得的尊重。对我来说，他似乎是个典型的美国人，这我能够理解。他的美国品质可能不被英国人和法国人理解或欣赏：他对自己所从事的事业似乎过分热情，甚至狂热；他有那种无情的、以行动为导向的能量，愿意承担起建立、参与和改变现状的责任及后果；对自己的使命充满热诚，比任何人工作都努力；他支持民主和开放，愿意支持那些梦想着成就伟大事业和成为明星的小人物或新地区。美国人仰慕那些愿意把想法付诸实践并勇敢地为之奋斗的冒险者。帕克劝告人们做得更好，并且认识到他们何时能做得更好，批评了一些工业化酿造葡萄酒导致味道不佳和不可靠的酿造方法，这提高了全世界葡萄酒的质量。他对葡萄酒纯粹的热情和热爱影响了一代人，并使葡萄酒爱好者相信：享受葡萄酒不仅仅是精英的特权。

但我也赞同另一方的看法。美国特质也有缺点，帕克和他的影响力也是如此。在某种程度上，他的成功归功于另一个不那么有吸引力的美国特色，即“确信正确”。权力总是让人做得太过，去支配和压倒反对派，帕克就会这样，无论他承认与否。我不赞成一种口味主导的世界。我不希望看到值得保留的传统和葡萄酒风格被随便丢弃，只因为帕克一人不喜欢它们。我担心葡萄酒的细腻、精巧和美味尽失，令人垂涎欲滴的酸度消失，取而代之的是厚重、丰富、果味浓郁的葡萄酒，这些酒在盲品时确实很好，但不适合在晚餐时喝。我认为从科学角度看，用分数评判葡萄酒是一个笑话，对酒的品质和喝酒的乐趣具有误导性，把葡萄酒放到竞技场上而不是强调品酒体验。

25年过去了，罗伯特·帕克在葡萄酒界拥有其他评论家从未有过的影响力，这是葡萄酒行业和消费者赋予他的。他的确利用了这一点，但影响力已经大大超出了他的控制范围。帕克说他对自己的权力和影响力无能为力，这就有点不诚实。他没有扩大讨论范围、接受他人的观点，而是以一种不容置疑的方式为自己辩护。

品酒之王对他统治的葡萄酒世界有什么样的影响呢？

帕克的很多观点都导致了事情向相反方向发展。他主张葡萄酒的民主化，却成为精英专家对难以获得的葡萄酒可发表意见的标志性人物。他让葡萄酒商人失去话语权，却把这一权利交给了媒体。他坚称自己重视个人的品位，但潜在的消费者倡导成了最高评判。他斥责高价，但每当他指定一款酒时，这款酒的价格就会飙升。他反对投资葡萄酒，但收集了他评分较高葡萄酒的人发现这么做获利可观。他主张风格多样化，但在许多地区，他写的品酒笔记最终使葡萄酒的味道尝起来都很像。他的评分系统，本来只想对质量进行快速评估，却让人们认为只有顶级的葡萄酒才值得喝。

尽管如此，帕克坚持认为，声誉和悠久的历史都无法取代杯中之物，他相信还有很多未被发现的葡萄酒和产区可以挑战葡萄酒世界，他坚信葡萄酒可以像其他东西一样被评判和评级，这些都是他不可磨灭的贡献。

帕克其人如何？他热情体贴，忠于责任，对别人的背信弃义反应迟钝，但也会很快地将可疑的动机归咎于反对他的人。如果与他作对，他有时也会报复。这些是他的缺点吗？仅凭他在工作岗位上非凡的专业精神和辛勤的工作，就可以将这些小瑕疵忽略不计，更不用说他对朋友和雇员的慷慨以及对读者的奉献了。或者我们可以说他固执己见、自以为是且不自省？帕克的巨大成功使他的错误被过度放大。

帕克似乎能够为所欲为，但这会有代价——无论他采取何种立场和行动，都会受到审查和批评。他已经接受了这一事实，但显然对此非常气愤。他声称永远不会去追求超凡的影响力。“这是一件喜忧参半的事，”他曾经告诉我，“而且影响大多是消极的。”当他被赋予权力时，他从来不会觉得很自然，因为他也是典型的美国人，很难接受权力导致的政治和经济后果并承担额外的责任。

在某些方面，帕克坚持自己的立场。在葡萄酒评论的中心，有人说他的影响力开始衰退，但目前还没有迹象表明确实如此。在可见的未来，他的影响力肯定会波及整个葡萄酒世界。他会退休吗？会，但帕克热爱他正在做的事情，葡萄酒是他的梦想。

即使不是不可能，帕克的权力也是难以传承的。因为他的声誉源于他的特殊性以及独特而神圣的品鉴能力，肯定会有其他人效仿他。但他已经改变了葡萄酒世界，并且证明了他的独特且不可复制。

再也不会有另一个品酒之王了。

术语表

酸度（acidity） 葡萄酒中一种重要的天然成分，可保持新鲜度，使葡萄酒充满活力；太少则酒味过浓，太多则味道尖锐，甚至酸涩。在气候炎热或非季节性高温年份生产的葡萄，酿成葡萄酒后酸度偏低。

陈化（aging） 将葡萄酒在一定条件下静止存放一段时间，使单宁更为柔滑，减少刺激，味道醇香，香气浓郁。有些葡萄酒在装瓶前陈化，装瓶后也会陈化。

酒精度（alcohol） 葡萄酒的结构元素。在发酵过程中，酵母将葡萄汁中的糖转化为酒精；成熟葡萄中的高糖度会确保葡萄酒的高酒精度。葡萄酒中的酒精含量在一些德国葡萄酒中低至 9%或 10%，在一些加州仙芬黛葡萄酒中高达 16%或 17%。

法定产区（appellation） 法定的地理区域；在某些国家或地区，葡萄酒必须以指定的方式酿造，才可在标签上使用该称谓。

混酿（assemblage） 法语词，意为从不同的酒类中选择葡萄酒来酿造一种葡萄酒混合酒。

平衡（balanced） 均衡的葡萄酒是指所有元素（酒精、酸度、单宁、水果、橡木等）比例恰当的葡萄酒，没有一个成分是突出的。

橡木桶（barrel） 一种木制容器，用于储存、陈化，有时还可以用来发酵。橡木桶可大可小；波尔多、勃艮第和加利福尼亚州用于酿造优质葡萄酒的标准小桶可装225升葡萄酒。大部分红葡萄酒和一些白葡萄酒都在橡木桶中陈化，但也使用栗树材质的木桶。桶可以是新的或之前已经使用过的，新橡木桶会使葡萄酒有更浓郁的味道。

品尝桶中样酒（barrel tasting） 品尝仍在橡木桶中陈化的未完全成熟的葡萄酒。品尝之前，酿酒师需要取下酒桶顶部洞孔上的塞子，将一根长长的玻璃管或吸管放入孔中，吸取一杯量的葡萄酒——这就是桶中样酒。正式的桶中样酒品尝会需要很多份样酒，所以样酒通常会被装入小瓶内。

法国橡木桶（barrique） 容量为225升的标准波尔多橡木桶。

搅桶（bâtonnage） 酿酒师负责的工作，即搅拌木桶底部的沉淀物（酒泥），以此增加葡萄酒的风味。

盲品（blind tasting） 即品酒时将酒瓶上的酒标遮住。如果是“单盲”，品尝者知道品尝的葡萄酒，但是不知道摆放顺序；如果是“双盲”，品尝者既不知道葡萄酒，也不知道摆放顺序。

酒体（body） 对嘴中葡萄酒重量和质地的感知，酒体源自酒精浓度与浸出物数量的组合。酒体饱满的葡萄酒具有更高的黏度和密度，酒体轻盈的葡萄酒则具有更低的黏度和密度。

瓶陈时间（bottle age） 即葡萄酒饮用前在酒瓶中陈化的时间，以软化和柔和葡萄酒中的特定元素，尤其是单宁。瓶陈能让酒香得以发展。另见**陈化**。

酒香（bouquet） 广义上指葡萄酒的香味，具体则是指葡萄酒在酒瓶中陈化之时形成的部分香味。

酒窖（chai） 法语词，通常指地上酒窖，装在桶里的葡萄酒就放在此地陈化。地下酒窖则是“cave”。

加糖（chaptalization） 指在发酵之前或过程中给葡萄加入适量糖分。遇到葡萄未能完全成熟的年份，可以加糖以提升葡萄酒的酒体和酒精含量，这在法国和德国是合法的。

分级（classification） 葡萄园和酒庄的品质排名之一。1855 年波尔多约 60 座酒庄的评级是最著名的。

克隆品种（clone） 指通过扦插培育的葡萄，可以拥有“葡萄母株”的特性。通常克隆品种都是“无性繁殖”的，以此让葡萄具备特定的性质。同一个苗圃可以获得某一特定葡萄品种的不同克隆品种。

凝练的（concentrated） 一种浓郁、强烈的葡萄酒，果香浓郁，味道醇香。

公社（commune） 法语词，意为一个小地区或村庄以及周围的葡萄园。尤其在法国，葡萄酒有时以酿造它们的公社命名，比如玛歌或皮利尼-蒙拉榭，而不是以葡萄园的名字来标示。

复杂度（complex） 葡萄酒层次较多，香气和味道有细微差别，这使得品酒和分析更为有趣。

木塞味（corked, corky） 用于描述葡萄酒中的湿纸板或发霉的气味和味道。

经纪人（courtier） 法语词，指酒庄庄主和葡萄酒批发商之间的协商人。

酒庄 / 葡萄园（cru） 法语词，指个人酒庄或葡萄园；如果前面加上“premier”或“grand”，它们指葡萄园的等级，“一级酒庄”或“特级酒庄”。在博若莱，这个词用来代指拥有自己称谓的十个村庄，比如风车磨坊产区（Moulin à Vent）和布鲁伊产区（Brouilly）。

列级酒庄（cru classé） 波尔多术语，指 1855 年分类或圣爱美隆和格拉夫等其他分类中列出的酒庄。

压榨机（crusher） 破坏葡萄皮的机械装置，将葡萄压碎以释放果汁，还可以将叶子与果皮和葡萄分开。在美国，“crush”是“收获”一词的俚语。

特酿（cuvée） 法语词，通常指特定数量的葡萄酒，也指来自不同葡萄园或不同葡萄品种的混酿葡萄酒，或组成瓶中最终混酒的不同桶酒。

树叶疏剪（effeuillage） 为了最大限度地暴露在阳光下，使葡萄达到最佳成熟度，疏剪葡萄串周围的叶子；这样做还便于通风，减少腐烂发生。

期酒（en primeur） 法语词，指在装瓶前作为期货出售的葡萄酒。

干浸出物（extract） 葡萄酒中单宁、糖、甘油等物质，有助于葡萄酒和风味的提升。被称为“干浸出物”的葡萄酒香气丰富，味道浓郁。

发酵（fermentation） 将葡萄汁转变成葡萄酒的自然过程。在酒精发酵或初级发酵中，酵母中的酶将糖分转变成二氧化碳和酒精。对于在桶中发酵的葡萄酒而言，这个过程通常是在小桶而不是在大桶中进行的。苹果酸–乳酸发酵是二次发酵，有时可以促进软化葡萄酒的酸度，提升葡萄酒的复杂度。

过滤（filtering） 指在装瓶之前澄清葡萄酒的过程，使用或细或粗的过滤设备去除细菌或可能破坏葡萄酒的微生物以及无害的沉淀物。一些专家认为，即便是非常谨慎的过滤，也可能会削弱葡萄酒的风味，去除其部分特征。

澄清（fining） 指在酿酒过程中净化葡萄酒的过程，主要通过添加蛋清澄清剂来实现。澄清剂可以将悬浮的蛋白质等其他颗粒吸附到酒桶或酒罐的底部，然后葡萄酒就会被倒灌或抽放到另一个桶中，或在装瓶前过滤。

余味（finish） 指葡萄酒留到最后的风味和质地。余味较长是一款好酒的重要特点。

一级酒庄（first growth, premier cru） 指 1855 年分级中的四座酒庄（玛歌酒庄、拉菲·罗斯柴尔德酒庄、拉图酒庄、侯伯王酒庄）以及 1973 年晋升为一级酒庄的罗斯柴尔德男爵木桐堡。通常情况下，该术语还包括圣爱美隆产区的白马酒庄和欧颂酒庄以及波美侯产区的柏图斯酒庄。

开花期（flowering） 指葡萄藤长出小花的特定时期，花期过后葡萄开始成形。开花期对葡萄的成长至关重要。

车库酿酒师（garagiste） 指波尔多（尤其是右岸）一些小型的前卫生产商，他们从 20 世纪 90 年代开始酿制产量很低的葡萄酒。他们酿制的葡萄酒被称为车库酒，这是因为他们既没有酒庄也买不起酿酒厂，只能在车库里酿制葡萄酒。

疏果（green harvesting） 夏季收获之前，从葡萄藤上切下一些葡萄串，目的是将葡萄藤上的所有营养都集中在较少的葡萄串上，这会使葡萄成熟更早、味道更为浓郁。

悬挂期（hang time） 美国术语，主要指葡萄在采摘前留在葡萄藤上的时间长度。许多生产者会在避免过分成熟的前提下，尽可能延长悬挂时间以获得尽可能成熟的葡萄。

酒泥（lees） 在陈化过程中，沉淀物沉积在酒桶或酒缸底部；沉淀物由葡萄微粒和死酵母细胞组成。一些酿酒师会让葡萄酒在酒泥上陈化，而不是定期将其吸入另一个桶中（称为换桶）。他们相信在酒泥上陈化会使葡萄酒质地更好，品质更佳。

挂杯（legs） 葡萄酒被搅动后，黏性物质残留在玻璃杯内部。

余味（length） 品尝后，葡萄酒口感的持久性。

浸渍（maceration） 葡萄汁与葡萄皮和葡萄籽的接触时期，从葡萄皮和葡萄籽中提取酚类（颜色、香气、单宁等），使之成为葡萄酒的一部分。一些酿酒师会延长某些红葡萄酒的浸渍时间，认为这样会产生更醇厚的单宁。另一种被认为可实现更好提取的有争议的方法是冷浸或优选浸渍：在允许发酵开始之前，葡萄必须在非常低的温度下保持长达 8 天。

酿酒师（maître de chai） 法语词，字面意思为酒窖主管，他负责葡萄酒酿造和陈化的各个方面。

苹果酸-乳酸发酵（malolactic fermentation） 有时称为二次发酵。在这个过程中，细菌将尖酸的苹果酸转化为较温和的乳酸，以此来软化葡萄酒的酸度；这一过程也增加了葡萄酒的复杂度。这有利于酿造上佳的红葡萄酒和一些白葡萄酒，特别是顶级霞多丽。

梅多克（Médoc） 波尔多最大、最著名的葡萄酒产区，位于吉隆德河左岸，包括著名的玛歌、波亚克、圣爱斯泰夫和圣朱利安以及利斯塔克和慕利斯村庄。

微氧化（microbullage, micro-oxygenation） 一种酿酒技术，利用小试管给发酵中的葡萄酒或在桶中陈化的葡萄酒注入少量氧气。微氧化有很多用途，但最具争议性的可能是一些波尔多酒庄用它软化葡萄酒中的单宁，以此提升桶中样酒对评论家的吸引力。

口感（mouthfeel） 葡萄酒在嘴中的重量、质地以及触觉，主要受到酒体和酒精含量的影响。

未发酵葡萄汁（must） 从葡萄肉与葡萄汁被破皮压榨之后到发酵成葡萄酒之前的称呼。

葡萄酒批发商（négociant） 法语词，指作为批发商销售和酿造葡萄酒的个人或公司。

香气（nose） 泛指葡萄酒的气味。

橡木（oak） 一种木材，最常用于制作陈化优质红葡萄酒和某些白葡萄酒的小桶或大桶，具有烤面包味、香草味，还能增加葡萄酒的单宁，因而受到人们的赞誉。新橡木桶能给葡萄酒带来最浓郁的橡木味。橡木味一旦掩盖葡萄酒的其他味道，就会被认为“橡木味过重”。

酿酒学家（oenologist） 指接受过酿酒学培训的酿酒师或实验室技师。很多酿酒厂和酒庄都聘请经过培训的酿酒学家作为顾问，专门负责测试样酒并就酿酒的技术细节提出建议。

过熟的（overripe, surmaturité） 形容用熟过头的葡萄酿制的葡萄酒。由于在藤上悬挂的时间过长，这些葡萄糖分非常高，酸度非常低，而且已经开始干枯。

帕克化的（Parkerized, Parkerisé） 用来描述那些看上去符合帕克口味、用来取悦帕克的葡萄酒。

压榨酒（press wine, vin de presse） 发酵之后，在压榨之前以自流方式流出的葡萄酒被称为“自流葡萄汁”；压榨酒是利用压榨机压榨葡萄梗、葡萄籽和葡萄肉而形成的，单宁含量更高，颜色更深。对于缺乏单宁的葡萄酒，压榨酒可以用来提升其结构感。

倒灌（racking） 将葡萄酒从一个桶中倒灌或抽取到另一个桶中，以分离葡萄酒与沉淀物。

反渗透（reverse osmosis） 一个有争议的做法，将葡萄中的水分用一种特殊的机器除去，以酿造更浓缩的葡萄酒。当波尔多收获时节的雨水稀释了葡萄时，反渗透应用广泛。然而，该过程也会带来味道和其他方面的缺陷。

沉渣（sediment） 葡萄酒中的固体（葡萄皮、葡萄籽等碎片）沉淀在罐子或桶的底部，如果葡萄酒没有经过过滤，它们就会沉淀在瓶子里。瓶子里的酒往往随着陈化而沉淀。有沉淀物的酒在饮用前会先倒入另一个容器中。

承运商（shipper） 经常与法语词“négociant”互换使用。通常是一个公司或个人，他们购买桶酒，之后装瓶、存储并运送葡萄酒。由于许多个人酒庄现在自己装瓶，承运商便负责后续的存储和销售。

侍酒师（sommelier） 法语词，指餐馆里负责侍酒的服务员。

超二级酒庄（super second） 在1855年被列为二级酒庄，但人们公认其生产的葡萄酒品质远高于其他二级酒庄的一些波尔多酒庄。比如雄狮庄园和碧尚女爵酒庄就被认为是“超二级酒庄”。

单宁（tannin） 葡萄皮、葡萄茎和葡萄籽中的一组复杂分子；红葡萄酒中的单宁在陈化过程中逐渐增多，单宁含量远高于白葡萄酒。单宁含量高的葡萄酒干涩粗糙。

风土（terroir） 法语词，指葡萄生长的土壤成分、小气候、海拔高度和光照等自然因素，它们反映在由特定地区的葡萄酿造的葡萄酒的口感和质量上。最高品质的葡萄酒通常代表一种独特的风土。

质地（texture） 葡萄酒在口中的感觉。浓郁、黏稠、几近浓稠的葡萄酒据说具有丰富的天鹅绒般的质地。

未过滤的（unfiltered） 一种未经过滤的葡萄酒，尽管在装瓶之前通常被换桶，并且有时经过细磨以去除小颗粒，常常会在酒标上标示出来。未过滤的葡萄酒通常含有少量沉淀物。有些人认为未过滤的葡萄酒味道更浓，酒体更丰富。

未澄清的（unfined） 一种未经澄清、净化的葡萄酒，尽管在装瓶之前可能通过其他工序去除小颗粒。常常会在酒标上标示出来。

有人认为未澄清的葡萄酒与未过滤的葡萄酒一样，风味和酒体会更丰富。

品种酒（varietal） 以所用的葡萄品种命名，比如霞多丽。许多欧洲葡萄酒则按产区、村庄、区域或葡萄园的名称命名。

垂直品鉴（vertical tasting） 在品鉴中对比不同葡萄园的同一款葡萄酒。

葡萄树藤年龄（vine age） 葡萄树藤的年龄与葡萄的品质紧密相关；“老”藤通常指至少 30 年的葡萄树藤，用老藤所长的葡萄酿制的葡萄酒浓度更高，风味更凝练。

年份（vintage） 采摘葡萄用于酿制葡萄酒的那一年的年份，通常被标在酒标上。

葡萄栽培学（viticulture） 关于葡萄和葡萄种植的学科和研究。

酿酒师（winemaker） 指只负责酿酒的人，在美国广泛使用。法国没有对应的词汇，负责酿酒的人通常被称为“maître de chai”（酒窖主管）。

酿酒顾问（winemaking consultant） 通常是非常著名且受人敬重的酿酒师，同时也可能是酿酒学家。酿酒顾问不受雇于一家酿酒厂，而是作为外聘顾问为多家酿酒厂服务。酿酒顾问可能负责从提供葡萄园管理建议到挑选最终用于陈化葡萄酒的橡木桶等很多事情。

葡萄酒贸易（wine trade） 通常指代葡萄酒行业，尤其是葡萄酒进口和零售业务。

酵母（yeast） 将葡萄转化为葡萄酒必不可少的单细胞生物。在发酵过程中，酵母将未发酵的葡萄汁中的糖分转变成酒精和二氧化碳。一些酿酒师在葡萄汁中掺入酵母以获得某些特质，从而提升葡萄酒的特定风味。其他人则认为，葡萄中天然存在的酵母（称为天然酵母或野生酵母）能够酿制出更有意思、更具个性的葡萄酒。

产量（yield） 从特定葡萄园收获的葡萄数量，它们产生一定量的葡萄酒。通常葡萄产量越低，葡萄酒的潜在品质越高。

参考文献

本书的主要内容都基于我在美国和国外进行的采访，许多我采访过的人都列在了致谢部分。我还大量参考了罗伯特·麦克道尔·帕克的作品、采访、演讲以及他在网站上发表的评论。此外，我还参考了大量的英语和法语出版物，以下列出了对于了解葡萄酒和葡萄酒行业的历史背景很有参考价值的出版物以及有关帕克及其影响力的信息、观点和评价。

罗伯特·麦克道尔·帕克的作品

The Wine Advocate, vol. 1 (1978) to vol. 156 (2004).

www. eRobertParker. com

Columns for *The Washington Post, Food & Wine, Connoisseur, Money, The Wine Enthusiast*.

Speech at Boston University's Sherman Union, January 25, 1999, published in *Massachusetts Beverage Business*, May 1999.

Bordeaux: A Definitive Guide for the Wines Produced Since 1961. New York: Simon & Schuster, 1985.

Parker's Wine Buyer's Guide 1987–1988. New York: Simon & Schuster/Fireside, 1987.

The Wines of the Rhone Valley and Provence. New York: Simon & Schuster, 1987.

Parker's Wine Buyer's Guide 1989–1990. New York: Simon & Schuster/Fireside, 1989.

Burgundy: A Comprehensive Guide to the Producers, Appellations, and Wines. New York: Simon & Schuster, 1990.

Bordeaux: A Comprehensive Guide to the Wines Produced from 1961–1990. New York: Simon & Schuster, 1991.

Parker's Wine Buyer's Guide. 3rd ed. New York: Simon & Schuster/Fireside, 1993.

Parker's Wine Buyer's Guide. 4th ed. New York: Simon & Schuster/Fireside, 1995.

The Wines of the Rhone Valley. Revised expanded 2nd ed. New York: Simon & Schuster, 1997.

Bordeaux: A Comprehensive Guide to the Wines Produced from 1961 to 1997. New York: Simon & Schuster, 1998.

Parker's Wine Buyer's Guide. 5th ed. New York: Simon & Schuster/Fireside, 1999.

Parker's Wine Buyer's Guide. 6th ed. With Pierre Rovani. New York: Simon & Schuster, 2002.

Bordeaux: A Consumer's Guide to the World's Finest Wines, 4th ed. New York: Simon & Schuster, 2003.

Foreword to *The Heart of Burgundy: A Portrait of the French Countryside*, by Andy Katz. New York: Simon & Schuster, 1999.

Foreword to *Hachette Atlas of French Wines & Vineyards. 2d ed.* Edited by Pascal Ribereau-Gayon. Paris: Hachette Livre Direction, 2001.

Foreword to *Daniel Johnnes's Top 200 Wines*, by Daniel Johnnes with Michael Stephenson. New York: Penguin, 2003.

图书

Adams, Leon D. *The Wines of America. 3rd ed.* New York: McGraw-Hill, 1985.

Amerine, Maynard A., and Edward B. Roessler. *Wines: Their Sensory Evaluation*. New York: W.H. Freeman, 1976, 1983.

Barr, Andrew. *Drink: A Social History of America*. New York: Carroll & Graf, 1999.

——. *Wine Snobbery*. New York: Simon & Schuster, 1988, 1992.

Bourdieu, Pierre. Translated by Richard Nice. *Distinction: A Social Critique of the Judgement of Taste*. Cambridge, Mass.: Harvard University Press, 1984.

Brillat-Savarin, J.A. *The Physiology of Taste, or Meditations on Transcendental Gastronomy*. New York: Dover Publications, 1960.

Broadbent, Michael. *Michael Broadbent's Wine Vintages*. London: Mitchell Beazley, 2003.

——. *Vintage Wine: Fifty Years of Tasting Three Centuries of Wines*. New York: Harcourt, 2002. Previous editions published as *The Great Vintage Wine Book* (1980) and *The New Great Vintage Wine Book* (1991).

——. *Winetasting*. London: Wine & Spirit Publications, 1968. Three revised editions were also useful: *Winetasting, Enjoying, Understanding* (London: Christie's Wine

Publications, 1977); *Michael Broadbent's Pocket Guide to Wine Tasting* (New York: Simon & Schuster, 1982); and *Michael Broadbent's Wine Tasting. New and Revised Edition* (London: Mitchell Beazley, 2003).

Brook, Stephen. *Bordeaux: People, Power and Politics*. London: Mitchell Beazley, 2001.

——. *Wine People*. New York: The Vendome Press, 2001.

Brooks, David. *Bobos in Paradise*. New York: Simon & Schuster, 2000.

Clemens, S.B., and C.E. Clemens. *From Marble Hill to Maryland Line: An Informal History of Northern Baltimore County*. Privately published, 1976, rev. ed. 1999.

Coates, Clive. *Côte d'Or: A Celebration of the Great Wines of Burgundy*. Berkeley and Los Angeles: University of California Press, 1997.

——. *Grands Vins: The Finest Châteaux of Bordeaux and Their Wines*. Berkeley and Los Angeles: University of California Press, 1995.

——. *The Wines of Bordeaux: Vintages and Tasting Notes 1952–2003*. Berkeley and Los Angeles: University of California Press, 2004.

Conaway, James. *Napa: The Story of an American Eden*. Boston: Houghton-Mifflin, 1990.

——. *The Far Side of Eden: New Money, Old Land and The Battle for Napa Valley*. Boston: Houghton-Mifflin, 2002.

Dickinson, William B., Jr., and Janice L. Goldstein, eds. *Watergate: Chronology of a Crisis*. Washington, D.C.: Congressional Quarterly, 1973.

Dumay, Raymond. *La mort du vin*. Paris: Editions Stock, 1976.

Echikson, William. *Noble Rot: A Bordeaux Wine Revolution*. New York: W.W. Norton, 2004.

Faith, Nicholas. *The Winemasters of Bordeaux: The Inside Story of the World's Greatest Wines. rev. ed.* London: Prion Books, 1978, 1999.

Feret, Claude. *Bordeaux et ses vins. 13th ed.* Bordeaux: Editions Feret, 1982; English ed., 1986.

Fielding, Temple. *1963–1964 Fielding's Travel Guide to Europe*. New York: William Sloane, 1963.

Finigan, Robert. *Essentials of Wine*. New York: Alfred A. Knopf, 1987.

Frommer, Arthur. *Europe on $5 a Day. 1965–1966 ed.* New York: Arthur Frommer, 1965.

Ginestet, Bernard. *La Mémoire des oenarques*. Bordeaux: Mollat, 1998.

Guy, Kolleen M. *When Champagne Became French: Wine and the Making of a National Identity*. Baltimore: Johns Hopkins University Press, 2003.

Hanson, Anthony. *Burgundy*. London: Faber & Faber, 1982, 1995, 1999.

Jefford, Andrew. *The New France: A Complete Guide to Contemporary French Wine*. London: Mitchell Beazley, 2002.

Johnson, Hugh. *Wine*. New York: Simon & Schuster, 1966.

——. and Jancis Robinson. *The World Atlas of Wine. 5th ed*. London: Mitchell Beazley, 2001. Previous editions in 1971, 1977, 1985, 1994.

Kammen, Michael. *American Culture American Tastes: Social Change and the Twentieth Century*. New York: Alfred A. Knopf, 1999.

Korsmeyer, Carolyn. *Making Sense of Taste: Food and Philosophy*. Ithaca, N.Y. , and London: Cornell University Press, 1999.

Kramer, Matt. *Making Sense of Burgundy*. New York: Quill/William Morrow, 1990.

Lehrer, Adrienne. *Wine & Conversation*. Bloomington: Indiana University Press, 1983.

Lichine, Alexis, with Sam Perkins. *Alexis Lichine's Guide to the Wines and Vineyards of France*. New York: Alfred A. Knopf, 1979, 1982, 1984.

——. *Alexis Lichine's New Encyclopedia of Wines & Spirits*. New York: Alfred A. Knopf, 1969, 1974, 1981, 1985, 1987. First published as *Encyclopedia of Wines and Spirits* in 1967.

——. *Wines of France*. New York: Alfred A. Knopf, 1951. Many subsequent editions.

Loftus, Simon. *Anatomy of the Wine Trade: Abe's Sardines and Other Stories*. New York: Harper & Row, 1985.

Loubère, Leo A. *The Wine Revolution in France: The Twentieth Century*. Princeton: N.J.: Princeton University Press, 1990.

Lukacs, Paul. *American Vintage*. Boston: Houghton-Mifflin, 2000.

Lynch, Kermit. *Adventures on the Wine Route: A Wine Buyer's Tour of France*. New York: Farrar, Straus & Giroux, 1988.

Markham, Dewey. *1855: A History of the Bordeaux Classification*. New York: John Wiley and Sons, 1998.

Matthews, Patrick. *Real Wine: The Rediscovery of Natural Winemaking*. London: Mitchell Beazley, 2000.

McCoy, Elin, and John Frederick Walker. *Thinking about Wine*. New York: Simon & Schuster, 1989.

Mondavi, Robert, with Paul Chutkow. *Harvests of Joy: My Passion for Excellence*. New York: Harcourt Brace, 1998.

Osborne, Lawrence. *The Accidental Connoisseur: An Irreverent Journey through the Wine World*. New York: North Point Press, 2004.

Penning-Rowsell, Edmund. *The Wines of Bordeaux. 4th rev. ed*. London: Allen Lane, 1979.

Peppercorn, David. *Bordeaux*. London: Faber & Faber, 1982, 1991.

——. *Wines of Bordeaux: Mitchell Beazley Wine Guides*. London: Octopusand Mitchell Beazley, 2002. First published in 1986 as *David Peppercorn's Pocket Guide to the Wines of Bordeaux*.

Peters, Gary L. *American Winescapes*. New York: Westview Press, 1997.

Peynaud, Émile. *Knowing and Making Wine*. New York: John Wiley & Sons, 1984.

Phillips, Rod. *A Short History of Wine*. New York: Ecco Press, 2000.

Prial, Frank. *Wine Talk*. New York: Times Books, 1978.

——. *Decantations: Reflections on Wine by the New York Times Wine Critic*. New York: St. Martin's, 2001.

Robinson, Jancis. *How to Taste: A Guide to Enjoying Wine*. New York: Simon & Schuster, 1983, 2000.

——. ed. *The Oxford Companion to Wine*. Oxford: Oxford University Press, 1994, 1999.

——. *Tasting Pleasure: Confessions of a Wine Lover*. New York: Viking Penguin, 1997, 1999.

Root, Waverley. *Paris Dining Guide*. New York: Atheneum, 1969.

Rosenblatt, Roger., ed. *Consuming Desires: Consumption, Culture, and the Pursuit of Happiness*. Washington, D.C.: Island Press/Shearwater Books, 1999.

Rouby, Catherine, et. al., ed. *Olfaction, Taste, and Cognition*. Cambridge: Cambridge University Press, 2002.

Rubenfeld, Florence. *Clement Greenberg: A Life*. New York: Scribner, 1997.

Russell, Cheryl. *100 Predictions for the Baby Boom*. New York: Plenum Press, 1987.

Schoonmaker, Frank. *Encyclopedia of Wine*. New York: Hastings House, 1964.

Sokolin, William. *Liquid Assets: How to Develop an Enjoyable and Profitable Wine Portfolio*. New York: Macmillan, 1987.

Swinchatt, Jonathan, and David G. Howell. *The Winemaker's Dance: Exploring Terroir in the Napa Valley*. Berkeley: University of California Press, 2004.

Tower, Jeremiah. *California Dish*. New York: Free Press, 2003.

Waugh, Harry. *Diary of a Winetaster: Recent Tastings of French and California Wines*. New York: Quadrangle Books, 1972.

——. *Harry Waugh's Wine Diary, vols. 6–9*. London: Christie's, 1975, 1976, 1978, 1981.

Waters, Alice. *Chez Panisse Menu Cookbook*. New York: Random House, 1982.

Wilson, James. *Terroir: The Role of Geology, Climate, and Culture in the Making of French Wine*. California: Wine Appreciation Guild, 1998.

Wine Angels. *Wine Marketer's Companion*. Wine Angels at wineangels. com, 2003.

报刊及网站

Connoisseur's Guide to California Wine (CGCW)

Decanter

Food & Wine

Friends of Wine

Gambero Rosso
Global Vintage Quarterly (GVQ)
Harpers Wine and Spirit Weekly (Harpers)
Impact
Rich Cartiere's Wine Market Report
Robert Finigan's Private Guide to Wines
The Vine Vintage Wine and Spirits
Wine Business Monthly (WBM)
The Wine Enthusiast (WE)
The Wine Spectator (WS)
Wines & Vines
Financial Times (FT)
The London Sunday Times (LST)
The Los Angeles Times (LAT)
The New York Times (NYT)
Washington Post (WP)
www.bipin.Com
www.datamantic.com/joedressner
www.farrvintners.com
www.jancisrobinson.com
www.weimax.com
www.westcoastwineweb.com
www.wineanorak.com
www.winecrimes.com
www.wineint.com
www.wine-pages.com
www.wine-people.com
www.wine-lovers-page.com

文章

"A Life Less Ordinaire," Andrew Jefford, *Waitrose Food Illustrated*, 2003.
"A Nobel for Explaining How the Nose Knows," Thomas H. Maugh II, *LAT*, Oct. 5, 2004.
"A Nose for Wine," Harvey Steiman, *WS*, March 31, 1994.
"A Nose for a Winner," Jancis Robinson, *London Sunday Times*, 1986.
"A Sip Too Far," Tim Atkin, *Decanter*, April 1998.
"Accusations Rise from Wine Cellars of Bordeaux," Craig S. Smith, *NYT*, Aug. 10,

2003.
"Aftershock: Revisiting the 1976 Paris Tasting," Brenda Maitland, *Culinary Concierge*, 2003.
"An Ombudsman for the Wine Consumer," William Rice, *WP*, September 28, 1978.
"Back Talk," Lettie Teague, *Food & Wine*, January 2001.
"Baker v. Parker: A View from the Sidelines," Clive Coates, *The Vine*, July 1987.
"Beyond Sweet and Sour," Danny Kingsley, *ABC News*, Feb. 27, 2002.
Bonny Doon Vineyard newsletters, 1999–2002.
"Book Reviews," David Peppercorn, *Decanter*, December 1986.
"Bordeaux Eyes the Sky as Parker Arrives," Adam Lechmere, *Decanter*, Sept. 6, 2003.
"Bordeaux: l'affaire qui ébranlé la maison Parker," Jean-Jacques Chiquelin, *Le Nouvel Observateur*, April 25, 2002.
"Bordeaux Remembers: 'The American Vintage," Julia Mann, *WS*, Nov. 30, 1998.
"Burgundian Vintner Sues Robert Parker for Libel," Per-Henrik Mansson, *WS*, May 31, 1994.
"California Crush," *Decanter* supplement, August 1981.
"California's New Stars," Bruce Schoenfeld, *Cigar Aficionado*, July/Aug., 1999.
"Case for the Defense," John Stimpfig, *Decanter*, 1999.
"Château La Pique," Malcolm Gluck, *The Guardian*, June 10, 1994.
"Clawing Their Way to the Top," William Rice, *The Chicago Tribune*, Oct. 16, 1986.
"Consumers Hold the Cards: This 'Fad' Won't Fade," Robert B. Morrisey, *Advertising Age*, March 29, 1982, vol. 53, issue 14.
"Critic's Judgment Puts Bordeaux Noses Out of Joint," Adam Sage, *London Times*, May 25, 2002.
"Cyberspace Comedy in 3 Parts: R. Parker, Producer," Mark Squires, *Mark Squires E-Zine on Wine*, marksquires.com. Nov./Dec. 1996.
"Distaste for Tastings," Hugh Johnson, *Decanter*, June 1992.
"Does UC-Davis Have a Theory of Deliciousness?" Clark Smith, *Vineyard & Winery Management*, July/Aug. 1995.
"Emile Peynaud," Colin Parnell, *Decanter*, March 1990.
"For Guigal, It's Anything but Lonely at the Top," James Suckling, *WS*, Mar. 15, 1990.
"Frank Schoonmaker—Visionary Wine Man," Frank Johnson, winemouse.com, n.d.
"French Have a Beaune to Pick," John Lichfield, *Canberra Times*, July 25, 1998.
"French Wine All at Sea," Jo Johnson, *FT*, Nov. 10, 2001.
"Future Bright for 2000 Bordeaux," Adrienne Roberts, *FT*, May 30, 2001.
"German Wine-Tasting Melts His Fillings But Wins His Heart," Michael Dresser, *Baltimore Sun*, Nov. 8, 1992.
"Great Bordeaux Debate," Terry Robards, *WS*, August 1983.

"He Sips and Spits, and the World Listens," David Shaw, *LAT*, Feb. 23, 1999, and Part 2, "For Wine Critic, the Truth Is in the Glass," Feb. 24, 1999.

"His Palate Is Insured," Mary Corey, *Baltimore Sun*, Mar. 28, 1993.

"How Château Pétrus Became Bordeaux's Most Coveted Wine," James Suckling, *WS*, Feb. 15, 1991.

"How Rating Systems Stack Up," Jerry Shriver, *USA Today*, Mar. 12, 1993.

"Hugh Johnson, The Great Communicator," *Decanter*, March 1995.

"I Am the Most Powerful Person in the Wine World," Suzanne Goldenberg, *The Guardian*, July 23, 2003.

"Il repointe son nez en France," Pauline Damour, *Challenges*, August 2003.

"In Defense of English Wine Writers," Robin Young, *Decanter*, April 1988.

"Inside the Mind of Michel Rolland," John Stimpfig, *Decanter*, January 2004.

"International Wine Expo Opens in Hong Kong," *Business World*, June 6, 1998.

"In Vino Veritas," Lettie Teague, *Food & Wine*, September 1999.

"Is Terroir Dead?" Karen MacNeil, *San Francisco Chronicle*, Sept. 18, 2002.

"Judgment of Paris," *Time*, June 7, 1976.

"Kacher Takes a Hands-on Approach," Thomas Matthews, *WS*, Mar. 31, 1991.

"La Représentante en France du critique de vins Parker a été mise en examenpour 'faux et usage,'" Pierre Cherruau and Jacques Follorou, *Le Monde*, Feb. 1, 2003.

"L'Affaire Geens Rebondit," Fabien Pont, *Sud Quest*, Jan. 24, 2003.

"Le Grand Bob," Jean Durand, online questionnaire insur.fr.rec.boissons.vins, March 1998.

"Le Grand marathon des vins du monde," *Gault-Millau*, October 1979.

"Les Decorés de Chirac," Anne Fulda, *Le Figaro*, June 23, 1999.

"Les Policiers interrogent," *Le Monde*, Jan. 31, 2003.

"Letters to the Editor," *Decanter*, many issues.

"Lichine Shuns Critical Press; Group Praises '82 Bordeaux." James Suckling, *WS*, August 1983.

"Magnum Force," *Los Angeles Magazine*, December 1998.

"Mais Non, Monsieur Parker," Elizabeth Bryant, *San Francisco Chronicle*, Jan. 16, 2003.

"Marvin Shanken Looks Back at 20 Years of Wine Spectator," *WS*, April 1996.

"Mechanisms of Terroir," Jamie Goode, *Harpers*, Sept. 12, 2003.

"Merchants Flooded with 1982 Futures Orders," *WS*, August 1983.

"Michel Guillard interroge le professeur Émile Peynaud," *Amateur de Bordeaux*, 1987.

"Michel Rolland: Français, reveillez-vous," interview in *La Revue du vin de France*, December 2001/January 2002.

"More Power to the Elbow," Patrick Matthews, *Harpers*, Archives, 2003.

"Moueix Hits Out at Over-Concentration," Josie Butchart, *Harpers*, Archives, 2003.
"Much of Bordeaux Goes Begging," Frank Prial, *NYT*, Aug. 11, 2004.
"New Home for Guigal's Prestige Rhône Wines," Per-Henrik Mansson, *WS*, January 1994.
"Not Exactly for the Faint of Palate," Alice Feiring, *NYT*, June 9, 2002.
"Noted Wine Critic Explodes," *The National Vinquirer, Bonny Doon Vineyardnewsletter,* April 1, 2003.
"On the Blind Tasting of Wines: A New Method of Analysis and Beyond," Domenic V. Cicchetti, Ph.D., www.hicstatistics.org/2003StatsProceedings, 2003.
"Parker décoré par Jacques Chirac," *Agence France Presse*, June 22, 1999.
"Parker on Food," Fiona Beckett, *Decanter*, July 2003.
"Parker Parade Comes to Town," Stephen Brook, *Decanter*, June 1996.
"Parker Slams Bordeaux over Fraud Case," Adam Lechmere, *Decanter*, July 24, 2003.
"Parker Too Influential Says Lencquesaing," Adam Lechmere, *Decanter*, Nov. 3, 2001.
"Parker Will Not Go to Bordeaux," Adam Lechmere, *Decanter*, Mar. 21, 2003.
"Parker's Retort," Panos Kakaviatos, interview in *Wine International*, July2003.
"Parker's 25-year Love Affair with Bordeaux Could Be Over," Kathleen Buckley, *San Francisco Chronicle*, Mar. 6, 2003.
"People to Watch: Dan Philips," Joshua Cooper Ramo, *Time*, May 22, 2000.
"Perfect Grapes of Groth," Jancis Robinson, *FT*, March 31, 1990.
"Pierre-Antoine Rovani," Mark Golodetz, *WE*, July 1998.
"Playing the Rating Game," *The Economist*, Sept. 18, 1999, U. S. edition.
"Pour ou contre Robert Parker," J-F. W., *Cuisine et Terroirs*, Fall 2000, no. 3.
"Preliminary 2000 Bordeaux Vintage Report," Bill Blatch, *Wines & Vines*, March 2001.
"Present at the Revolution," Matt Kramer, *WS*, Nov. 15, 2001.
"Pulling Out All the Stops," Jamie Goode, *Harpers*, Archives, 2003.
"Quality Scores, Pt. 1: Biology & The Wine Critics," Jordan Ross, *GVQ*, Nov. 1, 2002.
"Quick Tasting Opens Door to a New Market," Nigel Austin, *The Advertiser*, July 7, 2001.
"Rating Robert Parker," Natalie MacLean, nataliemaclean.com, Dec. 12, 2002.
"Red China," *South China Morning Post Sunday Magazine*, Nov. 23, 1997.
"Relishing the Flavor," *The Economist*, June 20, 2002.
"Rencontre avec le guide supreme: Robert Parker," Jean-François Chaigneau, *Paris Match*, Sept. 11, 2001.
"Robert Parker," Bill Baker, *The Three Course Newsletter*, 1987.
"Robert Parker: A Taste for the Good Life," Nora Frenkel, *The Sun*, Oct. 18, 1987.
"Robert Parker and the Palate of Gold," Edward Guiliano, *Wine Times* (precursor to *Wine Enthusiast*), Part 1, May/June 1989, and Part 2, Sept./Oct. 1989.

"Robert Parker Attacks Free Speech," Robert Callahan, News.admin.censorship newsgroup, July 10, 1997.

"Robert Parker: 'Habría que empezar por matar a los enólogos,'" Victor Rodriguez, *Sobremesa*, no. 132, 1996.

"Robert Parker: Interview on BBC transcript," Andrew Jefford, March 3, 1995.

"Robert Parker, Jr.," Dan Sperling, *USA Today*, March 1, 1988.

"Robert Parker, le Bordeaux dans le nez," Jose-Alain Fralon, *Le Monde*, Sept. 20, 2002.

"Robert Parker Looks Ahead," Edward Guiliano, *WE*, Part 1, June 1993, and Part 2, Aug. 1993.

"Robert Parker Pops the Corks···," Linda Murphy, *San Francisco Chronicle*, Oct. 21, 2004.

"Robert Parker, Winosaur," Tony Hendra, *Forbes FYI*, Fall 1997.

"Robert Parker's Oregon Pinot Noir Released," *WS*, Feb. 28, 1994.

"Saint Emilion Winemakers Recant on Extremism," Jancis Robinson, *FT*, Apr. 15, 2002.

"Secret Rites of Linen Bibs and Dinner Bells," Phyllis C. Richman, *WP*, May 3, 1981.

"Settling Scores: Hugo Rose v. Steve Browett," *Harpers*, Jan. 11, 2002.

"Settling the Score," Tina Caputo, *Wines & Vines*, October 2002. 60th Anniversary issue, Gourmet, September 2001.

"So What's the Score?" *Harpers* conference, 2002.

"Taste Tyrants," Frank Prial, *NYT Magazine*, February 17, 1991.

"Tasting St-Emilion's Thoroughbred Wine," James Suckling, *WS*, Feb. 15, 1991.

"Tempest in a Wine Barrel," Dan Berger, *LAT*, June 23, 1994.

"The American Century" issue, *Bon Appetit*, September 1999.

"The Boys from Garlic Mountain: A Talk with Renzo and Riccardo Cotarella," Tom Maresca, *Wine & Spirits*, October 2001.

"The Class of Claret," Peter Melzer, *WS*, July 31, 2002.

"The Day California Wines Came of Age," Thane Peterson, businessweek.com, May 8, 2001.

"The Democracy of Wine," Lynn Stegner, *GVQ*, Oct. 1, 2000.

"The Four Seasons California Barrel Tasting," Elin McCoy and John Frederick Walker, *Food & Wine*, July 1981.

"The French Way," Norm Roby, *Decanter*, April 2002.

"The Future of American Wine Ratings," Jeff Morgan, *GVQ*, Apr. 1, 2000.

"The Gallo Legacy Updated," Robert Lawrence Balzer, *WE*, October 1993.

"The Grapes of Math," William Neuman, *Wired*, November 2001.

"The Great and Powerful Shnoz: Does the Emperor of Wine Have Any Clothes?" Michael Steinberger, slate.msn.com, June 17, 2002.

"The Hit Man," Huon Hooke, *Australian Gourmet Traveller*, October/November 2001.

"The Imperial Palates," Jeff Cox, *GVQ*, Sept. 1, 2001.

"The Man Who Turns Wine Into Bread," John Stimpfig, *How To Spend It (Financial Times)*, November 2001.

"The Man with the Paragon Palate," John Elson, *Time*, Dec. 14, 1987.

"The Merciless Man of Wine," *Newsweek*, Dec. 14, 1987.

"The Million-Dollar Nose," William Langenwiesche, *The Atlantic Monthly*, December 2000.

"The Million-Dollar Nosey Parker Interview," Helena de Bertodano, *SundayTelegraph*, March 10, 1996.

"The Monk Who Loved Gloria Swanson," Tim Fish, *WS*, July 31, 2002.

"The Myth of Robert Parker," Russ Bridenbaugh, *Wines & Vines*, June 2001.

"The Parker Principle," W.R. Tish, *LAT*, October 2004.

"The Powerful Palate," Nathan Cobb, *The Boston Globe Magazine*, Oct. 8, 1989.

"The Rich, Ripe Full-Bodied Life of Robert Parker," Peter Hann, *Business Week*, Aug. 18, 1986.

"The Saga of New World Wines," original musical production put on in 2003in Napa Valley.

"The Standout," Jay McInerney, *House & Garden*, November 1999.

"The Trend-Watcher," Elin McCoy and John Frederick Walker, *Food & Wine*, April 1982.

"The Unbearable Lightness of Being," Ch'ng Poh Tiong, *Decanter*, July 2003.

"The Wine Advocacy of Robert Parker," Randal Barnett, *Warfield's*, December 1986.

"The Year California Won the Pennant," Moira Johnston, *New West*, August 2, 1976.

"Tim Mondavi on the Art and Business of Growing Wine," Cyril Penn, *WBM*, July 2001.

"Time Is Ripe for Change," Jordan Mackay, *LAT*, Sept. 15, 2004.

"Unfiltered Wines Gain Favor in California," Robyn Bullard, *WS*, June 15, 1994.

"Vintage and Market Report: The 1982 Vintage," Peter Allan Sichel.

"Vintage Report 2000," Peter Allan Sichel.

"Wet Dogs and Gushing Oranges," Sean Shesgreen, *The Chronicle of Higher Education*, Mar. 7, 2003.

"When He Spits, Vintners Tremble," Frank J. Prial, *NYT*, Dec. 6, 1989.

"Who is Robert Parker? And Why Should You Care?" Amy Virshup, *Smart Money*, September 1996.

"Why Wine Writers' Opinions Vary," James Suckling, *WS*, Oct. 10–15, 1983.

"Wine and Conversation: A New Look," Adrienne Lehrer, AAAS Annual Meeting, 2001.

"Wining and Dining, But with a Hitch," Sara Engram, *Baltimore Sun*, Oct. 24, 2001.

"Wine: Corker of a Fracas," Joanna Simon, *The Sunday Times* (London), Jan. 17, 1988.

"Wine Critic Gets French Legion of Honor," Associated Press, *NYT*, June 23, 1999.

"Wine Expert Travels Between Two Worlds," Jerry Shriver, *USA Today*, Sept. 3, 1999.
"Wine Etcetera," Elin McCoy and John Frederick Walker, *Food & Wine*, December 1981.
"Wine Gurus Get Brain Boost," *Reuters*, May 29, 2003.
"Wine Magnum Force," John Winthrop Haeger, *Los Angeles Magazine*, November 1998.
"Wine Quality Scores Part 1. Biology and the Wine Critics," *GVQ*, Nov. 1, 2002.
"Wine Talk," Terry Robards, *NYT*, Dec. 15, 1982; Jan. 19, 1983.
"Wine Talk," Frank J. Prial, *NYT*, Mar. 2, 1983; Mar. 9, 1983.
"Wine Threats End Book-Signing Tour," Dan Berger, *LAT*, Nov. 29, 1990.
"Wine Trends and Buzzwords," Nick Alabaster, wineanorak.com.
"Wine Writers Hedged for Decades and Wouldn't Take a Position. I do," Jane Macquitty, *The Times* (London), Dec. 5, 1987.
"Wine Writers: Squeezing the Grape for News," David Shaw, *LAT*, Part 1, Aug. 23, 1987, and Part 2,
"Wine Critics Influence of Writers Can Be Heady," Aug. 24, 1987.
"The Zachy's Gazette: Parker's Hall of Fame," ad in *WS*, Nov. 30, 1990.

致　谢

本书得以出版，离不开很多人的帮助，在此我要对他们致以最诚挚的谢意。

非常感谢罗伯特·麦克道尔·帕克。他愿意和我见面，在电话中、在家里、在路上与我交谈。虽然他知道他并不能左右我写的内容，但他还是热情招待了我。他的妻子帕特里夏·埃策尔·帕克也同样地热情好客，乐于助人。

我还要感谢几位直接与帕克合作的人：他的秘书琼·帕斯曼、《葡萄酒倡导家》的合伙人彼埃尔·罗瓦尼、负责网站 eRobertParker.com 的同事、负责管理该网站 BBS 的马克·斯夸尔斯、他在兄弟酒庄的合伙人迈克·埃策尔以及他的文学经纪人罗伯特·莱斯彻。

30 年来，我走遍了葡萄酒世界，有机会与世界各地的葡萄酒生产商见面、交谈、品酒。他们欢迎我参观他们的葡萄园和酒窖，还经常邀请我去他们家里。我要感谢他们与我分享他们的世界、他们的葡萄酒、他们的知识以及他们的热情和观点。我从他们那里汲取的知识渗透到了本书的每一页。

在写作本书的过程中，美国的葡萄酒作家和编辑同人给出了许多评论和故事、坦率的观点、有价值的信息、人选建议以及热情的话语，并向我转发了许多合适的文章，否则我可能看不到这些文章。我要特别感谢：杰拉尔德·阿舍、丹·伯格、格里·道斯、艾丽丝·费林、罗伯特·菲尼根、尤妮斯·弗里德、马克·哥罗德兹、吉姆·戈登、达纳·雅可比、哈里特·伦贝克、杰伊·麦金纳尼、彼得·梅尔策、弗兰克·普赖尔、威廉·赖斯、特里·罗伯茨以及 W.S. 蒂希。我还要感谢：约翰·安德森、迈克尔·阿普斯坦、玛丽·马利根、埃德·麦卡锡、罗伯特·惠特利以及理查德·伊利亚。

感谢《葡萄酒观察家》杂志的出版人和编辑马文·尚肯。我对他进行了长期采访，并得以接触到该杂志的早期出版内容。感谢《葡萄酒爱好者》杂志的出版人亚当·斯特鲁姆，他分享了该杂志的相关信息和早期出版内容。《大红虾》杂志的法维奥·帕拉塞科利允许我复印了许多有用的文章。

罗伯特·米尔曼和霍华德·卡普兰提供了一些历史背景。斯图尔特·亚尼格为我说明了在网络上讨论葡萄酒的情况。耶鲁大学医学院的琳达·巴托斯萨克博士分享了她对味觉的研究。艾德里安娜·莱勒博士讨论了她在葡萄酒语言方面的工作。杰里·古德曼和查理·罗斯提供了他们采访帕克的电视录像带。

一些好朋友也在我的旅行中为我提供食宿。他们包括巴尔的摩的玛格丽特·托马斯和保罗·卢卡奇、华盛顿的鲍勃和维吉尼亚·赫特、伦敦的罗斯玛丽·乔治和克里斯托弗·加利摩尔以及纽约的玛丽·凯和伍迪·弗劳尔斯。

许多美国葡萄酒零售商和进口商详细向我讲述了葡萄酒业务以及一些与帕克相关的事情。他们包括鲁思·巴辛、埃利奥特·伯吉斯、迪克·卡雷塔、罗伯特·查德顿、比尔·多伊奇、乔·德雷斯纳、罗伯特·古尔丁、罗伯特·哈斯、丹尼尔·约翰尼斯、罗伯特·卡切尔、约翰·卡彭和迈克·卡彭贤伉俪、约翰·莱尔德、莱昂纳多·洛卡西奥、克米特·林奇、杰伊·米勒博士、米切尔·纳森生、杰夫·波格什、埃德·桑兹、罗伯特·辛德勒、阿卜杜拉·西蒙、艾拉·史密斯、埃利奥特·斯塔伦、马文·斯特曼、纪尧姆·图顿以及杰夫·扎卡赖亚。稀有葡萄酒公司的伊曼纽尔·伯克借给我一份几乎完整的罗伯特·菲尼根通信档案，并为我复制了《葡萄酒倡导家》的许多早期出版内容。

感谢丹·格林，他首次出版了帕克的书；感谢卡罗尔·拉利，帕克在西蒙与舒斯特出版公司出书时的编辑，她也在担任《美食与美酒》的总编辑期间，与帕克（以及我）进行过合作；还要感谢菲莉丝·里奇曼，《华盛顿邮报》的前美食编辑。

在后勤方面，我要感谢纽约索佩卡公司的贝丝·科滕诺夫和皮亚·洛瓦布吕克、波尔多葡萄酒办事处的罗宾·凯利·奥康纳、原来在勃艮第葡萄酒行业协会的克莱尔·孔塔米纳以及波尔多葡萄酒协会的弗洛伦斯·拉法德。希拉·尼古拉斯、帕姆·亨特和托克·肯沃德在我在加利福尼亚时提供了很多帮助。安妮·里兹长久以来为我提供了大量信息和建议，玛莎·帕兰奇、戴尔芬·布捷、尼基·辛格、玛格丽特·斯特恩以及已故的梅丽莎·塞尔也都为我提供了重要信息，并为几次重要的访谈牵线搭桥。戴维·斯特拉达给我发送了电子邮件，并向我寄送了珍贵的爵士乐 CD，特里·埃利斯给我提供了尼尔·杨的信息，詹姆斯·道格拉斯·巴隆则分享了他对克莱门特·格林伯格的洞见。

收藏家帕克·史密斯分享了他对于帕克的回忆。彼得·M.F. 西奇尔介绍了波尔多葡萄酒的情况。亨利·梁讲述了在常青餐厅举办的品酒会的情况。鲍勃·莱斯特和埃德·卡塞尔曼回忆了帕克参加的早期品酒会。

英国的一些葡萄酒专业人士提醒我关注一些有用的文章，并将他们自己的文章发给我。他们跟我深入谈论了帕克影响力扩大的问题，就应该采访谁给出了建议，有时甚至帮我与不愿交谈的人进行调解。我要感谢蒂姆·阿特金、比尔·贝克、迈克尔·布罗德本特、斯蒂芬·布鲁克、史蒂夫·布劳伊特、克莱夫·科茨、罗斯玛丽·乔治、马尔科姆·格鲁克、安东尼·汉森、安德鲁·杰福德、贾斯佩·莫里斯、已故的迪伦·帕里斯、罗伊·理查兹、詹西斯·罗宾逊和尼克·兰德、安东尼·罗斯、雨果·罗斯、史蒂文·斯普里尔、约翰·施廷普菲希以及施慧娜·萨克利夫。我还要感谢《醇鉴》杂志的编辑艾米·维斯洛，她允许我在他们的办公室花了半天时间来复印早期杂志的出版内容。

在法国，我也有很多要感谢的人，感谢他们抽出时间来接受采访。首先是葡萄酒作家米歇尔·贝丹和珍·马克·奎里昂，还有《今日勃艮第》杂志的编辑克里斯托夫·蒂皮尼耶。

在勃艮第：伯特兰·安布鲁瓦兹、伯特兰·德维拉尔、弗朗索瓦·费维利、皮埃尔·亨利·加吉、多米尼克·拉丰、雅克拉·迪尔、路易·付雷·拉图、弗洛里斯·莱姆斯特拉、弗朗索瓦·勒坎、蒂埃里·马特罗、艾伦·梅多斯、皮埃尔·莫尔吉、艾蒂安·德·德蒙蒂、安妮·帕伦特、尼古拉斯·波泰尔、维吉妮·陶佩诺特·丹尼尔、奥伯特·德·维兰（及其妻子帕梅拉）以及贝基·沃瑟曼、拉塞尔·霍恩和彼得·沃瑟曼。

在波尔多：汉娜·阿格斯蒂尼、帕特里克·贝斯顿、奥利维尔·伯纳德、比尔·布拉奇、伊曼纽尔·克鲁斯、帕斯卡·德尔贝克、马塞尔·杜卡斯、劳伦特·埃尔曼、梅·艾莲·德·朗格桑、刚扎格·勒顿、菲奥纳·莫里森、让-纪尧姆·普拉茨、米歇尔·罗兰，以及埃里克·萨马齐耶。还要感谢：伯纳德·奥杜伊、安东尼·巴顿、布鲁诺·伯瑞、克里斯托弗·卡南、弗洛伦斯·卡蒂亚尔和丹尼尔·卡蒂亚尔贤伉俪、让-米歇尔·卡兹、让-玛丽·查德罗尼耶、劳伦特·格耿布勒、杰弗里·戴维斯、阿尔弗雷·德·露丝男爵、蒂埃里·加迪尼耶、让-马克·吉罗、约翰·科拉萨、尤金·马利、帕特里·马诺图、爱德华·穆内克斯、史蒂芬·尼庞尔格伯爵、尚塔尔·马珀思、阿兰·雷诺德、多米尼克·雷纳德、让-吕克·图内文、穆里尔·安德鲁以及亚历山大·蒂安邦。

在法国其他地区：米歇尔·莎普蒂尔、让-吕克·克伦伯、艾蒂安·雨果、尼古拉斯·乔利，以及克劳德·泰亭哲。

我要感谢意大利的安杰罗·嘉雅、雅克波·碧安帝·山迪、丹尼叶雷·切尼里、里卡多·科塔瑞拉和伦佐·科塔瑞拉，西班牙的巴布罗·阿尔瓦雷斯·梅斯吉里斯，葡萄牙的艾德里安·布里奇，澳大利亚的胡恩·胡克、蒂姆·怀特、格兰特伯爵和约翰·拉切特，新西兰的尼尔·麦卡勒姆以及日本的厄尼·辛格。

特别感谢美国西海岸地区的朱莉·加维、詹姆斯·霍尔、安妮·摩西、唐纳德·帕兹和希瑟·帕兹贤夫妇、约翰·思福和道格·思福贤夫妇、伊莱亚斯·费尔南德斯、雷·辛格罗以及莎莉·斯坦格林和加伦·斯坦格林贤夫妇。同时感谢斯蒂尔曼·布朗、丹·路易斯、吉姆·克兰邓恩、兰迪·邓恩、丹尼斯·格鲁斯、奥古斯丁·乌内乌斯、大卫·特莱曼、里奥·麦克罗斯基、格温·麦吉尔、罗伯特·蒙达维和蒂姆·蒙达维贤夫妇、曼弗雷德·克兰克尔、哈维·博塞特、帕特里克·鲁尼、埃德·施瓦兹、罗伯特·辛斯基、克拉克·史密斯以及约翰·韦劳弗。

我要感谢给予我帮助的图书馆。第一个要感谢位于海德公园的美国烹饪学院图书馆，尤其要感谢图书馆员克里斯蒂娜·克劳福德·奥本海默。还要感谢康涅狄格州新米尔福德的公共图书馆帮我获取图书以及纽约公共图书馆的工作人员帮我在他们的中央研究大楼和商业图书馆中查找罕见的英文和法文书籍。

丹·哈尔彭是一位忠实的葡萄酒爱好者，也是一位理想的编辑——感谢他从始至终对该项目的热情，感谢他非常耐心地给予我几次延期的机会，更感谢他为手稿提出了富有见地的建议。非常感谢艾珂出版社的员工，尤其是丹·哈尔彭的助理罗伯特·格罗弗、E.J. 范兰恩、设计封面的“高水平设计”机构、内文设计杰西卡·沙坦·赫斯林以及文字编辑丽莎·沃尔夫。

感谢我的律师兼经纪人艾伦·考夫曼，他也是一位狂热的葡萄酒爱好者，感谢他从始至终一直支持我并向我提出了高明的建议。

感谢以下几位好友，认识你们是我此生之幸，感谢你们在我写书的整个过程中满怀热情地倾听我的絮叨：艾琳娜·科尔布、卡罗尔·麦克唐纳、贾斯汀·麦凯布、布丽奇特·波特以及已故的伊丽莎白·克罗。

我要感谢我的儿子加文·麦科伊·沃克，感谢他帮助我翻译日本媒体上的重要文章，与我热烈地探讨布迪厄理论以及该理论与帕克现象之间的关联，感谢他一丝不苟地阅读文本，挑出每一处用错或缺失的附加符号，也感谢他对我一直的支持。

非常感谢我的丈夫约翰·弗雷德里克·沃克。因为他，我爱上了葡萄酒，也因为他，我爱上了葡萄酒写作。他一直都是我最坚强的后盾，感谢他不厌其烦地一遍又一遍在餐桌上与我讨论书中的观点。最重要地，他始终坚定不移地支持我，千言万语都不足以表达我对他的感激之情。

艾琳·麦科伊